파이썬으로 시작하는 컴퓨터 프로그래밍

조동영 지음

한빛아카데미
Hanbit Academy, Inc.

지은이 조동영 chody@jj.ac.kr

고려대학교 수학교육과를 졸업하고, 이학석사(전산학 전공)와 이학박사(전산학 전공) 학위를 취득하였다. 이후 현재까지 전주대학교 컴퓨터공학과 교수로 재직 중이다. 2010~2011년에는 뉴욕 주립 대학교 알바니(University at Albany-SUNY)에서 컴퓨터과학과 방문교수로 활동했다.

파이썬으로 시작하는 컴퓨터 프로그래밍

초판발행 2022년 2월 21일
3쇄발행 2025년 7월 30일

지은이 조동영 / **펴낸이** 전태호
펴낸곳 한빛아카데미(주) / **주소** 서울시 서대문구 연희로2길 62 한빛아카데미(주) 2층
전화 02-336-7112 / **팩스** 02-336-7199
등록 2013년 1월 14일 제2017-000063호 / **ISBN** 979-11-5664-594-8 93000

총괄 박현진 / **책임편집** 김성무 / **기획** 김성무 / **편집** 김예원 / **교정** 이현혜 / **진행** 박하나
디자인 표지 이아란 내지 박정우 / **전산편집** 이소연 / **제작** 박성우, 김정우
영업 김호철, 김태진, 김성삼, 이정훈, 임현기, 이성훈, 김주성, 심지연

이 책에 대한 의견이나 오탈자 및 잘못된 내용은 출판사 홈페이지나 아래 이메일로 알려주십시오.
파본은 구매처에서 교환하실 수 있습니다. 책값은 뒤표지에 표시되어 있습니다.
홈페이지 www.hanbit.co.kr / 이메일 question@hanbit.co.kr

Published by HANBIT Academy, Inc. Printed in Korea

문제 해결 능력 향상을 위해 파이썬으로 배우는 컴퓨터 프로그래밍

수년간 강의를 하면서 모아둔 자료와 생각들을 근거로 이 교재를 준비했다. 프로그래밍 수업을 강의하면서 학생들에게 "왜 프로그래밍을 공부해야 하는지?" 그리고 "어떻게 공부해야 하는지?"를 이해시키려 노력했는데, 이 교재가 그에 대한 답이 되었으면 하는 바람과 의도를 가지고 준비했다. 역량의 한계로 의도했던 것들이 이 교재에 모두 표현됐다고는 감히 확신할 수 없지만, 그래도 학생들이 의도대로 읽어준다면 이 책의 존재 이유는 될 수 있을 것으로 기대하고 위안을 삼는다.

이 교재는 크게 2개 Part로 구성하였다. Part 01은 4차 산업혁명과 컴퓨팅 사고Computational Thinking 그리고 컴퓨터 시스템의 이해를 위한 기본적인 내용들을 학습한다. 그리고 Part 02는 현재 가장 많은 사람들이 선택하는 파이썬 프로그래밍을 다룬다. Part 01에서는 컴퓨터를 전공하지 않고, 컴퓨터 프로그래밍을 처음 시작하는 학생들이 컴퓨터에 어떻게 접근해야 할지 설명한다. 그리고 프로그래밍을 시작하기 위해 꼭 알고 있어야 하는 기본적인 내용을 자세한 설명보다는 개념과 필요성, 중요성을 중심으로 설명하였다. Part 02에서의 파이썬 언어는 프로그래밍 수단으로 생각하여 파이썬 자체에 대한 자세한 설명보다는 프로그래밍 과정의 컴퓨팅 사고를 이해하고 훈련하는 데 역점을 두었다. 다만 파이썬 언어보다는 프로그래밍 사고를 설명하려 했음에도 불구하고 프로그래밍의 결과를 확인하기 위해 어쩔 수 없이 파이썬에 많은 설명을 할애했음을 변명으로 남긴다.

자가운전을 하면 대중교통을 이용할 때보다는 자동차를 훨씬 다양하게 이용할 수 있고 이로 인해 생활 방식과 삶의 질도 바뀌게 된다. 마찬가지로 컴퓨터도 직접 프로그래밍할 수 있다면, 이미 개발된 프로그램만을 사용하는 것보다 더 다양하게 활용할 수 있고, 그동안 미처 생각하지 못했던 창의적인 활용도 가능해진다. 그리고 컴퓨터 프로그래밍을 배우게 되면 설령 직접 프로그램을 개발하지는 않더라도 컴퓨터를 이용한 문제 해결 능력이라는 전혀 다른 세상이 열리게 된다. 이것이 우리가 프로그래밍을 공부하는 이유인데, 이 교재를 통해 컴퓨터를 전공하지 않거나 처음 시작하는 학생들이 컴퓨터 프로그래밍에 관심을 갖게 되기를 희망한다. 이 교재는 대학의 교양 강의로 프로그래밍을 교육하기에 적절한 수준으로 구성했다. 특별히 IT 비전공자를 대상으로 사용한다면, 기본적인 내용들을 중심으로 설명하고, 그 외에는 선별적으로 다루면 한 학기 강의로 충분히 소화할 수 있을 것으로 생각한다.

마지막으로 책을 출판하기까지 많은 도움이 있었다. 불확실한 수익성에도 불구하고 출판을 허락해 준 한빛아카데미(주) 전태호 대표님과 허름한 원고에 멋진 옷을 입혀 주신 김예원 선생님께 감사드리고, 책이 출판될 수 있는 기회를 제공해 준 임현기 과장님과 김성무 팀장님께도 고마움을 전한다. 끝으로 늘 변함없는 관심과 지지를 보내주는 가족들에게 사랑의 마음을 전한다.

지은이 조동영

이 책의 구성 요소

| 예제 코드 |

본문에서 설명하는 내용을 다양한 예제 코드로 다시 한 번 학습합니다. 이를 통해 코드의 쓰임새를 확인하고 배울 수 있습니다.

코드 8-3 avg 값에 따른 평가 선택

```
score1 = int(input("1차 성적 : "))
score2 = int(input("2차 성적 : "))
total = score1 + score2
avg = total / 2
if avg > 90 :
    level = "매우 우수"
if 70 <= avg < 90 :
    level = "우수"
if 60 <= avg < 70 :
    level = "보통"
```

| 실습과제 |

앞에서 배운 내용과 코드를 직접 실습해보고 응용하기 위한 과제로 구성되어 있습니다. 배운 내용을 직접 실습해보며 실력을 키울 수 있습니다.

실습과제 3

[실습과제1]에서는 인덱스를 이용하여 한 학생의 자료를 여러 리스트에 저장했다. 여기서는 아
원 리스트 stu를 구성해서 이용한다. 즉, 각 학생의 데이터를 동일한 의미의 자료값 리스트로 표
들을 모아 학급의 성적 정보를 나타내는 리스트를 구성한다. 즉, 파이썬 관점에서는 stu가 한 학
나타내는 변수이다.

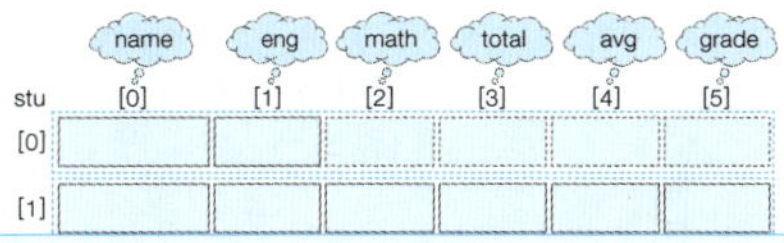

| 그림과 코드박스 |

본문의 내용을 그림을 통해 친절히 설명합니다. 그림으로 개념을 구조화하고 이를 코드로 바로 살펴봅니다.

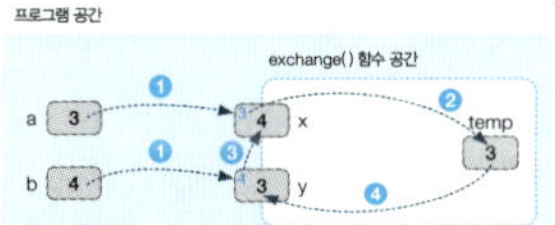

그림 10-17 함수의 인수값 전달

위의 구조에 따라 코드로 작성하면 다음과 같다.

```
def  exchange(a, b):
    temp = a
```

| 여기서 잠깐 |

본문과 관련된 도움말이나 참고로 알아두면 좋은 심화 내용을 담고 있습니다.

여기서 잠깐 **특수한 if 조건식**

일반적으로 if의 조건식은 관계식이나 논리식으로 표현하지만 수치값 또는 문자열을 갖는 수식의 표현도
파이썬은 수식값이 0 또는 널 문자열("")이면 거짓, 그 외는 참으로 판단한다. 따라서, 수식값이 0 또는
이면 선택문장은 실행되지 않는다. 수치값이나 문자열을 if의 조건식으로 사용하는 것은 일반적이지는 않
적으로는 아무런 문제가 없다. 이러한 if문의 예시는 다음과 같다.

- 조건문이 수치값인 경우

```
if (1) : print("하이!")    # 문장 print("하이!")는 항상 실행된다.
if (0) : print("오류!")    # print("오류!")는 항상 실행되지 않는다.
```

- 조건식이 수식인 경우

| 요약 |

해당 장이 끝날 때마다 핵심적인 내용을 요약해서 정리하여 앞에서 배운 내용을 복습할 수 있습니다.

요약

01 컴퓨터에 대한 지식의 요구 수준은 이용 수준에 따라 다르며, 컴퓨터를 기계 장치가 아닌
점으로 접근해서 이해하면 필요에 따라 적절한 수준으로 컴퓨터를 이해 할 수 있다. 컴퓨
컴퓨터 하드웨어와 소프트웨어로 구성되며, 사용자의 데이터 처리 요구를 대신하여 처리
과를 출력한다.

02 컴퓨터는 내부의 모든 데이터 저장을 위해 2진수를 사용하지만 논리적 표현에서는 문자

| 연습문제 |

본문에서 배운 핵심 개념과 문법을 다양한 문제 형식으로 제시하여 자신의 실력을 확인할 수 있습니다.

연습문제

01 다음은 컬렉션형 자료에 대한 설명이다. 바른 것은 어느 것인가?

① 집합과 딕셔너리는 원소의 순서 개념을 가지고 있다.
② 집합과 딕셔너리는 동일 자료값을 서로 다른 원소로 가질 수 있다.
③ 리스트와 튜플은 원소의 추가, 삭제, 변경이 가능하다.
④ 리스트와 튜플은 동일 자료값을 서로 다른 원소로 가질 수 있다.

• 강의 보조 자료

한빛아카데미 홈페이지에서 '교수회원'으로 가입하신 분은 인증 후 교수용 강의 보조 자료를 제공받을 수 있습니다. 한빛아카데미 홈페이지 상단의 〈교수전용공간〉 메뉴를 클릭하세요.
http://www.hanbit.co.kr/academy

• 실습 자료

실습에 필요한 자료는 아래 주소에서 내려받을 수 있습니다.
http://www.hanbit.co.kr/src/4594

• 실습 환경

이 책의 실습 환경은 다음과 같습니다. 학습을 시작하기 전에 실습 도구인 파이썬을 꼭 설치하세요.

- **운영체제 :** Windows 10(Windows 7 이후라면 모두 사용 가능)
- **실습도구 :** Python 3.10

• 연습문제 해답 안내

이 책은 대학 강의용 교재로 개발되었으므로 연습문제 해답을 제공하지 않습니다.

PART 01 프로그래밍을 위한 컴퓨터 개론

Chapter 01 4차 산업혁명과 컴퓨팅 사고

Chapter 02 컴퓨터와 데이터 표현

Chapter 03 컴퓨터 하드웨어와 소프트웨어

Chapter 06 파이썬 기본

Chapter 07 입출력문

PART 01

프로그래밍을 위한 컴퓨터 개론

PART 01

프로그래밍을 위한 컴퓨터 개론

CHAPTER 01

4차 산업혁명과 컴퓨팅 사고

학습목표

- 4차 산업혁명의 개념과 특성을 이해한다.
- 4차 산업혁명의 핵심 기술을 이해한다.
- 컴퓨팅 사고의 개념과 그 구성 요소를 이해한다.

01 4차 산업혁명의 이해

1 4차 산업혁명의 개념

다가오는 미래 사회를 4차 산업혁명의 시대라고 한다. 4차 산업혁명의 물결은 우리를 힘들고 어렵게 하기도 하지만 변화의 방향을 정확히 읽고 미리 대비한다면, 새로운 성공의 기회가 될 수도 있다. 이 장에서는 4차 산업혁명의 개념, 이전 산업혁명과의 차이점, 그리고 이 시대에 우리들에게 요구되는 역량에 대하여 설명한다.

4차 산업혁명은 2016년 다보스 세계경제포럼WEF에서 '4차 산업혁명의 이해Mastering the Fourth Industrial Revolution'를 주제로 다루면서 공론화된 개념이다. 미래 사회에는 인공지능과 사물인터넷 등 최첨단 정보통신기술의 발전으로 생산성이 크게 향상되고, 정치, 경제, 문화 등 사회 전반에 걸쳐 급속한 변화가 일어나며, 이런 변화의 속도와 폭, 깊이가 이전의 산업혁명과는 차원이 다를 것으로 예측된다.

TIP 산업혁명이란 혁신적인 기술의 출현으로 산업구조 전반의 질적인 변화 및 사회 전반에 걸친 혁명적인 변화를 말한다.

그림 1-1 산업혁명의 발전과정

[그림 1-1]은 산업혁명의 발전과정이다. 1784년에 영국의 증기기관 발명으로 시작된 1차 산업혁명은 농경사회를 산업사회로 변화시켰고, 1870년대에 미국의 전기에너지 사용으로 시작된 2차 산업혁명은 산업시설의 공장화를 통해 대량 생산시대를 열었다. 그리고 1980~90년대에 컴퓨터와 인터넷의 대중화로 시작된 3차 산업혁명은 현재의 정보화 시대를 열었고, 2010년대 중반부터 시작되어 현재 진행 중인 4차 산업혁명은 이제 정보화 시대를 넘어 인터넷과 인공지능을 기반으로 세상 모든 것들이 상호 연결되는 지능정보화 사회를 예고하고 있

다. 이런 4차 산업혁명은 생산성을 극대화시켜 과거에 사람들의 힘만으로는 불가능했거나 수천, 수만 명을 동원해야 가능했던 일들을 단 한 사람이 수행할 수 있게 한다.

2 4차 산업혁명의 특성

현재 진행 중인 4차 산업혁명에 대해서는 여러 가지 견해가 있지만 공통적인 한 가지는 4차 산업혁명이 주도하는 미래 사회는 초연결성, 초지능화, 초현실화, 기술융합으로 특징지어질 것이라는 점이다.

초연결성

초연결성Hyper-Connectivity이란 사물인터넷과 클라우드 컴퓨팅, 모바일 컴퓨팅 등 정보통신 기술을 기반으로 인간과 사물, 사물과 사물, 사물과 정보시스템이 서로 실시간으로 연결되는 초연결 사회가 되는 것을 말한다. 초연결성은 미래 사회의 가장 큰 특징이다. 지구상에 존재하는 대부분의 사물이 유무선 네트워크로 연결되는 사물인터넷IoT: Internet of Things 시대가 되고, 궁극적으로는 세상의 모든 것이 연결되어 정보를 공유하고 상호작용하는 만물인터넷IoE: Internet of Everything 시대를 열게 될 것이다. 특히 사물에 부착된 센서가 만들어 내는 초연결성은 원하는 데이터를 실시간으로 수집하고 이를 정보로 가공해서 활용할 수 있게 한다. 예를 들면, 집 밖에 있더라도 날씨가 추워지면 보일러를 켜서 집안의 온도를 적정 수준으로 유지하고, 비가 오면 열린 창문을 닫는 등 인터넷을 통해 연결된 사물은 시간과 공간의 제약을 뛰어넘어 새로운 기능과 서비스를 제공하게 된다.

(a) 초연결 사회 (b) 디지털 지능화 사회

그림 1-2 초연결성의 특징

초지능화

초지능화Hyper-Intelligence란 빅데이터, 기계학습, 로봇기술 등의 융합으로 사물이 인공지능을 장착하여 인간처럼 학습하고 지능화되어 인간의 능력을 뛰어넘는 인공지능 사회가 되는 것을 말한다. 특히 사물의 인공지능화로 여러 분야에서 무인자동화가 가능해진다. 우리는 2016년 프로기사 이세돌과 알파고Alphago의 바둑대결(알파고 4:1 승)로 인공지능의 위력을 실감했고, 자율주행, 음악, 미술 등 그동안 인간의 고유영역이었던 창의적 사고와 예술 영역에서도 인공지능의 가능성이 입증되면서 이미 사회 전반에 인공지능을 본격적으로 활용하고 있다. 미래의 초지능화 사회에서는 트랜스휴먼Trans-Human, 포스트휴먼Post-Human 등 사이보그와 인간의 공존이 예고되기도 한다. 초지능화는 초연결성과 함께 4차 산업혁명의 핵심적인 특징이다.

TIP 트랜스휴먼이란 현재의 인간과 신인류 사이에 등장하는 기계화된 인간이나 사이보그 같은 존재를 말하는 것이고, 포스트휴먼이란 육체적·정신적 능력이 현재의 인류와는 전혀 다른 인간, 즉 신인류를 말한다.

(a) 알파고와 이세돌

(b) 인공지능을 장착한 기계

그림 1-3 초지능화의 사례

초현실화

초현실화Hyper-Reality란 가상현실VR, 증강현실AR, 혼합현실MR 그리고 컴퓨터 시뮬레이션 등의 기술융합을 통해 시간과 공간, 가상과 현실의 경계를 넘나드는 초현실적인 신세계의 체험이 가능한 사회가 되는 것을 말한다. 예를 들면, 전설상의 도시 아틀란티스와 같은 미지세계 탐험이나 인체 내부의 마이크로 탐험, 활화산의 중심부 탐험 등 인간이 현실에서는 접근할 수 없는 세계를 가상세계를 통해 체험할 수 있게 한다. 최근 미래의 신산업으로 주목받고 있는 디지털 트윈Digital Twin과 메타버스metaverse도 이런 초현실화의 한 예이다. 초현실화의 미래 사회에서는 교육, 의학, 쇼핑, 관광, 영화, 공연 등 각 분야에서 시공간의 한계와 가상과 현실의 경계를 넘는 각종 서비스가 제공될 것이다.

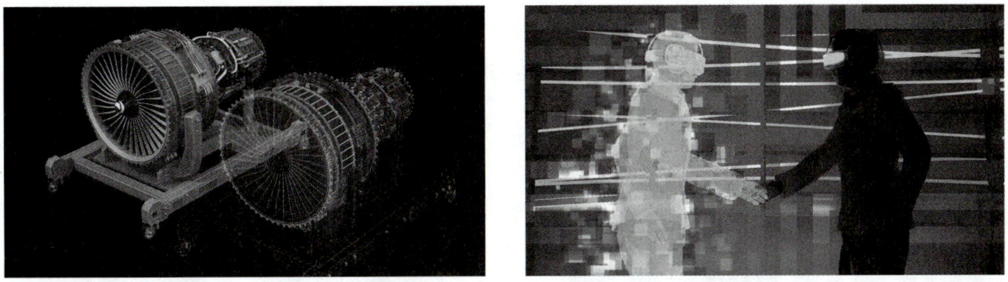

(a) 디지털 트윈　　　　　　　　　　(b) 메타버스

그림 1-4 초현실화의 예시

TIP 디지털 트윈이란 미국 기업 제너럴 일렉트릭(General Electric Company)에서 주창한 개념으로, 컴퓨터에 현실 속 사물의 쌍둥이를 만들고 현실에서 발생할 수 있는 상황을 컴퓨터로 시뮬레이션함으로써 결과를 예측하는 기술을 말한다. 메타버스란 가공·초월을 의미하는 "메타(meta)"와 세계를 의미하는 "유니버스(universe)"의 합성어로, 가상과 현실이 융복합된 디지털 세계·초월 세계를 말한다.

기술융합

기술융합technology convergence이란 4차 산업혁명이 새롭게 출현한 신기술이 아니라 이미 존재하는 분야별 최첨단 기술의 창의적인 융합에 의해 진행된다는 것을 의미한다. 4차 산업혁명을 이끄는 것은 빅데이터, 인공지능, 사물인터넷, 클라우드 컴퓨팅, 모바일 컴퓨팅 등 그동안 축적된 고도의 정보통신 기술들과 의학, 생명과학, 공학, 기계공학 등의 최첨단 기술의 창의적인 융합이다. [그림 1-5]와 같이 현재 정보기술IT, 나노기술NT, 바이오기술BT, 문화기술CT, 환경기술ET, 컴퓨터과학CS 등의 분야별 기반기술을 중심으로 기술융합이 진행되고 있다. 최근 많은 관심과 함께 추진되고 있는 스마트 팜, 스마트 시티, 스마트 자동차, 스마트 도로, 스마트 홈, 스마트 수술실 등의 구현은 이런 기술융합의 대표적인 예라고 할 수 있다.

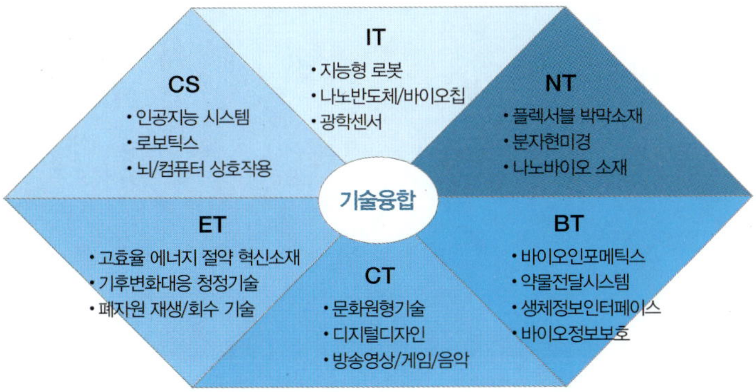

그림 1-5 다양한 기술융합의 예

기술융합은 현재의 개별 기술을 융합하여 새롭게 조합하는 창의적인 사고, 개별 기술의 장점을 선택적으로 활용하는 유연한 사고, 그리고 개별 기술의 기능을 연결해서 하나의 시스템으로 통합하는 종합적인 사고를 필요로 한다.

(a) 스마트 팜

(b) 스마트 팩토리

그림 1-6 기술융합의 예시

02 4차 산업혁명의 핵심 기술

4차 산업혁명을 이끄는 핵심 기술은 인공지능과 ICBM 기술이다. ICBM은 사물인터넷IoT, 클라우드 컴퓨팅Cloud Computing, 빅데이터Big Data, 그리고 모바일 컴퓨팅Mobile Computing 기술을 의미한다. 최근에는 블록체인 기술을 포함하여 ABCDAI, Blockchain, Cloud, Big Data 기술이라 말하기도 한다.

그림 1-7 4차 산업혁명의 핵심 기술

1 인공지능

인공지능Artificial Intelligence이란 1956년에 미국의 전산학자 존 매카시John McCarthy가 처음 사용한 용어로, 컴퓨터가 사람처럼 생각하고 행동할 수 있는 지능을 갖게 하는 기술을 말한다. 인공지능 분야에서는 크게 인지recognition, 추론학습inferencing-learning, 행동action 영역을 연구한다.

인지 연구는 컴퓨터도 사람처럼 특정 상대와 대화할 수 있게 하려는 것으로, 대표적인 연구로는 자연어 처리, 문장 이해, 음성 인식, 이미지·동영상 인식 등이 있다. 추론학습 연구는 미리 정해 둔 규칙rule에 따라 수집된 자료를 처리하고 결론을 도출해서 새로운 지식을 축적하게 하려는 것으로, 이전의 전문가시스템, 지식처리 연구와 최근의 데이터 마이닝, 기계학습, 딥러닝, 인공신경망 연구가 여기에 속한다. 그리고 행동 연구는 컴퓨터 처리에 따른 판단 결과를 직접 실행하게 하는 기술로, 예를 들면, 자율주행 연구와 챗봇chatbot 연구 등이 있다.

(a) 인공지능과 로봇 (b) 자율주행 로봇

그림 1-8 인공지능의 사례

특히 인공지능과 관련해서 최근 기계학습, 딥러닝, 인공신경망 등이 많이 부각되고 있다. 이들은 모두 인공지능의 학습 관련 기술이다. 기계학습은 기본적인 규칙만 주어진 상태에서 입력받은 정보를 이용해서 스스로 학습하는 것이고, 인공신경망은 인간의 뉴런 구조를 본떠서 만든 기계학습 모델이다. 그리고 딥러닝은 입력과 출력 사이에 있는 인공 뉴런을 여러 개의 층으로 쌓고 연결한 인공신경망 기법을 다루는 연구로, 이들의 관계는 '인공지능 ⊃ 기계학습 ⊃ 인공신경망 ⊃ 딥러닝'이 된다.

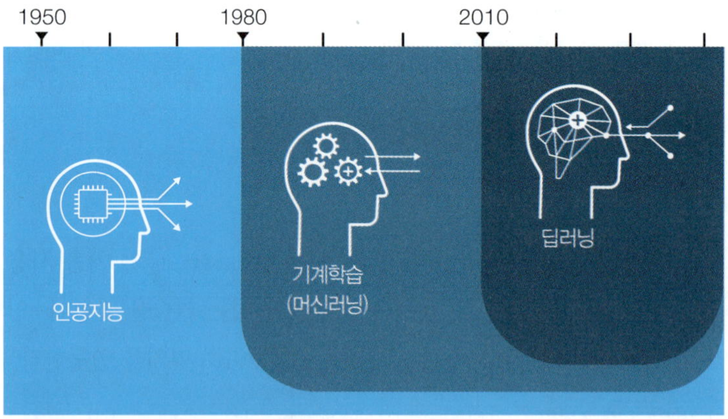

그림 1-9 인공지능 연구의 발전과정

2 빅데이터

빅데이터Big Data는 기존 데이터베이스 관리 능력을 넘어서는 엄청난 양의 정형structured 또는 비정형unstructured의 데이터를 분석하여 이들 데이터에 내재된 가치를 추출하는 기술이다. 2000년대에 들어 다양한 빅데이터 플랫폼이 등장하면서 빅데이터 처리가 가능해졌다.

TIP 2003년에 구글에서 발표한 병렬/분산 처리 프레임워크인 하둡(Hadoop)이 대표적인 것으로, Cassandra, Hbase, MongoDB 등 NoSQL 솔루션이 빅데이터 처리에 주로 사용된다.

빅데이터는 대용량성Volume, 다양성Variety, 속도성Velocity이라는 3V 특성을 가진다. 대용량성은 처리해야 할 데이터 용량이 수백 테라바이트 이상의 대용량이라는 의미이고, 다양성은 문자·숫자 같은 정형화된 데이터 외에 긴 문장이나 여러 가지 형식의 문서, 사진, 음향, 동영상, 각종 센싱 데이터 등의 비정형 데이터를 포함한다는 의미이다. 그리고 속도성은 데이터 발생에서 분석 및 활용까지의 처리 시간이 매우 짧다는 의미이다. 최근에는 빅데이터에서 추출되는 정보의 가치Value를 강조하여 4V로 말하기도 한다.

그림 1-10 빅데이터를 가장 잘 활용하는 스타벅스

빅데이터의 활용 분야는 무궁무진하여, 이미 많은 국가와 기업에서 여러 가지 방법으로 이용되고 있다. 예를 들면, 아마존amazon에서는 고객들의 쇼핑 빅데이터 분석을 통해 "18~45세의 남성으로, 외국 영화를 즐겨 보며, 수입이 3000달러 이상이고 임대주택에 거주하는 고객"이 어떤 상품을 좋아할지를 정확히 예측하고, 예측에 따른 추천 상품을 해당 고객이 쇼핑을 하는 동안 배너 형태로 제공한다. 이 외에도 스타벅스의 매장 위치 선정, 할리우드의 영화 흥행 예측 및 마케팅 관리, 넷플릭스의 드라마 수요 조사 및 흥행 예측 등에 많은 기업에서 빅데이터가 적극 활용되고 있고, 버스 운행노선 구축, 선거전략 수립, 교육수요 예측 등 공공분야에서도 빅데이터가 다양하게 활용되고 있다.

빅데이터는 주로 미래 예측, 잠재 수요 발굴, 리스크 경감, 맞춤형 서비스 제공, 위험신호의 실시간 파악 등 특히 과거의 데이터 관리로는 불가능했던 분야에서 문제 해결에 다방면으로 활용되고 있다.

3 사물인터넷

사물인터넷IoT, Internet of Things이란 1999년 미국 MIT의 오토아이디 센터Auto-ID Center의 케빈 애슈턴Kevin Ashton이 "RFIDRadio frequency identification를 이용한 사물의 인터넷 연결"을 발표하면서 처음 사용한 용어로, 각종 사물에 센서와 통신 기능을 내장하여 인터넷에 연결하는 기술을 말한다. 사물인터넷은 각종 사물을 단순히 인터넷에 연결하는 것만이 아니라, 사물 간의 연결을 통해 혁신적인 서비스를 제공한다. 즉, 사물을 서로 연결하여 개별적으로는 제공하지 못했던 새로운 기능을 제공하게 하고, 궁극적으로는 모든 사물의 연결을 통해 사물을 지능화하고 자동화하여 사람들에게 더 나은 서비스를 제공하게 된다.

그림 1-11 사물인터넷

사물인터넷을 구현하는 핵심 기술은 센싱 기술, 네트워킹 기술, 서비스 인터페이스 기술이다. 센싱 기술이란 온도, 습도, 열, 가스, 조도, 초음파 등 다양한 센서를 이용하여 원격감지, 위치 및 동작 추적 등을 통해 사물과 주변 환경으로부터 정보를 획득하는 것을 말한다. 네트워킹 기술이란 5G/LTE, WiFi, 블루투스, 비콘, 위성통신 등을 이용하여 인간과 사물, 서비스 등 분산환경의 요소를 상호 연결하는 유무선 네트워크를 구축하는 것을 말한다. 서비스 인터페이스 기술이란 사물인터넷을 통해 사람과 사물, 그리고 다양한 응용 서비스를 연동시키는 것을 말한다. 인공지능과 빅데이터가 초지능사회를 실현하는 핵심 기술이라면 사물인터넷은 초연결사회를 실현하는 핵심 기술이다.

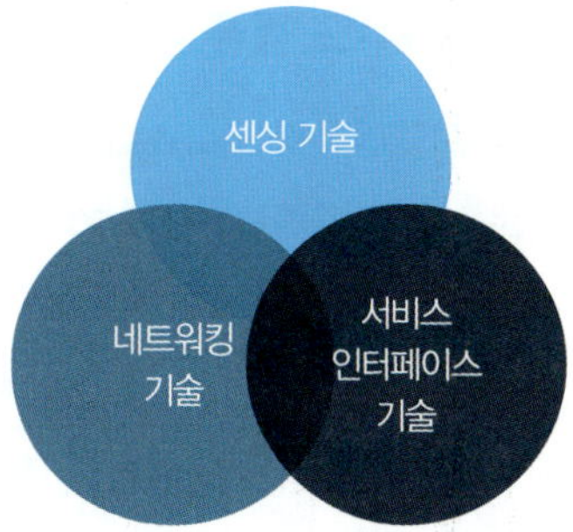

그림 1-12 IoT의 주요 기술

IoT의 하위 개념으로 M2M Machine To Machine, 상위 개념으로 IoE Internet Of Everything가 있다. M2M이란 사람이 전혀 개입하지 않거나 최소한으로 개입하는 기기 및 사물 사이의 통신을 말하고, IoE란 세상 모든 것이 네트워크에 연결되어 새로운 가치를 창출하는 서비스를 말한다.

사물인터넷은 환경, 도시, 물류, 농업, 공장, 자동차, 건축 등 앞으로 여러 산업 영역에서 이용될 수 있다. 최근 실용화되고 있는 스마트 홈은 IoT 활용의 대표적인 예이고, 이외에도 최근 정부에서 적극적으로 추진 중인 스마트 팜, 스마트 시티, 스마트 가로등, 스마트 도로, 스마트 항만 구축 등도 IoT의 구현 사례라고 할 수 있다.

그림 1-13 스마트 시티

4 클라우드 컴퓨팅

클라우드 컴퓨팅Cloud Computing이란 네트워크나 인터넷 등을 구름으로 표시한 데서 유래한 용어로, 사용자들이 구름에 가려진 컴퓨팅 방식을 알지 못하더라도 컴퓨터를 잘 사용할 수 있게 하려는 기술을 말한다. 즉, 클라우드 컴퓨팅이란 '사용자가 원할 때 즉시on-demand self-service, 어떤 채널로든 통신망에 접속해서broad network access, 필요한 IT 자원(예를 들면, 컴퓨팅 파워, 데이터 저장소 등)을 위치에 관계없이resource pooling, 필요한 만큼 사용하고rapid elasticity, 사용한 만큼 대금을 지불하는measured service 방식'으로, 궁극적으로 개인이나 기업이 원격지에 있는 컴퓨터나 저장장치를 필요할 때 필요한 만큼 사용하고 사용한 만큼 대금을 지불하는 것을 말한다.

그림 1-14 클라우드 컴퓨팅

클라우드 컴퓨팅은 인공지능, 빅데이터, 사물인터넷, 5G 등과 함께 초연결·초지능 사회의 디지털 플랫폼 구현을 위한 필수 기술이다. 예를 들면, 스마트 팩토리나 디지털 의료 등이 발전하기 위해서는 엄청나게 많은 데이터가 실시간으로 수집, 분석, 이용되어야 하는데, 이것은 과거와 같은 중앙집중식 컴퓨팅 또는 클라이언트/서버 컴퓨팅으로는 감당할 수 없고, 클라우드 컴퓨팅 환경이 구축되어야 가능하다.

이 외에도 4차 산업혁명을 이끄는 기술로는 모바일 컴퓨팅Mobile Computing, AR·VR, 블록체인, 3D 프린팅, 드론, 로봇, 탄소나노 신소재 등을 들 수 있다. 이러한 기술이 스마트 시티, 스마트 팜, 스마트 팩토리, 스마트 캠퍼스, 스마트 홈, 스마트 워크, 스마트 케어, 스마트 모빌리티 등 각 분야에서 기존의 기술과 창의적이고 혁신적으로 융합되어 미래 사회의 변화를 이끌어 갈 것이다.

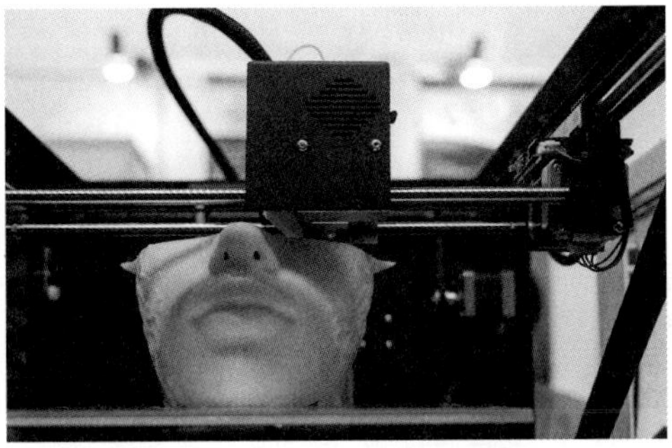

(a) 3D 프린팅

(b) 드론

그림 1-15 4차 산업혁명의 선도 기술 사례

03 컴퓨팅 사고

1 컴퓨팅 사고의 개념

과거의 산업혁명들이 증기기관, 발전기, 컴퓨터 등에 의한 하드웨어 혁명이었다면 4차 산업혁명은 기술융합에 의한 소프트웨어 혁명으로, 창의적이고 혁신적인 소프트웨어의 개발이 그 중심을 이룬다. 4차 산업혁명 시대에는 모든 분야에서 컴퓨터의 활용이 필수적이므로 컴퓨팅 사고 능력과 함께 컴퓨터를 이용한 창의적인 문제 해결 역량을 길러야 한다.

컴퓨팅 사고computational thinking는 2006년 미국 카네기 멜런 대학의 자넷 윙Jeannette Wing 교수가 미래 사회의 핵심역량으로 제시한 개념이다. 다가오는 시대에 사람들은 문제 해결을 위해 컴퓨터 과학자들처럼 체계적이고 논리적으로 사고할 수 있는 역량을 갖추어야 한다는 것으로, 컴퓨팅 사고는 특정 사람들에게만 필요한 전문적인 역량이 아니라 읽기, 쓰기, 셈하기와 같이 모든 사람들에게 필요한 기본적인 역량이라는 것이다.

TIP 컴퓨팅 사고는 윙 교수가 2006년 Communications of the ACM에 기고한 논문("Computational Thinking", Communications of the ACM, 49(3), 33–35)에서 제시한 용어로, 이는 1980년에 미국 MIT의 시모어 패퍼트(Seymour Papert) 교수가 처음 사용했다.

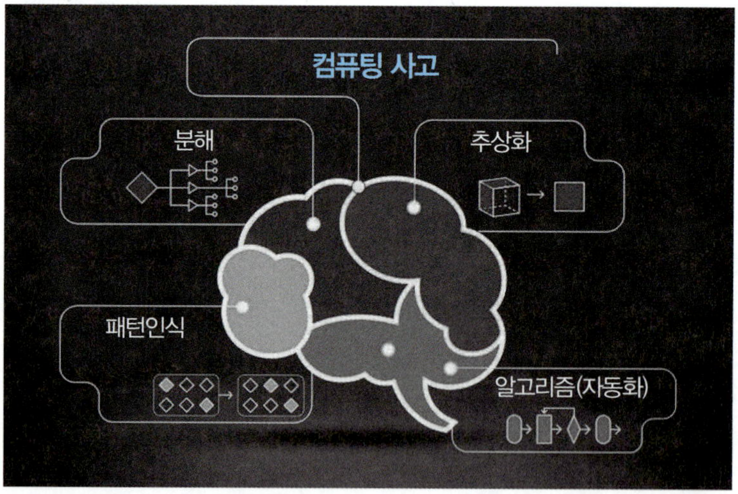

그림 1-16 컴퓨팅 사고의 구성 요소

윙 교수의 주창 이후, 컴퓨팅 사고에 대해서 여러 가지 견해가 제시되었는데, 이들 견해에는 분해 사고, 패턴인식 사고, 추상화 사고, 알고리즘 사고, 자동화 사고 등의 구성 요소가 공통적으로 포함된다.

2 컴퓨팅 사고의 구성 요소

분해 사고

분해decomposition 사고란 복잡한 문제를 보다 단순한 작은 문제로 분할해서 이들 작은 문제를 먼저 해결함으로써 전체 문제를 해결하는 것을 말한다. 문제가 복잡하면 이를 단번에 해결하는 것이 쉽지 않은데, 이런 경우 덜 복잡하고 작은 문제들로 분해할 수 있다면 문제 해결이 훨씬 용이해진다. 숨은 그림을 찾을 때 전체 그림을 여러 영역으로 분할해서 영역별로 찾는 것이나, 여행을 계획할 때 일정, 숙박, 교통, 예산 등으로 구분해서 계획을 수립하는 것은 분해 사고의 예라 할 수 있다.

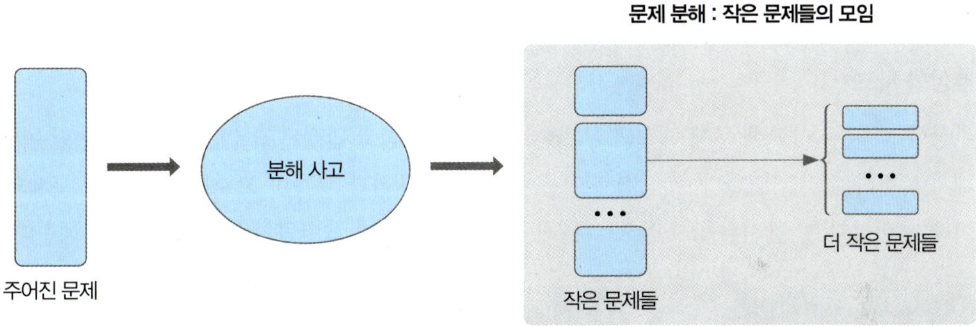

그림 1-17 분해 사고

패턴인식 사고

패턴인식pattern recognition 사고란 데이터 또는 처리 방법에서 반복되는 규칙이나 일정한 패턴이 있는지를 파악하여 문제를 해결하는 것을 말한다. 주어진 문제에 이미 해결했던 과거의 문제와 유사한 패턴이 있다면 예전의 해결 방법을 적용해서 해결 가능성을 모색한다. 수학의 수열에서 나열된 숫자의 규칙성을 파악하여 n번째 숫자를 알아내거나 다양한 필기 패턴을 이용하여 필기체 문자를 인식하는 것 또는 특정 야생식물을 식물도감의 사진과 비교해서 식별하는 것 등은 모두 패턴인식 사고의 예라 할 수 있다.

$A_0=3, A_1=3, A_2=6, A_3=9, A_4=15, A_5=24, \cdots\cdots, A_{10}=?$

위 수열에서는 2항부터 각 항은 직전 두 항의 합이 된다. 따라서 A_6항부터는 $A_6=A_4+A_5=39$, $A_7=63$, $A_8=102$, $A_9=165$, $A_{10}=267$의 순서로 나열된다.

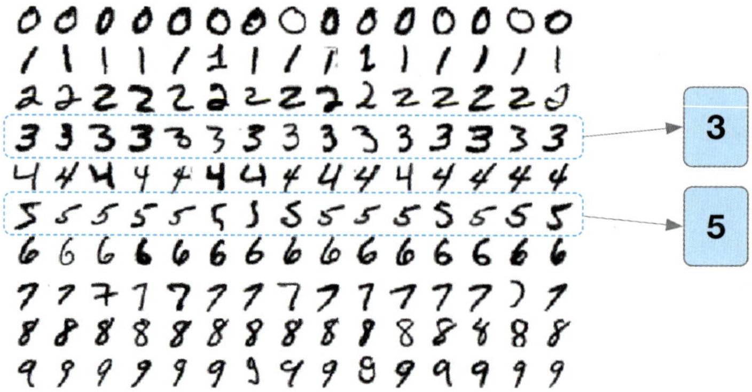

그림 1-18 패턴인식 사고 : 필기체 문자인식

추상화 사고

추상화abstraction 사고란 문제 해결과 무관한 요소를 제거하고 관련된 요소만으로 문제를 단순화해서 해결하는 것을 말한다. 추상화 사고를 통해 문제 해결과 무관한 요소를 제거하면 문제의 이해가 쉬워지고, 관련된 요소만으로 문제를 다시 정리하면 그만큼 문제 해결이 용이해진다.

그림 1-19 피카소의 황소

[그림 1-19]는 피카소의 황소 그림이다. 피카소는 처음 황소를 그릴 때는 왼쪽 위와 같이 섬세하게 그렸지만 점차 추상화하여 나중에는 왼쪽 아래와 같이 그렸는데, 중요한 것은 추상화해서 그려도 여전히 황소의 주된 특징은 남아있어서 사람들에게 황소의 이미지를 전달한다는 점이다. 이와 같이 추상화 사고의 핵심은 문제 해결에 꼭 필요한 주요한 특성만을 파악해 내는 것으로, 요약적 사고 또는 일반화 사고라고도 한다.

[그림 1-20]의 (a)는 품종, 털색 등의 차이를 무시하고 개들을 단순히 "반려견"이라는 개념으로 일반화하고, (b)는 사람들의 개인적인 특성을 무시하고 단순히 이름, 성별, 직업의 세 가지 특성으로만 요약한 추상화 사고의 예이다.

(a) 개념의 일반화

(b) 데이터 요약

그림 1-20 추상화 사고

알고리즘 사고

알고리즘algorithms 사고란 분해, 패턴인식, 추상화 등의 사고를 통해 생각해 낸 문제 해결 방법을 단계적으로 설계해서 표현하는 것으로, 알고리즘은 문제 해결을 위한 일종의 실행명령서와 같다. 따라서 알고리즘은 다른 사람들이 이해하고 그대로 실행할 수 있도록 각 처리절차를 명확하게 표현하되 반드시 결과를 도출한 후에 종료되도록 작성되어야 한다. 라면 봉지에 표시된 조리방법과 같이 잘 작성된 레시피는 그대로 따라 하면 누구든지 해당 음식을 요리할 수 있으므로 알고리즘의 예라고 할 수 있다.

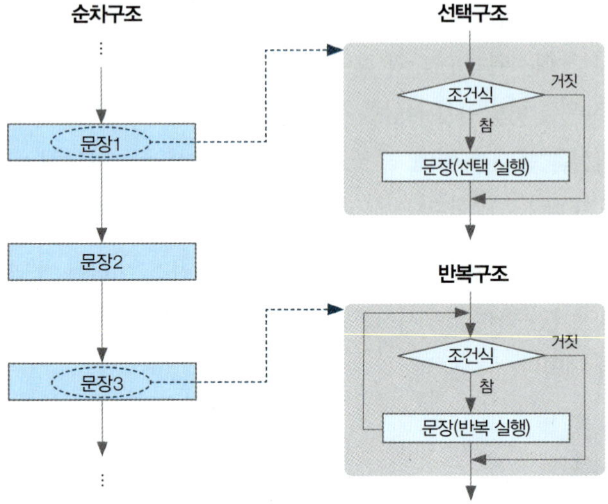

그림 1-21 알고리즘의 처리구조

자동화 사고

자동화automation 사고란 컴퓨터를 이용한 문제 해결 방법으로 자동화를 고려하는 것을 말한다. 자동화는 파이썬이나 자바와 같은 프로그래밍 도구를 이용하여 문제 해결 알고리즘을 컴퓨터 프로그램으로 표현하고(이 단계를 코딩coding이라고 한다) 이를 컴퓨터로 실행하여 문제 해결 결과를 확인하는 것이다. 자동화를 하려면 컴퓨터 프로그램을 작성해야 하는데, 이를 위해서는 컴퓨터 언어를 다루고 프로그래밍을 할 수 있어야 한다.

3 컴퓨팅 사고의 사례

사실 컴퓨팅 사고는 컴퓨터 프로그래밍에만 필요한 것이 아니다. 밀린 과제의 실행 순서 결정이나 잃어버린 지갑 찾기와 같은 실생활의 문제에도 적용할 수 있는 사고 방법이다. 예를 들면, 우리는 집안에서 잃어버린 지갑을 찾을 때 "거실에 없으면 안방에서 찾는다. 안방에도 없으면 서재에서 찾는다. 그래도 없으면 지갑을 새로 구매한다."와 같이 단계적으로, 선택적으로 그리고 반복적으로 사고하면서 문제를 해결한다.

또한 컴퓨팅 사고는 업무 영역에도 적용할 수 있다. 구내식당에서 손님들의 대기시간을 줄이기 위해 음식의 종류에 따라 대기열을 분리 운영해서 음식 대기로 인해 낭비되는 시간을 줄이거나 은행이나 관공서에서 고객에게 대기순서표를 배부해서 대기로 인한 불편을 해소하는 것은 컴퓨터 시스템의 입출력 채널링 기법이나 큐를 모델링하여 대기열을 가상화한 컴퓨팅 사고의 예라고 할 수 있다.

그림 1-22 은행의 대기열

이런 컴퓨팅 사고는 창의적인 사고 방법으로, 특히 정답이 정해지지 않은 문제Open-ended Problem의 해결 방법을 도출하는 데 유용하다. 최근 세계 각국에서 소프트웨어 교육을 강화하는 것은 단지 우수한 컴퓨터 프로그래밍 전문가를 육성하려는 것만이 아니라, 모든 분야에서 컴퓨팅 사고 역량을 가진 인재를 육성하려는 것이기도 하다.

컴퓨터를 이용한 문제 해결 과정은 대체로 [그림 1-23]과 같다. 컴퓨터를 이용해서 문제를 해결하려면 컴퓨팅 사고를 통해 문제 해결 방법을 생각해서 알고리즘으로 나타내고, 이를 컴퓨터 언어를 이용한 코딩을 통해 컴퓨터 프로그램으로 구현해야 한다. 컴퓨터 프로그램은 알고리즘의 구현 방법의 하나다. 이런 이유로 컴퓨팅 사고는 알고리즘 사고 또는 프로그래밍 사고라고도 하고 소프트웨어 사고라고도 한다. Part 02에서는 파이썬 언어를 이용한 프로그램 작성법을 다룬다.

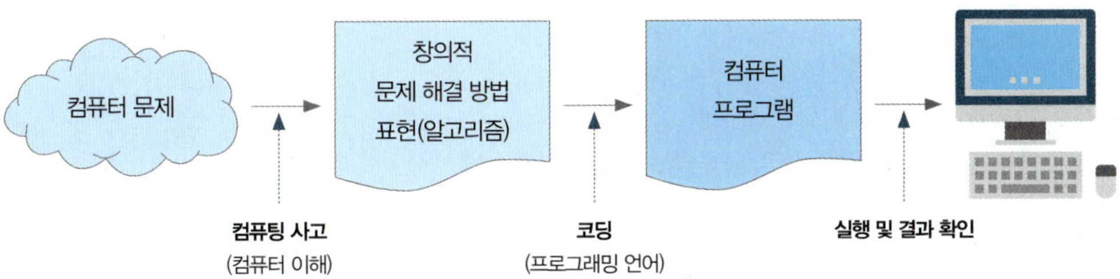

그림 1-23 컴퓨터 문제 해결 과정과 컴퓨팅 사고

요약

01 산업혁명은 혁신적인 기술의 출현으로 인해 산업구조 전반의 질적인 변화는 물론 사회 전반에 걸친 혁명적인 변화를 이끄는 것을 의미한다.

02 1차 산업혁명은 1784년 영국의 증기기관 발명으로, 2차 산업혁명은 1870년대 미국의 전기에너지 사용으로, 3차 산업혁명은 1980~90년대 컴퓨터와 인터넷의 대중화로 시작된 하드웨어 혁명이라면, 4차 산업혁명은 인공지능과 초고속 정보통신 등의 기술융합으로 시작된 소프트웨어 혁명이다.

03 1차 산업혁명은 농경사회를 산업사회로 변화시켰고, 2차 산업혁명과 3차 산업혁명은 각각 공장화를 통해 대량 생산시대와 현재의 정보화 시대를 가져왔다. 그리고 현재 진행 중인 4차 산업혁명은 모든 것들이 상호 연결되고 지능화되는 지능정보화 사회를 예고한다.

04 4차 산업혁명의 핵심적인 특성은 초연결성(Hyper-Connected), 초지능화(Hyper-Reality), 초현실화(Hyper-Intelligent), 기술융합(technology convergence)이다.

05 4차 산업혁명의 이끄는 핵심 기술은 인공지능과 빅데이터, 사물인터넷, 클라우드 컴퓨팅 등이며, 이외 기술들로는 모바일 컴퓨팅, 로봇, 블록체인, 3D 프린팅, AR/VR, 드론, 탄소나노 신소재 등이 있다.

06 컴퓨팅 사고는 문제 해결을 위해 컴퓨터 과학자들처럼 체계적, 논리적으로 사고하는 역량을 의미한다. 컴퓨팅 사고는 읽기, 쓰기 등과 같이 모든 사람들에게 필요한 미래 사회의 보편적인 역량이다.

07 컴퓨팅 사고는 분해 사고와 패턴인식 사고, 추상화 사고와 알고리즘 사고, 자동화 사고 등을 포함하며, 모든 분야의 정답이 정해지지 않은 문제(Open-ended Problem)의 창의적인 해결 방법을 도출하는 데 유용하다.

08 컴퓨팅 사고는 알고리즘 사고, 프로그래밍 사고, 소프트웨어 사고라고도 한다.

연습문제

01 다음은 1~4차 산업혁명을 이끈 핵심 동력을 차례대로 나열한 것이다. 바른 것은 어느 것인가?

① 증기기관–전기에너지–인터넷–인공지능　② 증기기관–전기에너지–인공지능–인터넷

③ 전기에너지–증기기관–컴퓨터–인터넷　④ 전기에너지–증기기관–인터넷–컴퓨터

02 다음 중 4차 산업혁명의 특성과 가장 거리가 먼 것은 어느 것인가?

① 초연결 사회　② 초지능 사회　③ 초고속 사회　④ 기술융합 사회

03 다음은 4차 산업혁명이 초래할 미래 사회에 대한 설명이다. 틀린 것은 어느 것인가?

① 세상 모든 것들이 연결된다.　② 기계와 인간이 공존한다.

③ 모든 사물에 인공지능이 장착된다.　④ 가상세계가 현실세계를 대체한다.

04 다음 중 빅데이터의 특성과 가장 거리가 먼 것은 어느 것인가?

① Variety　② Velocity　③ Visibility　④ Volume

05 다음은 ICBM, ABCD 기술에 대한 설명이다. 바른 것은 어느 것인가?

① ABCD 기술은 인공지능, 블록체인, 클라우드, 딥러닝을 의미한다.

② ICBM 기술은 인터넷, 클라우드, 블록체인, 이동수단 기술을 의미한다.

③ ABCD 기술은 인공지능, 빅데이터, 클라우드, 3D 프린팅을 의미한다.

④ ICBM 기술은 사물인터넷, 클라우드, 빅데이터, 모바일 기술을 의미한다.

06 다음은 컴퓨팅 사고에 대한 설명이다. 틀린 것은 어느 것인가?

① 미국 카네기 멜런 대학의 자넷 윙 교수가 주창한 용어이다.

② 컴퓨터 과학자가 되는 데 요구되는 역량이다.

③ 4차 산업혁명 시대에 요구되는 문제 해결 역량이다.

④ 체계적이고 논리적으로 사고하는 능력이다.

07 다음 중 컴퓨팅 사고의 구성 요소와 가장 거리가 먼 것은 어느 것인가?

① 추상화 사고　② 종합적 사고　③ 패턴인식 사고　④ 자동화 사고

08 다음은 컴퓨팅 사고의 구성 요소 중 하나를 설명한 것이다. 해당하는 것은 어느 것인가?

> 문제 해결과 무관한 요소들을 제거하고, 관련된 요소들로 문제를 단순화한다.

① 분해 사고　② 패턴인식 사고　③ 알고리즘 사고　④ 추상화 사고

09 다음은 문제 해결 과정의 하나를 설명한 것이다. 해당하는 것은 어느 것인가?

> 철수는 주어진 문제를 해결하기 위해 인터넷에서 과거의 이와 유사한 문제와 그 해결 사례들을 조사하여 해당 문제에 적용할 수 있는지 분석하였다.

① 분해 사고　② 패턴인식 사고　③ 추상화 사고　④ 자동화 사고

10 다음은 컴퓨팅 사고에 대한 설명이다. 바른 것은 어느 것인가?

① 정답이 정해지지 않은 문제의 해결에 유용하다.
② 프로그래밍을 통해서만 습득할 수 있다.
③ 컴퓨터를 다루지 않을 경우에는 필요하지 않다.
④ 컴퓨터를 많이 사용하면 저절로 습득된다.

11 사용자가 원할 때 즉시(on-demand self-service), 어떤 채널로든 통신망에 접속해서(broad network access), 필요한 IT 자원(예를 들면, 컴퓨팅 파워, 데이터 저장소 등)을 위치에 관계없이(resource pooling), 필요한 만큼 사용하고(rapid elasticity), 사용한 만큼 대금을 지불하는(measured service) 컴퓨터 이용 방식을 무엇이라고 하는가?

12 빅데이터는 기본적으로 3V의 특성을 가지지만 최근에는 하나를 추가하여 4V의 특성을 가진다고 한다. 빅데이터의 특성인 4V는 무엇인가?

13 4차 산업혁명을 이끄는 기술들을 설명하는 용어로 ICBM, ICBMA, ABCD 기술이 있다. 세 용어에 공통으로 포함되는 기술은 무엇인가?

14 최근 인공지능과 관련하여 기계학습, 딥러닝, 인공신경망 등의 용어가 많이 사용되고 있다. 이들 용어 간의 관계를 간단히 설명하라.

15 인공지능 연구는 크게 3개 영역으로 구분할 수 있다.

– 자연어 처리, 문장 이해, 음성 인식, 이미지·동영상 인식이 포함되는 (   )

– 전문가 시스템, 지식처리 연구, 데이터 마이닝, 기계학습, 인공신경망, 딥러닝이 포함되는 (   )

– 자율주행과 챗봇(chatbot) 연구가 포함되는 (   )

16 윙 교수의 주창 이후, 컴퓨팅 사고에 대해서는 여러 가지 견해들이 있지만, 컴퓨팅 사고는 분해와 추상화, 패턴인식 그리고 (   ), (   )의 요소로 구성된다는 것이 이들 견해의 공통점이다.

서술형 문제

01 일상생활에 컴퓨팅 사고를 적용할 수 있는 사례를 찾아보고, 적용 방법을 설명하라.

02 각자의 전공 분야에서 인공지능이나 빅데이터 기술이 어떻게 응용되고 있는지를 조사하고, 인공지능과 빅데이터 처리에 사용하는 도구로는 어떤 것이 있는지 알아보라.

03 4차 산업혁명의 개념과 특성에 대해 간단히 설명하라.

04 이 책에서 설명한 기술 이외에 산업혁명을 이끌 것으로 기대되는 기술로는 어떤 것이 있는지를 조사하여 각 기술의 의미, 활용 사례 및 전망을 설명하라.

05 다음 중 하나를 선택하여 해당 분야의 개념과 최근의 활용 사례 및 발전 동향을 간단히 설명하라.

> 스마트 팜/팩토리, 스마트 시티, 스마트 자동차, 스마트 케어, 스마트 워크

06 최근 많은 관심을 받고 있는 메타버스 기술의 개념과 이 기술의 활용 사례를 조사하고, 향후 응용 방안을 예를 들어 설명하라.

07 컴퓨팅 사고의 개념과 다가오는 미래 사회에서의 이 사고 역량의 필요성을 설명하라.

08 컴퓨팅 사고의 개념에 대한 여러 가지 견해를 조사해보라.

09 블록체인의 개념과 활용 분야를 조사하고, 블록체인이 가상화폐의 구현기술로 사용되는 원인을 설명하라.

10 디지털 트윈의 개념과 그 구현 사례 및 전망을 조사해보라.

CHAPTER 02
컴퓨터와 데이터 표현

학습목표

- 컴퓨터 시스템의 개념을 이해한다.
- 컴퓨터의 데이터 저장 단위를 이해한다.
- 컴퓨터의 데이터 표현 방식을 이해한다.
- 컴퓨터의 문자와 수 표현 방식을 이해한다.

01 컴퓨터 시스템의 이해

1 시스템의 개념

자동차를 이용하는 모든 사람이 같은 수준의 지식을 갖출 필요는 없다. 대중교통으로 이동한다면 시내버스, 고속버스, 택시 등의 이용 방법만 알면 된다. 자동차를 직접 운전한다면 핸들, 액셀, 브레이크, 기어 등 기계에 대한 간단한 지식과 엔진 오일이나 타이어의 교체 시기 같은 차량 정비에 대한 지식, 교통 법규를 알아야 한다. 자동차를 설계·제작하거나 정비한다면 더 많은 전문 지식을 쌓아야 한다. 컴퓨터도 자동차와 마찬가지여서 이용 수준에 따라 필요한 지식 수준이 달라진다. 그렇다면 컴퓨터 프로그래밍을 시작하려면 컴퓨터를 어느 수준으로 알아야 할까? 그리고 적절한 수준으로 이해하려면 컴퓨터를 어떻게 접근해야 할까? 이 장에서는 이를 위해 필요한 컴퓨터의 이해 방법을 설명한다.

필요에 따라 적절한 수준으로 접근할 수 있는 일반적인 방법은 컴퓨터를 기계 장치가 아닌 시스템으로 이해하는 것이다. 즉, 물리적 기계가 아닌 컴퓨터 시스템이라는 개념적 실체라는 관점에서 컴퓨터에 접근하는 것이다.

시스템이란 특정 목적을 위해 여러 구성 요소가 상호 작용하는 유기적인 체계를 말한다. 시스템이라는 관점에서 특정 대상에 접근하면 대상의 목적, 구성 요소, 구성 요소 간의 유기적인 관계를 나타내는 규칙을 파악하고, 이를 통해 대상을 적정한 수준에서 체계적으로 이해할 수 있다. 예를 들면, 자동차를 물리적 기계 장치가 아닌 자동차 시스템이라는 관점에서 목적(이동수단)과 구성 요소(차체, 운전 기술, 교통 법규), 그리고 구성 요소 간의 상호 관련성 등을 파악하여 체계적으로 접근하는 것이 자동차를 이해하는 데에 더 효과적이다.

2 컴퓨터 시스템의 개념

그렇다면 컴퓨터 시스템이란 무엇을 하는 것인가? 이에 대해서는 다양한 논쟁이 있지만 가장 기본적으로는 데이터 처리data processing를 수행한다는 것이다. 즉, 컴퓨터 시스템의 기능은 데이터를 입력받아 사람들이 원하는 방식으로 가공·처리하여 그 결과(정보)를 출력하는 것이다.

컴퓨터 기술의 발전으로 데이터 처리 성능이 향상됨에 따라 데이터 처리라는 용어 대신 정보 처리, 지식 처리, 데이터 추론, 인공지능 등 보다 추상화되고 고도화된 용어로 컴퓨터 시스템을 설명하기도 하지만, 밑바탕에는 여전히 데이터 처리라는 개념이 자리하고 있다.

TIP 컴퓨터 출현 초기에는 컴퓨터 시스템을 EDPS(Electronic Data Processing System)라고도 했다.

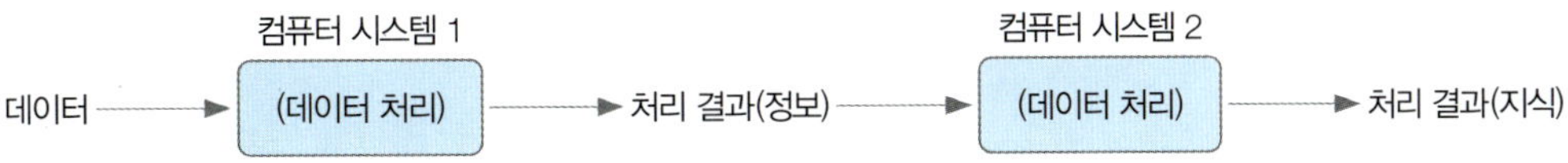

그림 2-1 컴퓨터 시스템의 이해

[그림 2-1]과 같이 외부에서 수집된 자료인 데이터는 처리해야 할 대상으로 컴퓨터 시스템에 입력된다. 예를 들면, 컴퓨터 처리를 위해 입력되는 시험 성적, 인사 정보 등이 모두 데이터이다. 컴퓨터 처리를 통해 가공된 데이터를 정보라고도 한다. 이들은 또 다른 컴퓨터 시스템에 데이터로 입력되어 좀 더 고도화된 정보로 가공될 수도 있다. 이런 이유로 컴퓨터 시스템의 처리 결과는 계층성에 따라 정보, 지식, 추론지식, 인공지능 등 다양한 형태로 설명되고, 다른 컴퓨터 시스템의 데이터가 되기도 한다.

그림 2-2 컴퓨터 시스템의 계층성과 발전과정

컴퓨터 시스템이 사람을 대신하여 데이터를 처리하려면 그 데이터를 컴퓨터 내부에 표현해야 한다. 사람과 컴퓨터의 데이터 표현 방법이 동일하다면, 컴퓨터의 처리 결과를 사람이 바로 이용하는 데 문제가 없겠지만, 실제로는 다르기 때문에 표현 방법의 차이와 변환 과정에서 발생하는 차이를 이해해야 한다. 이 장에서는 컴퓨터 시스템의 구성 요소를 설명하기에 앞서 컴퓨터의 데이터 표현 방법에 대해 설명한다.

02 컴퓨터의 데이터 저장 단위

1 비트와 바이트

컴퓨터 내부에서는 모든 데이터를 2진수로 표현한다. 적정한 크기의 2진수를 단위로 사용해서 자료를 표현한다.

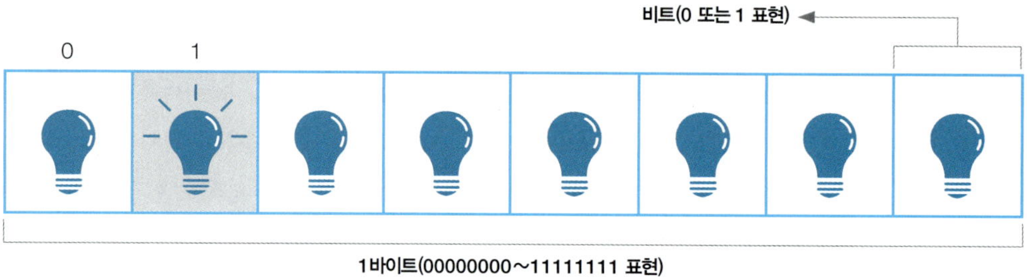

그림 2-3 비트와 바이트

비트bit는 가장 작은 단위로 2진수 한 자리, 즉 0 또는 1로 표현한다. 비트는 두 가지 논리적 상태를 표현한다. 바이트byte는 8비트를 묶은 것으로 문자를 표현하는 데에 사용한다. 1바이트는 2^8=256개의 상태를 표현할 수 있는데, 알파벳, 한글과 같이 한 언어에서 사용하는 문자 개수는 256개를 넘지 않으므로 충분하다.

TIP 영어, 한국어, 일본어 등의 언어에서 사용되는 문자는 128개를 넘지 않는다. 따라서 컴퓨터에서는 알파벳을 기본으로 또 다른 언어의 문자를 더하더라도 256개를 넘지 않으므로 두 개 언어의 문자를 표현하는 데는 1바이트면 충분하다.

컴퓨터 시스템에서 사람의 문자를 바이트 단위의 약속된 2진값들로 표현한 것을 문자 코드라고 한다. 이 부분은 53p에서 설명한다.

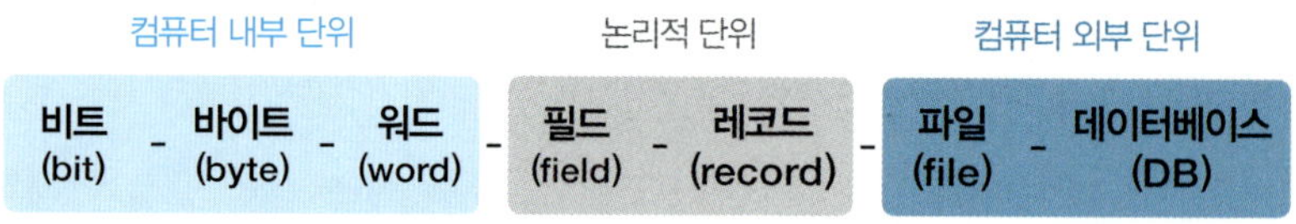

그림 2-4 컴퓨터의 데이터 저장 단위

2 워드

한편 1바이트만으로 나타낼 수 있는 수의 표현 범위는 작다. 그래서 수를 표현할 때는 바이트를 묶어 단위로 사용하는데 이를 워드word라고 한다. 과거에는 4바이트를 기본으로 1워드를 구성하여, 하프워드(16비트), 더블워드(64비트) 등을 수 표현 단위로 사용했는데, 현재는 8바이트(64비트)를 주로 사용한다. 64/32비트 PC라는 명칭은 PC의 기본 수 표현 단위가 64/32비트임을 의미한다. 일반 사용자가 비트와 바이트 단위를 직접 다룰 일은 거의 없을 것이다.

TIP 64/32비트는 수 표현 단위만이 아니라 기계 명령어의 크기 등도 나타낸다.

표현 단위의 차이 때문에 컴퓨터에서 문자와 수는 구분해서 표현해야 한다. 예를 들면, 사람들은 98을 필요에 따라 문자열 또는 수로 적절히 판단하지만, 컴퓨터에서는 반드시 구분해서 문자열로 표현할 때는 따옴표를 이용하여 "98"로, 수로 표현할 때는 98로 표현한다. "98"은 각각 문자 9와 8이라는 연속된 바이트로 컴퓨터 내부에 저장되고, 98은 4바이트 또는 8바이트의 수 표현 단위로 저장된다.

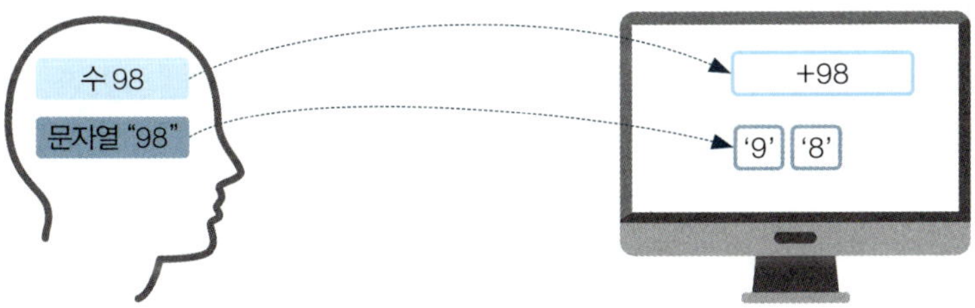

그림 2-5 98과 "98"의 저장 방식

3 필드, 레코드, 파일, 데이터베이스

필드, 레코드, 파일, 데이터베이스는 사람 관점의 논리적인 표현 단위이다. 필드field는 학번, 성명, 주소, 시험 성적 등 특정 대상의 한 데이터 특성(속성이라고 함)을 나타내는 논리적인 최소 데이터 표현 단위이고, 한 대상의 정보를 나타내기 위한 관련된 필드의 모임을 레코드record라고 한다. 예를 들면, [그림 2-6]과 같이 한 학생의 정보는 학번, 성명, 주소, 시험 성적 등으로 구분해서 표현할 수 있는데, 이들 각각을 필드라고 하고, 필드가 모여서 한 학생의 정보를 나타내는데 이것이 레코드이다. 그리고 레코드를 모아 둔 것이 파일file이고, 서류 캐비닛과 같이 파일을 모아 둔 것이 데이터베이스database이다.

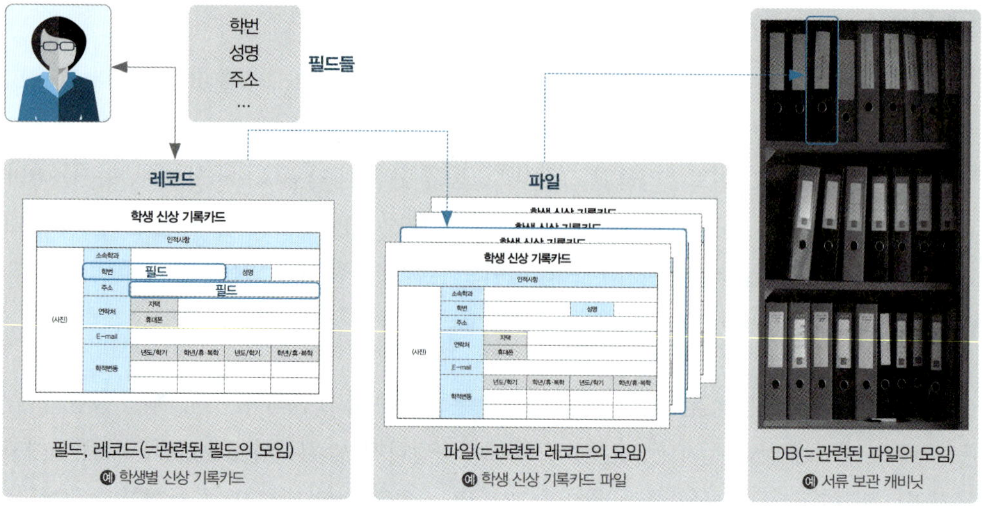

그림 2-6 필드, 레코드, 파일, 데이터베이스의 개념

파일과 데이터베이스의 크기는 개념적으로는 제한이 없기 때문에 하드디스크와 같은 대용량 보조기억장치에 저장된다. 컴퓨터공학에서 데이터베이스는 단순히 서류 파일을 모아 둔 캐비닛보다는 엄격한 개념으로 정의되지만, IT 비전공자들은 특정 처리에 필요한 관련된 모든 데이터 파일의 모임, 즉 서류 캐비닛과 같은 것으로 이해해도 무방하다.

4 보조기억장치

일반적으로 보조기억장치는 대용량으로 구성되기 때문에 [표 2-1]과 같이 KB, MB, GB, TB 등의 단위를 이용해서 저장 용량을 나타낸다. 참고로 2^{10}=1024는 정확히 1000은 아니지만 대략 10진수의 1000에 대응하므로 K(kilo) 단위를 사용하고, MB(=2^{20}bytes), GB(=2^{30}bytes), TB(=2^{40}bytes) 등의 단위도 같은 맥락에서 사용한다. 수년 전만 하더라도 GB 단위의 하드디스크를 주로 사용했지만 최근에는 TB, PB 단위의 사용 빈도가 높아지고 있다.

표 2-1 보조기억장치의 저장 용량 단위

단위	표기	바이트 수(2진)	바이트 수(10진)	바이트 수
킬로바이트	KB	2^{10}	$1000^1 = 10^3$	1KB = 1,024Bytes
메가바이트	MB	2^{20}	$1000^2 = 10^6$	1MB = 1,024KB

단위	표기	바이트 수(2진)	바이트 수(10진)	바이트 수
기가바이트	GB	2^{30}	$1000^3 = 10^9$	1GB = 1,024MB
테라바이트	TB	2^{40}	$1000^4 = 10^{12}$	1TB = 1,024GB
페타바이트	PB	2^{50}	$1000^5 = 10^{15}$	1PB = 1,024TB
엑사바이트	EB	2^{60}	$1000^6 = 10^{18}$	1EB = 1,024PB
제타바이트	ZB	2^{70}	$1000^7 = 10^{21}$	1ZB = 1,024EB
요타바이트	YB	2^{80}	$1000^8 = 10^{24}$	1YB = 1,024ZB

03 컴퓨터의 데이터 표현

1 컴퓨터의 데이터 표현 방식

컴퓨터의 데이터 표현은 근본적으로 데이터를 저장하는 물리적 장치인 기억소자의 특성과 관계된다. 일반적으로 컴퓨터 저장장치는 이진소자(두 가지 상태를 나타낼 수 있고, 특정 시점에는 한 상태만을 나타내는 물리소자)로 구성된다. 개념적으로 이진소자 하나의 상태는 0 또는 1로 표현할 수 있고, 여러 이진소자를 묶어 단위로 사용하면 여러 상태의 저장을 2진수 형태로 표현할 수 있다.

TIP 전구는 켜진 상태와 꺼진 상태를 나타내고, 문은 열린 상태와 닫힌 상태를 나타내므로 이들을 이용하면 0, 1의 두 상태를 표현할 수 있다.

예를 들면, [그림 2-7]과 같이 두 개의 이진소자를 묶어 한 단위로 사용하면, 00, 01, 10, 11의 네 가지 이진 표현이 가능하다. 이런 이유로 컴퓨터 시스템에서는 2진수를 이용해서 데이터를 표현한다.

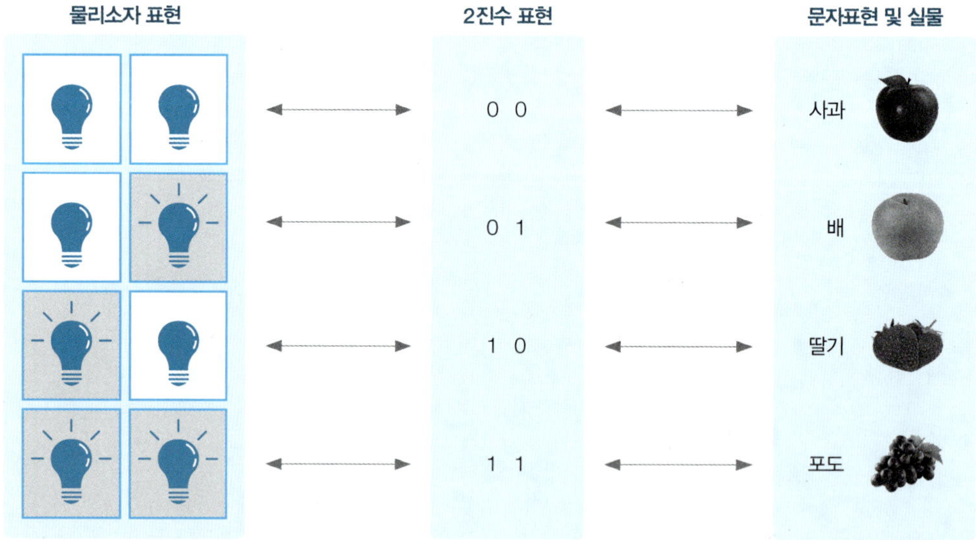

그림 2-7 이진소자를 이용한 데이터 표현 예

컴퓨터에서 이진 표현을 사용하는 또 다른 이유는 경제성 때문이다. 사람들에게 친숙한 십진 표현을 사용하려면 10진수 한 자리로 0~9의 10가지 상태를 나타내야 하는데, 현실적으로 10가지 상태를 나타내는 물리소자는 없으므로 이를 이진소자의 묶음을 이용해서 표현해야 한다. 직관적으로 10진수 한 자리를 나타내기 위해서는 [그림 2-8]과 같이 10개의 이진소자가 필요하다.

TIP 물론 이론적으로 0~9는 0000(=0), 0001(=1), 0010(=2), … 1001(=9)까지 최소 4개의 이진소자를 이용하면 10진수 한 자리를 저장할 수도 있지만 이 경우 설계는 훨씬 복잡해진다.

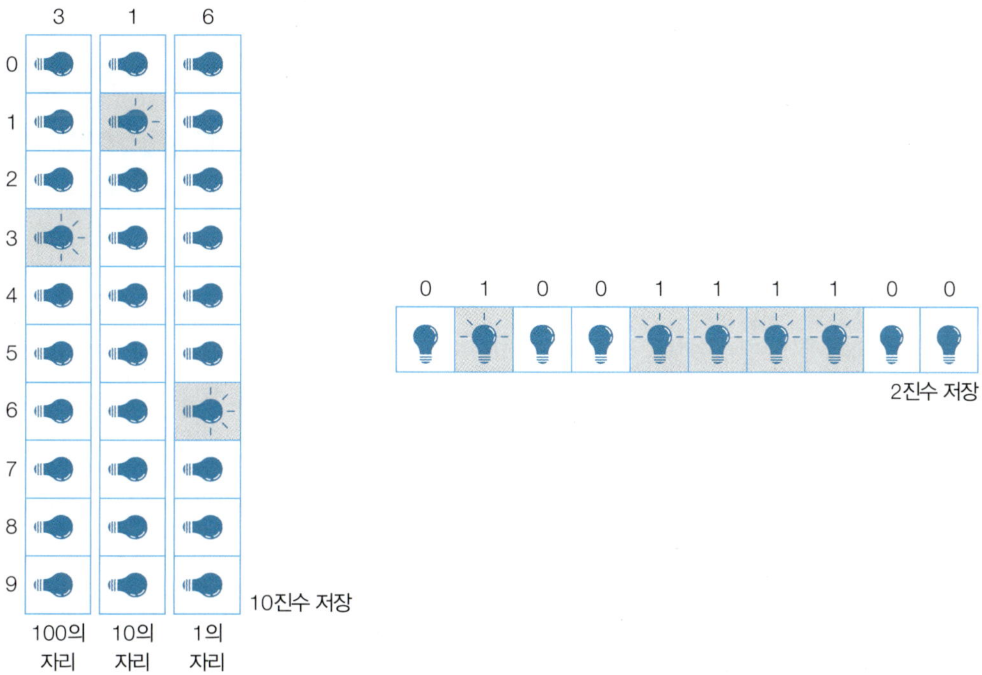

그림 2-8 물리소자(전구)를 이용한 316의 10진수와 2진수 저장 예

예를 들면, 전구는 on/off 상태를 나타내는 이진 기억소자라고 할 수 있는데, [그림 2-8]과 같이 세 자리 10진수를 표현한다면 각 자릿수마다 10개씩 총 30개의 전구가 필요하다. 그러나 2진수로 표현한다면, $(999)_{10}=(1111100111)_2$이므로 최대 열 자리 2진수를 저장해야 하고, 2진수 한 자리는 1개의 전구로 표현할 수 있으므로 10개의 전구가 필요해서 10진수를 사용할 때보다 20개의 전구가 절약된다. 즉, 컴퓨터 시스템의 데이터 표현에 2진수 체계를 사용하면 10진수 체계를 사용할 때보다 훨씬 적은 개수의 이진소자를 사용하여 비용과 공간을 절약할 수 있다.

2 컴퓨터와 사람의 데이터 표현 차이

사람들은 문자와 숫자로 데이터를 표현해 왔다. 알파벳, 한글과 같은 문자는 사람들 사이에 약속된 기호이다. 컴퓨터 시스템은 사람들이 입력한 문자를 약속된 2진수로 변환하여 내부에 저장하고, 필요할 때 다시 문자로 변환해서 사람에게 전달한다. 이렇듯 문자는 사람과 컴퓨터 시스템의 데이터 표현 체계가 다르더라도 정확히 1대 1로 상호 변환이 되므로 특별히 문제가 되지 않는다.

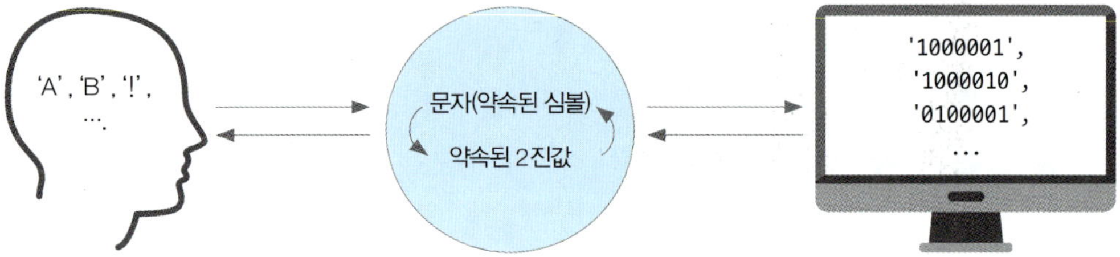

그림 2-9 컴퓨터 시스템의 문자 표현

그러나 수치의 경우, 사람은 10진수를 사용하고 컴퓨터 시스템은 2진수를 사용하므로, 10진수를 컴퓨터 내부에서 2진수로 변환해서 처리하고, 다시 이를 10진수로 변환해서 사람에게 전달해야 하는데, 문제는 10진수와 2진수 사이의 변환 과정에서 오차가 발생할 수 있다는 것이다.

예를 들면, 10진 유한소수 $(0.1)_{10}$을 2진수로 변환하면 $(0.000110001100011\cdots)_2$와 같은 무한소수가 되는데, 컴퓨터 시스템은 유한소수만을 저장하므로 저장 오차가 발생하게 된다. 그래서 사람은 $(0.1)_{10} \times (0.1)_{10}$을 계산하면 $(0.01)_{10}$으로 계산하지만 컴퓨터는 저장 오차로 인해 계산 결과에서도 오차가 발생한다. 이것은 사람과 컴퓨터의 표현 체계가 다르기 때문에 발생하는 피할 수 없는 문제로 오류라고 할 수는 없다. 이런 경우 컴퓨터의 계산 결과는 저장 오차를 감안해서 해석해야 한다.

TIP 수치 해석은 이러한 컴퓨터 처리 결과의 오차를 해석하고 보완한다.

즉, 우리는 컴퓨터 시스템의 수치 데이터 처리 결과에 이런 오차가 발생할 가능성이 있다는 것을 이해하고, 이를 고려하여 컴퓨터 처리 결과를 해석하고 사용해야 한다.

TIP 실제로 0.1×0.1을 컴퓨터로 입력해서 계산하면 0.01이 출력된다. 이것은 컴퓨터 내부의 표현 오차를 고려하여 출력하기 때문이다.

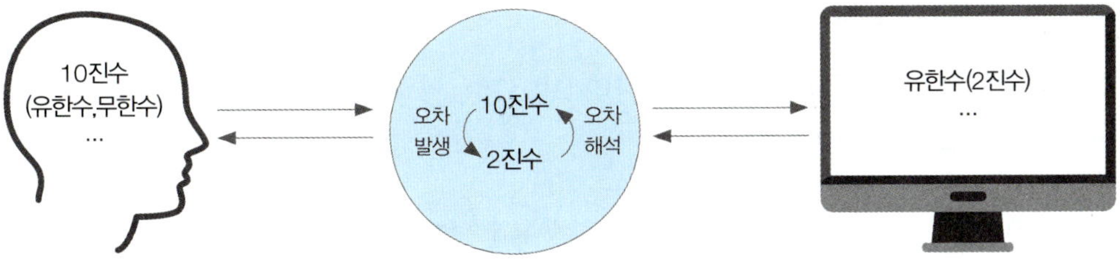

그림 2-10 컴퓨터 시스템의 수 표현

3 컴퓨터 시스템의 수 표현

앞에서 설명한 것처럼 수를 표현할 때 사람은 10진법을, 컴퓨터 시스템은 2진법을 기본적으로 사용한다. 그리고 이런 차이 때문에 컴퓨터 처리 과정에서 상호 변환에 시간이 걸린다. 컴퓨터 시스템에서는 이런 변환 시간을 줄이기 위해 10진수에 좀 더 가까우면서 2진수와는 빠르게 상호 변환할 수 있는 8진수와 16진수를 보완 수단으로 사용하기도 한다.

10진수와 10진소수의 2진수 변환 방법

[그림 2-11]은 10진수와 2진수 간의 변환 방법을 보여준다. 이런 진법의 변환은 이미 배웠을 것이므로 여기서는 설명을 생략한다. 다만 이런 진법의 변환은 연산 과정이 필요하므로 시간이 소요된다는 점을 이해할 필요가 있다.

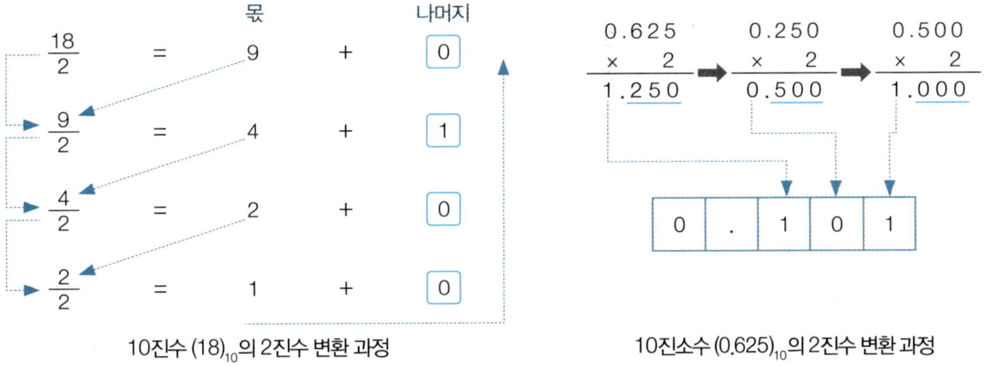

그림 2-11 10진수와 10진소수의 2진수 변환 과정

10진수 $(18)_{10}$을 2진수로 변환하면 $(10010)_2$가 되고, 10진소수 $(0.625)_{10}$은 2진소수 $(0.101)_2$로 변환된다.

2진소수의 10진수 변환 방법

2진소수 $(1010.011)_2$를 10진수로 변환하면 $(10.375)_{10}$이 된다. 10진수와 2진수 간의 변환 방법을 역순으로 계산하면 된다.

$$\begin{aligned}(1010.011)_2 &= 1\times2^3 + 0\times2^2 + 1\times2^1 + 0\times2^0 + 0\times2^{-1} + 1\times2^{-2} + 1\times2^{-3} \\ &= 1\times8 + 1\times2 + 1\times0.25 + 1\times0.125 = 8 + 2 + 0.25 + 0.125 \\ &= (10.375)_{10}\end{aligned}$$

8진수와 16진수의 10진수 변환 방법

8진수는 0~7로 값을 표현하고, 16진수는 0~9와 A~F(=10~15)로 값을 표현한다. 아래와 같이 8진수와 16진수를 10진수로 변환할 때, 8진수는 소수점 왼쪽의 자릿수들은 8^0, 8^1, 8^2, 8^3의 순서로, 그리고 오른쪽의 자릿수들은 8^{-1}, 8^{-2}, 8^{-3}, 8^{-4}의 순서로 곱해서 더하면 된다. 16진수는 소수점 왼쪽의 자릿수들은 16^0, 16^1, 16^2, 16^3의 순서로, 오른쪽의 자릿수들은 16^{-1}, 16^{-2}, 16^{-3}의 순서로 곱해서 더하면 된다.

$$\begin{aligned}(567.123)_8 &= 5\times8^2 + 6\times8^1 + 7\times8^0 + 1\times8^{-1} + 2\times8^{-2} + 3\times8^{-3} \\ &= 320 + 48 + 7 + \frac{1}{8} + \frac{1}{64} + \frac{1}{512} \\ &= 320 + 48 + 7 + 0.125 + 0.03125 + 0.005859375 \\ &= (375.162109375)_{10}\end{aligned}$$

$$\begin{aligned}(7D.E)_{16} &= 7\times16^1 + 13\times16^0 + 14\times16^{-1} = 7\times16 + 13\times1 + 14\times\frac{1}{16} \\ &= 112 + 13 + 0.875 = (125.875)_{10}\end{aligned}$$

2진수와 8진수(또는 16진수) 사이의 변환은 논리적으로는 10진수로의 중간 변환 과정(2진수 ↔ 10진수 ↔ 8진수(또는 16진수)의 단계적 변환 과정)을 거쳐야 해서 변환 시간이 오래 걸린다. 그런데 특별히 8과 16은 2^3=8, 2^4=16으로 2의 지수제곱이기 때문에 8진수와 16진수의 한 자리 수는 각각 2진수의 세 자리 수와 네 자리 수에 대응된다. 이런 특성을 이용하면 2진수와 8진수(또는 16진수) 사이의 변환은 논리적인 계산 과정을 생략하고 빠르게 수행할 수 있다.

8진수와 16진수의 2진수 변환

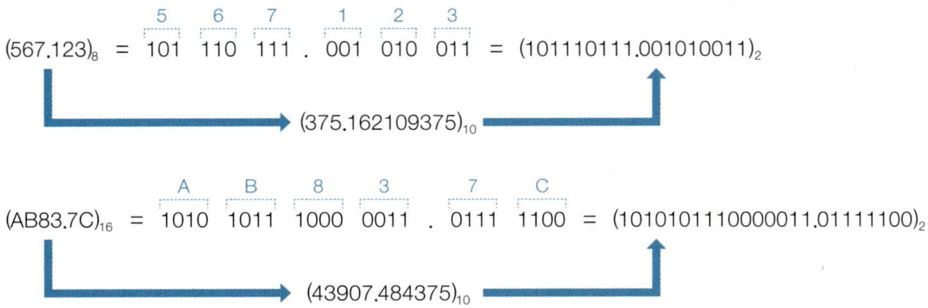

그림 2-12 8진수와 16진수의 2진수 변환 과정

8진수 $(567.123)_8$을 2진수로 변환할 때 논리적으로는 먼저 10진수로 변환한 다음, 이를 2진수로 변환해야 하지만, 기계적으로는 8진수의 각 자릿수를 3비트 2진수로 변환하면 된다. 이렇게 하면 계산 과정을 수행하는 것이 아니므로 매우 빠르게 처리할 수 있다. 마찬가지로 16진수 $(AB83.7C)_{16}$을 2진수로 변환할 때는 기계적으로 각 자릿수를 4비트 2진수로 변환하면 된다. 반대로 2진수를 8진수(또는 16진수)로 변환할 때는 2진수 3비트, 2진수 4비트를 각각 8진수, 16진수로 변환하면 된다.

표 2-2 2진수, 8진수, 16진수 변환표(– : 표현 불가능)

10진수	8진수	3비트 2진수	16진수	4비트 2진수
0	0	000	0	0000
1	1	001	1	0001
2	2	010	2	0010
3	3	011	3	0011
4	4	100	4	0100
5	5	101	5	0101
6	6	110	6	0110
7	7	111	7	0111
8	–	–	8	1000
9	–	–	9	1001
10	–	–	A	1010
11	–	–	B	1011

10진수	8진수	3비트 2진수	16진수	4비트 2진수
12	–	–	C	1100
13	–	–	D	1101
14	–	–	E	1110
15	–	–	F	1111

8진수와 16진수 표현은 2진수보다 10진수에 가까워 사람들이 수치의 의미를 이해하기가 상대적으로 쉽다. 그리고 컴퓨터 내부의 이진 표현은 기계적으로 8진수(또는 16진수)로 빠르게 변환할 수 있다. 정전과 같은 비상상황 발생 시에는 컴퓨터 내부의 2진 데이터 저장 상태를 10진수보다는 8진수(또는 16진수)로 신속하게 백업받으면 2진수로 백업받는 것보다는 그 내용을 사람이 이해하기가 쉽다. 이런 이유로 컴퓨터 시스템에서는 2진수와 10진수 이외에 8진수와 16진수를 사용한다. 2진수, 8진수, 16진수는 주로 전문 프로그래머들이 다루고, 일반 사용자들은 주로 10진수를 사용하지만 컴퓨터에서 이런 진법들이 사용되는 이유는 알고 있어야 한다.

04 컴퓨터의 문자와 수 표현

컴퓨터의 데이터 표현은 컴퓨터 내부의 메모리 저장 방식과 이를 나타내는 논리적 표현과 연계해서 이해해야 한다. 특히 내부 메모리의 저장 방식을 정확히는 모르더라도 이런 차이를 논리적 표현으로 구분한다는 것은 알아야 한다. 여기서는 가장 기본적인 문자와 수치의 표현에 대해 설명한다.

1 문자의 저장과 표현

컴퓨터에서 사용하는 문자의 집합을 문자 세트character set라고 하는데, 다음과 같이 구성된다.

- 알파벳 대소문자(A~Z, a~z), 숫자(0~9)
- 인쇄 가능한 특수문자(키보드에 있는 문자) : ~, !, @, #, %, ^, &, *, (,), + 등
- 인쇄 가능한 특수문자(키보드에 없는 문자)
- 인쇄 불가능한 제어문자 : ASCII 코드값 0(NULL)~31(US Unit separator), 127(DEL)

컴퓨터 내부에서 각 문자는 미리 약속된 2진수 값으로 저장되는데, 이를 문자 코드character code라고 한다. 컴퓨터 간의 원활한 데이터 교환을 위해 공통으로 약속된 문자 코드 체계를 표준 문자 코드라 하며, 해당 문자를 사용하는 국가에서 표준을 정하고 이를 ISO에서 국제 표준으로 정한다. KS(한국), ANSI(미국), JIS(일본) 등이 국가 표준이다. 아스키 코드ASCII code의 경우, 미국의 국가 표준으로 지정된 알파벳 코드 표준이지만 국제 표준으로도 사용된다. [표 2-3]은 아스키 코드 표를 보여준다.

표 2-3 아스키 코드 표

10진수	16진수	문자	10진수	16진수	문자	10진수	16진수	문자	10진수	16진수	문자
032	20	SP	056	38	8	080	50	P	104	68	h
033	21	!	057	39	9	081	51	Q	105	69	i
034	22	"	058	3A	:	082	52	R	106	6A	j
035	23	#	059	3B	;	083	53	S	107	6B	k

10진수	16진수	문자	10진수	16진수	문자	10진수	16진수	문자	10진수	16진수	문자
036	24	$	060	3C	〈	084	54	T	108	6C	l
037	25	%	061	3D	=	085	55	U	109	6D	m
038	26	&	062	3E	〉	086	56	V	110	6E	n
039	27	'	063	3F	?	087	57	W	111	6F	o
040	28	(	064	40	@	088	58	X	112	70	p
041	29	)	065	41	A	089	59	Y	113	71	q
042	2A	*	066	42	B	090	5A	Z	114	72	r
043	2B	+	067	43	C	091	5B	[	115	73	s
044	2C	,	068	44	D	092	5C	\	116	74	t
045	2D	−	069	45	E	093	5D	]	117	75	u
046	2E	.	070	46	F	094	5E	^	118	76	v
047	2F	/	071	47	G	095	5F	_	119	77	w
048	30	0	072	48	H	096	60	`	120	78	x
049	31	1	073	49	I	097	61	a	121	79	y
050	32	2	074	4A	I	098	62	b	122	7A	z
051	33	3	075	4B	K	099	63	c	123	7B	{
052	34	4	076	4C	L	100	64	d	124	7C	}
053	35	5	075	4D	M	101	65	e	125	7D	}
054	36	6	078	4E	N	102	66	f	126	7E	~
055	37	7	079	4F	O	103	67	g	127	7F	DEL

TIP 아스키 코드 체계는 7비트를 단위로 코드값을 할당한 7비트 코드 체계이지만, 컴퓨터 시스템은 일반적으로 바이트(8비트) 단위로 저장하므로 8비트 코드 체계로 확장하여 저장한다. 즉, 7비트 아스키 코드에 최상위 비트 0을 추가하여 저장한다.

[그림 2-13]은 논리적 문자 표현과 컴퓨터 내부의 아스키 문자 코드 사이의 대응 관계를 보여준다.

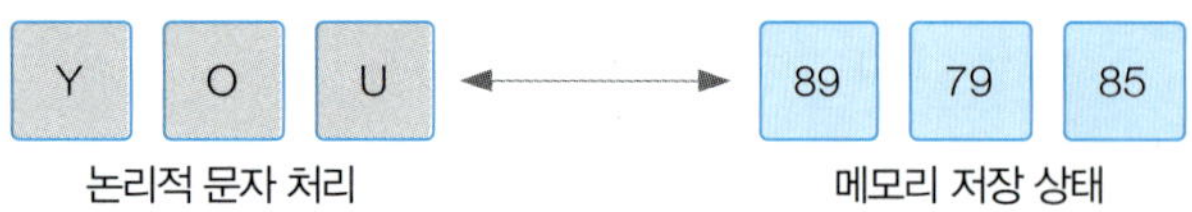

그림 2-13 논리적 문자 표현과 아스키 코드의 대응 관계

모든 문자의 아스키 코드값을 기억할 필요는 없지만 코드값이 숫자< 알파벳 대문자< 알파벳 소문자의 순서로 할당되고, 특히 숫자, 알파벳 대문자, 알파벳 소문자는 코드값이 연속적으로 할당된다는 것을 기억해 두면 유용하다. 사람은 a<9, B<a, +>/와 같은 문자 비교를 사용하지 않지만 컴퓨터에서는 항상 문자 코드값을 비교하여 해석한다. 따라서, 문자 코드값의 할당 순서를 이해하면 컴퓨터에서 문자의 비교 표현식을 이해하고 사용할 수 있다.

2 수의 저장과 표현

컴퓨터에서 수의 표현은 컴퓨터 내부의 저장 방법에 따라 정수 표현과 실수 표현으로 구분한다.

정수 표현

컴퓨터는 정수를 저장할 때, 수 표현 단위(**예** 32비트)를 두 부분, 즉 부호 비트(1비트)와 크기 부분(31비트)으로 구분하여 [그림 2-14]의 (a)와 같이 저장한다. 이런 저장 방식은 소수점이 항상 가장 오른쪽 비트 끝에 고정되어 있는 것처럼 저장한다고 해서 고정소수점fixed point 저장 방식이라고 한다.

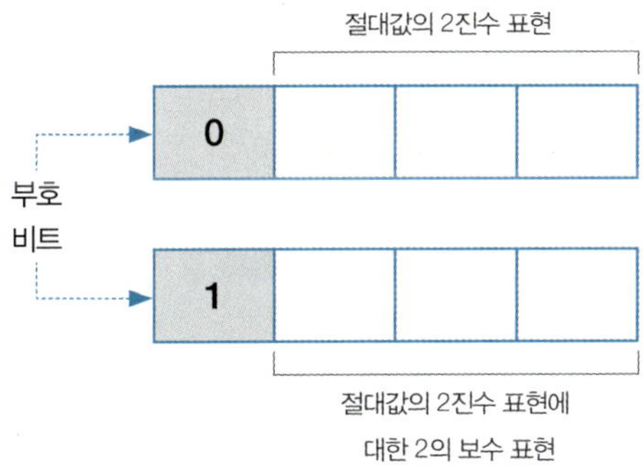

(a) 고정소수점 저장 방식(4비트 단위)

+0	0000	1000	(해석불가) −8
+1	0001	1001	−7
+2	0010	1010	−6
+3	0011	1011	−5
+4	0100	1100	−4
+5	0101	1101	−3
+6	0110	1110	−2
+7	0111	1111	−1

(b) 4비트 단위 정수 표현

그림 2-14 정수 저장 : 고정소수점 저장 방식

양의 정수를 저장할 때 크기 부분은 절대값의 2진수를 저장하고, 음의 정수를 저장할 때 크기 부분은 절대값의 2의 보수를 저장한다. [그림 2-14]의 (b)는 4비트를 단위로 할 때, 저장되는 모든 정수의 비트 패턴이다. 비트 패턴 0101은 +5(부호 비트=1, $(101)_2$=5)를, 1001은 -7(부호 비트=0, $(001)_2$는 $(101)_2$=7의 2의 보수임)을 나타낸다. 그러나 비트 패턴 1000은 부호 비트가 1이므로 음수를 나타내고, 000은 2의 보수 표현이 아니므로 정상적으로 해석할 수 없지만 비트 패턴의 연속적인 변화 흐름을 고려해서 −8로 해석한다.

TIP 2진수 체계에서 2진수의 2의 보수는 '2진수의 1의 보수+1'이므로 비트 패턴은 항상 하나 이상의 1을 포함해야 한다.

그래서 4비트 단위의 정수 표현은 2^4개의 정수들을 나타낼 수 있고, 표현 범위는 $-2^3 \sim +(2^3-1)$으로 음수 부분에서 정수 하나를 더 표현한다. 같은 이유로 32비트 PC의 정수 표현 범위는 $-2^{31} \sim +(2^{31}-1)$이 되고, 64비트 PC에서는 $-2^{63} \sim +(2^{63}-1)$이 된다.

컴퓨터 프로그래밍에서는 정수의 이런 저장 방식을 소수점을 포함하지 않는 수치, 예를 들어 3, 88, 365으로 표현하여 각각 3.0, 88.0, 365.0 표현과 구분한다.

실수 표현

컴퓨터는 실수를 저장할 때, 수 표현 단위(예 32비트)를 부호 비트(1비트)+지수 표현 부분(7비트)+가수 표현 부분(24비트)으로 구분하여 [그림 2-15]의 (a)와 같이 저장한다. [그림 2-15]의 (b)와 같이, 모든 실수는 가수와 10의 지수승의 곱으로 정규화해서 표현하여 가수의 소수점 이하 부분과 10의 지수승의 지수 부분만을 각각 2진수로 변환해서 저장한다. 이런 저장 방식은 저장된 지수값에 따라 가수 부분의 왼쪽 끝을 기준으로 소수점의 위치가 이동하여 저장된 실수값을 해석하기 때문에 부동소수점floating point 저장 방식이라고 한다.

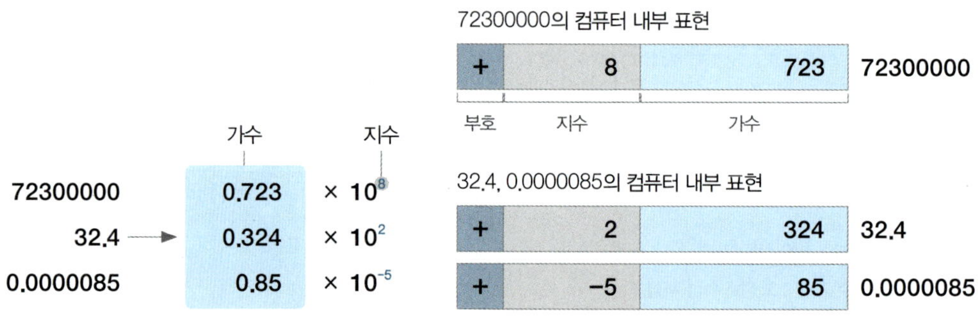

(a) 부동소수점 저장 방식 (b) 실수의 정규화 표현

그림 2-15 실수 저장 : 부동소수점 저장 방식

실수 표현 방법은 [그림 2-16]과 같이 아주 큰 정수 또는 소수점 이하의 아주 작은 값을 표현할 때 유용하다.

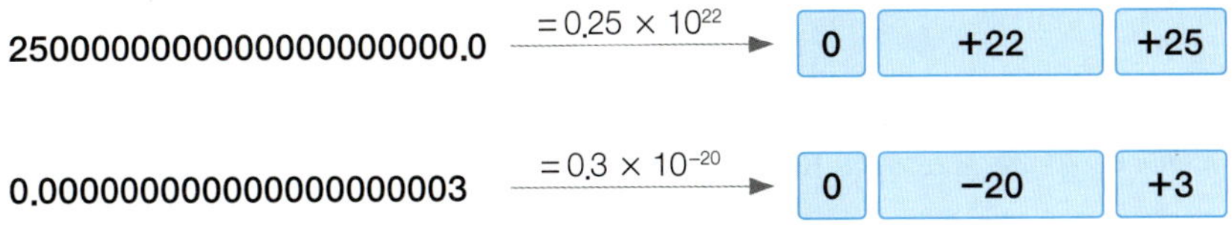

그림 2-16 아주 큰 실수와 아주 작은 실수의 표현 예

컴퓨터 프로그래밍에서는 실수의 이런 저장 방식을 소수점을 포함하는 수로 나타낸다. 예를 들면, 3.14, 56.23 등과 같이 소수점을 포함하는 10진수는 부동소수점 저장 방식으로 저장된다는 것을 나타낸다. 그리고 [그림 2-16]과 같이 특별히 부동소수점 저장 방식으로 저장된 아주 큰 실수 또는 소수점 이하의 아주 작은 실수는 25.0e+20(또는 0.25e+22 등), 0.3e-20(또는 3.0e-21 등)과 같은 지수 표현으로 나타낼 수도 있다. 지금은 이런 지수 표현까지 알 필요는 없지만, 수학에서는 3과 3.0이 같은 값인 데 비해 컴퓨터에서는 컴퓨터 내부의 처리 방식의 차이 때문에 구분해서 사용해야 한다는 점을 유념해야 한다.

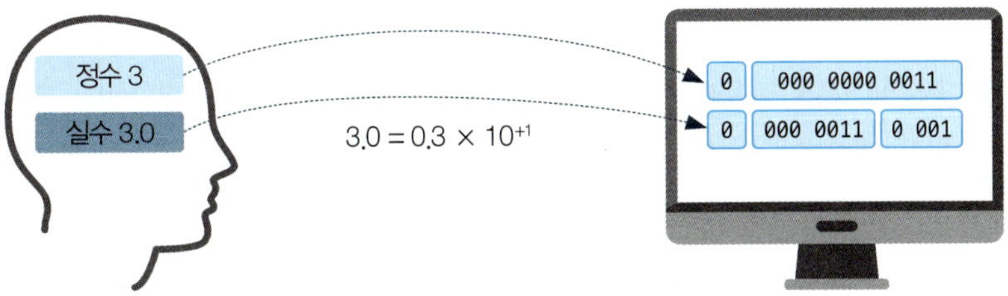

그림 2-17 3과 3.0의 컴퓨터 내부 저장 차이

정수보다 실수의 저장 방법이 더 복잡한데, 이것은 컴퓨터에서는 정수보다 실수의 처리에 시간이 더 걸린다는 것을 의미한다. 수학에서 3+5와 3.0+5.0은 표현의 차이가 없지만 컴퓨터에서는 저장 방식과 처리 속도의 차이가 있게 된다. 따라서, 컴퓨터에서는 소수점 이하의 값을 갖지 않는 수치는 가능하면 소수점을 포함하지 않는 정수로 표현해야 효율적이다.

문자와 수치 이외에 참True, 거짓False을 나타내는 논리값과 이미지, 음성, 동영상 등의 멀티미디어 데이터도 컴퓨터 내부에서는 이진 형식으로 처리된다. 설명은 생략했지만 이들은 컴퓨터 내부에서 서로 다른 방법으로 저장되고 처리된다. 컴퓨터에서는 이런 데이터의 저장과 처리 방식의 구분을 자료형이라고 한다. 이런 자료형에 대해서는 뒤에서 파이썬을 공부할 때 다시 다룬다.

요약

01 컴퓨터에 대한 지식의 요구 수준은 이용 수준에 따라 다르며, 컴퓨터를 기계 장치가 아닌 시스템 관점으로 접근해서 이해하면 필요에 따라 적절한 수준으로 컴퓨터를 이해 할 수 있다. 컴퓨터 시스템은 컴퓨터 하드웨어와 소프트웨어로 구성되며, 사용자의 데이터 처리 요구를 대신하여 처리하여 그 결과를 출력한다.

02 컴퓨터는 내부의 모든 데이터 저장을 위해 2진수를 사용하지만 논리적 표현에서는 문자, 10진수를 기본으로 사용하고 8진수, 16진수 등을 보조수단으로 사용한다.

03 컴퓨터가 데이터 표현을 위해 2진수를 사용하는 이유는 메모리의 물리적 특성과 경제성 때문이며, 8진수와 16진수를 사용하는 이유는 2진수와의 상호 변환을 신속하게 처리할 수 있기 때문이다.

04 컴퓨터의 데이터 표현은 내부의 메모리 저장 표현과 논리적 표현으로 구분된다. 즉, 컴퓨터는 모든 데이터를 내부 메모리에 2진 표현으로 저장하고 사람들의 이해를 위해 논리적 표현으로 변환한다. 그리고 논리적 표현들은 데이터의 종류와 함께 내부 메모리의 저장방식과 저장단위 등의 차이를 나타낸다.

05 컴퓨터의 데이터 저장단위는 비트, 바이트, 워드와 필드, 레코드, 파일, 데이터베이스 단위로 구분한다. 비트, 바이트, 워드는 컴퓨터 내부에서 사용하는 저장단위이고, 필드, 레코드, 파일, 데이터베이스는 논리적 표현을 위한 저장 단위들이다.

06 바이트는 한 문자를 저장하기 위한 단위로 1바이트는 8비트이다, 그리고 워드는 수치 표현을 위해 사용하는 단위로 1워드는 4바이트로 구성된다. 최근에는 수치 표현을 위해 2워드를 단위로 사용한다.

07 알파벳 문자 등과 같이 사람들은 약속된 기호(심볼)를 문자로 지정해서 사용하지만, 컴퓨터 내부에서는 이를 약속된 2진 코드값으로 변환해서 저장한다. 이런 약속된 문자의 2진 코드값을 문자 코드라 하며, 아스키 코드는 알파벳 문자 집합들에 대한 표준 문자 코드 체계이다.

08 컴퓨터에서 정수는 소수점을 포함하지 않는 수치 표현이고, 실수는 반드시 소수점을 포함해서 표현되는 수치 표현이다. 컴퓨터에서는 정수와 실수는 반드시 구분해서 사용해야 하며, 가능하면 정수를 사용하는 것이 좋다.

01 다음 중 컴퓨터를 시스템 관점으로 설명하는 이유와 가장 거리가 먼 것은 어느 것인가?

① 컴퓨터의 구조와 작동 원리를 정확히 이해할 수 있다.

② 컴퓨터를 개념적으로 이해하고 접근할 수 있다.

③ 사용 목적에 따라 컴퓨터를 달리 이해할 수 있다.

④ 이용자에 따라 컴퓨터에 대한 이해도가 다르기 때문이다.

02 다음은 컴퓨터 시스템에서 데이터 표현을 위해 2진수를 사용하는 이유를 설명한 것이다. 틀린 것은 어느 것인가?

① 10진수와 상호 변환이 가능하다.

② 물리적 기억소자들이 이진소자이다.

③ 10진수를 사용하는 것보다 경제적이다.

④ 물리적으로 직접 10진수를 저장할 수 없다.

03 다음은 컴퓨터의 데이터 표현 단위를 크기 순서로 나열한 것이다. 바른 것은 어느 것인가?

① 비트－바이트－필드－워드－레코드－파일

② 비트－바이트－워드－필드－레코드－파일

③ 비트－워드－바이트－레코드－필드－파일

④ 바이트－비트－워드－레코드－파일－필드

04 다음은 컴퓨터의 데이터 표현 단위에 대한 설명이다. 바른 것은 어느 것인가?

① 바이트는 수치를 저장하는 단위이다.

② 워드는 논리적 최소 표현 단위이다.

③ 레코드는 관련된 필드의 모임이다.

④ 파일의 레코드 개수는 지정되어야 한다.

05 다음은 컴퓨터 시스템의 수치 데이터 표현에 대한 설명이다. 틀린 것은 어느 것인가?

① 수치값 36과 36.0의 저장 방법은 다르다.

② 문자열 '36'과 수치값 36의 저장 방법은 다르다.

③ 32비트 컴퓨터에서 36은 4바이트로 저장된다.

④ 32비트 컴퓨터에서 '36'은 4바이트로 저장된다.

06 다음은 컴퓨터 저장 용량 단위를 크기 순서로 나열한 것이다. 바른 것은 어느 것인가?

① GB – MB – PB – TB
② GB – MB – TB – PB
③ MB – GB – TB – PB
④ MB – GB – PB – TB

07 다음은 컴퓨터 시스템의 고정소수점 저장 방식에 대한 설명이다. 틀린 것은 어느 것인가?

① 부호 비트가 0이면 양수를 나타낸다.
② 소수점 이하의 수치값은 표현할 수 없다.
③ 부호 비트가 1이면 2의 보수를 저장한다.
④ 비트 패턴 1001은 1010보다 작은 수를 표현한다.

08 다음은 컴퓨터 시스템의 부동소수점 저장 방식에 대한 설명이다. 틀린 것은 어느 것인가?

① 고정소수점 방식보다 신속한 처리가 가능하다.
② 고정소수점 방식보다 정밀한 수치 표현이 가능하다.
③ 45^{50}와 같이 아주 큰 수치값을 저장할 때 유용하다.
④ 소수점 이하의 아주 작은 수치값을 저장할 때 유용하다.

09 다음은 컴퓨터 시스템에서 2진수, 8진수, 10진수, 16진수를 사용하는 이유를 설명한 것이다. 틀린 것은 어느 것인가?

① 10진수는 사람에게 친숙한 표현이다.
② 8진수는 10진수로 신속하게 변환 가능하다.
③ 컴퓨터 내부의 데이터는 2진수로 저장된다.
④ 2진수와 16진수는 신속하게 상호 변환 가능하다.

10 다음은 컴퓨터 시스템에서 사용하는 수의 체계에 대한 설명이다. 틀린 것은 어느 것인가?

① 2진수와 8진수, 16진수는 기계적으로 신속하게 변환할 수 있다.
② 16진수의 각 자릿수는 문자 0~9, A~F를 이용해서 표현한다.
③ 컴퓨터 내부의 모든 2진수는 정확히 10진수로 변환된다.
④ 모든 10진수는 정확히 컴퓨터 내부의 2진수로 변환된다.

11 다음의 10진 정수를 각각 2진수, 8진수, 16진수로 변환하라.

① 15 → ($)_2$ → ($)_8$ → ($)_{16}$

② 87 → ($)_2$ → ($)_8$ → ($)_{16}$

③ 250 → ($)_2$ → ($)_8$ → ($)_{16}$

④ 320 → ($)_2$ → ($)_8$ → ($)_{16}$

12 다음의 2진수를 각각 10진수, 8진수, 16진수로 변환하라.

① 01010111 → ($)_{10}$ → ($)_8$ → ($)_{16}$

② 10110100 → ($)_{10}$ → ($)_8$ → ($)_{16}$

13 다음의 16진수를 각각 2진수, 8진수로 변환하라.

① $(8C3AC)_{16}$ → ($)_2$ → ($)_8$

② $(ABC.10)_{16}$ → ($)_2$ → ($)_8$

14 1바이트(8비트)를 기본 단위로 수치 데이터를 표현한다고 할 때, 다음 정수의 컴퓨터 내부 표현을 나타내라.

① 25 → ($)_2$

② -25 → ($)_2$

③ 0 → ($)_2$

15 ASCII 코드를 이용하여 문자를 저장할 때, 다음 단어의 컴퓨터 내부 저장값(비트 패턴)은 어떻게 되는지를 나타내라. 단, 각 문자 코드값은 아스키 코드 표를 참조하라.

① 'Python' → ($)_2$

② 'Welcome!' → ($)_2$

③ 'No 123' → ($)_2$

서술형 문제

01 아스키 코드 체계 이외에 컴퓨터 시스템에서 사용되는 표준 문자 코드 체계에는 어떤 것들이 있는지 조사해보라.

02 한글 코드는 크게 조합형 코드와 완성형 코드로 구분된다. 두 코드 체계의 원리와 장단점을 설명하라. 그리고 현재 표준 한글 코드 체계는 무엇인지 조사해보라.

03 컴퓨터 문서에서 한글을 사용할 때 UTF-8 형식 또는 EUC-KR 형식을 사용한다. 두 형식의 차이는 무엇인지 알아보라.

04 인터넷에서는 컴퓨터 간의 데이터 교환을 위해 유니코드를 사용한다. 유니코드의 정의와 그 장단점을 조사해보라.

05 이미지, 소리, 동영상 데이터의 저장 방식과 유형별로 대표적인 저장 형식을 조사해보라.

06 컴퓨터 시스템에서는 문자를 저장하기 위해 미리 약속된 2진 코드 체계를 사용한다. 만약 이런 문자 코드 체계가 컴퓨터마다 다르다면 어떤 문제가 발생할지 알아보고, 이를 어떻게 해결해야 할지 설명하라.

CHAPTER 03

컴퓨터 하드웨어와 소프트웨어

학습목표

- 컴퓨터 시스템의 구성 요소를 이해한다.
- 하드웨어의 구성 요소를 이해한다.
- 시스템 소프트웨어와 응용 소프트웨어의 개념을 이해한다.

01 컴퓨터 시스템의 구성 요소

컴퓨터 시스템은 크게 하드웨어hardware와 소프트웨어software로 구성되고, 그 외에 데이터, 사용자 등의 구성 요소를 가진다. 컴퓨터 하드웨어란 데이터 처리를 담당하는 물리적 장치인 컴퓨터 기계 그 자체를 말한다. 컴퓨터 소프트웨어란 하드웨어의 사용과 관련된 기술과 방법, 프로그램, 문서 등을 모두 포함하는 개념이지만 이 모든 것이 최종적으로는 컴퓨터 프로그램으로 집약되므로 특별히 컴퓨터 프로그램을 말하기도 한다.

컴퓨터 시스템의 주요 구성 요소는 다음과 같다.

- **컴퓨터 하드웨어** : 컴퓨터 기계 그 자체
- **컴퓨터 소프트웨어** : 컴퓨터 사용과 관련된 모든 것(프로그램, 문서, 기술 등)
- **데이터** : 컴퓨터 처리 대상(구조화 · 비구조화 · 비정형화 데이터)
- **사용자** : 최종 사용자, 일반/전문 사용자, 전문 프로그래머, 컴퓨터 제작자 · 수리자 등

데이터와 사용자는 컴퓨터 시스템의 실제 운영을 위한 구성 요소이다. 컴퓨터 시스템은 문자 · 수치 데이터를 기본으로 처리하고, 그 외 이미지, 소리, 동영상 등의 멀티미디어 데이터, 모바일 기기 등으로 수집되는 위치 데이터, 온도, 습도, 공기질 등과 같이 각종 디지털 센서로 수집되는 비정형 데이터를 처리한다.

사용자는 이용 수준에 따라 최종 사용자, 응용 소프트웨어 개발자, 시스템 소프트웨어 개발자, 하드웨어 설계자 등으로 다양하게 구분할 수 있는데, 하드웨어와 소프트웨어에 대한 이해 수준은 사용자의 유형에 따라 다르다. 이 책으로 공부하는 사람들은 이제 막 프로그래밍을 시작하거나 그와 비슷한 수준일 것이므로, 이 장에서는 이런 사용자에게 필요한 최소한의 하드웨어와 소프트웨어 지식에 대해 설명한다.

02 컴퓨터 하드웨어

1 하드웨어의 개념

컴퓨터 하드웨어(이하 하드웨어)는 컴퓨터 기계 자체를 의미한다. 하드웨어는 일반적으로 [그림 3-1]과 같이 입력장치, 출력장치, 기억장치, 제어장치, 연산장치로 구성되는데, 이를 하드웨어의 5대 구성 요소라고 한다.

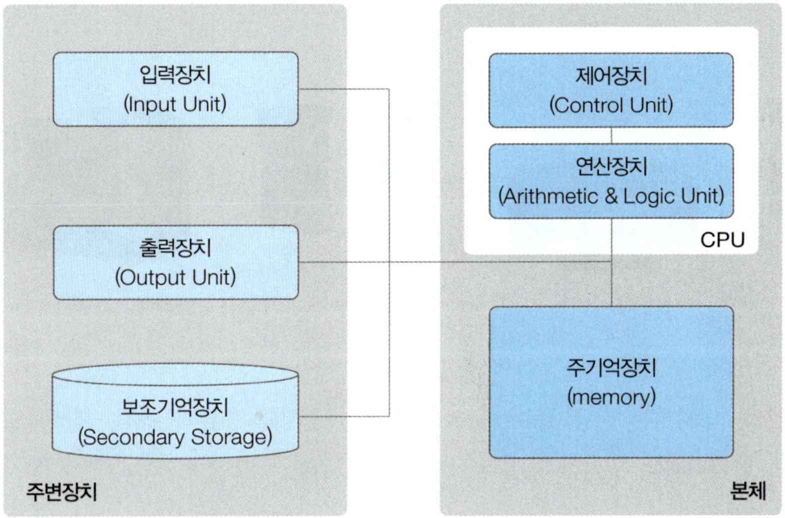

그림 3-1 하드웨어의 5대 구성 요소

2 하드웨어의 5대 구성 요소

입력장치

입력장치input device는 외부의 데이터를 입력받아 컴퓨터 메모리에 저장하는 장치로 키보드, 마우스, 터치스크린 등이 대표적이다. 이외에도 디지타이저, 태블릿, 조이스틱, OMR 카드 리더, 바코드·QR 코드 리더기, 스캐너 등이 있고, 최근 스마트 팜 분야 등에서 사용되는 각종 디지털 센서와 RFID 전자태그 입력장치 등도 포함된다.

(a) 키보드와 마우스 (b) 조이스틱 (c) 스캐너

그림 3-2 여러 가지 입력장치

출력장치

출력장치output device는 입력장치와는 반대로 컴퓨터 메모리에 저장된 데이터를 사람이 이해할 수 있는 표현으로 변환하여 출력하는 장치로, 모니터와 프린터가 대표적이다. 이외에 플로터, 스피커, 3D 프린터 등이 있다.

(a) 모니터 (b) 프린터 (c) 스피커 (d) 3D 프린터

그림 3-3 여러 가지 출력장치

입력장치와 출력장치에 대해서는 전공자가 아니라면 기능별 장치의 종류와 가격, 제조사별 품질 등을 파악하고, 컴퓨터와의 물리적 연결과 장치 작동을 위한 드라이버 프로그램의 설치 방법 등을 이해하면 충분하다.

TIP 입출력장치를 컴퓨터에 연결할 때 장치를 구동하는 프로그램이 필요한데 이를 장치 드라이버 프로그램(device driver program)이라고 한다. 일반적으로는 입출력장치를 구매하면 함께 제공되고, 운영체제에는 표준화된 입출력 드라이버 프로그램이 내장되어 있다.

기억장치

기억장치storage device는 컴퓨터 내부에서 데이터를 저장하는 장치로, 주기억장치main memoy와 보조기억장치secondary storage로 구분된다. 주기억장치는 간단히 메모리라고도 하는데, 접근 속도가 빠르고 바이트 단위로 접근할 수 있지만 전원이 꺼지면 저장된 데이터가 모두 지워지는 특성을 가지며, 당장 실행할 컴퓨터 명령(프로그램)과 처리 데이터를 저장한다. 예전에는 주기억장치로 진공관, 자기코어, 자기드럼 등의 장치를 이용했지만 현재는 RAM Random Access Memory, ROM Read Only Memory 등의 반도체 메모리를 주로 사용한다.

TIP RAM은 읽고 쓰기가 모두 가능하며, 저장된 위치와 관계없이 같은 속도로 읽을 수 있지만 전원이 꺼지면 저장된 데이터는 삭제된다. 반면에 ROM은 일단 저장된 데이터는 변경할 수 없고 읽기만 가능하고 전원이 꺼져도 저장된 데이터는 보존된다.

주기억장치는 고가이기 때문에 보조기억장치에 비해 용량이 작다. PC의 경우 4GB, 8GB, 16GB, 32GB 등으로 구성한다.

(a) ROM 메모리 (b) RAM 메모리

그림 3-4 반도체 기억장치

보조기억장치는 물리적인 특성 때문에 접근 속도가 느리고 물리적인 블록 단위로 접근해야 하지만, 전원 공급과 상관없이 데이터를 반영구적으로 보관 가능한 특성을 가지며, 당장 실행되지 않는 프로그램과 데이터를 저장한다. 주기억장치에 비해 가격이 저렴하기 때문에 500MB, 1TB와 같이 대용량으로 구성하며, 데이터 보관에 사용된다. 현재 보편적으로 사용되는 보조기억장치로는 하드디스크, CD, DVD, USB 메모리, SD 카드, 블루레이, 자기테이프 등이 있고, 최근에는 반도체 기술의 발전과 가격 하락으로 SSD와 같은 초고속의 보조기억장치들도 많이 사용되고 있다.

(a) 하드디스크 (b) CD 드라이브

(c) USB 메모리 (d) 메모리 카드

그림 3-5 여러 가지 보조기억장치

프로그래밍을 시작할 때, 기억장치에 대한 전문적인 지식이 당장 필요하지는 않지만 사용하는 컴퓨터의 주기억장치인 RAM의 용량과 보조기억장치인 하드디스크와 USB 메모리, 그 외에 CD, 메모리 카드 등의 종류와 용량, 관련된 상용 제품의 성능과 가격 등은 알고 있는 것이 좋다. 다만, 주기억장치와 보조기억장치의 기능상 차이에 대해서는 분명하게 이해해야 한다.

컴퓨터는 CPU에 의해 당장 실행되지 않는 프로그램과 데이터는 보조기억장치에 저장하고, 필요할 때 주기억장치로 이동시켜 처리한다. [그림 3-6]은 이런 주기억장치와 보조기억장치의 기능 차이를 보여주는 것으로, 현재 컴퓨터는 Program3과 Data2를 처리하고 있음을 나타낸다. 컴퓨터가 보조기억장치에 저장된 프로그램을 실행하거나 데이터를 처리하려면 먼저 주기억장치로 이동시켜야 하는데, 실제로는 복사되는 것이므로 삭제 또는 변경하지 않으면 보조기억장치의 저장 내용은 계속 보존된다. 그러나 주기억장치의 데이터는 컴퓨터 전원을 끄면 상실되고 다시 복구할 수 없으므로 보관하려면 반드시 보조기억장치에 저장해야 한다. CPU와 주기억장치 사이에서는 데이터가 바이트 단위로 이동하지만 주기억장치와 보조기억장치에서는 파일 또는 블록 단위로 이동한다.

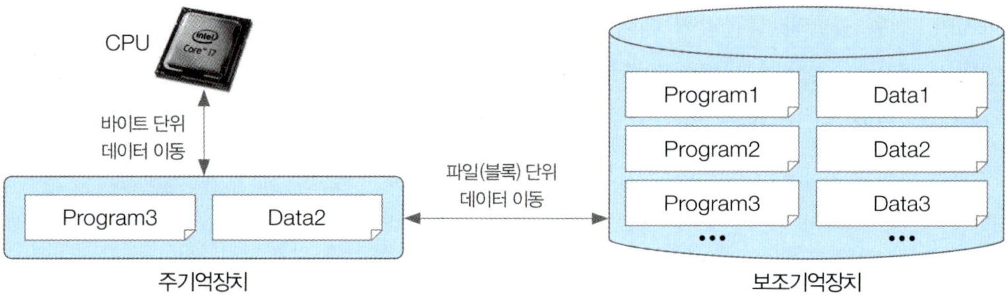

그림 3-6 주기억장치와 보조기억장치의 기능

연산장치와 제어장치

연산장치arithmetic & Logic Unit는 데이터의 산술, 이동, 비교 등의 연산을 담당하고, 제어장치Control Unit는 컴퓨터의 모든 구성 요소를 제어한다. 일반적으로 연산장치와 제어장치는 하나의 회로 칩에 결합되어 설계·제작되는데, 이를 중앙처리장치CPU: Central Processing Unit 또는 컴퓨터 프로세서processor라고 한다. 하드웨어의 처리 성능은 기본적으로 CPU의 성능에 따라 결정된다. CPU의 예로는 PC와 노트북 등에서 사용되는 인텔 프로세서, AMD 프로세서 등과 스마트폰에서 사용되는 퀄컴 스냅드래곤, 삼성 엑시노스 등이 있다.

CPU의 기능과 연산을 이해한다면 프로그래밍을 시작하는 단계에서는 더 이상 알지 못해도 문제될 것이 없다. 다만, 현재 자신이 사용하는 컴퓨터의 CPU가 어떤 것인지 정도는 알아둘 필요가 있다.

그림 3-7 마이크로프로세서

일반적으로 CPU와 주기억장치는 외부 충격으로부터 보호되도록 견고한 하드 케이스로 보호되는데 이를 컴퓨터 본체main frame라고 한다. 반면에 입력장치와 출력장치, 보조기억장치는 필요에 따라 탈부착 또는 교체 가능하도록 컴퓨터 본체 외부에 노출되어 있어 주변 장치peripheral device라고도 한다.

3 컴퓨터 내부의 데이터 흐름

프로그래밍을 하려면 컴퓨터 내부의 데이터 흐름을 이해해야 한다. CPU는 입력장치를 통해 입력된 데이터를 메모리에 저장해 두고, 필요할 때 CPU로 가져와서 연산(처리)을 하고, 그 결과는 다시 메모리에 저장한다. 메모리에 데이터를 보관하려면 보조기억장치에 저장해야 한다. 그리고 메모리에 저장된 데이터는 출력장치를 통해 사람이 이해할 수 있는 표현으로 변환되어 출력된다. 즉, 컴퓨터 내부에서 데이터는 입력장치 → CPU → 메모리 → CPU → 메모리 → (보조기억장치) → (메모리) → CPU → 출력장치 순으로 이동하면서 처리된다.

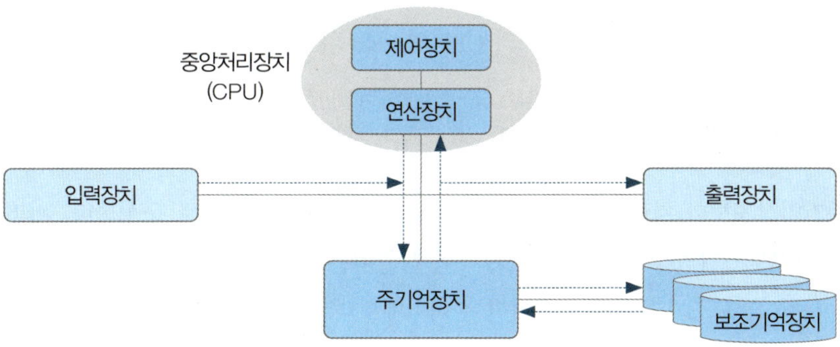

그림 3-8 컴퓨터 내부의 데이터 흐름

일반적으로 컴퓨터의 성능은 CPU의 성능으로 대표되지만, 컴퓨터 내부의 데이터 이동 시간은 CPU 보다는 메모리와 입출력 장치의 성능에 더 영향을 받는다. 저장 장치의 자료 저장 속도는 CPU의 데이터 처리 속도보다 느리고, 입출력 장치의 처리 속도는 저장 장치보다도 훨씬 느리다. 그리고 주기억장치와 보조기억장치 사이에도 엄청난 속도 차이가 있다. 데이터양이 많지 않다면, 사람이 느끼는 컴퓨터의 처리 속도(데이터 입력에서 출력까지의 컴퓨터 처리 시간)는 CPU의 성능보다는 다른 장치의 성능에 더 많은 영향을 받게 된다.

하드웨어를 구성할 때, 고성능의 저장장치(캐시메모리, SSD 외장하드 등)와 입출력장치(IO 채널, 고속 프린터 등)를 사용하면 이런 성능 차이를 일부 줄일 수 있지만, 상당히 많은 비용이 들고 여전히 CPU와는 상당한 속도 차이가 있다. 하드웨어 구성 요소의 속도 차이를 해결하기 위해서는 고성능 장비로의 대체와 함께 캐싱, 버퍼링, 다중 프로그래밍 등 다양한 하드웨어 운영기법(소프트웨어 기술)을 병용해야 한다.

- **기억장치 속도** : 레지스터 > 캐시메모리 > 주기억장치 = 버퍼메모리 > 보조기억장치
- **기억장치 용량** : 레지스터 < 캐시메모리 < 버퍼메모리 < 주기억정치 < 보조기억장치

그림 3-9 컴퓨터 기억장치의 계층구조

[그림 3-9]는 컴퓨터 기억장치의 계층구조이다. 레지스터register는 CPU 내에 장착된 초고속 기억장치로 CPU가 당장 처리하는 데이터를 저장한다. 캐시메모리cache memory는 CPU 내에 장착된 고속의 저용량 기억장치로 주기억장치와 CPU의 속도 차이를 줄인다.

TIP 주기억장치의 데이터에 접근하는 동안 CPU는 대기 상태가 되어 이용 효율이 떨어진다. CPU 내부에 캐시메모리를 장착하고 처리할 주기억장치의 데이터를 미리 이동시켜 두면 CPU의 대기 시간을 줄일 수 있다.

캐시메모리는 주기억장치보다 처리 속도가 빠르지만 고가여서 작은 용량으로 구성한다. 버퍼buffer는 주기억장치와 보조기억장치 사이의 속도 차이를 줄이는 데에 사용하며, 개념적으로는 캐시메모리와 유사하다. 보조기억장치의 데이터는 버퍼메모리 → 주기억장치 → 캐시메모리 → 레지스터의 순서로 이동하여 CPU에서 처리되고, 반대의 과정을 거쳐 저장된다.

03 컴퓨터 소프트웨어

1 소프트웨어의 개념

컴퓨터 소프트웨어(이하 소프트웨어)는 개념적으로 하드웨어의 작동 기술과 관련된 모든 것을 의미하지만, 궁극적으로는 컴퓨터 프로그램으로 표현되기 때문에 대개는 컴퓨터 프로그램을 의미하는 용어로 사용된다. 이 책에서도 특별한 경우가 아니면 컴퓨터 프로그램의 의미로 사용한다.

소프트웨어는 컴퓨터 시스템의 기능을 결정한다. 같은 컴퓨터라도 실행되는 소프트웨어가 다르면 사용자는 컴퓨터를 다른 기계로 인식할 수 있다. 예를 들면, 게임 소프트웨어를 실행하면 게임기, 인공지능 소프트웨어를 실행하면 인공지능 시스템이 된다.

컴퓨터 출현 초기에는 하드웨어의 성능이 미흡하고 가격이 매우 비싸서 하드웨어가 중요했지만, 하드웨어 성능이 발전되고 컴퓨터 사용이 일반화되면서 소프트웨어가 더 중요해지고 있다. 왜냐하면 고성능의 하드웨어를 확보하더라도 필요한 문제를 처리할 소프트웨어가 없다면 컴퓨터를 이용할 수 없기 때문이다. 이런 이유로 현재는 하드웨어보다는 소프트웨어의 중요성이 더 강조되고 있다.

소프트웨어는 사용 목적에 따라 크게 시스템 소프트웨어system software와 응용 소프트웨어application software로 구분된다. 시스템 소프트웨어와 응용 소프트웨어를 구분하는 중요한 기준은 해당 프로그램이 컴퓨터를 위한 것인지 아니면 사용자를 위한 것인지의 여부이다. 만약 소프트웨어가 사용자의 업무 처리에 필요한 것이라면 응용 소프트웨어이고, 그렇지 않고 단지 컴퓨터의 사용을 위해 필요하다면 시스템 소프트웨어이다.

2 시스템 소프트웨어

시스템 소프트웨어는 사용자에게 편리한 사용 환경을 제공하고 하드웨어 자원의 효율적인 사용을 위해 개발된 프로그램이다. 시스템 소프트웨어 덕분에 일반 사용자는 하드웨어를 잘 모르더라도 컴퓨터를 쉽고 효율적으로 사용할 수 있다.

시스템 소프트웨어는 하드웨어의 작동과 운영을 다루기 때문에 하드웨어를 잘 아는 전문 프로그래머가 주로 개발한다. 시스템 소프트웨어는 하드웨어와 일반 사용자 사이에서 인터페이스 역할을 한다. 일반 사용자는 하드웨어를 직접 제어하지 않고 필요한 하드웨어의 사용을 시스템 소프트웨어에 요청한다. 그러면 시스템 소프트웨어가 대신 하드웨어를 제어하여 사용자의 요청을 실행하고 그 결과를 전달하는 방식으로 하드웨어를 사용한다. 시스템 소프트웨어가 없다면, 사용자가 직접 하드웨어를 제어해서 사용해야 하지만, 시스템 소프트웨어 덕분에 하드웨어를 잘 모르더라도 컴퓨터를 쉽게 사용할 수 있다.

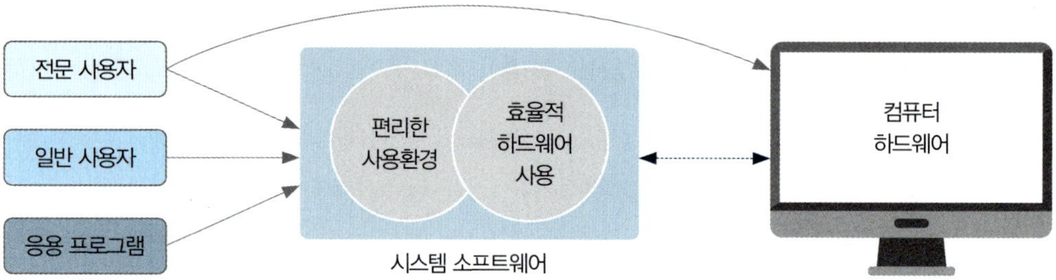

그림 3-10 시스템 소프트웨어의 역할

한편, 컴퓨터 사용의 편리성만 고려하다 보면 하드웨어의 운영 효율이 떨어질 수 있다. 예를 들면, 대표적인 하드웨어 자원인 CPU를 사용자 편리성만을 고려해 사용자 단위로 전용해서 운영하면 해당 사용자가 사용하지 않는 동안은 운휴 상태가 되어 이용률이 낮아진다. 반면에 높은 이용률을 위해 여러 사용자가 공유하도록 운영하면 사용자 전용일 때보다는 불편함을 느끼게 된다. 이와 같이 하드웨어 사용의 편리성과 효율성은 상반될 수 있는데, 시스템 소프트웨어는 이들이 적절한 균형을 유지하도록 하드웨어를 운영한다.

컴퓨터 출현 초기에는 시스템 소프트웨어의 개념이 없어서 일부 하드웨어 전문가만이 컴퓨터를 이용했지만 현재의 컴퓨터는 시스템 소프트웨어의 사용을 기본으로 채택하고 있다.

시스템 소프트웨어를 기능에 따라 구분하면 다음과 같다.

- **운영체제** : Windows 10, Mac OS, Unix, Linux, Android OS, iOS 등
- **언어번역기** : 파이썬, C/C++, Java, 스크래치, Javascript 등
- **시스템 유틸리티** : 압축·백신·파일 관리 프로그램
- **시스템 라이브러리** : 수학 함수 라이브러리, 입출력 장치 라이브러리 등

운영체제

운영체제operating system는 하드웨어를 작동하기 위한 기본적인 규칙과 절차를 규정한 소프트웨어로, 컴퓨터 내의 모든 하드웨어는 운영체제로 관리된다. 대부분의 컴퓨터는 운영체제의 핵심 부분을 메모리에 기본으로 탑재하여, 컴퓨터 전원을 켜면 기본으로 실행되고, 나머지는 사용자가 선별적으로 이용할 수 있게 한다. 운영체제는 사용자에게 컴퓨터의 사용환경(이용방법)을 제공한다.

같은 하드웨어라도 운영체제가 다르면 사용자 환경이 달라지고, 하드웨어가 다르더라도 같은 운영체제를 사용하면 사용자 환경은 같아진다. [그림 3-11]에서 기계 A와 B는 하드웨어는 같지만 설치된 운영체제가 달라 이용방법이 다른 컴퓨터이고, 반대로 기계 C와 D는 하드웨어는 다르지만 같은 운영체제를 사용하기 때문에 이용방법이 같은 컴퓨터이다. 운영체제의 대표적인 예로는 PC에서 많이 사용되는 Window 10, Mac OS, Linux 등이 있고, 이 외에도 중대형 컴퓨터에서 사용되는 Unix, Windows NT, IBM AIX 등이 있으며, 스마트폰과 같은 모바일 기기에서는 Android OS, iOS 등이 사용되고 있다.

TIP 운영체제는 하드웨어 특성을 고려하여 개발되기 때문에 특정 하드웨어 전용으로 개발되기도 한다.

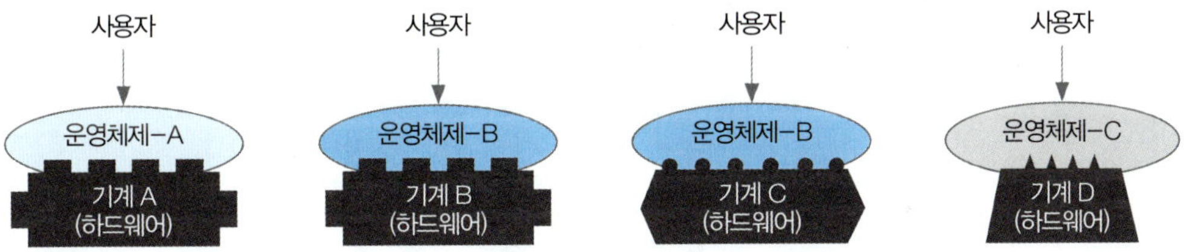

- 기계 A, B는 하드웨어는 같지만 운영체제가 다르다
- 기계 B, C는 하드웨어는 다르지만 운영체제는 같다.
- 기계 A, C, D는 하드웨어도 다르고 운영체제도 다르다.

그림 3-11 운영체제의 역할

운영체제는 CPU, 메모리, 입출력 장치 등 하드웨어 자원의 사용과 사용자의 컴퓨터 처리 요청을 관리한다. 또한 일괄 처리, 다중 프로그래밍, 시분할 처리, 분산 처리, 병렬 처리 등 하드웨어의 다양한 운영 방법을 지원한다.

전문적인 프로그래머가 되려면 운영체제를 정확히 이해하고 다룰 수 있어야 하지만, 프로그래밍을 시작하는 단계에서는 운영체제의 역할과 기능을 이해하는 정도로도 충분하다. 프로그래밍을 공부해 가면서, 운영체제에 대해서는 시간을 두고 차근차근 공부하기를 바란다.

언어번역기

컴퓨터 언어는 사람과 컴퓨터 사이의 의사소통 수단으로, 사람이 이를 이용해서 프로그램을 작성하고 컴퓨터는 이 프로그램을 실행한다. 그런데 컴퓨터는 2진코드 형태의 기계어만을 이해할 수 있기 때문에 모든 프로그램은 최종적으로 기계어로 작성되어야 한다. 즉, 원칙적으로는 사람이 기계어를 배워 프로그램을 작성해야 한다. 그런데 기계어는 배우기 어렵고 많은 하드웨어 지식을 필요로 해서 극히 일부의 컴퓨터 전문가들 외에는 기계어 프로그램을 작성하기가 쉽지 않다. 언어번역기는 이런 문제를 해결하기 위한 소프트웨어이다.

```
89 e5
83 e4 f0
83 ec 20
c7 44 24 1c 00 00 00
00
eb 11
c7 04 24 b0 84 04 08
e8 1d ff ff ff
83 44 24 1c 01
83 7c 24 1c 09
7e e8
b8 00 00 00 00
c9
c3
```

(a) 기계어

```
mov%esp, %ebp
and$0xfffffff0, %esp
sub$0x20, %esp
movl    $0x0, 0x1c(%esp)

jmp80483d8 <main+0x24>
movl    $0x80484b0, (%esp)
call    80482f0 <puts@plt>
addl    $0x1, 0x1c(%esp)
cmpl    $0x9, 0x1c (%esp)
jie80483c7 <main+0x13>
mov$0x0, %eax
leave
ret
```

(b) 어셈블리어

```
name = input("이름을 입력해 주세요 : )
kor = int(input(" 국어 성적(정수)을 입력해 주세요: ))
math = int(input("수학 성적(정수)을 입력해 주세요: ))
total = korea + math;
avg = total / 2

print("=================\n")
print("이름 : ", name, "\n")
print("국어 : " , korea , "\n")
print("수학 : " , math , "\n")
print("총점 : " , total , "\n")
print("평균 : " , mean , "\n")
print("=================\n")
```

(c) 파이썬(고급언어)

그림 3-12 컴퓨터 언어

한국인이 미국인과 대화하려면 영어를 배우는 것이 가장 좋지만, 영어를 배우기 어렵다면 통역을 이용할 수 있다. 예를 들면, 한국어와 영어에 능통한 통역자가 있다면, 한국인은 통역자에게 한국어로 말하고 통역자는 이를 영어로 미국인에게 전달하면 된다. 만약 한국어-영어 통역자 대신 일본어-영어 통역자가 있다면, 한국인은 일본어를 배워 일본어로 말하고 통역자가 이를 영어로 전달하면 된다. 다만, 이것은 통역자의 확보와 통역자와의 소통 능력이 전제되어야 가능하다. 이런 통역(언어번역)의 개념을 컴퓨터 언어에 적용한 것이 언어번역기이다.

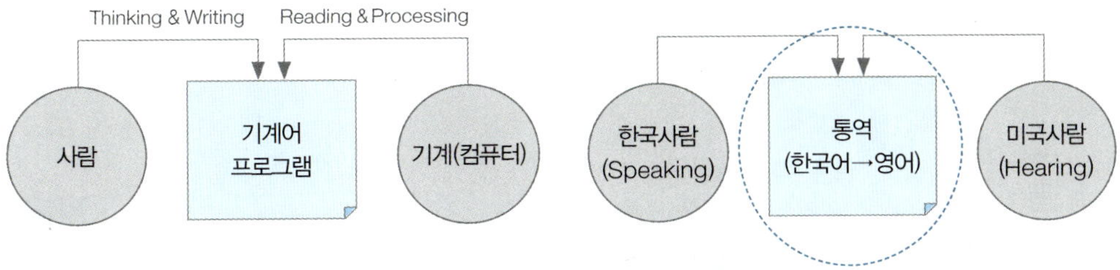

(a) 컴퓨터 프로그램의 작성과 실행 (b) 언어번역 개념

그림 3-13 컴퓨터 프로그램의 작성과 실행 그리고 언어번역 개념

프로그램을 작성할 경우, 사람은 기계어보다는 쉬운 컴퓨터 언어를 배워 프로그램을 작성하고 언어번역기가 이를 기계어로 변환하면, 굳이 기계어를 배우지 않고도 컴퓨터 프로그램을 작성해서 실행할 수 있다.

기계어 이외의 특정 컴퓨터 언어를 사용한다는 것은 그 언어로 작성된 프로그램을 기계어 프로그램으로 번역해 주는 언어번역기가 있다는 의미이고, 특정 컴퓨터 언어를 공부한다는 것은 해당 언어번역기에 입력될 프로그램의 작성 방법을 공부한다는 의미이다. 지금도 과학 분야에서 사용되는 FORTRAN은 이런 언어번역기를 처음 구현한 컴퓨터 언어이고, 이후 COBOL, PASCAL 등을 거쳐 현재는 C/C++, Java, Python, JavaScript 등 많은 컴퓨터 언어가 개발되어 사용되고 있다. 이런 컴퓨터 언어는 [그림 3-14]와 같이 기계어와 유사한지 아니면 자연어(사람이 사용하는 언어)와 유사한지에 따라 저급언어와 고급언어로 구분한다.

TIP C/C++, Java는 고급언어와 저급언어의 특성을 다 가지고 있다.

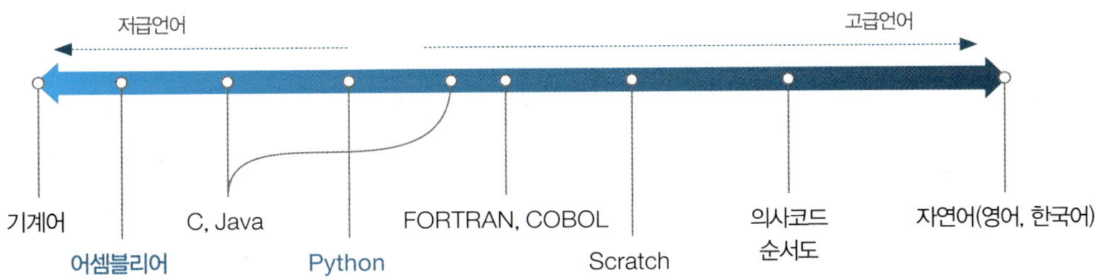

그림 3-14 컴퓨터 언어의 수준 : 고급언어와 저급언어

언어번역기에 입력되는 사용자 작성 프로그램을 원시 프로그램 또는 원시 코드라고 하고, 언어번역기로 번역된 결과를 목적 프로그램 또는 목적 코드라고 한다. 언어번역기는 번역 방식

에 따라 컴파일러와 인터프리터로 구분한다. 최근에는 두 방식을 모두 지원하는 하이브리드 방식의 언어도 많이 개발되고 있다.

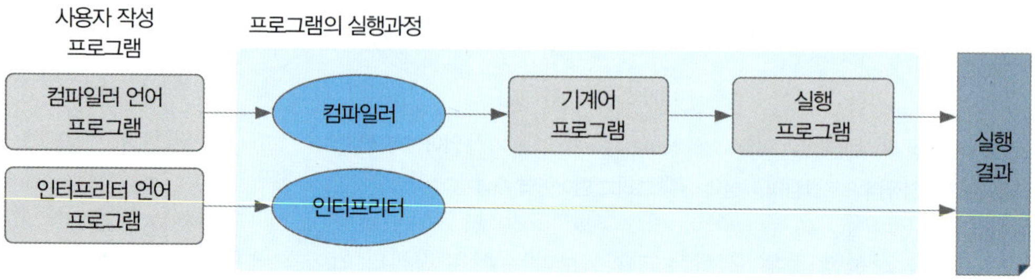

그림 3-15 언어번역기별 프로그램 실행과정

컴파일러 방식은 원시 프로그램 전체를 기계어로 번역하여 목적 프로그램을 생성하고, 이후 별도의 실행 명령을 통해 실행한다. 컴파일러 방식은 원시 프로그램과 번역된 목적 프로그램을 별도로 저장하기 때문에 많은 메모리 공간이 필요하지만 일단 목적 프로그램을 생성하면, 이후에 실행할 때는 다시 번역하지 않으므로 프로그램을 빠르게 실행할 수 있다. 이런 컴파일러 방식은 반복적인 일괄 처리를 수행하는 소프트웨어의 개발에 유용하다. FORTRAN, C/C++, Java 등 대부분의 고급 컴퓨터 언어가 컴파일러 방식이다.

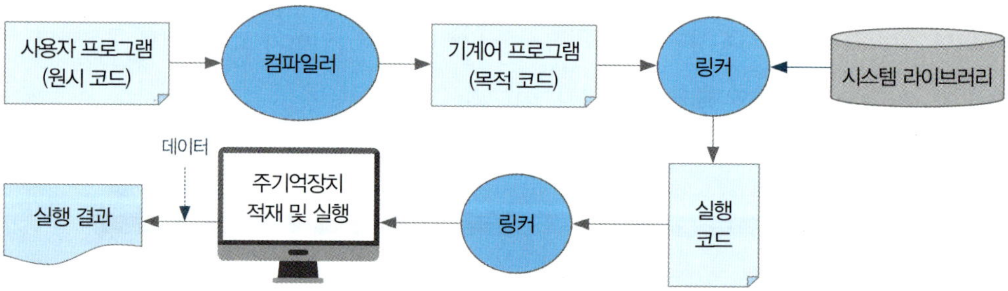

그림 3-16 컴파일러 방식 언어 프로그램의 실행과정

인터프리터 방식은 사람이 컴퓨터와 대화하는 것처럼 원시 프로그램을 문장 단위의 기계어로 번역해서 즉시 실행하고, 번역된 코드를 별도로 저장하지 않는다. 인터프리터 방식은 디버깅이 용이하고 적은 메모리를 사용하지만 실행될 때마다 번역하기 때문에 컴파일러 방식보다는 처리 속도가 느리다. 인터프리터 방식은 인간의 언어 처리와 유사해서 인공지능 또는 대화형 소프트웨어의 작성에 많이 사용된다. 대표적인 인터프리터 언어로는 BASIC과 Python 등이 있다.

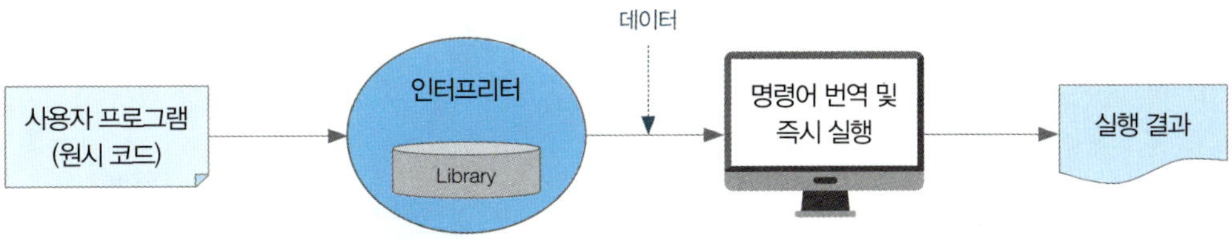

그림 3-17 인터프리터 방식 언어 프로그램의 실행과정

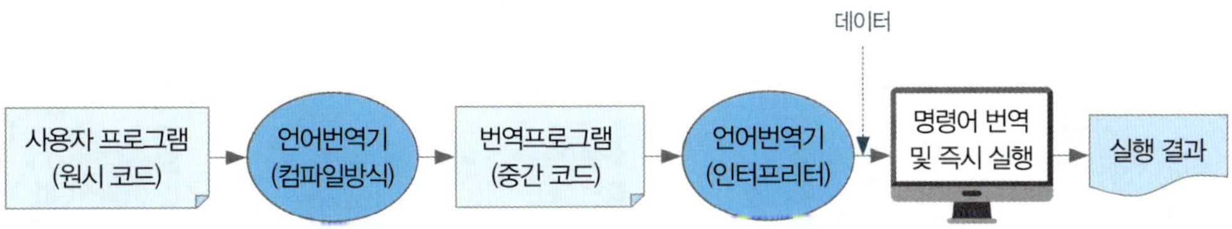

그림 3-18 하이브리드 언어 프로그램의 실행과정

시스템 유틸리티

시스템 유틸리티는 하드웨어 사용과 응용 프로그램의 실행에 공통으로 요구되는 기능을 수행하는 프로그램으로, 간단히 유틸리티라고도 한다. 유틸리티는 컴퓨터 작동에 필수적이지는 않지만 컴퓨터 이용에 편리한 기능을 지원하여 컴퓨터 사용의 인프라를 확장한다. 예전에는 운영체제와는 독립된 소프트웨어였었지만 점차 운영체제로 통합되어 이제 운영체제와의 경계는 불분명해지고 있다.

TIP 펌웨어는 ROM에 저장된 하드웨어를 제어하는 마이크로 소프트웨어로, 소프트웨어의 관점에서는 응용 소프트웨어와 구분되는 시스템 소프트웨어이지만, 하드웨어와 밀접한 관계를 가져 하드웨어화된 소프트웨어라고 할 수 있다. 소프트웨어 기능을 펌웨어로 구현하면 속도가 크게 증가하여 고속 처리가 필요한 소프트웨어는 펌웨어로 만들기도 한다. 한편 하드웨어 기능을 펌웨어로 구현하면 속도는 느려지지만 구현이 용이하고 비용이 저렴하다는 장점이 있다.

유틸리티의 예로는 프로그램의 작성이나 수정을 위해 사용하는 텍스트 편집기와 프로그램 실행 오류를 찾는 데 도움을 주는 디버거, 그리고 사용자가 작성한 프로그램의 실행에 필요한 링커, 로더 등이 있다.

TIP 예전에는 텍스트 편집기 대신 컴퓨터용 입력카드와 천공기를 이용하여 프로그램을 작성했고, 프로그램을 수정하려면 해당 입력카드를 교체해서 다시 천공기로 천공하여 컴퓨터로 읽어야 했다.

링커linker는 기계어로 변환된 목적 프로그램에 시스템 라이브러리를 추가하여 완전히 독립적으로 실행될 수 있는 실행 프로그램을 생성한다. 그리고 로더loader는 실행 프로그램을 주기억장치로 적재해서 실행을 시작하게 한다. [그림 3-19]는 사용자 작성 프로그램의 실행 과정을 나타낸 것으로 시스템 유틸리티의 역할을 보여준다.

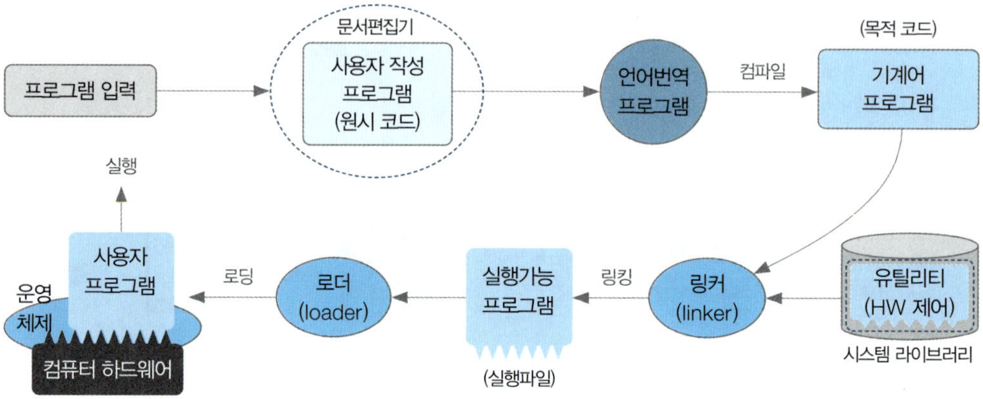

그림 3-19 사용자 프로그램(컴파일러 언어)의 작성 및 실행 과정

이 외에 시스템 유틸리티로는 하드웨어의 정상 작동 여부를 주기적으로 점검하는 각종 시스템 진단 프로그램과 파일 압축·해제 프로그램, 바이러스 백신 프로그램, 암호화·복호화 프로그램, 화면 캡처 프로그램 등이 있다.

시스템 라이브러리

일반적으로 사용자가 작성한 프로그램은 문제 해결을 위한 명령만으로 구성되어 기계어 코드로 변환되더라도 곧바로 실행될 수 없다. 실행을 위해서는 입출력 하드웨어 제어 등 프로그램 실행에 필요한 기능을 수행하는 코드를 추가해야 한다. 이런 코드는 프로그램을 실행할 때 공통적으로 필요한 것으로, 미리 실행 코드를 만들어 두고, 필요할 때 사용자가 이용하게 하면 프로그램 작성 시간과 부담을 줄일 수 있다. 시스템 라이브러리는 이런 목적으로 프로그램 실행에 공통으로 사용되는 기능을 미리 작성해서 모아둔 것이다. 일반적으로 컴퓨터 언어는 시스템 라이브러리를 기본으로 제공한다.

3 응용 소프트웨어

응용 소프트웨어는 특정 문제를 해결하는 프로그램으로, 사용자의 최종적인 사용 목적을 달성하기 위해 작성된다. 간단히 애플리케이션application 또는 앱app이라고 한다. 우리들이 사무실에서 업무에 사용하는 워드프로세서와 엑셀, 파워포인트와 프로그램은 모두 응용 소프트웨어의 예이다. 응용 소프트웨어는 응용 분야별 범용 패키지, 사용자 맞춤형 소프트웨어, 일반 사용자가 직접 작성하는 프로그램 등으로 구분할 수 있다.

응용 분야별 범용 패키지

전문 소프트웨어 회사 등에서 금융, 회계, 사무 등의 분야별 문제 해결을 위해 개발된 범용 패키지 프로그램으로, 해당 분야의 전문 프로그래머에 의해 작성된다. 이런 범용 패키지는 상용 소프트웨어가 많이 있지만 무료로 이용할 수 있는 것도 많다.

많이 사용되는 응용 분야별 범용 패키지는 다음과 같다.

- **문서 작성 소프트웨어** : 아래아 한글, MS 워드, 사임당 등
- **사무용 소프트웨어** : MS Office(파워포인트, 엑셀, 액세스), 한컴 오피스 등
- **데이터 관리 소프트웨어** : 오라클 DB, MySQL 등
- **통계 처리 패키지** : SAS, SPSS, R 등
- 그 외 그래픽·오디오·동영상 등 멀티미디어 관련 소프트웨어, 게임 프로그램 등

사용자 맞춤형 소프트웨어

전문 소프트웨어 회사가 공공기관, 회사, 학교 등에서 사용자 요구를 고려하여 개발하는 업무용 소프트웨어이다. 일반적으로 이런 소프트웨어는 전문 업체가 이미 개발된 소프트웨어를 기반으로 사용자의 요구사항에 맞게 개발한다. 예를 들면, 특정 대학의 수강신청·성적 조회 프로그램이나 특정 회사의 인사·자산 관리 프로그램, 특정 회사 내부에서 업무를 위해 사용하는 그룹웨어 등이다.

일반 사용자 작성 소프트웨어

일반 사용자가 개인의 문제 해결을 위해 직접 작성한 프로그램이다. 이 책의 뒷부분에서 파이썬 언어를 배우면서 작성할 프로그램이 이 범주에 속한다. 일반적으로 응용 소프트웨어도 해당 분야의 전문 지식을 가진 프로그래머가 개발하지만 앞으로 우리가 작성할 프로그램도 일종의 응용 소프트웨어라고 할 수 있다.

소프트웨어의 계층구조

일반 사용자가 작성한 응용 프로그램이 실행되려면 [그림 3-20]의 (a)와 같이 컴퓨터 내부에

서 단계별로 많은 시스템 유틸리티와 운영체제의 지원을 받아야 한다. 이를 소프트웨어의 계층구조layered software structure라고 한다. 소프트웨어의 계층구조 덕분에 응용 프로그램 개발자는 하드웨어 전문 지식이 없더라도 쉽게 응용 프로그램을 작성할 수 있다. 즉, 응용 프로그램의 개발자는 문제의 해결에만 집중해서 프로그램을 작성하고, 이 프로그램의 실행에 필요한 하드웨어 제어는 계층화된 하위의 시스템 소프트웨어를 이용하여 해결한다. [그림 3-20]의 (b)는 응용 프로그램의 상단 부분은 프로그램 작성자가 직접 작성하지만, 하드웨어와 결합되는 하단 부분은 유틸리티와 운영체제 등 시스템 소프트웨어의 지원으로 추가됨을 나타낸다.

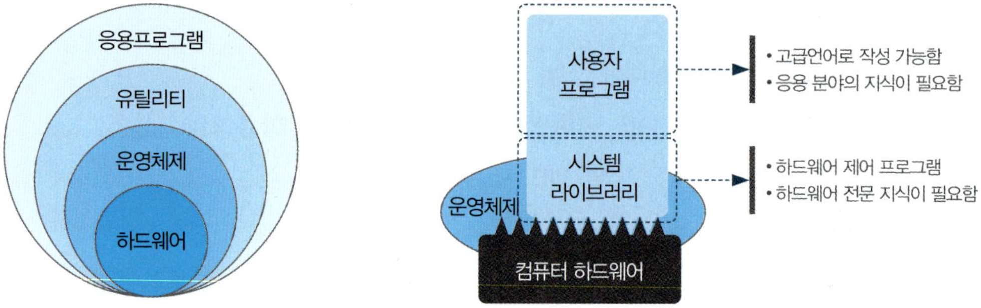

(a) 소프트웨어의 계층구성 (b) 사용자 작성 프로그램의 실행구조

그림 3-20 SW의 계층구도

요약

01 컴퓨터 하드웨어는 컴퓨터 기계 그 자체를 의미하며, 입력장치, 출력장치, 기억장치, 제어장치와 연산장치로 구성된다. 일반적으로 연산장치와 제어장치는 하나의 회로 칩에 결합되어 설계·제작되며, 이를 CPU 또는 컴퓨터 프로세서라고 한다.

02 컴퓨터 기억장치는 주기억장치와 보조기억장치로 구분된다. 컴퓨터는 CPU에 의해 당장 실행되지 않는 프로그램과 데이터들은 보조기억장치에 저장하고, 필요할 때 주기억장치로 이동시켜 처리한다.

03 컴퓨터에서 데이터들은 입력장치 → CPU → 메모리 → CPU → 메모리 → (보조기억장치) → (메모리) → CPU → 출력장치 등의 순서로 이동되면서 처리되고 출력된다.

04 컴퓨터 소프트웨어는 넓은 의미로는 하드웨어의 작동기술과 관련된 모든 것들을 의미하지만 대개는 컴퓨터 프로그램들을 의미하며, 사용 목적에 따라 시스템 소프트웨어와 응용 소프트웨어로 구분한다. 시스템 소프트웨어는 하드웨어 자원의 효율적 사용과 컴퓨터의 편리한 사용을 위해 개발된 프로그램들이며, 운영체제, 언어번역기, 시스템 유틸리티, 시스템 라이브러리 등으로 구분한다.

05 언어번역기는 기계어 이외의 컴퓨터 언어로 작성된 프로그램을 기계어로 번역해 주는 소프트웨어로, 언어번역기로 입력되는 프로그램을 원시 프로그램(또는 원시 코드)이라 하고, 언어번역기에 기계어로 번역된 것을 목적 프로그램(또는 목적 코드)이라 한다.

06 언어번역기는 번역 방식에 따라 컴파일러와 인터프리터로 구분한다. 컴파일러 방식은 원시 프로그램으로부터 목적 코드 파일을 생성해서 별도의 실행 명령을 통해 프로그램을 실행한다. 인터프리터 방식은 원시 프로그램을 문장 단위로 기계어로 번역해서 즉시 실행하고 목적 코드를 생성하지 않는다.

07 응용 소프트웨어는 사용자의 업무 처리를 위해 개발된 프로그램들로, 응용 분야별 범용 패키지 소프트웨어와 사용자 맞춤형 소프트웨어 그리고 사용자 작성 소프트웨어로 구성된다.

08 응용 소프트웨어들을 작성해서 실행되려면 텍스트 편집기, 언어번역기, 시스템 라이브러리, 링커, 로더 등 단계별로 많은 시스템 유틸리티와 운영체제의 지원을 받아야 하는데, 이를 소프트웨어의 계층 구조라고 한다.

연습문제

01 다음은 컴퓨터 기억장치의 접근 속도를 빠른 것부터 순서대로 나열한 것이다. 바른 것은 어느 것인가?

① 레지스터 – 캐시메모리 – 주기억장치 – 보조기억장치

② 레지스터 – 캐시메모리 – 보조기억장치 – 주기억장치

③ 레지스터 – 주기억장치 – 캐시메모리 – 보조기억장치

④ 캐시메모리 – 레지스터 – 주기억장치 – 보조기억장치

02 다음은 하드웨어 장치를 나열한 것이다. 틀린 것은 어느 것인가?

① 키보드 ② 마우스 ③ 플로터 ④ 온도 센서

03 다음은 레지스터 기억장치에 대한 설명이다. 바른 것은 어느 것인가?

① 초고속 주기억장치이다.
② 초고속 캐시메모리이다.
③ USB 기억장치의 일종이다.
④ CPU 내의 초고속 기억장치이다.

04 다음은 컴퓨터 소프트웨어에 대한 설명이다. 틀린 것은 어느 것인가?

① 컴퓨터 프로그램을 의미한다.
② 컴퓨터 사용 기술을 의미한다.
③ 운영체제는 시스템 소프트웨어이다.
④ 언어번역 프로그램은 응용 소프트웨어이다.

05 다음은 운영체제에 대한 설명이다. 바른 것은 어느 것인가?

① 컴퓨터 하드웨어이다.
② 사용자의 문제를 해결한다.
③ 편리한 사용환경을 제공한다.
④ 빠른 처리 속도를 제공한다.

06 다음 중 그 성격이 나머지와 전혀 다른 것은 어느 것인가?

① 엑셀 프로그램
② 파이썬 인터프리터
③ Windows 10 프로그램
④ 파일 압축 프로그램

07 다음 중 언어번역 방식이 나머지와 다른 것은 어느 것인가?

① Python ② C/C++ ③ Java ④ FORTRAN

08 다음은 소프트웨어의 계층구조에 대한 설명이다. 바른 것은 어느 것인가?

① 응용 프로그램의 실행 순서 관계를 나타낸다.

② 시스템 소프트웨어의 실행 속도 관계를 나타낸다.

③ 시스템 소프트웨어는 응용 프로그램의 지원을 받아 실행된다.

④ 사용자 프로그램은 시스템 프로그램의 지원을 받아 실행된다.

09 다음은 컴퓨터 언어에 대한 설명이다. 틀린 것은 어느 것인가?

① CPU가 이해할 수 있는 언어는 기계어가 유일하다.

② 컴퓨터 언어는 언어번역기 프로그램으로 구현된다.

③ 고급 언어는 자연어에 가까운 컴퓨터 언어이다

④ 저급 언어는 처리 성능이 느린 컴퓨터 언어이다.

10 다음은 컴퓨터 언어번역 프로그램에 대한 설명이다. 틀린 것은 어느 것인가?

① 언어번역기의 입력 코드를 원시 코드라고 한다.

② 언어번역기의 출력 코드를 실행 코드라고 한다.

③ 컴파일러 방식은 일괄 번역된 코드를 실행 때마다 재사용한다.

④ 인터프리터 방식은 실행 때마다 명령문을 다시 번역해서 실행한다.

11 다음 그림은 컴파일러 언어 프로그램의 실행과정을 나타낸 것이다. 빈 곳에 들어갈 용어는 무엇인가?

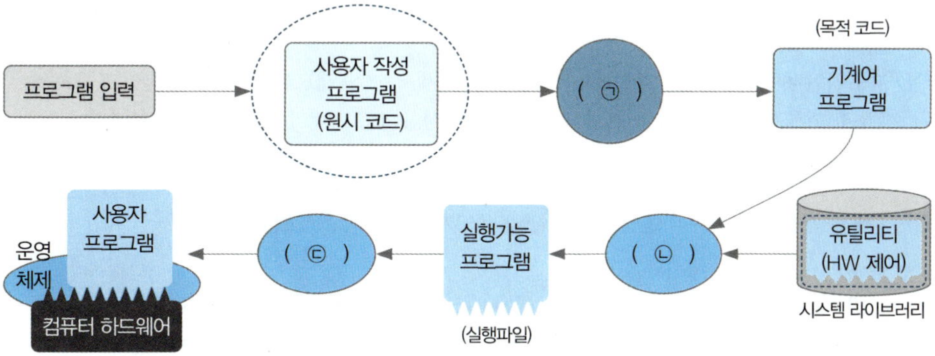

12 (   ) 방식은 디버깅이 용이하고 적은 메모리를 사용하지만 실행될 때마다 번역해야 하기 때문에 반복 실행의 (   ) 방식보다 처리 속도가 느리며, 인간 두뇌의 언어 처리와 유사해서 인공지능 또는 대화형 소프트웨어의 작성에 많이 사용된다.

13 일반 사용자가 작성한 응용 프로그램은 실행 과정에서 단계별로 많은 시스템 유틸리티와 운영체제의 지원을 받아야 한다. 이를 (   )라고 한다.

서술형 문제

01 키보드와 마우스 이외의 입력장치의 종류를 3가지 이상 나열하라.

02 프린터와 모니터 이외의 출력장치의 종류를 3가지 이상 나열하라.

03 컴퓨터 하드웨어의 5대 구성 요소를 간단히 설명하고, 컴퓨터 본체와 주변장치는 어떻게 구분하는지를 설명하라.

04 Windows 10은 대표적인 PC 운영체제이다. Windows 10 이외에 많이 사용되고 있는 운영체제, 특히 모바일 기기에서 사용되는 운영체제에는 어떤 것이 있는지 조사해보라.

05 대표적인 사무용 응용 소프트웨어로는 워드프로세서, 스프레드시트, 데이터 관리 소프트웨어가 있다. 각 소프트웨어의 기능과 현재 많이 사용되는 상용 소프트웨어 제품을 조사해보라.

06 다음은 대표적인 컴퓨터 운영기법이다. 각 운영기법에 대해 조사해보라.

(1) 일괄 처리	(2) 멀티 프로그래밍	(3) 실시간 처리
(4) 시분할 처리	(5) 분산 처리	(6) 병렬 처리

CHAPTER 04

컴퓨터 프로그래밍의 이해

학습목표

- 현대 컴퓨터의 작동 원리인 내장 프로그램 방식을 이해한다.
- 프로그램의 개념과 특성을 이해하고, 단계별 작성을 이해한다.
- 알고리즘과 프로그래밍의 개념을 이해한다.

01 컴퓨터의 작동 원리

1 내장 프로그램 방식

현재 우리가 사용하는 범용 컴퓨터는 대부분 1945년 미국 프린스턴 대학의 폰 노이만 교수가 제안한 내장 프로그램 방식을 구현한 것으로, 이런 방식의 컴퓨터 구조를 폰 노이만 구조 또는 순차처리 구조라고 한다.

내장 프로그램stored programming 방식은 프로그램을 미리 메모리에 저장해 두고, CPU가 프로그램의 명령문을 순차적으로 읽어 가면서 실행하는 방식이다. 이 방식은 지금은 당연한 것이지만 당시로는 최신 컴퓨터였던 ENIACElectronic Numerical Integrator and Calculator의 작동 방식을 획기적으로 개선한 것으로, 메모리의 중요성, 2진 데이터 표현, 프로그램 명령의 순차처리 등 현대 컴퓨터의 중요한 개념과 작동 원리를 제시하고 있다. 특히 프로그래머가 기계 내부에서 배선을 변경하는 방식으로 프로그램을 실행했던 ENIAC의 작동 방식과 비교하면 폰 노이만 방식은 혁신적인 변화였으며, 이 방식을 처음으로 구현한 영국의 EDSAC과 EDVAC 컴퓨터 이후 현대 컴퓨터의 기본 작동 원리가 되었다.

TIP EDSAC은 10진수를 사용했다. 따라서 최초로 2진수를 사용한 프로그램 내장 방식은 폰 노이만이 직접 구현한 EDVAC이다.

(a) ENIAC 컴퓨터

(b) EDSAC 컴퓨터

(c) EDVAC 컴퓨터

그림 4-1 초창기 컴퓨터

2 프로그램 영역과 데이터 영역

내장 프로그램 방식의 컴퓨터에서 실행 프로그램이 어떻게 표현되는지를 이해하면 프로그램의 작성을 위해 무엇을 해야 하는지를 알 수 있다. [그림 4-2]는 실행 프로그램의 메모리 저장 상태를 나타낸다. 프로그램은 실행될 때 메모리의 프로그램 영역과 데이터 영역에 저장된다. 프로그램 영역에는 프로그램의 명령문이 저장되고, 데이터 영역에는 처리 데이터가 저장된다. 프로그램의 실행이 시작되면 CPU는 프로그램 영역의 명령문을 순차적으로 읽고 해석하여 실행하면서 데이터 영역을 이용한다.

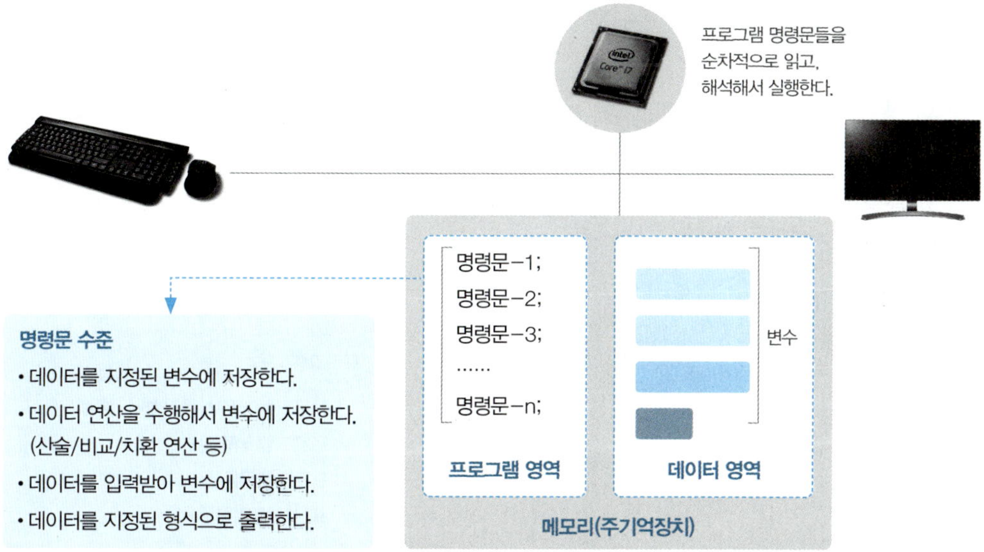

그림 4-2 프로그램의 저장 상태와 작동

[그림 4-2]는 프로그램이 CPU가 실행할 명령의 집합(프로그램 영역 저장)과 이 명령이 사용한 데이터 영역의 설계(데이터 영역 확보)로 구성된다는 것을 의미한다. 그리고 프로그램의 명령은 CPU가 실행할 수 있는 명령이라는 것을 의미한다. CPU는 메모리에 접근해서 데이터를 읽거나 저장하고, 산술 및 비교 연산 등을 수행하므로 프로그램은 이런 명령으로 구성해야 한다.

따라서 프로그램을 작성하려면 프로그램이 사용할 메모리의 데이터 공간을 설계하고, 이를 이용해서 문제를 해결하도록 순차적으로 실행할 명령의 구성을 설계해야 한다. 즉, 프로그래밍은 문제 해결을 위한 순차적 명령의 집합을 설계하고 이 과정에서 필요한 메모리의 데이터 저장 공간을 설계하는 것이고, 컴퓨터 언어는 이런 설계 결과를 표현하는 방법을 제공한다. 그리고 프로그램은 이러한 설계 결과를 컴퓨터 언어로 나타낸 것이다.

3 순차적 사고

일반적으로 프로그램을 작성하면 먼저 작성된 프로그램에 오류가 없는지를 확인하고 컴퓨터 실행을 통해 점검한다. 앞에서 [그림 4-2]의 CPU를 프로그램 작성자라고 가정하면, 작성자가 프로그램의 명령을 순차적으로 따라가면서 읽고 해석해서 수행하는 것이 프로그램의 실행이다. 이 과정에서 작성자는 프로그램의 데이터 영역을 [그림 4-3]과 같이 개념적인 저장 공간으로 생각할 수 있다.

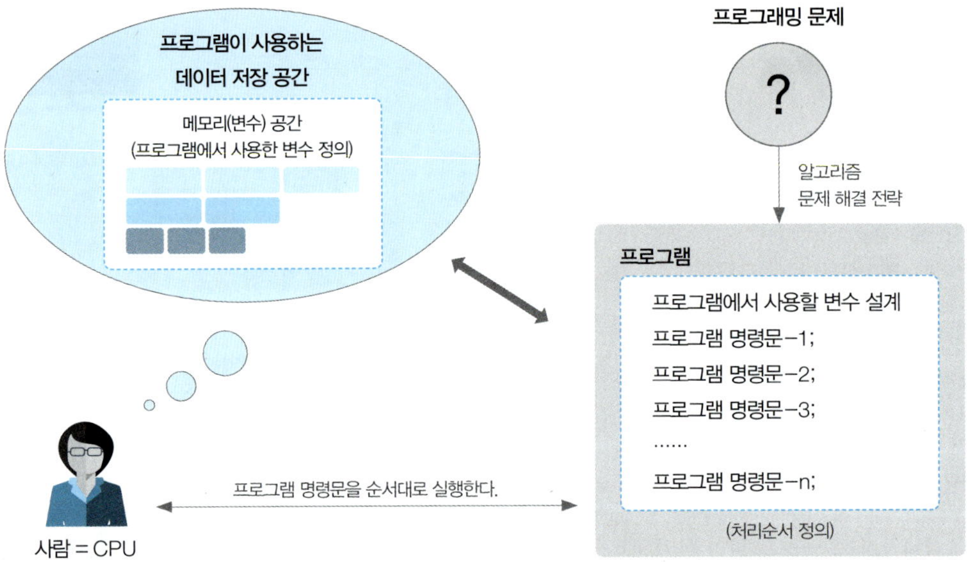

그림 4-3 컴퓨터 프로그램의 실행 과정 모델링

작성자가 프로그램을 실행한다면 프로그램의 명령은 굳이 컴퓨터 언어로 작성하지 않아도 된다. 특히 프로그램의 논리를 설계하는 단계에서 프로그램의 명령은 작성자(사람)에게 친숙한 언어(예 자연어 또는 의사코드)를 이용해서 표현해도 된다. 다만, 프로그램 명령의 표현 수준이 최종적으로는 컴퓨터 언어로 표현할 수 있어야 하는데, 이것은 마치 어른이 아이에게 심부름을 시킬 때 아이의 수준에서 표현을 해야 하는 것과 같다.

언어는 표현 수단으로 사람의 사고 능력에 영향을 준다. 컴퓨터 프로그램의 작성은 문제 해결을 위한 논리와 메모리 저장 공간의 설계 작업이므로 작성자의 창의적인 사고 능력이 중요하다. 프로그램을 잘 작성하려면 처음부터 컴퓨터 언어로 표현하기보다는 충분한 사고가 가능한 친숙한 언어를 이용해서 먼저 표현하고, 이를 컴퓨터 언어로 다시 표현하면 프로그램의 개발 과정에서는 프로그램 논리, 즉 문제 해결 방법에 보다 사고를 집중할 수 있다. 컴퓨터 프로그램은 최종적으로는 컴퓨터 언어로 작성해야 하지만 컴퓨터 언어보다는 프로그램의 설계와 구성을 창의적이고 체계적으로 생각할 수 있는 작성자의 사고 능력이 더 중요하다. 특히 문제 해결 방법과 과정을 단계적으로 파악해서 표현할 수 있는 순차적인 사고를 해야 한다.

02 컴퓨터 프로그램의 특성

1 컴퓨터 프로그램의 개념

프로그램program이라는 용어는 [그림 4-4]와 같이 일상에서도 많이 사용한다. 프로그램은 특정 시점에서 수행할 작업을 순서를 정하여 나열한 것으로, 실행 전에 만들어지므로 실행 계획과 같은 의미이다. 컴퓨터 프로그램도 마찬가지이다. 일상의 프로그램과 같이 컴퓨터 프로그램도 문제 해결을 위한 실행 계획이다. 다만, 차이가 있다면 일상의 프로그램은 작성과 실행을 모두 사람이 하지만 컴퓨터 프로그램은 작성은 사람이, 실행은 컴퓨터가 한다는 점에서 차이가 있다. 이것은 프로그램의 본질은 같지만 작성과 구현 방식에서는 차이가 있다는 것을 의미한다.

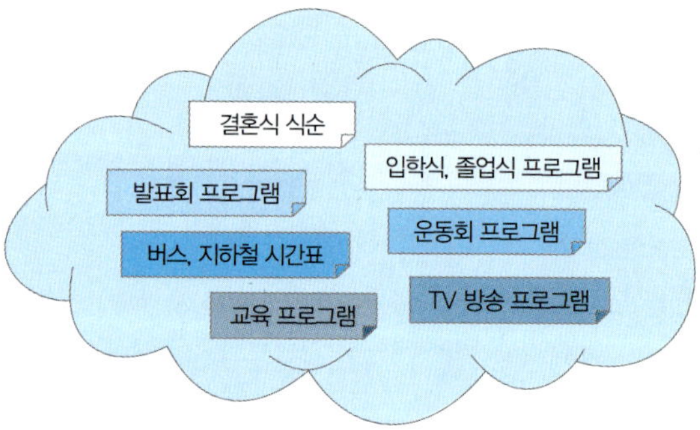

공통점
- 순서가 정해짐
- 미리 만들어짐
- 특정 시점에서 수행할 행동(작업)이 정해짐

프로그램의 의미(정의)
- 어떤 상황에서 어떻게 행동할지를 글로 표현하는 행위
- 순서를 정확하게 기술한 문장

그림 4-4 프로그램의 개념과 특성

프로그램은 실행을 염두에 두고 작성해야 한다. 즉, 실행자의 능력을 고려해서 실행자가 읽고 이해할 수 있는 방식으로 작성해야 한다. 프로그램 작성자와 실행자가 같은 수준의 실행 능력을 가지고 있다면 프로그램을 작성자 수준에서 쉽게 작성할 수 있지만, 실행자의 수준이 작성자보다 낮고 단순하다면, 작성자는 실행자 수준을 고려하여 단순 명령으로 프로그램을 구성해야 한다.

컴퓨터 프로그램은 CPU가 실행할 수 있는 명령으로만 구성해야 한다. 인공지능 등 현대의 컴퓨터는 사람보다 훨씬 뛰어난 능력을 가진 것처럼 보이지만, 사실 CPU는 지정된 데이터의 메모리 저장과 사칙연산, 비교 연산, 데이터 입출력 등과 같은 단순한 명령만 실행할 수 있다. 컴퓨터 프로그래밍은 CPU의 이런 단순한 명령을 조합해서 문제 해결에 필요한 프로그램을 작성하는 것이다.

앞에서 설명한 바와 같이, 컴퓨터 프로그램은 데이터 처리를 위해 메모리의 저장 공간을 사용하므로 항상 프로그램의 실행에 필요한 데이터의 메모리 공간을 미리 설계해서 확보해야 한다. 그리고 컴퓨터 프로그램은 CPU가 실행할 수 있는 명령만으로 구성해야 하므로 작성자는 CPU의 실행 가능한 명령만을 이용해서 필요한 처리 작업을 표현해야 한다. 예를 들면, 변수의 값을 교환하는 CPU 명령은 없으므로 '변수 x와 y의 값을 교환한다'라는 처리 작업은 다음과 같은 여러 CPU 명령의 순차적인 실행으로 표현해야 한다. 여기서 변수란 메모리에 확보한 각 데이터의 저장 공간을 말한다.

- 변수 temp에 변수 x의 저장값을 저장한다. 즉, temp ← x의 저장값
- 변수 x에 변수 y의 저장값을 저장한다. 즉, x ← y의 저장값
- 변수 y에 변수 temp의 저장값을 저장한다. 즉, y ← temp의 저장값

2 컴퓨터 프로그램의 단계별 작성

컴퓨터 프로그램은 최종적으로 컴퓨터 언어로 작성할 수 있는 명령으로 구성해야 한다.

TIP 컴퓨터 언어는 CPU가 실행할 수 있는 명령을 작성할 수단을 제공한다.

그러나 처음부터 컴퓨터 언어로 작성을 시작하기보다는 작성자 관점에서 점차 컴퓨터 실행 관점으로 단계적으로 작성하는 것이 필요하다. 다음은 프로그램의 단계별 작성 예로, 한 학생의 국어·수학 성적의 총점과 평균을 계산한다. [그림 4-5]의 (a)는 사람의 관점에서, (b)는 컴퓨터의 관점에서 작성한 것이다.

1. 국어 성적을 확인한다.
2. 수학 성적을 확인한다.
3. 총점을 계산한다.
4. 평균을 계산한다.
5. 총점과 평균을 출력한다.

(a) 사람의 관점

0. 메모리 kor, math, total, avg를 준비한다.
1. 국어 성적을 kor에 저장한다.
2. 수학 성적을 math에 한다.
3. kor과 math의 데이터를 더해 total에 저장한다.
4. total의 데이터를 2로 나눈 결과를 avg에 저장한다.
5. total과 avg의 저장 데이터를 출력한다.

(b) 컴퓨터의 관점

그림 4-5 프로그램의 단계별 작성 예(1)

[그림 4-5]의 (a)는 사람의 관점에서 확인, 총점 계산, 평균 계산 등의 표현을 사용하고, 구체적인 확인 및 계산 방법은 기술하지 않았다. 일정 수준 이상의 학생이 실행한다면 문제가 없겠지만, 초등학교 저학년 이하의 학생이 실행한다면 정확하게 실행되지 못할 수도 있다. 만약 어린 학생이 실행할 것이라면 보다 더 단순하고 구체적으로 기술해야 한다. [그림 4-5]의 (b)는 컴퓨터 실행을 위해 메모리의 데이터 저장 공간을 설계하고, 실행 가능 명령을 이용하여 한글로 작성한 것이다. (a)와 (b)는 동일한 성적 처리를 나타내지만 실행자에 따라 명령의 작성 수준과 표현 방법이 달라진다.

컴퓨터 프로그램은 일상의 프로그램과 실행 환경이 많이 다르다. 컴퓨터는 데이터의 저장과 이동, 산술 및 비교 연산 등 단순한 처리 명령만을 실행할 수 있다. 이것은 컴퓨터 프로그램을 (a)와 같이 작성해서는 안 되고, (b)와 같이 어린 학생에게 할 일을 지시하는 것처럼 단순하고 명확한 표현으로 구체적이게 작성해야 한다는 것을 의미한다.

0. 메모리 kor, math, total, avg를 준비함
1. kor ← 국어 성적
2. math ← 수학 성적
3. total ← kor + math
4. avg ← tota / 2
5. print total, avg

(a) 의사코드로 작성

```
var kor, math, total, avg
kor = 국어 성적
math = 수학 성적
total = kor + math
avg = total / 2
print("총점: ", total, "평균: ", avg)
```

(b) 파이썬으로 작성

그림 4-6 프로그램의 단계별 작성 예(2)

[그림 4-6]의 (a)는 [그림 4-5]의 (b)를 컴퓨터 언어와 유사한 의사코드를 이용해서 작성한 것으로, 비교적 표현이 함축적이고 간결하다. [그림 4-6]의 (b)는 뒤에서 배울 파이썬 언어로 작성한 것으로 (a)와 유사하지만 파이썬 문법 규칙을 정확히 준수해서 작성했다.

프로그래밍을 처음 시작할 때는 사람의 관점과 컴퓨터의 관점을 구분하고 컴퓨터 명령만을 이용해서 문제 해결 절차를 표현하는 것이 쉽지 않다. 특히 컴퓨터 명령을 이용한 표현은 단순하지만, 자연어보다 구체적이어서 훈련되지 않으면 어렵게 느껴진다. 여기에 컴퓨터 언어의 문법을 준수해야 하는 것도 부담이 된다. 따라서, 컴퓨터 프로그램을 처음 작성할 때는 [그림 4-5]의 (a)와 (b)의 차이를 이해하고, [그림 4-5]의 (a), (b), [그림 4-6]의 (a), (b) 순서대로, 프로그램을 단계적으로 작성하는 연습을 해야 한다. 특히 프로그램 작성 경험이 많아지면 [그림 4-6]의 (a)와 같이 특정 컴퓨터 언어와는 독립적인 프로그래밍 능력을 가질 수 있게 된다.

03 알고리즘과 프로그래밍

1 프로그래밍의 개념

프로그래밍은 컴퓨팅 사고를 훈련할 수 있는 좋은 방법이다. 특히 비전공자는 프로그래밍 경험을 통해 컴퓨팅 사고를 이해하고 훈련한다면, 자신의 분야에서 문제 해결에 컴퓨터를 적극 활용할 수 있다. 프로그래밍은 사람과 컴퓨터 사이의 표현과 사고 방식의 차이를 이해하고, 컴퓨터를 이용한 문제 해결 방법을 생각해서 프로그램으로 표현하는 과정이다. [그림 4-7]은 프로그래밍의 일반적인 과정을 나타낸 것이다.

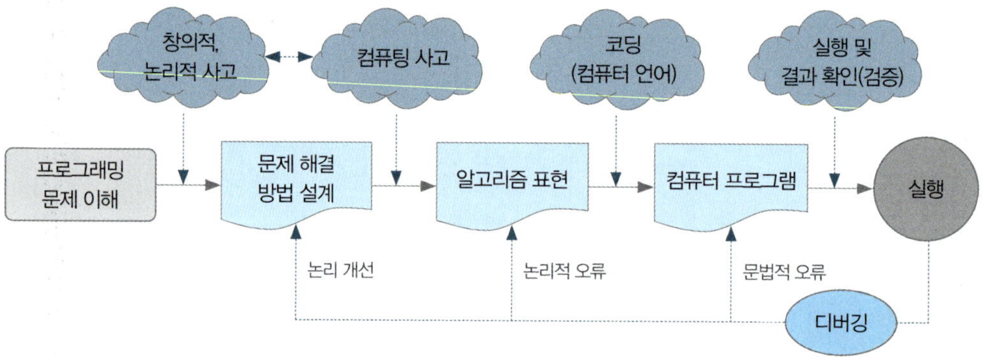

그림 4-7 컴퓨터 프로그래밍 과정

2 알고리즘의 개념

프로그램의 문제 해결 방법을 설계한 것을 알고리즘이라고 한다. 알고리즘algorithm은 프로그램보다는 더 상위의 개념으로 문제의 본질적인 해결 방법을 다룬다. 컴퓨터 알고리즘은 컴퓨터를 이용한 문제 해결 방법을 나타낸 것으로, 특정 문제를 해결하기 위한 실행 가능한 명령의 집합으로 구성되며 다음의 특성을 갖는다.

❶ 알고리즘은 0개 이상의 입력을 가질 수 있다.

❷ 알고리즘은 반드시 1개 이상의 출력을 생성한다.

❸ 알고리즘의 각 명령은 그 의미가 명확하다.

❹ 알고리즘은 유한개의 명령을 수행한 후 반드시 종료된다.

❺ 알고리즘의 각 명령은 컴퓨터로 실행 가능하다.

프로그램과의 비교

알고리즘과 프로그램은 혼용되기도 하지만 사실은 명확히 구별되는 의미이다. 알고리즘은 문제의 해결 방법 그 자체를 나타내고, 프로그램은 알고리즘을 구현하는 방법이다. 그래서 프로그래밍 과정에서 알고리즘은 컴퓨터 프로그램으로 표현할 수도 있지만, 대개는 순서도, 의사코드와 같은 별도의 표현 수단(이를 컴퓨터 언어와 구분해서 알고리즘 언어라고 함)을 이용해서 표현하고, 이를 특정 컴퓨터 언어를 선택해서 프로그램으로 작성한다.

프로그래밍에서 알고리즘과 프로그램을 구분하는 이유는 표현 수단이 알고리즘의 사고에 영향을 주기 때문이다. 알고리즘을 개발할 때는 사람에게 친숙한 표현 수단을 이용해서 문제의 해결 방법을 생각하는 데 집중해서 작성하고 프로그램을 작성할 때는 컴퓨터 언어의 문법에 집중해서 작성하는 것이 좋다.

알고리즘의 표현 방법

예전에는 알고리즘의 표현 방법으로 순서도를 많이 사용했지만, 지금은 컴퓨터 언어와 유사한 의사코드 또는 제한된 형태의 자연어를 많이 사용한다.

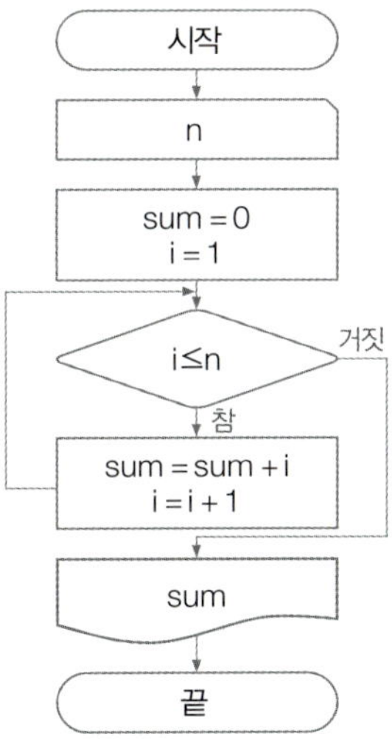

(a) 순서도 표현

```
// 1부터 n 까지의 정수 합
input n
sum ← 0
i ← 1
while ( i≤n ) {
    sum ← sum+i
    i ← i + 1
}
output sum
```

(b) 의사코드 표현

```
// 1부터 n 까지의 정수 합
n = int(input())
sum=0 ;
i=1 ;
while i <= n :
    sum = sum + i
    i = i + 1
print(sum)
```

(c) 파이썬 표현

그림 4-8 알고리즘의 표현 방법

의사코드pseudo-code는 컴퓨터 언어와 구문 형태는 유사하면서도 문법 규칙은 느슨해서 사용이 편리하고, 나중에 컴퓨터 언어를 선택해서 프로그램으로 재작성하기도 용이하다. 대표적인 표준 의사코드로는 SPARKS Structured Programming: A Reasonable Komplete Set, BNF Backus-Naur Form 등이 있지만 현장에서는 선택한 컴퓨터 언어의 문법을 완화해서 사용하기도 한다. 컴퓨터 언어를 능숙하게 다루면 간단한 알고리즘은 컴퓨터 프로그램으로 작성해도 되지만, 가능하다면 91p에서 설명한 것처럼 단계적으로 작성하는 것이 바람직하다.

3 디버깅

컴퓨터 프로그램을 작성하면, 일차적으로는 작성자가 테스팅하여 확인한 후, 컴퓨터로 실행하여 점검해야 한다. 프로그램의 실행을 통해 정당한 결과를 확인할 때까지 프로그램의 문법적 오류와 논리적 오류를 수정해야 한다. 이런 오류 수정 과정을 디버깅debugging이라고 한다.

TIP 디버깅이란 용어는 최초의 컴퓨터인 ENIAC의 작동 오류 원인이 컴퓨터 내부의 벌레 사체들 때문이었고, 이 벌레 사체를 제거하여 오류를 해결했던 것에서 유래한다.

프로그램의 문법적 오류는 대부분 언어번역기가 발견해서 알려주므로 쉽게 해결할 수 있다. 문제는 알고리즘의 부정확성과 프로그램의 논리적 오류이다. 처음 프로그래밍을 하는 경우 이런 논리적 오류를 발견하기는 쉽지 않은데, 미리 준비한 샘플 데이터의 실행을 통해 예측된 실행 결과를 얻을 때까지 논리적 오류 추적 및 프로그램의 수정을 통해 해결해야 한다. 프로그래밍에는 많은 연습과 경험이 요구된다.

지금까지 프로그래밍을 시작하는 데 필요한 기본적인 컴퓨터 지식에 대해 설명했다. 이런 내용을 토대로 Part 02에서는 파이썬 프로그래밍을 다룬다. 프로그래밍을 공부하다 보면 컴퓨터에 대해 더 많이 그리고 더 깊이 알아야 할 내용이 있음을 깨닫게 될 것이다. 이것은 이 책의 범위를 넘는 것이어서 다루지 않지만 이후에도 프로그래밍을 계속 공부해 가면서 보충하기를 바란다.

요약

01 내장 프로그램 방식은 프로그램을 미리 메모리에 저장해 두고, CPU가 프로그램의 명령문들을 순차적으로 읽어가면서 실행하는 방식으로, 순차처리 방식이라고도 한다.

02 컴퓨터 프로그램은 실행될 때 메모리의 프로그램 영역과 데이터 영역에 저장된다. 프로그램 영역에는 프로그램의 명령문들이 저장되고, 데이터 영역에는 처리 데이터들이 저장된다. 그리고 프로그램의 실행이 시작되면 CPU는 프로그램 영역의 명령문들을 순차적으로 읽고 해독하여 실행하면서 데이터 영역을 이용한다.

03 일반적으로 프로그램은 특정 시점에서 수행할 작업들을 순서를 고려하여 나열한 것으로 실행 전에 미리 만들어지며, 이런 특성은 컴퓨터 프로그램도 동일하다. 다만, 컴퓨터 프로그램은 컴퓨터가 실행하기 때문에 컴퓨터 CPU가 실행할 수 있는 작업들만으로 구성해야 한다.

04 컴퓨터 프로그램은 최종적으로 컴퓨터 언어로 작성해야 하지만 처음부터 컴퓨터 언어로 작성을 시작하기보다는 작성자 관점에서 작성하고 점차 컴퓨터 CPU의 실행 관점으로 단계적으로 작성해야 한다.

05 프로그래밍은 사람과 컴퓨터 사이의 표현과 사고방식의 차이를 이해하고, 컴퓨터를 이용한 문제 해결 방법을 생각해서 컴퓨터 프로그램으로 표현하는 과정으로, 컴퓨팅 사고를 훈련할 수 있는 좋은 방법이다.

06 알고리즘은 문제 해결 방법을 나타낸 것으로, 특정 문제를 해결하는 실행 가능한 명령들의 집합으로 표현한다. 0개 이상의 입력, 1개 이상의 출력, 명령의 명확성, 명령의 실행 가능성, 명령 집합의 종료성을 특성으로 가진다.

07 알고리즘은 문제의 해결 방법 그 자체를 나타내고, 프로그램은 알고리즘의 한 구현 방법이다.

08 프로그래밍에서 알고리즘과 프로그램의 표현을 구분하는 이유는 표현 수단이 알고리즘의 사고에 영향을 주기 때문이다.

01 다음 중 폰 노이만 교수가 제안한 프로그램 내장 방식과 직접적으로 관계가 없는 것은 어느 것인가?

① 순차 처리 개념 ② 메모리의 중요성

③ 운영체제의 필요성 ④ 2진 코드 표현

02 다음은 프로그램의 특성에 대한 설명이다. 틀린 것은 어느 것인가?

① 실행 순서가 정해진다.

② 미리 작성된다.

③ 특정 시점의 수행 작업을 정한다.

④ 동일하게 실행된다.

03 다음은 자연어를 이용해서 컴퓨터 프로그램을 작성하는 것에 대한 설명이다. 가장 바른 것은 어느 것인가?

① 기계어보다 사용하기 어렵다.

② 모호한 표현을 피해야 한다.

③ 프로그램 논리 개발에 불리하다.

④ 표현의 다양성 때문에 사용이 어렵다.

04 다음은 컴퓨터 프로그래밍 과정을 나타낸 것이다. 바른 것은 어느 것인가?

① 문제 이해 → 알고리즘 생각 → 의사코드 표현 → 컴퓨터 언어 표현

② 문제 이해 → 의사코드 표현 → 알고리즘 생각 → 컴퓨터 언어 표현

③ 문제 이해 → 컴퓨터 언어 표현 → 알고리즘 생각 → 의사코드 표현

④ 문제 이해 → 알고리즘 생각 → 컴퓨터 언어 표현 → 의사코드 표현

05 다음은 컴퓨터 언어로 작성한 프로그램에 대한 설명이다. 틀린 것은 어느 것인가?

① 컴퓨터 명령으로만 구성된다.

② 알고리즘을 작성하고 컴퓨터 언어로 코딩해도 된다.

③ 컴퓨터가 실행할 수 있는 명령으로만 작성해야 한다.

④ 명령은 실행 순서를 고려해서 순차적으로 작성해야 한다.

06 컴퓨터 프로그래밍 과정에서 컴퓨팅 사고가 가장 필요한 단계는 무엇인가?

① 컴퓨터 문제 파악 ② 알고리즘 개발
③ 알고리즘 표현 ④ 컴퓨터 언어 코딩

07 다음 중 알고리즘의 특성과 거리가 가장 먼 것은 어느 것인가?

① 종료성 ② 명료성 ③ 유한성 ④ 반복성

08 다음 중 프로그램의 디버깅 과정에서 발견되는 오류와 거리가 가장 먼 것은 어느 것인가?

① 문법적 오류 ② 문제 오류 ③ 논리적 오류 ④ 알고리즘 오류

09 다음은 알고리즘과 프로그램에 대한 설명이다. 바른 것은 어느 것인가?

① 알고리즘과 프로그램은 같은 의미이다.
② 모든 컴퓨터 프로그램은 알고리즘이다.
③ 알고리즘은 다양한 방법으로 구현할 수 있다.
④ 컴퓨터 알고리즘은 반드시 컴퓨터 언어로 표현해야 한다.

10 다음은 컴퓨터 프로그래밍에 대한 설명이다. 틀린 것은 어느 것인가?

① 컴퓨터 프로그램을 작성하는 과정이다.
② 컴퓨터를 이용한 문제 해결 과정이다.
③ 알고리즘을 개발하는 일반적인 방법이다.
④ 컴퓨팅 사고를 훈련할 수 있는 방법이다.

11 현대 컴퓨터의 작동 원리는 (　　　　　)이(가) 제안한 (　　　　　) 방식이다.

12 세계 최초의 컴퓨터는 (　　　　　)이고, 폰 노이만 방식을 처음으로 채택한 컴퓨터는 (　　　　　)과(와) (　　　　　)이다.

13 (   )은 컴퓨터가 실행할 프로그램을 미리 컴퓨터 내부의 메모리 장치에 저장해 두고, CPU가 메모리에 저장된 프로그램을 순차적으로 읽어 가면서 실행하는 방식이다.

14 컴퓨터 메모리의 프로그램 저장 공간은 CPU가 순차적으로 실행하는 명령을 저장하는 (   )과 프로그램이 처리할 데이터를 저장하는 (   )으로 구성된다.

서술형 문제

01 현대 컴퓨터의 작동 원리로서 노이만 교수가 제안한 프로그램 내장 방식에 대해 설명하고, 이 방식을 최초로 구현한 컴퓨터는 무엇인지 알아보라.

02 알고리즘과 프로그램의 공통점과 차이점을 설명하라.

03 알고리즘을 의사코드로 작성하는 이유를 설명하고, 의사코드를 대체할 수 있는 방법을 생각해서 제시해보라.

04 프로그래밍 과정을 제시하고, 각 단계에 대해 간단히 설명하라.

PART 02

파이썬 프로그래밍

PART 02

파이썬 프로그래밍

CHAPTER 05
파이썬 개요

학습목표

- 파이썬의 특징을 이해하고 실행 과정을 이해한다.
- 파이썬 프로그램을 설치하여 실습 환경을 구축한다.

01 파이썬이란?

1 파이썬의 인기

프로그래밍을 하려면 컴퓨터 언어를 선택해야 한다. 파이썬Python은 프로그래밍 초보자부터 전문 프로그래머까지 모두가 선택할 수 있는 범용 프로그래밍 언어이다.

파이썬은 1991년 프로그래머인 귀도 반 로섬Guido van Rossum이 발표한 고급 프로그래밍 언어로, 플랫폼 독립적이며 인터프리터 방식, 객체 지향, 동적 타이핑dynamic typing을 지원하는 대화형 언어이다. 문법이 간단해서 코드의 작성과 이해가 용이하고, 코드의 실행 결과를 신속하게 확인할 수 있다. 그리고 인공지능, 금융, 데이터 과학, 수학 등 다양한 분야의 라이브러리를 지원한다. 이런 이유로 파이썬은 각 분야의 전문가들도 많이 사용하고 있다. 특히 파이썬이 비전공자에게 적합한 언어로 인식되면서 대학에서 컴퓨터 교육용 언어로 많이 채택하고 있고, 최근에는 중고등학교의 코딩 교육에서도 파이썬을 선택하는 등 현재 가장 인기 있는 언어이다.

그림 5-1 파이썬의 창시자 귀도 반 로섬

티오베TIOBE의 프로그래밍 언어 인기순위 조사 결과에 의하면, 파이썬은 지난 10년 이상 1위였던 자바를 제치고 2019년 이후 1위를 차지하고 있고, 이런 추세는 당분간 계속될 것으로 예견하고 있다. 대부분의 소프트웨어가 전문 프로그래머에 의해 개발되었던 과거와는 달리 현재는 어느 분야에서나 프로그래밍 능력을 요구하여 전문 프로그래머가 아니라도 누구나 프로그래밍을 쉽게 할 수 있는 언어가 필요한데, 파이썬은 이런 요구를 충족시키고 있다. 특히 최근 각광받는 데이터 마이닝, 빅데이터 등 데이터 과학과 기계학습 등 AI 분야에서 사용이 가능하다는 점에서 많은 사람이 사용하고 있다.

Jul 2025	Jul 2024	Change	Programming Language	Ratings	Change
1	1		Python	26.98%	+10.85%
2	2		C++	9.80%	-0.53%
3	3		C	9.65%	+0.16%
4	4		Java	8.76%	+0.17%
5	5		C#	4.87%	-1.85%

그림 5-2 주요 프로그래밍 언어의 티오베 인덱스 순서(25년 7월 기준)

2 파이썬의 특징

파이썬은 다른 언어와 구별되는 많은 특징을 가지고 있다. 다만, 이러한 특성을 지금 모두 설명하더라도 프로그래밍 경험이 없다면 공감하고 이해하는 데 한계가 있다. 여기서는 꼭 기억해 둘 만한 중요 특성만 간단히 설명한다.

■ **파이썬은 인터프리터 방식으로 실행되는 스크립트 언어이다.**

인터프리터는 매번 프로그램 코드를 기계어로 변환해서 실행하기 때문에 실행 속도가 컴파일러 언어에 비해 느리지만, 프로그램 코드를 라인 단위로 실행하여 전체 코드를 작성하지 않고 부분 코드만을 작성해서 실행하는 것이 가능하다. 특히 사용자가 컴퓨터와 대화하는 방식으로 프로그램을 작성할 수 있다.

■ **파이썬은 문법이 쉽고 간결하다.**

파이썬은 들여쓰기로 프로그램의 논리구조를 표현한다. 이것은 C/C++, Java 등과는 다른 파이썬만의 특성으로, 정렬된 코드 작성 규칙이 있어서 사람들이 코드를 쉽게 읽을 수 있게 된다. 또한 파이썬 문법은 쉽고 간결한 코드 작성이 가능하기 때문에 비전공자도 학습하고 활용하는 것이 수월하다.

■ **파이썬은 생산성이 높아 신속한 소프트웨어 개발이 가능하다.**

파이썬은 많은 자료형과 라이브러리를 제공하기 때문에 신속하게 프로그램을 작성할 수 있다. 또한, 파이썬은 다른 프로그래밍 언어와 쉽게 연동해서 사용할 수 있다. 예를 들면, C/C++ 프로그램을 파이썬에서도 사용할 수 있고, 반대로 파이썬 프로그램을 C/C++에서도 사용할 수 있다. 따라서, 빠른 실행 속도가 필요한 입출력이나 하드웨어 제어와 관련된 부분은 C 언어로 작성하고 그 외 부분은 파이썬으로 작성한다면 생산성을 높일 수 있다.

이외에도 파이썬은 여러 플랫폼에서 사용할 수 있는 등 많은 장점을 가지고 있지만, 이러한 특성들은 다른 언어의 사용 경험이 없는 사람은 이해하기 어렵다. 이것들은 파이썬 프로그래밍을 충분히 경험하면 자연스럽게 알게 될 것이므로 여기서는 더 이상의 설명을 생략한다.

3 파이썬 코드의 실행 과정

파이썬 프로그램을 실행하면, 파이썬 가상머신CPython에 의해 바이트 코드byte code로 변환되고, 다시 문장 단위의 기계어로 변환되어 실행된다. 바이트 코드는 파이썬 코드와 기계어 코드 사이의 중간 단계 코드로, 소프트웨어 가상머신에서 동작하는 코드이다. 가상머신은 바이트 코드를 실제 기계(컴퓨터)의 기계어 코드로 변환해서 실행한다.

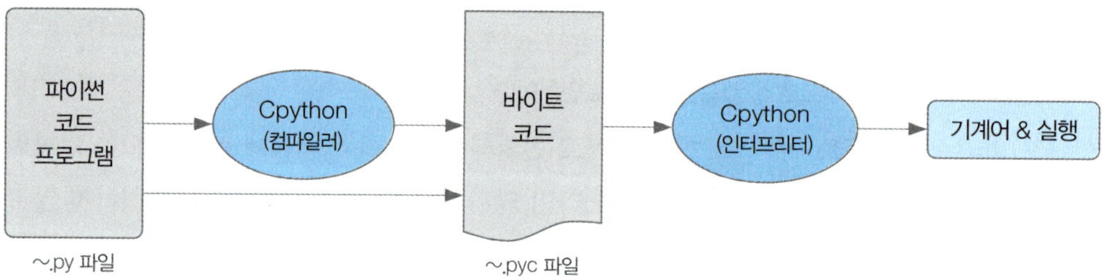

그림 5-3 파이썬 프로그램의 실행 과정

파이썬 웹사이트에서 파이썬을 다운하여 설치하면, 내부적으로 CPython이라고 하는 구현체가 기본으로 설치된다. CPython은 C로 구현한 파이썬 가상머신이다. CPython은 컴파일러 기능과 인터프리터 기능을 모두 가지고 있다.

TIP 파이썬은 구현 방식에 따라 CPtyhon(C 구현), Jython(Java 구현), IronPython(C# 구현), PyPy(파이썬 구현) 등이 있다.

02 파이썬 실습 환경 구축

1 파이썬 설치

파이썬 프로그래밍을 실습하려면, 먼저 자신의 컴퓨터에 파이썬 설치 프로그램을 다운하여 실행해야 한다. 파이썬은 오픈소스 라이선스를 가지고 있어 무료로 다운로드하여 사용할 수 있다. 파이썬 공식 홈페이지(http://python.org)에 접속하면 파이썬의 최신 버전을 확인하고 설치 프로그램을 다운로드할 수 있다.

파이썬은 언어 지원 기능들의 수정 및 추가 정도에 따라 Python 3.x.x 버전 등으로 구분되는데, 2025년 7월을 기준으로 파이썬 최신 버전은 Python 3.13.5이다. 이 책은 Python 3.13.5의 설치와 사용을 설명하지만, 이전 버전들의 기본적인 설치 방법과 사용 방법은 동일하다. 이제 본격적으로 파이썬을 다운로드하고 설치해보자.

TIP 참고로 Python 3.1x.x 버전들은 직전 버전에서 발견된 오류들을 수정하는 정도로 개선된 것들이다.

01 파이썬 홈페이지에서 Downloads 탭을 선택하면 현재 컴퓨터 운영체제를 지원하는 파이썬의 최신 버전 다운로드 화면이 나타난다. 이 화면에서 [Download Python 3.13.5] 버튼을 클릭하여 설치 파일을 다운로드하고 해당 파일을 실행한다.

TIP Downloads-Windows(컴퓨터 운영체제)를 선택하면, 이전 버전의 파이썬을 다운로드할 수 있다.

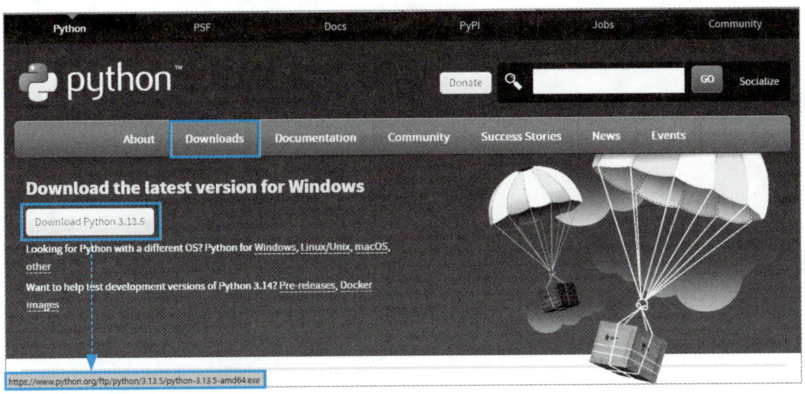

그림 5-4 파이썬 다운로드 홈페이지

02 설치 파일을 실행했을 때, 현재 컴퓨터에 이미 동일한 파이썬 버전이 설치되어 있다면 (b) 화면이 나타나고, 처음 설치한다면 (a) 화면이 나타난다.

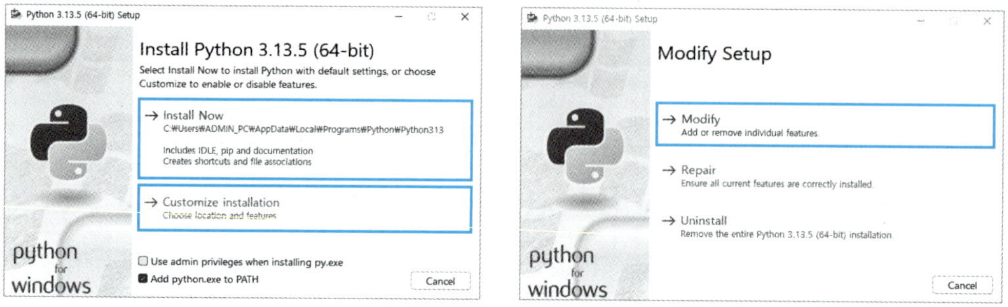

(a) 파이썬이 설치되어 있지 않은 경우 (b) 동일 버전 파이썬이 설치되어 있는 경우

그림 5-5 파이썬 설치화면(1)

03 현재 컴퓨터에 파이썬을 처음 설치할 경우, 다음의 두 가지 방법이 있다.

❶ [그림 5-5]의 (a)에서 상단의 [Install Now]를 선택해서 파이썬 설치 폴더와 모든 구성 요소를 설치하는 것이다. 〈Add Python.exe to Path〉를 체크하고 [Install Now]를 선택하면, [그림 5-6]과 같이 설치 과정이 진행된다. 〈Add Python.exe to Path〉를 체크하면 시스템 환경변수 PATH에 설치 폴더를 추가한다. 이 방법으로 설치하면, 파이썬 설치 폴더의 경로는 C:\Users\Admin\AppData\Local\Programs\Python\Python313이다.

TIP [그림 5-5]의 (a)에서 〈Add Python.exe to Path〉를 체크하지 않았다면, 시스템 환경변수 PATH를 변경해서 설치 폴더를 별도로 등록하거나 파이썬을 삭제하고 다시 설치해야 한다.

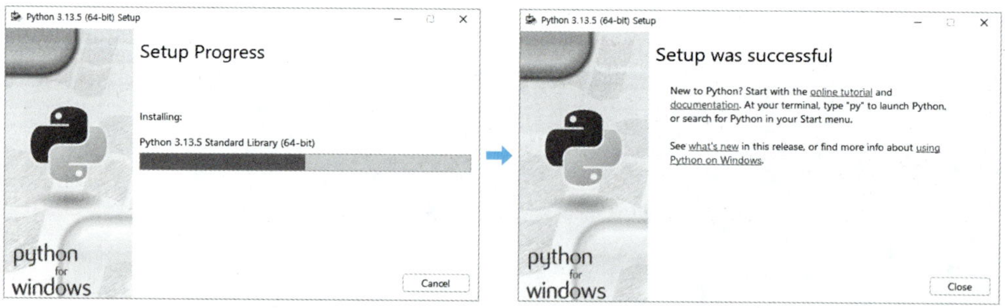

그림 5-6 파이썬 설치화면(2)

❷ 또 다른 방법은 하단의 [Customize installation]을 선택해서 파이썬 설치 폴더와 구성 요소를 선택해서 설치하는 것으로, 당장 필요하지 않은 구성 요소는 설치하지 않을 수 있다.

[Customize installation]을 선택하면, [그림 5-7]의 선택 화면에서 구성 요소와 설치 폴더를 설정할 수 있다. 이후 〈Install〉 버튼을 클릭하면, [그림 5-6]과 같은 설치 과정이 진행된다.

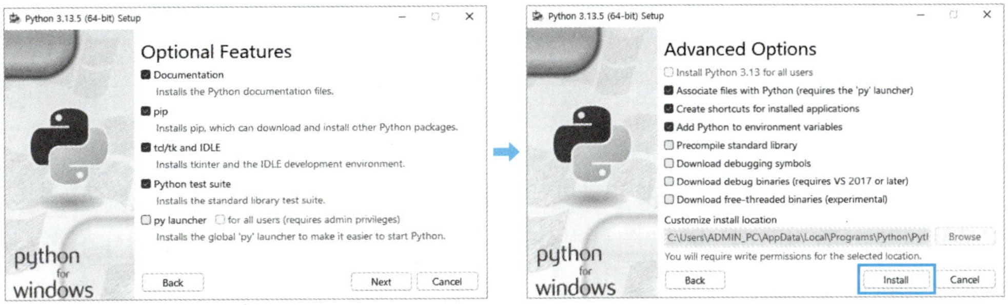

그림 5-7 파이썬 설치화면(3)

04 현재 컴퓨터에 동일한 파이썬 버전이 이미 설치되어 있다면, [그림 5-5]의 (b)에서 〈Modify〉를 선택하면 된다. 그러면 [그림 5-6]과 [그림 5-7]의 설치 과정이 순차적으로 진행된다. 다만, 이 경우에는 기존 파이썬 설치 폴더를 변경할 수 없다.

파이썬이 설치되었는지 확인하려면, [그림 5-8]과 같이 Windows 11의 명령 프롬프트 창에서 python을 입력하여 파이썬의 버전 정보가 표시되는지를 확인하면 된다. 윈도우의 명령 프롬프트 창은 Windows 11의 시작 메뉴에서 [Windows Tools] → [명령 프롬프트]를 선택하면 나타난다.

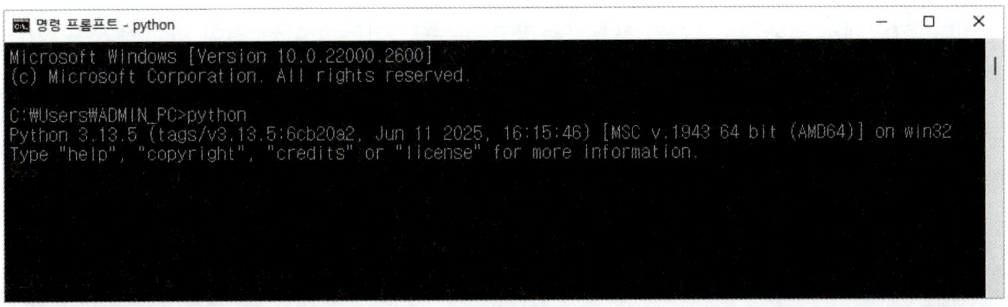

그림 5-8 파이썬 설치 여부 확인

2 파이썬 실습

파이썬을 설치하고 나면 파이썬 코드(프로그램)를 실행할 수 있다. 파이썬 코드의 실행 방법에는 두 가지가 있다. 하나는 직접 파이썬 쉘Python Shell을 이용하여 문장 단위로 실행하는 대화식 모드이고, 다른 하나는 파이썬 IDLE을 이용하여 프로그램(파일) 단위로 실행하는 스크립트 모드이다. 대화식 모드는 파이썬 코드를 문장 단위로 실행해서 결과를 확인하는 방법이고, 스크립트 모드는 파이썬 코드를 파일 단위로 저장해서 일괄적으로 실행하는 방법으로 컴파일 모드라고도 한다.

파이썬 쉘을 이용한 대화식 실행

대화식 실행은 파이썬 쉘을 이용해서 파이썬 코드를 명령문 단위로 입력하고, 실행 결과를 확인하여 마치 컴퓨터와 대화하듯이 실행한다. 파이썬 쉘을 실행하려면, 시작 메뉴에서 [Python 3.13] → [Python 3.13 (64-bit)]를 선택하면 된다.

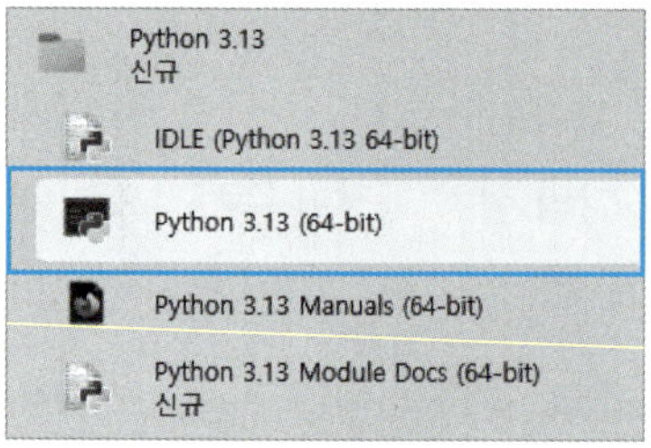

그림 5-9 파이썬 쉘 시작 메뉴

그러면 [그림 5-10]과 같은 파이썬 쉘 화면이 나타난다. 파이썬 쉘은 파이썬 코드를 입력하면 바로 실행해서 코드의 실행 결과를 나타내는 파이썬 코드 실행 프로그램, 즉 파이썬 인터프리터이다. 그림에서 ">>>"은 파이썬 프롬프트라고 하는데, 이는 파이썬 쉘이 파이썬 코드 입력을 기다리고 있음을 나타낸다. 파이썬 프롬프트 다음에 파이썬 코드를 입력하고 Enter를 누르면, 파이썬 쉘은 입력된 코드를 실행하여 실행 결과를 다음 행에 나타내고, 다시 파이썬 프롬프트를 표시하여 다음 입력을 기다린다.

그림 5-10 파이썬 쉘 화면

파이썬 쉘을 종료하려면 화면 상단의 메뉴 아이콘을 선택하면 나타나는 닫기(C) 메뉴를 선택하거나 화면의 오른쪽 상단에 있는 종료 버튼(☒)을 선택하면 되고, 파이썬 프롬프트에서 Ctrl + Z 키 또는 'exit()'를 입력해도 된다.

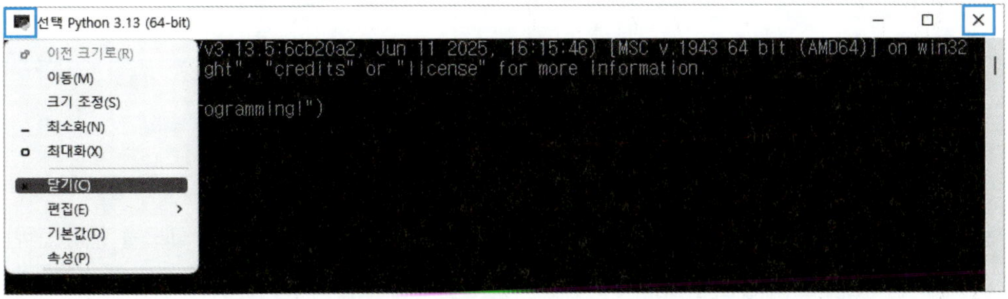

그림 5-11 파이썬 쉘의 종료

파이썬 IDLE을 이용한 스크립트 실행

파이썬 IDLE Integrated DeveLopment Environment 은 프로그램 작성의 편의를 위해 파이썬 프로그래밍 과정에서 필요한 모든 도구 프로그램(파이썬 쉘과 코드편집기 등)을 동일한 사용자 인터페이스 환경에서 사용할 수 있도록 통합해서 제공한 것으로, 파이썬을 설치하면 기본으로 설치된다. 파이썬 IDLE을 이용하면 파이썬 코드를 파일 단위로 입력해서 실행할 수 있다.

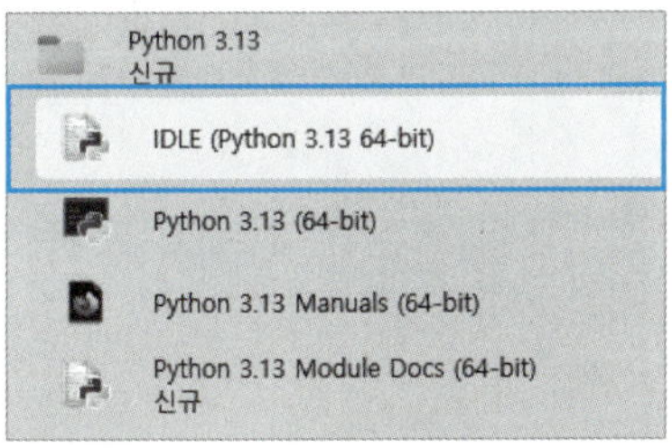

그림 5-12 파이썬 IDLE 시작 메뉴

파이썬 IDLE을 실행하려면, 윈도우 시작 메뉴에서 [Python 3.13] → [IDLE (Python 3.13 64-bit)]를 선택하면 된다. 그러면 [그림 5-13]과 같은 파이썬 IDLE 쉘 화면이 나타난다.

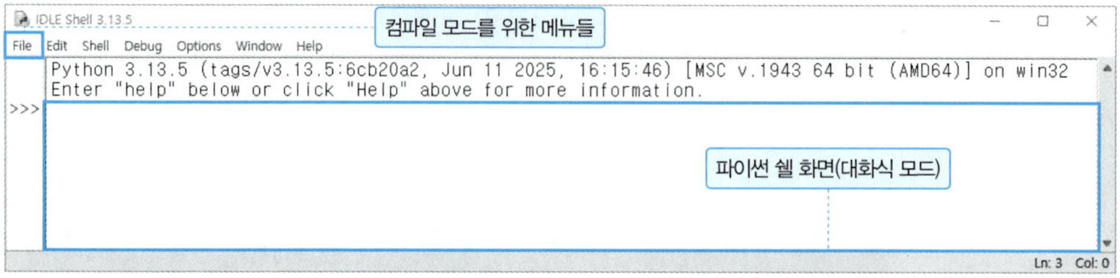

그림 5-13 파이썬 IDLE 쉘 화면

파이썬 IDLE 쉘 화면에서는 대화식 실행과 스크립트 실행의 두 가지 방법으로 파이썬 코드를 실행할 수 있다. 파이썬 프롬프트(<<<) 부분은 파이썬 쉘 영역으로, 파이썬 코드를 문장 단위로 실행하고 결과를 확인할 수 있다(대화식 모드 실행). 파이썬 IDLE에서 스크립트 모드로 실행하려면 다음과 같은 방법으로 상단의 메뉴를 이용하면 된다.

❶ 파이썬 코드 파일의 작성 및 저장

파이썬 코드 파일을 작성하려면 [File] → [New File]을 선택한다. 그러면 파이썬 코드를 입력할 수 있는 텍스트 편집 창(❶)이 나타나는데, 텍스트 입력 영역에서 파이썬 코드를 입력하고 상단의 [File] → [Save]를 선택해서 파일로 저장한다. 파이썬 코드 파일의 확장자는 .py이다. 확장자는 기본으로 지정되므로 확장자를 제외한 파일 이름만 지정하면 된다. 예를 들어 ❶에서는 파일 이름을 test로 했기 때문에 상단의 파일 이름은 test.py로 표시된다.

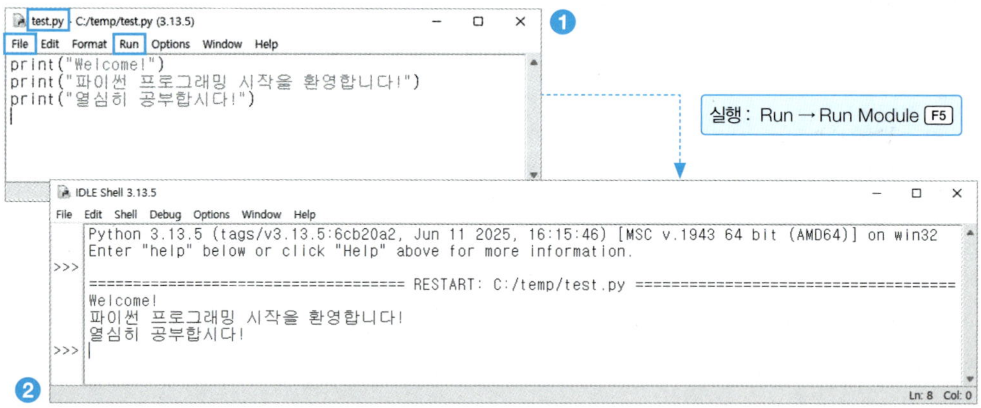

그림 5-14 파이썬 코드의 실행 및 결과 확인

❷ 파이썬 코드 파일의 실행 및 결과 확인

파이썬 코드 파일을 실행하려면 텍스트 편집 창(①) 상단의 [Run] → [Run Module]을 선택하거나 F5 키를 누르면 된다. 그러면 파일의 파이썬 코드가 실행되고 그 실행 결과가 파이썬 IDLE 화면(②)의 파이썬 셸 영역에 나타나게 된다. 만약 파이썬 코드에 오류가 있거나 실행 오류가 발생하면 실행 결과 대신 관련된 오류 메시지가 나타나게 된다. 이런 경우에는 텍스트 편집 창(①)에서 파이썬 코드를 수정한 후 다시 저장하고 실행해서 확인하면 된다.

일반적으로 파이썬 셸을 이용한 대화식 실행은 간단히 문장 단위로 실행 결과를 확인할 때 사용하고, 파이썬 IDLE은 파이썬 코드 파일을 작성한 후 실행할 때 사용한다. 대화식 실행 방식은 파이썬 셸 화면에서 파이썬 문장과 실행 결과를 함께 확인할 수 있지만, 스크립트 실행 방식은 파이썬 문장과 실행 결과를 분리해서 확인할 수 있다.

TIP 파이썬 IDLE에서도 대화식 모드를 사용할 수는 있지만 스크립트 모드로 사용하지 않는다면 IDLE을 사용하는 것보다는 파이썬 셸을 이용하는 것이 좋다.

이 책에서는 파이썬 IDLE을 이용하여 주로 스크립트 방식으로 실행하지만, 6장과 7장에서 간단한 파이썬 코드의 실행을 보일 때는 파이썬 셸을 이용해서 대화식으로 실행한다.

3 간단한 파이썬 문장

다음은 파이썬을 설명하면서 사용하는 예제에서 많이 등장하는 파이썬 문장이다. 지금은 이해를 위해서 간단히 의미와 사용방법만 소개하고, 뒤에서 다시 설명한다.

```
변수명 = 자료값 또는 수식
```

이 문장은 대입문으로, =의 오른쪽에 있는 자료값 또는 수식의 계산 결과를 왼쪽의 변수명으로 지정(저장)한다는 의미이다. =의 오른쪽이 수식이면, 수식을 먼저 계산해서 왼쪽의 변수명으로 지정한다. 변수명은 지정된 값을 대신 나타내는 자료의 이름이라고 생각하면 된다. 대입문의 실행 결과는 컴퓨터 화면에는 표시되지 않는다.

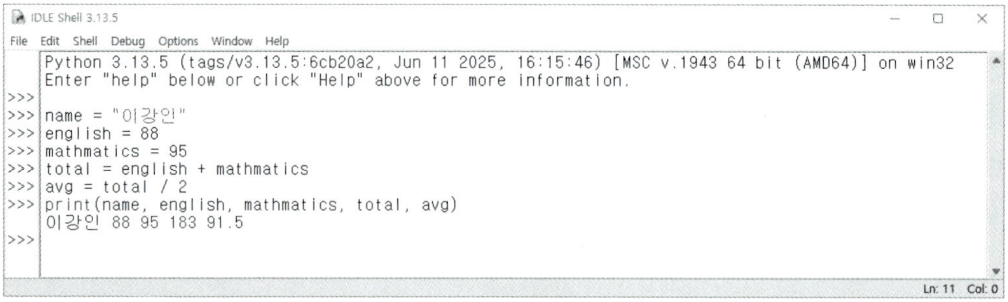

그림 5-15 대입문의 작성 예(대화식 실행)

```
print("문자열", 데이터값, 수식)
```

print()는 괄호 내에 나열된 인수를 컴퓨터 화면에 출력한다. 인수가 문자열이나 값이면 그대로 출력하고, 수식이면 계산 결과를 출력하고, 인수값이 하나 이상이면 공백문자로 구분해서 출력한다.

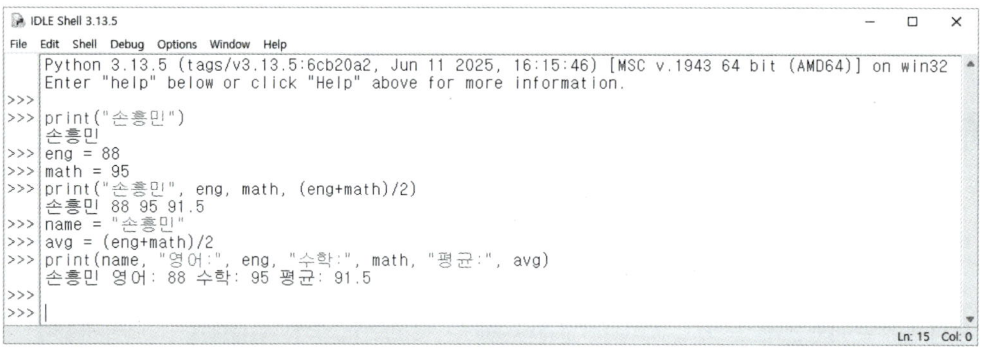

그림 5-16 print() 함수의 작성 예(대화식 실행)

요약

01 파이썬은 플랫폼 독립적이며, 문법이 간단하고 인터프리터 방식, 객체지향, 동적 타이핑 등을 지원한다.

02 파이썬은 코드 작성과 이해가 용이하고 실행 결과를 신속하게 확인할 수 있으며, 인공지능, 금융, 데이터 과학, 수학 등 다양한 분야의 라이브러리들을 지원하여 컴퓨터를 전공하지 않은 각 분야의 전문가들도 많이 사용한다. 파이썬은 오픈소스 라이센스를 가지고 있어 파이썬 공식 홈페이지에서 무료로 다운로드하여 사용할 수 있다.

03 파이썬 코드는 두 방법으로 실행할 수 있다. 하나는 직접 파이썬 쉘을 이용해서 대화식 모드로 실행하는 것이고, 다른 하나는 파이썬 IDLE를 이용하여 스크립트 모드로 실행하는 것이다. 파이썬 쉘은 파이썬 코드를 번역해서 실행하는 인터프리터이고, 파이썬 IDLE는 파이썬 프로그래밍에 필요한 도구들을 통합해서 제공하는 것으로 파이썬 쉘을 포함한다.

04 파이썬 코드의 대화식 모드는 파이썬 코드를 문장 단위로 실행 결과를 확인하여 마치 컴퓨터와 대화하는 것처럼 실행하고, 스크립트 모드는 파이썬 코드들을 모아 파일 단위로 저장해서 일괄적으로 실행하는 것으로 컴파일 모드라고도 한다.

05 파이썬 코드 파일의 파일이름 확장자는 .py이다.

06 파이썬 코드에서 변수명은 자료값을 나타내는 자료의 이름이고, 대입문은 변수명에 자료값을 지정하는 파이썬 문장으로, 다음 형식으로 사용한다.

```
변수명 = 자료값(또는 수식)
```

07 print()는 특정값, 변수명, 수식 등 괄호 내에 나열된 인수들의 자료값을 컴퓨터 화면에 출력하는 파이썬 함수문으로, 다음 형식으로 사용한다.

```
print("문자열", 데이터값, 수식)
```

01 다음은 파이썬 언어에 대한 설명이다. 틀린 것은 어느 것인가?

① 인터프리터 방식의 언어이다.

② 다른 언어보다 실행 속도가 빠르다.

③ 많은 응용 라이브러리를 제공한다.

④ 비전공자도 쉽게 사용할 수 있다.

02 다음은 파이썬 언어의 특성을 설명한 것이다. 틀린 것은 어느 것인가?

① 인터프리터 방식으로 대화식 프로그램을 작성할 수 있다.

② 높은 생산성으로 신속한 소프트웨어 개발이 가능하다.

③ 정해진 프로그램 구조를 가지고 있어서 프로그램 가독성이 높다.

④ 컴퓨터 비전공자가 자신의 분야 SW를 개발할 때 유용하다.

03 다음 중 파이썬 언어의 장점이라고 할 수 없는 것은 어느 것인가?

① 문법이 간단해서 배우기 쉽다.

② 모든 운영체제에서 사용할 수 있다.

③ 시스템 소프트웨어 개발에 적합하다.

④ 다양한 라이브러리를 지원한다.

04 다음은 인터프리터 방식의 언어에 대한 설명이다. 틀린 것은 어느 것인가?

① 문장 단위로 즉시 번역해서 실행한다.

② 번역 속도는 느리지만 실행 속도는 빠르다.

③ 대화식 프로그램 작성이 가능하다.

④ 링크 과정이 필요 없고 구조가 단순하다.

05 다음은 컴파일러 방식과 인터프리터 방식에 대한 설명이다. 틀린 것은 어느 것인가?

① 컴파일러 방식은 인터프리터 방식보다 실행 속도가 빠르다.

② 컴파일러는 소스코드를 기계어로 변환하여 목적 코드를 생성한다.

③ 인터프리터 방식은 컴파일러 방식보다 많은 메모리를 필요로 한다.

④ 인터프리터는 소스코드를 기계어로 변환하여 목적 코드는 생성하지 않는다.

06 파이썬 코드 파일의 확장자는 무엇인가?

① .exe ② .obj ③ .pi ④ .py

07 다음은 파이썬 프롬프트에 대한 설명이다. 바른 것은 어느 것인가?

① 파이썬 코드 입력을 기다린다.

② 사용자로부터 데이터 입력을 기다린다.

③ 파이썬 코드의 출력 시작을 나타낸다.

④ '>>>' 또는 '<<<' 형태로 표시된다.

08 다음은 파이썬 IDLE에 대한 설명이다. 틀린 것은 어느 것인가?

① 파이썬 프로그램의 빠른 실행을 지원한다.

② 파이썬 프로그래밍의 통합개발환경을 지원한다.

③ 코드편집기를 포함해서 컴파일 방식을 지원한다.

④ 파이썬 쉘을 이용해서 스크립트 실행을 지원한다.

09 파이썬 IDLE에서 소스파일(모듈)을 바로 실행하는 키는 어느 것인가?

① Alt + X ② Shift + F5 ③ F5 ④ Alt + R

10 다음은 파이썬 입출력 함수인 input(), print() 함수의 사용 예이다. 틀린 것은 어느 것인가?

①
```
name = "홍길동"
print(welcome!, name)
```

②
```
name = "홍길동"
print("welcome! name")
```

③
```
name = "홍길동"
print("welcome!", name)
```

④
```
name = "홍길동"
print( "welcome!", "name" )
```

11 (   )는(은) 파이썬 프로그래밍 과정에서 필요한 모든 도구로, 예를 들어 (   ), (   ) 등을 같은 인터페이스 환경에서 사용할 수 있도록 통합해서 제공한 것이다.

서술형 문제

01 이 책에서 설명하고 있는 파이썬의 버전은 파이썬 3.10.1이다. 파이썬 홈페이지를 방문하여 현재의 최신 버전을 확인하고, 만약 파이썬 3.10.1 이후의 버전이면 설치 프로그램을 다운로드한 후 실행하여 실습 환경을 다시 구축하라.

02 다음 파이썬 코드를 실행하면 컴퓨터 화면에 "Hello! Python programming!"이라는 문자열 메시지가 출력된다. 이 코드를 스크립트 모드와 컴파일 모드로 각각 실행하여 출력 결과를 확인해보라.

```
print("Hello! Python programming!")
```

03 이 책에서는 파이썬 IDLE을 이용해서 파이썬 코드 파일을 작성하고 실행하는 기본 방법만을 설명했는데, 파이썬 IDLE은 이 외에도 파이썬 프로그래밍 과정에서 필요한 많은 기능을 제공한다. 파이썬 IDLE에서 제공하는 메뉴를 둘러보고, 특히 프로그래밍 과정에서 많이 사용되는 기능으로는 어떤 것들이 있는지를 조사해보라.

04 파이썬은 프로그래밍을 지원하는 개발 도구로 파이썬 IDLE을 기본으로 제공하지만, 이 외에도 많은 파이썬 프로그래밍 개발 도구가 있다. 어떤 것들이 있는지 알아보고, 그 중 하나를 선택해서 설치하여 파이썬 IDLE과 비교해보라.

CHAPTER 06
파이썬 기본

학습목표

- 파이썬 코드 구조와 코드 작성 시 유의할 점을 이해한다.
- 파이썬의 구성 요소를 이해한다.
- 자료형의 종류와 각각의 사용법을 이해한다.
- 연산자의 종류와 각각의 사용법을 이해한다.
- 파이썬 문장의 종류를 이해한다.

01 파이썬 코드 구조

컴퓨터 언어의 한 문장은 여러 문법적 요소로 구성되고, 이런 문장이 모여 프로그램을 구성한다. 그리고 프로그램은 언어마다 고유한 구조를 가지고 있다. 그렇다면 파이썬에서는 어떤지 설명한다.

1 파이썬 프로그램의 구조

파이썬 구성 요소의 설명에 앞서 파이썬 프로그램 코드의 구조에 대해 설명한다. 일반적으로 컴퓨터 프로그램은 언어마다 일정한 구조를 가지고 있는데, 파이썬에서는 별다른 구조 없이 단지 문장을 실행 순서에 따라 라인 단위로 작성하면 된다. 이런 이유로 파이썬 프로그램은 [그림 6-1]의 (a)와 같이 한 문장만으로 작성할 수도 있고, (b)와 같이 여러 문장으로 구성할 수도 있다.

TIP 한 문장만으로 작성할 수 있다는 특성 때문에 파이썬 프로그램 대신 파이썬 코드라는 표현을 사용하기도 한다.

```
print("Welcome to World!")
```

(a) 한 문장으로 구성된 프로그램

```
name = "배철수"
middle = 92
final = 88
total = final + math
avg = total / 2
print(name, total, avg)
```

(b) 여러 문장으로 구성된 프로그램

그림 6-1 예제 프로그램

2 파이썬 프로그램 구조의 특성

파이썬 프로그램을 작성할 때 코드 구조와 관련해서 유의해야 할 점은 다음과 같다.

프로그램의 첫 문장

프로그램의 첫 문장은 라인의 첫 번째 칸(또는 각 라인의 파이썬 프롬프트 직후)부터 작성해야 한다. [그림 6-2]와 같이 >>> 다음에 한 칸 이상을 들여쓰기하면 오류가 발생한다.

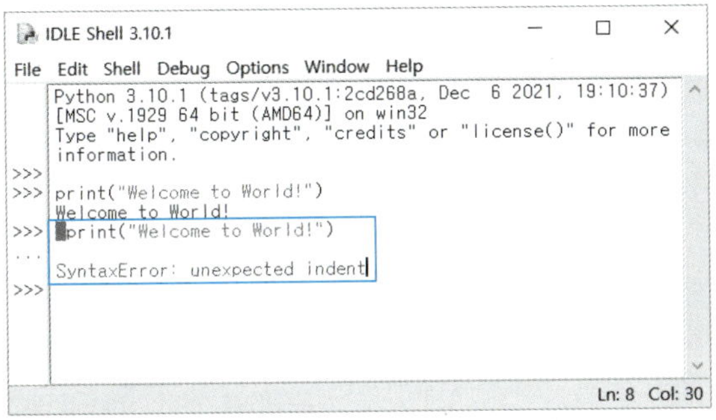

(a) 대화식 모드

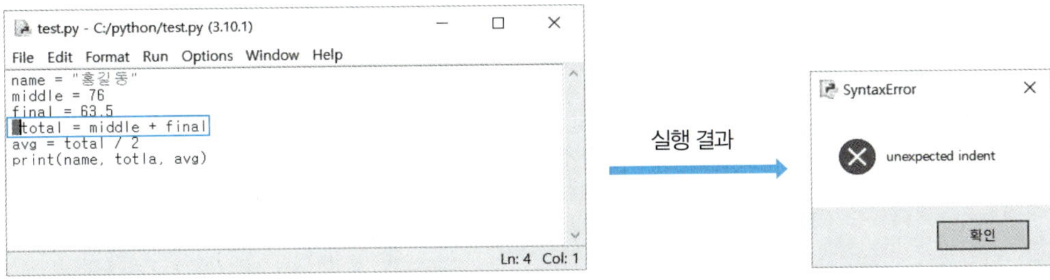

(b) 스크립트 모드

그림 6-2 들여쓰기 오류

문장 라인 표현

파이썬 문장은 라인 단위로 작성한다. 다만, 간단한 문장은 세미콜론(;)으로 구분해서 한 라인에 작성해도 된다. 각 라인의 마지막 문장 뒤에는 ';'을 사용하지 않아도 된다.

```
name = "배철수"
middle = 92
final = 88
total = final + math
avg = total / 2
print(name, total, avg)
```

=

```
name = "배철수"
middle = 92 ;  final = 88
total = final + math
avg = total / 2
print(name, total, avg)
```

그림 6-3 한 라인에 여러 문장을 작성한 예

한 문장을 여러 라인에 걸쳐 작성하려면 문장의 마지막 라인을 제외하고는 각 라인 끝에 행계 속문자(\)를 표시해야 한다.

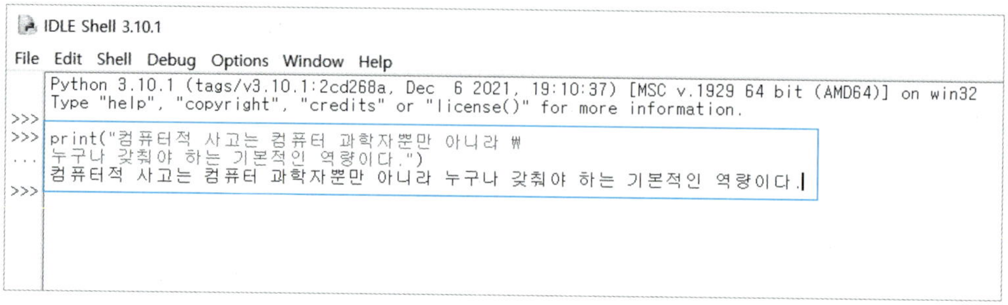

그림 6-4 여러 라인에 걸친 문장 작성

주석 표시

파이썬에서 #은 주석 표시이다. 각 라인에서 # 이후의 내용은 주석으로 실행될 때는 무시된다. 주석은 코드에 대한 부연 설명이나 메모를 남겨둘 때 사용한다.

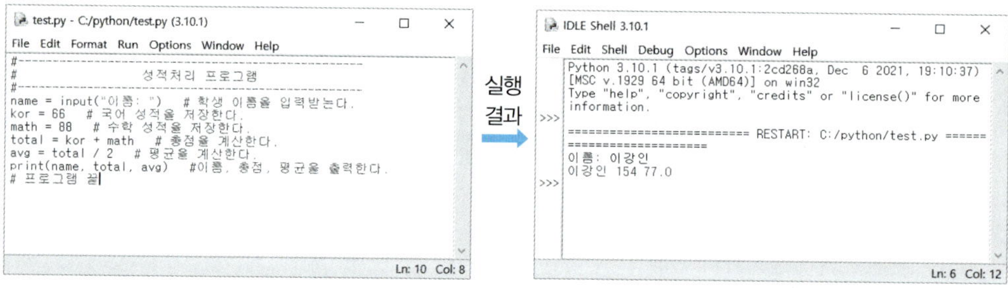

그림 6-5 프로그램의 주석 사용

들여쓰기

파이썬은 들여쓰기를 이용해서 문장 간의 포함 관계를 나타낸다. 특히 문장의 들여쓰기는 선택문과 반복문 등에서 블록을 나타낼 때 중요하다. 블록block은 논리적으로 한 문장 또는 한 단위로 취급되는 여러 파이썬 문장의 집합으로, 같은 블록의 파이썬 문장은 동일한 들여쓰기로 작성해야 한다. 파이썬 프로그램의 첫 문장을 반드시 라인의 첫번째 칸부터 작성해야 하는 것도 이런 이유 때문이다. 몇 칸을 들여 쓸지는 임의로 정할 수 있지만 대개 4칸을 권장한다.

다음 [코드 6-1]과 [코드 6-2]는 들여쓰기의 중요성을 보여준다. 두 코드는 마지막 문장의 들여쓰기 외에는 모두 동일하지만 다른 실행 결과를 나타낸다. 이것은 두 코드의 마지막 문장은 들여쓰기에 따라 if~else문과의 관계가 다르기 때문이다. [코드 6-1]의 마지막 문장은 if~else문 다음의 독립된 문장으로 항상 실행되지만, [코드 6-2]에서는 if~else문에 포함된 문장으로 else 부분이 실행될 때만 실행된다. 아직 if~else문을 설명하지 않았지만 사실 [코드 6-2]는 들여쓰기를 잘못한 것이다.

코드 6-1 **파이썬 들여쓰기의 중요성(1)** ex06-01.py

```
password = "abcd"
if (password == "abcd") :
    print("환영합니다!")
    print("암호가 일치합니다.")
else:
    print("암호가 틀립니다!")
    print("암호를 다시 확인하세요.")
print("프로그램을 종료합니다.")
```

실행 결과

```
환영합니다!
암호가 일치합니다.
프로그램을 종료합니다.
```

코드 6-2 **파이썬 들여쓰기의 중요성(2)** ex06-02.py

```
password = "abcd"   # 또는 password = "1234"
if (password == "abcd") :
    print("환영합니다!")
    print("암호가 일치합니다.")
else:
    print("암호가 틀립니다!")
    print("암호를 다시 확인하세요.")
    print("프로그램을 종료합니다.")
```

실행 결과

```
환영합니다!
암호가 일치합니다.
```

02 파이썬의 구성 요소

파이썬 문장은 예약어와 상수, 변수, 수식, 함수식 등 여러 요소로 구성된다. 이 장에서는 파이썬 문장을 구성하는 여러 요소를 설명한다.

1 파이썬 문장의 구성 요소

[코드 6-3]의 예제 프로그램으로 파이썬 문장의 구성 요소를 설명한다. 이 예제는 이강인 학생의 중간 시험과 기말 시험 성적의 평균을 구하고 합격 여부를 판단한다.

코드 6-3 파이썬 예제 프로그램 ex06-03.py

```
CUTLINE = 70
name = "이강인"
middle = 76
final = 63.5
total = middle + final
avg = total / 2
print("----------------------------")
print("이름:", name, "\t평균:", avg)
if avg >= CUTLINE :
    print("합격! \n축하합니다.")
else :
    print("불합격! 더 노력하세요.")
    print(CUTLINE-avg, "점이 부족합니다")
print("----------------------------")
```

실행 결과

```
----------------------------
이름: 이강인 평균: 69.75
불합격! 더 노력하세요.
0.25 점이 부족합니다
----------------------------
```

[코드 6-3]에서 파이썬 문장을 구성하는 요소는 다음과 같다.

- **상수** : 70, 76, 63.5, 2, “이강인”, “이름:”, “평균:” 등
- **변수** : name, middle, final, total, avg, CUTLINE
- **키워드** : if, else
- **연산자** : =, >=, +, /
- **함수** : print()
- **수식** : middle+final, total/2, avg>=CUTLINE, CUTLINE−avg
- **ESC 문자** : \n, \t
- **파이썬 문법으로 사용된 문자** : (,), “, ‘, :

2 파이썬 문자 세트

파이썬 문장은 알파벳 대소문자, 숫자, 여러 가지 기호, 제어문자를 사용해서 작성된다. 파이썬에서 문법적으로 사용 가능한 모든 문자의 집합을 파이썬 문자 세트라고 한다.

파이썬에서 주로 사용되는 문자는 다음과 같다.

- **알파벳 및 숫자** : A~Z, a~z, 0~9
- **인쇄 가능 문자** : +, −, *, /, >, =, #, !, “, ‘ 등
- **ESC 제어문자** : \b, \t, \n, \“, \‘, \\ 등

파이썬 문장은 [코드 6-3]과 같이 주로 알파벳으로 작성되지만 [코드 6-4]와 같이 한글을 사용할 수도 있다. 다만, print, if, else와 같이 반드시 알파벳으로 작성해야 하는 것도 있기 때문에 가능하면 한글보다는 알파벳으로 작성하는 것이 좋다. [코드 6-3]에서 “이강인”, “이름:”, “합격! \n축하합니다.”와 같이 따옴표로 둘러싸인 한글은 텍스트 자료를 나타낸 것으로 문법적인 의미를 가지는 것은 아니다.

코드 6-4 한글을 사용한 파이썬 프로그램 ex06-04.py

```
커트라인 = 70
이름 = "이강인"
중간 성적 = 76
기말 성적 =  63.5
```

```
총점 = 중간 성적 + 기말 성적
평균 = 총점 / 2
print("----------------------------")
print("이름:", 이름, "\t평균:", 평균)
if 평균 >= 커트라인 :
    print("합격! \n축하합니다.")
else :
    print("불합격! 더 노력하세요.")
    print(커트라인-평균, "점이 부족합니다")
print("----------------------------")
```

알파벳은 대소문자를 구별해서 사용해야 한다. 예를 들면, 단어 print와 Print, PRINT는 서로 구별되는데, 반드시 print로 작성해야 한다. [코드 6-5]는 대소문자를 구분하지 않아 오류가 발생한다. 우리는 단어 final과 Final, avg와 AVG를 같은 것으로 생각할 수 있지만 파이썬에서는 구별해서 사용해야 한다. 그러지 않으면 실행 시에 오류가 발생한다. 이런 실수는 흔히 할 수 있으므로 주의해야 한다.

코드 6-5 알파벳 대소문자 구별 오류 ex06-05.py

```
name = "이강인"
middle = 66
final = 88.4
total = middle + Final
avg = total / 2
print(name, total, AVG)
```

TIP 파이썬에서 =의 오른쪽에 있는 단어는 미리 자료값을 지정해야 한다. final은 값을 미리 지정하고 사용했지만, Final은 final(그리고 AVG와 avg)과는 구별되고 앞에서 어떤 값도 지정하지 않아 오류가 발생한다.

표 6-1 주요 ESC 문자

ESC 문자	ESC 문자의 의미
\b, \t, \n	backspace, tab, linefeed 기능
\(, \), \\, \‘, \“	(,), \, ‘, “의 일반 문자 사용

\n, \t처럼 \가 붙은 문자를 ESC(Escape) 문자라고 한다. ESC 문자는 [표 6-1]과 같이 파이썬 문장의 문법 요소로 사용되는 문자((,), “, ‘ 등)를 문자열에서 나타낼 때 또는 특정 기능을 수행하는 제어문자(\n, \t 등)를 나타낼 때 사용한다. ESC 문자는 \n과 같이 두 문자로 표현되지만 문법적으로는 한 문자로 취급한다.

TIP ESC 문자의 경우, ＼(역슬래시)를 사용해야 하지만 한글 키보드에서는 ₩으로 대체한다.

대화식 모드에서 ESC 문자 \“, \n을 사용하면 다음과 같다.

```
>>> print("파이썬 \"입문\"을 환영합니다!")
파이썬 "입문"을 환영합니다!
>>> print("내려갈 때 보았네 올라갈 때 못 본 그 꽃")
내려갈 때 보았네 올라갈 때 못 본 그 꽃
>>> print("내려갈 때 \n보았네 \n올라갈 때 \n못 본 그 꽃")
내려갈 때
보았네
올라갈 때
못 본 그 꽃
```

[코드 6-6]은 스크립트 모드에서 ESC 문자 \t를 사용한 예로, \t는 일정 간격을 나타내는 문자이다.

코드 6-6 ESC 문자 \t의 사용 예(스크립트 모드) ex06-06.py

```
print("이름\t거주지\t직업")
print("이강인\t스페인\t축구선수")
print("로섬\t미국\t프로그래머")
print("신진서\t한국\t프로바둑기사")
```

실행 결과

```
이름	거주지	직업
이강인	스페인	축구선수
로섬	미국	프로그래머
신진서	한국	프로바둑기사
```

3 파이썬 단어

언어에서 문자가 모이면 단어가 된다. [코드 6-3]에 나왔던 CUTLINE, name, middle, final, total, avg, print, if, else와 같이 따옴표를 사용하지 않은 문자열은 단어이다. 이런 단어는 예약어와 식별자로 구분된다.

- **예약어** : 파이썬에서 미리 의미와 사용 방법이 정해진 단어

  예 if, else, elif, while, for, continue, def, return

- **식별자** : 파이썬의 구성 요소를 식별하기 위해 붙인 이름

  예 CUTLINE, name, middle, final, total, avg, print

예약어(Keyword)

예약어는 파이썬에서 지정한 의미와 사용 방법으로만 사용해야 한다. 파이썬에는 [그림 6-6]과 같이 30여 개의 예약어가 있고, False, True, None 이외에는 알파벳 소문자로 구성된다. 예약어는 앞으로 필요할 때마다 설명한다.

and	as	assert	break	class	continue
def	del	elif	else	except	False
finally	for	from	global	if	import
in	is	lambda	None	nonelocal	not
or	pass	raise	return	True	try
while	with	yield			

그림 6-6 파이썬 예약어

식별자(Identifier)

식별자는 프로그램의 구성 요소인 자료(상수와 변수)나 함수 등에 붙여진 이름이다. 파이썬은 식별자를 이용해서 요소를 구별하고 참조한다. [코드 6-3]에서 if와 else 이외의 단어는 모두 식별자이다. 식별자 중 print와 같이 파이썬에서 이름을 정의한 식별자를 표준 식별자라고 하는데, 주로 파이썬에서 공통으로 사용되는 구성 요소의 이름이다. 표준 식별자 이외의 식별자는 프로그램 작성자가 다음 규칙을 준수해서 지정한다.

- 식별자를 구성하는 문자는 알파벳과 숫자, _(underscore)만 가능하다.
- 식별자의 첫 문자는 반드시 알파벳(a~z, A~Z)으로 시작해야 한다. 다만, 관례적으로 파이썬의 시스템 변수명은 _로 시작한다.

다음은 바르게 정의된 식별자들과 잘못 정의된 식별자들의 예이다.

- **올바른 예** : temp, score1, score_2, init_value, name, abc, a123, x1y1
- **잘못된 예** : 1score, score 2, !goal, 1234, white-black, if(예약어)

파이썬 문장을 읽기 쉽게 하려면 식별 대상을 쉽게 연상할 수 있도록 식별자명을 지정해야 한다. 작성자가 식별자명을 어떻게 지정하든지 문장의 실행 결과에 영향을 주지는 않지만 문장의 가독성에는 많은 영향을 준다. [코드 6-7]은 [코드 6-3]의 식별자명만 다르게 작성한 예이다.

코드 6-7 **[코드 6-3]의 재작성 예(식별자명 비교)** ex06-07.py

```
x = 70
a = "이강인"
b = 76
c = 63.5
d = b + c
e = d/2
print("-----------------------------")
print("이름:", a, "\t평균:", e)
if e >= x :
    print("합격입니다! \n축하합니다.")
else :
    print("불합격입니다! 더 노력하세요.")
    print(x-e, "점이 부족합니다")
print("-----------------------------")
```

[코드 6-3]과 [코드 6-7]의 실행 결과는 같지만, [코드 6-3]에 비해 [코드 6-7]은 문장의 의미를 바로 이해하기가 어렵다. 이런 이유로 대개 식별자명은 식별 대상과 관련된 영단어나 그 일부로 지정한다. 그리고 프로그램 작성자는 자신만의 일관된 식별자 작명 원칙을 가지는 것이 좋다.

4 상수

파이썬 문장에는 처리할 자료를 포함된다. 상수는 [코드 6-3]의 "이강인", "이름:", 70, 76, 63.5, 2와 같이 자료값을 나타낸 것으로, 리터럴literal 또는 리터럴 상수라고도 한다. 상수는 표현 형태에 따라 정수, 실수, 문자열 등으로 구분하는데, 이 부분은 135p에서 설명한다.

- **정수형 상수** : 소수점을 포함하지 않는 수

  예 66, 92, 2
- **실수형 상수** : 반드시 소수점을 포함하는 수

  예 88.5, 2.14, 2.0
- **문자열 상수** : 따옴표로 둘러싼 일련의 문자

  예 "이강인", '한국 손흥민'

5 변수

변수variable는 자료값을 수학식의 변수처럼 표현하여 프로그램이 실행되는 동안 자료값이 변할 수 있음을 나타낸 것으로, 자료값 대신 자료 이름을 지정해서 사용한 것으로 생각할 수 있다. [코드 6-3]에서 CUTLINE, name, middle, final, total, avg는 변수이다. 사실, 변수는 프로그램이 실행되는 동안 사용하기 위해 확보한 메모리의 특정 저장 공간이다. 변수라는 용어는 저장 공간의 저장값이 변경될 수 있다는 것을 나타낸다.

TIP 리터럴도 메모리에 저장되지만 리터럴의 저장 공간은 실행되는 동안 변경되지 않는다.

변수명

파이썬에서 변수는 필요할 때 변수명(변수의 이름)을 지정해서 사용한다. 또는 미리 변수명을 정의해서 확보한 후 사용할 수도 있다. 필요할 때마다 지정하면 프로그래밍을 융통성 있게 할 수 있고, 미리 정의하고 사용하면 프로그램이 처리하는 자료를 쉽게 파악할 수 있다.

변수명은 식별자명 작성 규칙에 따라 지정해야 한다. 즉, 변수명은 알파벳과 숫자, 그리고 _로 구성되고, 첫 문자는 알파벳 대소문자여야 한다. 사실, 파이썬은 유니코드를 사용하기 때문에 변수명의 첫 글자는 숫자 또는 특수문자만 아니면 되고, 한국어 단어를 변수명으로 사용할 수도 있다. 그러나 가급적이면 다른 컴퓨터 언어처럼 알파벳과 숫자, _ 이외의 문자는 사용하지 않는 것이 좋다.

```
name = job = None # 변수 정의
job = "축구선수"   # 값 저장
player = "이세돌" # 변수 정의 및 값 저장
level = 9         # 변수 정의 및 값 저장
print(name, job, "\n", player, level, "단")
```

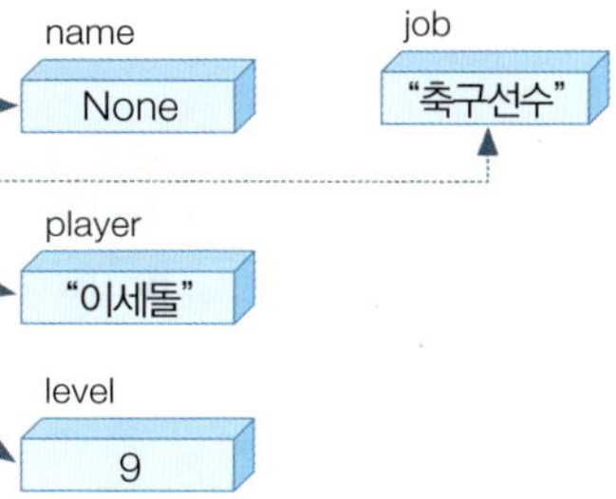

그림 6-7 변수 정의 및 사용

변수명은 작성 규칙만 준수하면, 어떤 이름을 사용하든지 프로그램의 실행에는 영향을 주지 않는다. 그러나 가급적이면 변수명은 저장된 자료값의 의미를 알 수 있게 정의하는 것이 좋다. 그래야 프로그램 문장의 의미를 쉽게 기억하고 이해할 수 있기 때문이다.

[코드 6-3]의 CUTLINE과 같이, 변수 이름을 대문자로 정의하고 값을 지정하면 관례적으로 이 변수의 값은 프로그램이 실행되는 동안 변경되지 않는다는 의미를 나타낸다. 이것은 파이썬 프로그래머 간의 묵시적인 약속으로 문법적으로는 값을 변경할 수 있다. 하지만 관례는 따르는 것이 좋다. 대문자로만 지정된 변수명은 상수 이름으로 생각할 수 있다.

변수값 지정

변수값의 지정은 대입연산자 =를 이용한다. 변수에 값을 지정하면 직전의 저장값은 삭제되고 지정된 값이 저장된다. 그리고 프로그램이 실행되는 동안 변수의 값은 정수, 실수, 문자열 등 어떤 유형의 값으로도 변경될 수 있다. 문장에서 변수를 사용하면 그 값은 항상 마지막에 저장된 값이 된다.

변수값을 지정하는 방법은 다음과 같다.

- **변수 = 값**

  예 x = 20

- **변수 = 수식**

  예 total = middle + final

대입연산자 =는 오른쪽의 값(또는 수식의 계산 결과)을 왼쪽의 변수에 저장한다. 문장에서 변수는 대입연산자 =의 왼쪽에 사용될 때는 변수 그 자체(저장 공간)를 나타내고, 그 외는 변수의 저장값을 나타낸다. 대입연산자 =의 왼쪽에는 반드시 변수를 사용해야 하고, 오른쪽의 변

수는 반드시 저장값을 가지고 있어야 한다.

코드 6-8 **대입연산자와 대입식** ex06-08.py

```
01 a = 10 ;  b = 20 ;  print(a, b)
02 a = a + b
03 print(a, b)
04 c = a + 30
05 print(c, a)
06 b = b + d
07 print(b, d)
```

실행 결과

```
10 20
30 20
60 30
Traceback (most recent call last):
  File "C:/python/ex06-08.py", line 6, in <module>
    b = b + d
NameError: name 'd' is not defined. Did you mean: 'id'?
```

[코드 6-8]의 2행에서 =의 왼쪽 변수 a는 a의 저장 공간을, 오른쪽 변수 a, b는 각각 a, b의 저장값을 의미한다. 그리고 =는 항상 오른쪽 수식을 먼저 평가(계산)한 후, 그 결과를 왼쪽 변수에 저장한다. 따라서, 2행은 변수 a와 b의 저장값 10과 20을 더한 결과를 a에 다시 저장한다. 즉, a+b → a의 의미이다. 따라서, 4행의 변수 a의 값은 30이 된다.

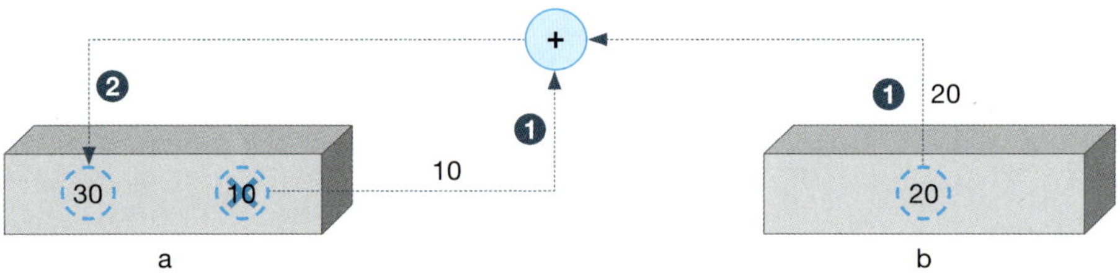

그림 6-8 대입문 a = a + b의 의미

그리고 6행에서 변수 d는 =의 오른쪽에 있으므로 d의 저장값을 나타내지만, 이 문장에서 처음으로 변수 d를 사용하고 어떤 값도 저장하지 않아 오류가 발생한다. 7행은 6행의 오류 때문에 실행되지 않는다.

변수의 저장값은 언제든지 변경될 수 있다. [코드 6-9]에서 2행과 4행은 같은 문장이지만 실행 결과는 다르다. 2행이 실행된 후, 변수 name과 income의 값이 변경됐기 때문이다.

코드 6-9 **변수값의 변경** ex06-09.py

```
01 name = "이강인" ;  income = 5000
02 print(name, income)
03 name = "손흥민" ;  income = 8000
04 print(name, income)
```

실행 결과

```
이강인 5000
손흥민 8000
```

파이썬 변수의 자료형은 저장값에 따라 다르므로 변수명만으로는 변수의 자료형, 즉 현재 변수가 어떤 유형의 값을 가지고 있는지를 알 수 없다. 변수의 자료형은 type() 함수를 사용하면 확인할 수 있다. type()은 인수의 자료형을 알려주는 파이썬 함수이다.

[코드 6-10]에서 변수 grade의 저장값은 정수 3에서 문자열 "우수"로 변경됐다.

코드 6-10 **변수의 자료형 확인 : type() 함수** ex06-10.py

```
hobby = "바둑"
grade = 3                                  정수 저장
print(grade);  print(type(grade))
interview =  "수능 면접"
grade = "우수"                              문자열 저장
print(grade) ;  print(type(grade))
```

실행 결과

```
3
<class 'int'>
우수
<class 'str'>
```

86p 컴퓨터 작동원리에서 설명한 것처럼, 컴퓨터 프로그램은 실행되는 동안 자료를 메모리에 저장해 두고 필요할 때 이용하는데, 이런 목적으로 프로그램이 확보하는 메모리의 저장 공간

이 변수이다. 프로그래밍에서 변수의 개념과 특성을 정확하게 이해하고 사용하는 것은 매우 중요하다. 특히 프로그램을 작성할 때, 필요한 변수를 파악해서 설계하는 것은 프로그래밍의 기본이다. [그림 6-9]는 [코드 6-3]이 실행될 때 변수의 메모리 저장 상태를 나타낸 것이다.

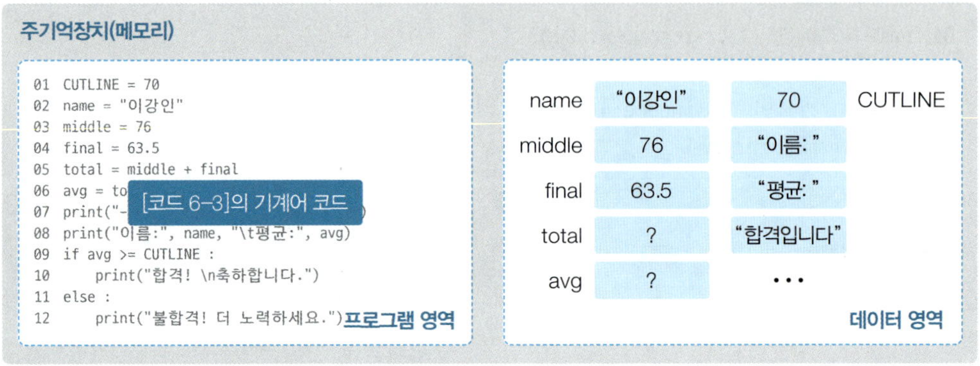

그림 6-9 [코드 6-3]이 실행되는 동안의 변수 저장 상태

지금은 파이썬 문법을 공부하는 중이므로 프로그램의 의미는 설명하지 않지만, 앞으로 프로그래밍을 실습하게 되면 프로그램 작성에 필요한 변수를 파악하고 설계하는 일의 중요성을 알게 될 것이다.

03 자료형

1 자료형의 개념

자료형data type은 정수, 실수, 문자열 등 자료의 종류를 나타낸다. 자료형에 따라 자료값의 표현 방법과 컴퓨터 내부의 저장 방법이 다르다.

파이썬의 자료형의 종류는 다음과 같다.

- **수치형** : 정수(int), 실수(float)
- **비수치형** : 문자열(str), 부울(boolean)
- **컬렉션형** : 리스트(list), 튜플(tuple), 집합(set), 딕셔너리(dictionary)
- None

2 정수

파이썬에서 수는 정수형과 실수형으로 구분된다. 정수는 소수점 이하의 값을 갖지 않는 수이다. 파이썬에서 정수형은 소수점을 포함하지 않는 수로 표현해서 컴퓨터 내부에서 고정소수점 방식으로 저장된다는 것을 나타낸다(2장 참조). 정수형은 int형이라고도 한다. [코드 6-3]에서 70, 76, 2는 정수형이다.

정수형의 표현 방법은 다음과 같다.

- **10진 표현** : 소수점이 없는 10진수(정수) 예 3, 88, 92, 365
- **2진 표현** : 0b으로 시작하고 2진수 값을 표현함 예 0b101011
- **8진 표현** : 0o로 시작하고 8진수 값을 표현함 예 0o65
- **16진 표현** : 0x로 시작하고 8진수 값을 표현함 예 0x7F5D

일반적으로 정수는 10진수로 표현하지만 2진수, 8진수, 16진수로도 표현할 수 있다. 다만, print() 함수는 진법 표현에 관계없이 항상 10진수로 정수를 출력한다. 정수를 2진수, 8진수, 16진수로 출력하려면, 각각 bin(), oct(), hex() 함수를 이용해야 한다. bin(), oct(), hex()는 정수값을 각각 2진수, 8진수, 16진수 문자열로 변환해서 반환하는 파이썬 내장함수이다.

TIP bin(), oct(), hex() 함수가 반환하는 것은 문자열이기 때문에 수치값 연산에는 사용할 수 없다.

```
>>> x = 35
>>> x2 = 0b100011
>>> x8 = 0o43
>>> x16 = 0x23
>>> print(x, x2, x8, x16)
35 35 35 35
>>> print(x, bin(x2), oct(x8), hex(x16)
35 0b100011 0o43 0x23
```

3 실수

실수는 소수점 이하의 값을 가진 수이다. 파이썬에서 실수형은 항상 소수점을 포함하는 수로 표현해서 컴퓨터 내부에서 부동소수점 방식으로 저장된다는 것을 나타낸다(2장 참조). 실수형은 float형이라고 한다. [코드 6-3]에서 63.5는 실수형이다.

실수형의 표현 방법은 다음과 같다.

- **10진 표현** : 소수점을 포함한 10진수

  예 3.0, 3.14, 87.5, 99.9

- **지수 표현** : '가수e지수' 형식으로 표현

  예 0.3e+1, 0.314e+2, 875.0e−1, 9.99e+1

파이썬에서 실수는 10진수 표현을 주로 사용하지만, 아주 큰 수 또는 소수점 이하의 아주 작은 수를 나타낼 때는 지수 표현을 사용한다. 지수 표현은 다음과 같이 10의 지수승을 이용해서 실수를 가수와 지수로 구분해서 표현한다. 일반적으로 가수는 0과 1 사이의 실수, 지수는 10의 지수승을 나타내는 정수로 나타내지만 지수 값에 따라 가수는 적절히 변경해서 표현할 수 있다. 다음은 10진 실수의 지수 표현을 보여주는 예시이다.

❶ $1230000000000000000000000 = 123*10^{21} \rightarrow 123.0e+21$(지수 표현)

❷ $3400000000000 = 0.34*10^{13} \rightarrow 0.34e+13$

❸ $0.000000000000000000123 = 0.123*10^{-21} \rightarrow 123.0e-21$(지수 표현)

❹ $0.00000000067 = 0.67*10^{-9} \rightarrow 0.67e-9$

수학에서는 정수가 실수에 포함되므로 값이 같은 정수와 실수는 동일하게 취급하지만 파이썬에서는 구분해서 사용해야 한다. 예를 들면, 3+5와 3.0+5.0은 수학에서는 같은 표현이지만, 파이썬에서는 컴퓨터 내부의 저장과 처리 방식이 다른 표현이고, 따라서, 처리 속도에서 차이가 난다. 정수의 처리 속도는 실수의 처리 속도보다 빠르다. 따라서, 가급적이면 정수로 표현하는 것이 바람직하다.

파이썬은 정수와 실수 이외에 수치형으로 복소수complex형도 제공하지만 여기서는 다루지 않는다.

4 문자열

문자열은 단어, 문장 등 일련의 문자들을 따옴표로 둘러싸서 표현한 자료이다. 파이썬 문장에서 이름, 주소, 안내 메시지와 같은 텍스트 자료값을 나타낼 때 사용한다. 문자열은 str형이라고 한다.

코드 6-11 문자열 사용 예(1) ex06-11.py

```
name = "이강인"
job = "프로 축구선수"
address = "스페인"
print(name, "의 직업은", job , "이며, \n현재 거주지는 ", address , "입니다!")
```

실행 결과

```
이강인 의 직업은 프로 축구선수 이며,
현재 거주지는  스페인 입니다!
```

문자열을 나타낼 때, 그 내용은 큰따옴표 또는 작은따옴표 어느 것으로 둘러싸도 된다. 다만, 문자열 내용으로 작은따옴표를 포함할 때는 ESC 문자 \'로 나타내거나 큰따옴표로 둘러싸고,

반대로 큰따옴표를 포함할 때는 ESC 문자 \“로 나타내거나 작은따옴표로 둘러싸야 한다.

코드 6-12 문자열 사용 예(2) ex06-12.py

```
print("우리는 파이썬을 공부합니다")
print('우리는 파이썬을 공부합니다')
print("우리는 '파이썬'을 공부합니다")
print("우리는 \'파이썬\'을 공부합니다")
print('우리는 "파이썬"을 공부합니다')
print("우리는 \"파이썬\"을 공부합니다")
```

실행 결과

```
우리는 파이썬을 공부합니다
우리는 파이썬을 공부합니다
우리는 '파이썬'을 공부합니다
우리는 '파이썬'을 공부합니다
우리는 "파이썬"을 공부합니다
우리는 "파이썬"을 공부합니다
```

문자열의 내용이 길어 한 라인으로 부족할 경우, [코드 6-13]과 같이 라인 끝에 \를 표시하고 다음 라인에 계속 문자열 내용을 작성하면 된다. 그리고 문자열 자체가 여러 라인으로 구성된 경우에는 [코드 6-14]와 같이 문자열 전체를 연속된 3개의 큰 따옴표(“““) 또는 작은 따옴표(‘‘‘)로 둘러싸면 된다.

코드 6-13 여러 라인에 걸친 문자열 작성과 출력(1) ex06-13.py

```
str1 = "내려갈 때 \
보았네 \
올라갈 때 \
못 본 \
그 꽃"
print(str1)
```

실행 결과

```
내려갈 때 보았네 올라갈 때 못 본 그 꽃
```

코드 6-14 여러 라인에 걸친 문자열 작성과 출력(2) ex06-14.py

```
str2 = """내려갈 때
보았네
올라갈 때
못 본
그 꽃"""
print(str2)
```

실행 결과

```
내려갈 때
보았네
올라갈 때
못 본
그 꽃
```

파이썬은 문자열을 메모리에 저장할 때, 문자들을 순차적으로 저장하고 [그림 6-10]과 같이 맨 앞쪽 문자부터 순차적으로 0, 1, 2 등의 정수로, 맨 뒤쪽 문자부터 순차적으로 -1, -2 등의 정수로 인덱스를 부여한다. 이런 인덱스를 이용하면 문자열의 특정 문자 또는 일부분을 선택해서 처리할 수 있다.

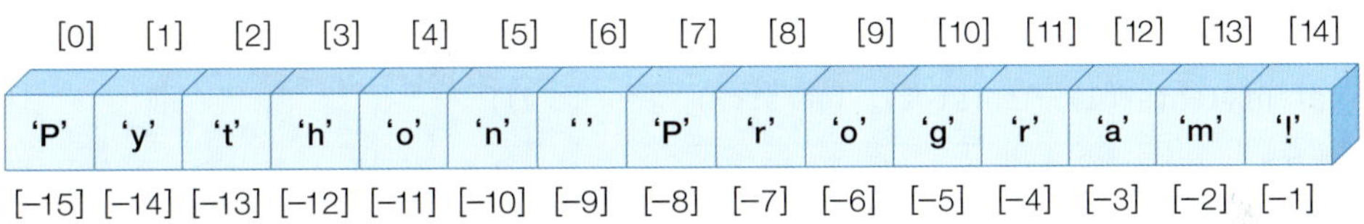

그림 6-10 문자열 "Python Program"의 메모리 저장

[코드 6-15]는 [그림 6-10]에서 확인할 수 있는 인덱스를 활용한 예이다.

코드 6-15 인덱스 이용 문자열 참조 ex06-15.py

```
str1 = "Python Program!"
print(str1)
print(str1[0], str1[7], str1[14])
print(str1[-1], str1[-8], str1[-15])

```

```
# 인덱스 범위 지정 부분문자열 참조
print(str1[0:6], str1[10:14])    str[0]~str[5], str[10]~str[13]
print(str1[7:])                  str[7]~마지막 문자 출력
print(str1[:6])                  처음 문자~str[5] 출력
```

실행 결과

```
Python Program!
P P !
! P P
Python gram
Program!
Python
```

문자열의 전체 문자 개수는 len() 함수를 이용해서 확인할 수 있다. ESC 문자와 한글 한 글자는 알파벳처럼 한 문자로 취급된다.

코드 6-16 **len() : 문자열 크기(문자 개수) 확인** ex06-16.py

```
str1 = "파이썬 프로그래밍!"
str2 = "python programming!"
str3 = "Python 프로그래밍!"
str4 = "Python \n\n프로그래밍!"
print(len(str1), len(str2), len(str3), len(str4))
```

실행 결과

```
10 19 13 15
```

숫자만으로 구성된 문자열의 사용에는 유의해야 한다. “3”, “25.3”과 같이 숫자만으로 구성되는 문자열은 산술연산에는 사용할 수 없다. 다만, 문자열 간의 + 연산과 문자열과 정수의 * 연산은 산술적 +, * 연산과는 다른 의미를 가진다. 문자열 간의 + 연산은 두 문자열을 연결해서 한 문자열로 만들고, 문자열과 정수(n)의 * 연산은 문자열을 n번 반복 연결해서 한 문자열을 만든다. 그 외 문자열에 대한 산술연산(−, /, //, %, **)은 오류가 발생한다.

코드 6-17 **문자열 연산 +, *** ex06-17.py

```
print("Python"+"Programming!")
print("Python" * 5)
print(5 * "Python")
print("3"+"25.3")      문자열 연결연산
print(3 + 25.3)        산술 덧셈연산
print("35" * 3)        문자열 반복연결연산
```

실행 결과

```
PythonProgramming!
PythonPythonPythonPythonPython
PythonPythonPythonPythonPython
325.3
28.3
353535
```

문자열에서 +, * 연산자를 사용하더라도 오류가 발생할 수 있다. 우선 다음 예시를 보며 오류가 발생한 원인이 무엇인지 생각해보자.

```
>>> print(3 + "25.3")
Traceback (most recent call last):
  File "<pyshell#0>", line 1, in <module>
    print(3 + "25.3")
TypeError: unsupported operand type(s) for +: 'int' and 'str'
>>> print("35" * "3")
Traceback (most recent call last):
  File "<pyshell#1>", line 1, in <module>
    print("35" * "3")
TypeError: can't multiply sequence by non-int of type 'str'
```

숫자로 구성된 문자열을 수치 계산에 이용하려면, int(), float() 함수를 이용해서 문자열을 정수 또는 실수로 변환해야 한다. int()와 float()는 문자열을 각각 정수, 실수로 변환해 주는 파이썬 함수이다. str()은 반대로 수를 문자열로 변환해 주는 함수이다.

코드 6-18 int(), float()을 이용한 자료형 변환 ex06-18.py

```
str1 = "3" + "4.5"
num1 = int("3") + float("4.5")          수치 문자열의 수치형 변환
str2 = str1 + str(num1)                 수의 문자열 변환
print(str1, num1, str2)
```

실행 결과

```
34.5 7.5 34.57.5
```

마지막으로, 문자를 하나만 포함하는 문자열을 다른 컴퓨터 언어에서는 문자열과 구분해서 문자형이라고 하는데 파이썬에서는 따로 구분하지 않는다. 다만, 파이썬에서는 ord()와 chr() 함수를 사용해서 문자 하나를 문자형처럼 처리한다. ord() 함수는 문자 하나를 인수로 받아 문자의 10진 코드값을 반환하고, chr()는 10진 코드값을 인수로 받아 해당하는 문자를 반환한다.

코드 6-19 ord(), chr() 함수 ex06-19.py

```
ch1 = "a" ; num1 = ord(ch1)             코드값(문자) 반환
print(ch1, num1)
num2 = num1 + 5 ; ch2 = chr(num2)       코드값(정수) 문자 반환
print(num2, ch2)
```

실행 결과

```
a 97
102 f
```

5 부울형

부울형boolean type은 참 또는 거짓을 나타내는 자료값으로 논리형이라고도 한다. 참은 True, 거짓은 False로 나타낸다. 수학에서 공부했던 관계식과 논리식은 부울형 값을 가진다. 부울형은 주로 if문 또는 while문에서 조건식을 나타낼 때 사용한다.

TIP 파이썬은 대소문자를 구별하므로 True와 False의 첫 문자는 반드시 대문자로 표기해야 한다.

코드 6-20 부울형 수식값 ex06-20.py

```
num1 = 70 ;  num2 = 20
print(num1==num2)
print(num1 != num2)
print(20 < num2 < 80)
print(num1 < 50  or num2 < 50)
print(num1 >= 40 and num1 < 80)
print(not num1 > num2)
```

실행 결과

```
False
True
False
True
True
False
```

코드 6-21 부울형의 사용 ex06-21.py

```
avg = (54 + 76) / 2
print("평균:", avg)
if avg >= 70 :
    print("합격입니다.!")
else :
    print("불합격입니다!")
```

조건식(부울형)

실행 결과

```
평균: 65.0
불합격입니다!
```

파이썬에서는 수치와 문자열도 개념적으로 부울형 값의 기능을 수행한다. 값이 0이거나 빈 문자열(" ")은 False, 그 외는 True와 같은 것으로 취급해서 처리한다. [코드 6-22]에서 변수 state1, state2의 값은 논리연산 and의 결과에 따라 거짓이면 0으로(3행), 참이면 and 다음의 피연산자("abc")로 값이 지정된다(4행). 이는 파이썬이 내부적으로 거짓이면 0을, 거짓이 아니면 해당 자료값을 저장하기 때문이다.

코드 6-22 수치값과 문자열의 부울형 기능 ex06-22.py

```
state1 =  0 and "abc"
state2 =  3 and "abc"
print('0 and "abc" :', state1)
print('3 and "abc" :', state2)
state3 = not 0 ; state4 = not 1
print("not 0 :", state3) ;  print("not 1 :", state4)
state5 = "" ; state6 = not "abc"
print('"" : ', state5) ;  print('not"abc" : ', state6)
```

0은 거짓, "abc"는 참

3, "abc"는 참

실행 결과

```
0 and "abc" : 0
3 and "abc" : abc
not 0 : True
not 1 : False
"" :
not "abc" : False
```

6 컬렉션형

컬렉션형collection type은 여러 자료의 모임을 나타내는 자료형이다. 자료의 모임을 관리하는 방법에 따라 리스트, 튜플, 집합, 딕셔너리로 구분한다. 여기서는 간단히 설명하고, 7장에서 자세히 다룬다.

TIP 이 부분은 지금은 건너뛰고, 8장과 9장을 공부할 때 다시 돌아와서 읽어도 된다.

표 6-2 컬렉션형

컬렉션형	표현 방법	컬렉션형 상수 표현
리스트	[자료값0, 자료값1, 자료값2, …]	[10, 20, 30, 40, 50]
튜플	(자료값0, 자료값1, 자료값2, …)	('월', '화', '수', '목', '금')
집합	{자료값0, 자료값1, 자료값2, …}	{'축구', '야구', '농구', '아이스하키'}
딕셔너리	{키0:값0, 키1:값2, 키1:값2, …}	{'이름':"홍길동", '전공':"수학", 0:88, 1:67}

리스트

리스트list는 여러 자료값을 순서에 따라 일렬로 나열한 것으로, 각 원소값은 0부터 시작하는 정수 인덱스로 참조한다. 리스트는 대괄호([ ]) 내의 자료값을 콤마(,)로 구분해서 순차적으로 표현한다. [코드 6-23]은 [그림 6-11]에서 보여주는 리스트를 코드로 구현한 예이다. 아직 설명하지 않은 내용이 포함되어 있지만 주석 등을 참고하면 이해하는 데는 문제가 없을 것이다.

코드 6-23 리스트 ex06-23.py

```
solar = ['수성', '금성', '지구', '화성', '목성', '토성', '천왕성', '해왕성']
star = "지구"
if star in solar :      # 변수 star 값이 리스트 solar에 있다면
    print ("우리는 태양계에 살고 있습니다.")
print("우리가 사는 별 : ", solar[2])
solar[2] =  '푸른별-지구'
print(solar[2])
```

- `print("우리가 사는 별 : ", solar[2])` — solar의 2번째 원소값 출력
- `solar[2] =  '푸른별-지구'` — solar의 2번째 원소값 변경

실행 결과

```
우리는 태양계에 살고 있습니다.
우리가 사는 별 :  지구
푸른별-지구
```

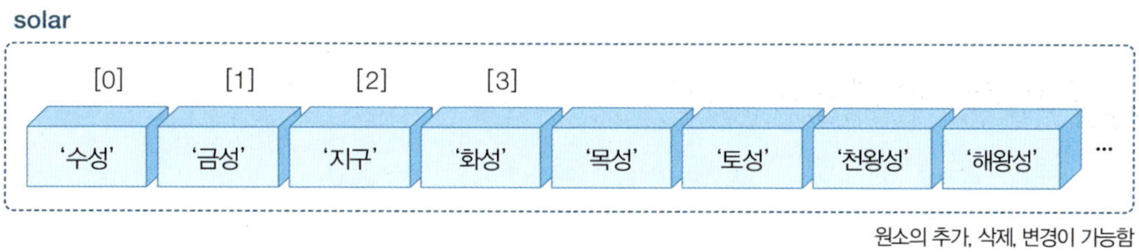

그림 6-11 solar 리스트

튜플

튜플tuple은 리스트와 동일하게 여러 유형의 자료를 순서에 따라 나열한 것이지만, 자료의 추가, 삭제, 변경이 불가능하다는 점에서 리스트와는 구별된다. 튜플을 표현할 때는 대괄호([ ]) 대신 소괄호(( ))를 사용한다. 다음 [코드 6-24]는 [그림 6-12]에서 보여주는 튜플을 코드로 구현한 예이다.

코드 6-24 튜플 ex06-24.py

```
grade = ('A', 'B', 'C', 'D', 'F')
level = "B"
if level in grade :     # 변수 level 값이 튜플 grade에 있다면
    print ("학점 :", level)
print("최고 학점 :", grade[0])  ········ 0번째 원소 출력
grade[0] =  'A+'
print(grade[0])
```

실행 결과

```
학점 : B
최고 학점 : A
Traceback (most recent call last):
  File "C:/python/ex06-24.py", line 6, in <module>
    grade[0] =  'A+'  ········ 오류 발생(원소값 변경 불가)
TypeError: 'tuple' object does not support item assignment
```

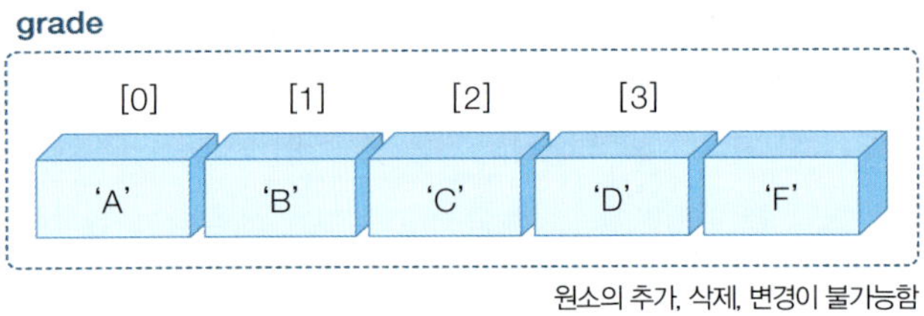

그림 6-12 grade 튜플

집합

집합은 여러 유형의 자료값을 순서에 관계없이 모아둔 것으로, 집합은 중괄호({}) 내에 콤마로 구분해서 원소를 표현한다. 집합은 동일한 값을 중복해서 포함할 수 없고, 각 원소를 인덱스로 참조할 수 없다는 점이 리스트, 튜플과는 다르다. [코드 6-25]는 [그림 6-13]에서 보여주는 집합을 코드로 구현한 예이다.

코드 6-25 집합 ex06-25.py

```
x = { 10, 30, 50 }
y = { 30, 20 }
```

```
print(x | y)    합집합
print(x & y)    교집합
print(x - y)    차집합
```

실행 결과

```
{50, 20, 10, 30}
{30}
{10, 50}
```

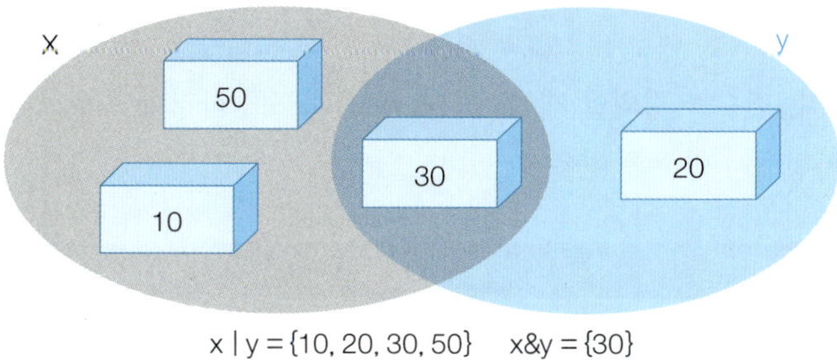

그림 6-13 집합

딕셔너리

딕셔너리dictionary는 '키:값' 형태의 자료들의 집합으로, 중괄호({}) 내에 '키:값' 형태의 원소를 콤마로 구분해서 표현한다. 키key는 자료값을 설명하는 식별자로, 원소값을 참조할 때 인덱스로 사용한다. 즉, 원소값은 '딕셔너리명[키]' 형식으로 참조한다. [코드 6-26]은 [그림 6-14]에서 보여주는 딕셔너리를 코드로 구현한 예이다.

코드 6-26 딕셔너리 ex06-26.py

```
stu1 = {"name":"이강인", "year":1, "credit": 93, "talent":"축구"}
stu2 = {"이름": "홍길동", "교양": 50, "전공": 60}
print(stu1)
print(stu1['name'], stu1['talent'], stu2["이름"], stu2["전공"])
```

실행 결과

```
{'name': '이강인', 'year': 1, 'credit': 93, 'talent': '축구'}
이강인 축구 홍길동 60
```

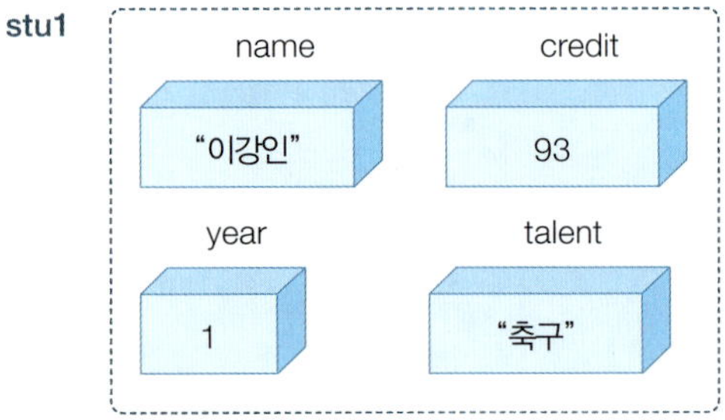

그림 6-14 stu1 딕셔너리

None

None은 자료값이 없음을 나타낸다. 변수를 정의할 때, 값을 None으로 지정하거나 프로그램 실행 도중 변수값을 None으로 지정해서 변수를 비울 수 있다.

코드 6-27 None ex06-27.py

```
x = None ;  y = 100
print("\n", "x =", x, "y =", y)
print("x 자료형:", type(x))
print("y 자료형:", type(y))
print(z)
```

실행 결과

```
 x = None y = 100
x 자료형: <class 'NoneType'>
y 자료형: <class 'int'>
Traceback (most recent call last):
  File "C:/python/ex06-27.py", line 5, in <module>
    print(z) ------- 오류
NameError: name 'z' is not defined
```

프로그램에서 자료형을 구분하는 이유는 자료형에 따라 컴퓨터 내부의 저장 방식과 처리 방식이 다르기 때문이다. 그리고 이런 자료형의 차이 때문에 서로 다른 자료형들보다는 같은 자료형들의 처리가 더 효율적이다. 따라서, 프로그램을 작성할 때 적절한 자료형의 선택과 함께 가급적이면 동일한 자료형끼리 연산을 수행하도록 하는 것이 바람직하다.

04 수식과 연산자

1 수식과 연산자의 개념

수식 expression 은 연산의 결과로 하나의 값이 되거나 특정 연산 기능의 수행을 나타내는 표현이다. 수식은 대부분 '피연산자 연산자 피연산자'의 형식으로 표현된다. 연산자는 +, −, *, /와 같이 연산의 의미를 나타내는 기호이고, 연산자 앞뒤의 피연산자는 연산 대상으로 연산자에 따라 또 다른 수식이나 상수, 변수 등이 될 수 있다. 특별히 연산자 뒤에 하나의 피연산자만 사용하는 연산자(예를 들면, 부호연산자 −, 부정연산자 not)을 단항연산자라고 한다.

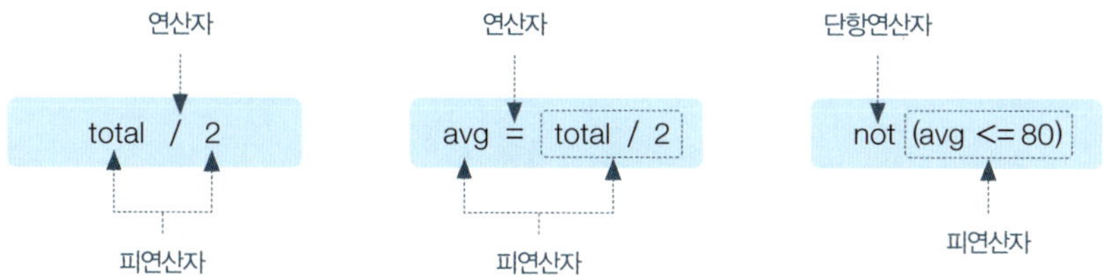

그림 6-15 수식과 연산자

파이썬 수식은 산술식이나 관계식, 논리식 등 주로 수학에서 다룬 수식이고, 일부 표현 방법이 다르거나 파이썬에서만 사용되는 연산식이 있다. 수식은 연산자의 종류에 따라 대입식, 산술식, 관계식, 논리식, 함수식 등으로 구분한다.

2 대입식

대입식은 대입연산자 =를 이용해서 '변수 = 수식' 형식으로 표현한다. 대입식은 변수에 값을 저장하는 기능을 수행한다. 다음 [코드 6-28]의 3행과 7행은 여러 대입식을 한꺼번에 간단하게 표현하는 방법을 보여준다.

코드 6-28 여러 대입식의 통합 표현 ex06-28.py

```
a = 10 ; b = 10; c = 10
print(a, b, c)
a = b = c = 10
print(a, b, c)
a = 10 ; b = 20; c = 30
print(a, b, c)
a, b, c = 10, 20, 30
print(a, b, c)
```

실행 결과

```
10 10 10
10 10 10
10 20 30
10 20 30
```

3 산술식

산술식은 산술 계산을 나타낸다. 파이썬의 산술연산은 수학의 산술연산을 모두 지원한다. 다만, 차이가 있다면 파이썬에서는 곱셈 연산자로 *를 사용하고, 수학에서와는 달리 변수의 곱을 표현할 때 연산자 *를 생략할 수 없다. 그리고 나눗셈 연산(/) 외에 몫 연산(//)과 나머지 연산(%)을 지원한다.

표 6-3 산술연산자

연산자	수학연산자	연산 기능
+, −	+, −	덧셈, 뺄셈 연산
*	x , ·	곱셈 연산
**	지수승	거듭제곱 연산
/	÷	나눗셈 연산
//, %		몫, 나머지 연산

파이썬의 산술식 계산 결과는 수학의 계산 결과와 동일하다. 다만, 피연산자와 연산 결과가

모두 정수이면 산술식 값은 정수가 되고, 피연산자 또는 연산 결과가 실수이면 산술식 값은 실수가 된다.

TIP 피연산자가 문자열이면 +는 문자열 연결연산자가 되고, *는 반복연결연산자가 된다.

코드 6-29 산술식 연산 결과의 자료형 ex06-29.py

```
print(5+3, "\t", 5+5.0, "\t", 5.0+3, "\t", 5.0+3.0)
print(5-3, "\t", 5-5.0, "\t", 5.0-3, "\t", 5.0-3.0)
print(5*3, "\t", 5*5.0, "\t", 5.0*3, "\t", 5.0*3.0)
print(5/3, "\t", 5/5.0, "\t", 5.0/3, "\t", 5.0/3.0)
print(5**3, "\t", 5**5.0, "\t", 5.0**3, "\t", 5.0**3.0)
```

실행 결과

```
8       10.0    8.0     8.0
2       0.0     2.0     2.0
15      25.0    15.0    15.0
1.6666666666666667    1.0    1.6666666666666667
125     3125.0          125.0          125.0
```

그리고 몫 연산과 나머지 연산은 피연산자가 음의 정수이면 연산 결과가 직관적이지 않으므로 가급적이면 양의 정수에 대해서 사용하기를 권장한다. 일반적으로 **, //, % 연산은 양의 정수에 대해서만 사용하는 것이 좋다.

코드 6-30 //, % 연산 결과(1) ex06-30.py

```
print(5//3, "\t", 5%3)
print(5//-3, "\t", 5%-3)
print(-5//3, "\t", -5%3)
print(-5//-3, "\t", -5%-3)
```

실행 결과

```
1     2
-2    -1
-2    1
1     -2
```

다음 [코드 6-31]은 산술식을 이용해서 초 단위 시간량을 시, 분, 초 단위로 환산해서 출력한다.

코드 6-31 //, % 연산 결과(2) ex06-31.py

```
n = 9999
s = n % 60
m = n // 60
h = m // 60
m = m % 60
print(n, "초는",h,"시간",m,"분", s,"초 입니다")
```

- s = n % 60: 환산 시간량의 초 시간을 계산함
- m = n // 60: 환산 시간량의 초 시간을 제외한 분 시간을 계산함
- h = m // 60: 환산 시간량의 시 시간을 계산함
- m = m % 60: 환산 시간량의 분 시간을 계산함

실행 결과

```
9999 초는 2 시간 46 분 39 초 입니다
```

4 관계식과 논리식

관계식은 대소 관계나 순서 관계 등 크기나 순서 비교를 나타내고, 논리식은 논리합, 논리곱, 부정 등의 논리연산을 나타낸다.

표 6-4 관계연산자와 논리연산자

구분	연산자	수학연산자	의미
관계연산	>, <	>, <	크다, 작다
	>=, <=	≥, ≤	크거나 같다, 작거나 같다
	==, !=	=, ≠	같다, 같지 않다
논리연산	and, or	∧	논리곱
	or	∨	논리합
	not	~	부정

관계식과 논리식의 결과값은 True(참) 또는 False(거짓)이다. 산술식과 마찬가지로 관계식과 논리식도 연산 결과는 수학과 동일하다.

표 6-5 파이썬 논리연산표

x	y	x or y	x and y	not x
True	True	True	True	False
True	False	True	False	False
False	True	True	False	True
False	False	False	False	True

코드 6-32 관계식 예 ex06-32.py

```
avg= 95.6
score = 85
print(5 == 3, "\t", 5 != 3)
print(80 < score < 90)
print(56 == 78, "\t", avg == score, "\t", score != 45)
print(56 <= 78, "\t", 80 <= avg < 90)
```

실행 결과

```
False  True
True
False  False  True
True   False
```

다음은 관계연산자 ==, !=를 사용할 때 띄어쓰기를 잘못 해서 오류가 발생한 예시이다.

```
>>> print(5 = = 3)
SyntaxError: expression cannot contain assignment, perhaps you meant "=="?
>>> print(5 ! = 3)
SyntaxError: invalid syntax
```

코드 6-33 논리식 예 ex06-33.py

```
avg= 95.6
score = 85
print(2<3 and 3<5, "\t", 2<3 and 3>5)
print(2<3 or 3<5, "\t", 2>3 or 3<5, "\t", 2>3 or 3>5)
```

```
05 print(not(2<3 and 3<5), "\t", not(2>3 or 3<5))
06 print(not(56<=78), "\t", avg>=80 and avg<90)
07 print(80<score and score<90)
08 print("python"and 9>7 , "\t", 68 and 9>7)
09 print(9>7 or 0, "\t", 0 and 9>7)
10 print(9>7 and 10, "\t", 0 or 1)
```

실행 결과

```
True    False
True    True    False
False   False
False   False
True
True    True
True    0
10      1
```

[코드 6-33]에서 3~6행은 수학의 논리연산과 같다. 7행은 관계식 80 < score < 90과 같은 의미를 나타낸다. 8~10행은 파이썬에서만 가능한 표현이다. 피연산자로 "python", 68, 9, 7, 0과 같은 부울형이 아닌 값이 사용되면 0과 ""(널 문자열)은 거짓으로, 그 외는 참으로 취급해서 논리연산을 수행한다. 9, 10행의 연산 결과에서 0은 False, 10과 1은 True와 같은 의미이다.

코드 6-34 **흔히 하는 실수** ex06-34.py

```
01 a = 4
02 print("수식 'a의 값은 3 또는 4이다' :", a==3 or 4)
03 print("수식 'a의 값은 3 또는 4이다' :", a==3 or a==4)
```

실행 결과

```
수식 'a의 값은 3 또는 4이다' : 4
수식 'a의 값은 3 또는 4이다' : True
```

[코드 6-34]의 2행은 관계식을 잘못 작성한 예로 프로그래밍을 할 때 흔히 저지르는 실수이다. 파이썬이 이 표현을 잘못된 표현으로 해석하지 않고 값을 계산해버린다는 점이 문제이다.

2행의 관계식은 값이 4이지만 3, 4의 순서를 바꾸면 관계식은 True가 된다. 이 관계식을 파이썬 문장에서 사용하면 작성자의 의도와는 전혀 다른 결과를 초래할 수 있으므로 반드시 3행과 같이 작성해야 한다.

연산자 =와 ==의 사용도 유의해야 한다. 수학의 =와 ≠ 연산자를 파이썬에서는 각각 ==와 !=로 표현하고, =는 대입연산자로 사용한다.

코드 6-35 **=과 ==의 차이** ex06-35.py

```
01  x = 5 + 20
02  x = y          대입식
03  x == y         관계식
04  name ="python" and 7>6
```

[코드 6-35]에서 2행과 3행은 전혀 다른 의미이다. 2행은 "x ← y"를 나타내는 대입식이고, 3행은 x, y의 값의 동일 여부를 나타내는 관계식이다. 2행을 작성할 때, 연산자 ==를 =로 잘못 사용하면 의도와는 다르게 3행의 의미로 처리되는데, 이것은 프로그램의 논리적 오류의 원인이 된다.

4행은 연산자 ==를 =로 잘못 사용한 것인데, 정확히 사용하면 변수 name의 값에 따라 True 또는 False가 된다. 그런데 4행을 그대로 실행하면 변수 name에 논리식 "python" and 7 > 6의 값인 True를 저장한다. 이런 오류는 문법적 오류보다 치명적이므로 유의해야 한다. 실행 오류가 나타나면 프로그램 작성자는 틀린 곳을 확인할 수 있지만, 다르게 해석해서 실행해 버리면 이를 인지하기가 어렵다. 처음 프로그램을 작성할 때 흔히 범하는 실수이므로 특히 유의해야 한다.

5 복합 대입연산자

복합 대입연산자는 산술연산자와 대입연산자를 결합해서 한꺼번에 나타낸 축약 연산자이다. 예를 들면, 복합 대입연산자 +=를 사용한 수식 x += 20은 대입식 x = x+20과 같은 의미이다. 복합연산자 +=의 왼쪽 피연산자는 반드시 저장값을 가진 변수여야 한다. 오른쪽 피연산자로는 상수, 다른 변수, 수식 등이 가능하지만 대개는 간단한 상수로 나타낸다. + 이외에 -=, *=, /=, //=, %=, **= 등의 복합연산자도 같은 방법으로 사용할 수 있다.

코드 6-36 복합 대입연산자 ex06-36.py

```
a=3; b=4; c=5; d=e=f=6; g=7
a += 3;  print(a)
b -= 3;  print(b)
c *= 3;  print(c)
d /= 3;  print(d)
e //= 3;  print(e)
f %= 3;  print(f)
g **= 3;  print(g)
```

실행 결과

```
6
1
15
2.0
2
0
343
```

6 연산자 우선순위

한 수식에서 둘 이상의 연산자가 사용되면 어떤 연산자를 먼저 적용할지를 판단해야 하는데 이를 연산자 우선순위라고 한다. 수학에서는 +, * 연산자가 같은 수식에 있으면 * 연산자를 우선 적용하고, 수식을 괄호로 묶으면 괄호 내의 수식에 있는 연산자를 괄호 밖의 연산자보다 우선 적용했는데, 파이썬에서도 동일한 연산자 우선순위가 적용된다.

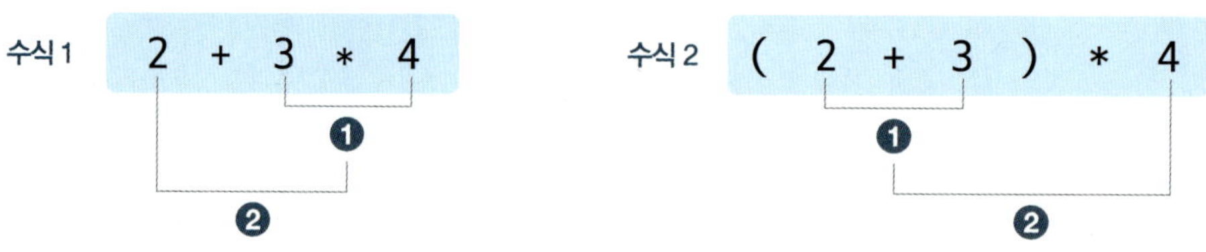

그림 6-16 연산자 우선순위

파이썬 연산자의 우선순위는 기본적으로 수학과 동일하다. 한 수식에서 여러 연산자가 사용되면 괄호 내의 연산자가 우선적으로 처리되고, 다음으로 단항연산자 > 산술연산자 > 관계연산자 > 논리연산자의 순서로 처리된다. 그리고 동일한 우선순위를 가진 연산자는 먼저 사용된 연산자, 즉 수식의 왼쪽에 있는 연산자가 오른쪽에 있는 연산자보다 먼저 처리된다. [표 6-6]은 이런 파이썬 연산자의 우선순위를 나타낸 것이다. 위쪽의 연산자가 아래쪽의 연산자보다 우선순위가 높다.

표 6-6 연산자 우선순위

구분	연산자	우선순위
괄호	(,)	높다
지수연산	**	↑
단항연산	+, −	
산술연산	*, /, //, %	
	+, −	
관계연산	<, <=, >, >=	
	==, !=	
대입연산	=, %=, /=, //=, −=, +=, *=, **=	
논리연산	not	
	and	↓
	or	낮다

모든 연산자의 우선순위를 정확히 알면 좋겠지만 쉽지 않다. 또한, 많은 연산자가 포함된 수식은 우선순위를 알더라도 수식의 의미를 이해하기 어려울 수 있다. 이런 경우에는 괄호를 사용해서 연산자의 우선순위를 명확하게 표현하는 것이 좋다. 다음은 연산자 우선순위를 고려한 수식 계산의 예시이다.

❶ 3 + 6 / 2 + 3 ** 2 → ((3 + (6 / 2)) + (3 ** 2)) → 15.0

❷ 10 >= 50 == 50 → (10 >= 50) and (50 == 50) → False

❸ (10 <= 50) == 50 → True(1) == 0 → False

❹ (10 >= 50) == 0 → False(0) == 0 → True

❺ not 10 >= 20 or 30 < 50 and 60 <= 90
→ (not (10 >= 20)) or ((30 < 50) and (60 <= 90)) → True

❻ 10 >= 20 or not 30 < 50 and 60 <= 90
→ (10 >= 20) or ((not (30 < 50)) and (60 <= 90)) → False

❼ 10 >= 20 and not 30 < 50 or 60 <= 90
→ ((10 >= 20) and (not (30 < 50))) or (60 <= 90) → True

수식에서 괄호를 사용하면 연산자 우선순위에 관계없이 괄호 내의 연산자가 먼저 처리된다. 따라서, 수식을 작성할 때는 괄호를 적절히 이용해서 연산자의 우선순위를 알기 쉽게 나타내는 것이 좋다.

7 함수와 함수식

print(), int(), float()와 같이 괄호가 붙은 식별자는 함수이다. 파이썬 함수는 수학의 함수처럼 인수를 전달하면 계산값을 반환하거나 특정 기능을 수행하도록 설계된 프로그램 내의 작은 프로그램이다. 함수는 그 자체로는 실행되지 않고, 다른 파이썬 문장에서 함수를 사용(호출)해야 실행된다.

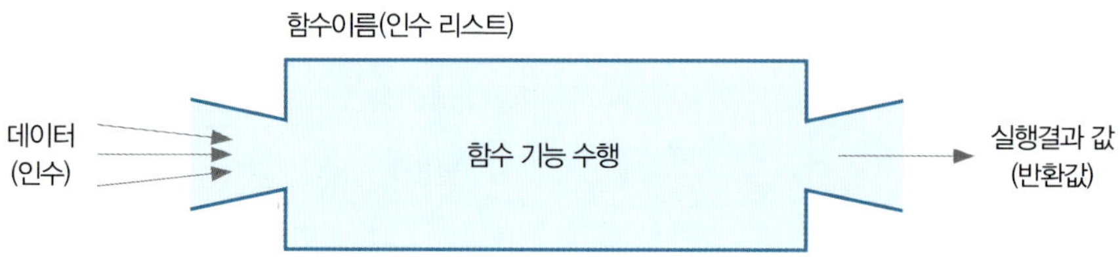

그림 6-17 함수의 구조

파이썬 함수는 두 가지 형태로 사용된다. 하나는 input(), int(), float()와 같이, 함수의 반환값을 사용하는 것으로, 이 값이 필요한 수식이나 다른 문장에서 사용된다. 이런 함수 사용은 함수가 수식의 일부가 되므로 함수식이라고 한다.

TIP input()은 프로그램 실행 도중 키보드를 통해 입력받은 문자열을 반환하는 파이썬 내장함수로 7장에서 설명한다.

코드 6-37 함수식의 사용 ex06-37.py

```
name = input("당신의 이름은? ")
str1 = name+"님은 한국의 " + input("당신이 사는 도시 이름은? ")
        + "에 살고 있습니다."
print(str1)
```

실행 결과

```
당신의 이름은? 이창호
당신이 사는 도시 이름은? 전주
이창호님은 한국의 전주에 살고 있습니다.
```

다른 하나는 print()와 같이, 함수의 반환값보다는 함수의 기능을 사용하는 것으로 독립적으로 사용한다. 이런 함수 사용은 그 자체가 문장이 되므로 함수문이라고 한다.

코드 6-38 함수문 print() ex06-38.py

```
name = input("당신의 이름은? ")
address = input("당신이 사는 도시 이름은? ")
str1 = name+"님은 한국의 "+address+"에 살고 있습니다."
print(str1)
```

실행 결과

```
당신의 이름은? 이창호
당신이 사는 도시 이름은? 전주
이창호님은 한국의 전주에 살고 있습니다.
```

함수를 사용하려면 미리 정의해야 한다. 우리가 앞에서 사용했던 함수는 파이썬에서 미리 정의해서 제공하는 내장함수이다. 이런 내장함수는 별도의 정의 없이 기능과 사용 방법만 확인해서 사용하면 된다. 파이썬은 매우 많은 내장함수를 제공한다. 한 번에 모두 기억할 수 없으므로 프로그래밍을 하면서 필요할 때마다 확인해서 사용하면 된다. 사용자가 직접 함수를 정의해서 사용하는 방법은 10장에서 설명한다.

표 6-7 파이썬 내장함수

함수이름	기능	사용형식(예)
int(s)	숫자문자열 s를 정수형으로 변환함	int("365") → 365
str(d)	수치형 d를 문자열형으로 변환함	int(365) → "365"
float(d)	숫자문자열/정수형 d를 실수형으로 변환함	f;oat(25) → 25.0
hex(x), oct(x), bin(x)	인수 x를 각각 16진수, 8진수, 2진수로 변환함	hex(356) → '0x164'
round(x)	수치 x를 반올림함	round(24.6) → 24

함수이름	기능	사용형식(예)
max(x1, x2, ⋯ xn)	수치 x1, x2, ⋯ xn 중 가장 큰 값을 반환함	max(10, 20, 30) → 30
pow(x, n)	x^n을 계산해서 반환함	pow(2, 8) → 256

코드 6-39 float( ), round( ) 함수의 사용 예 ex06-39.py

```
x = 3.14
y = 5.64
print("x=", x, "y=", y)
print("x+y=", x+y)
print("x+float(y)=", x+float(y))
print("float(x)+float(y)=", float(x)+float(y))
z = round(x)+round(y)
print("round(x)+round(y)=", z)
print("\n")
```

실행 결과

```
x= 3.14 y= 5.64
x+y= 8.78
x+float(y)= 8.78
float(x)+float(y)= 8.78
round(x)+round(y)= 9
```

코드 6-40 pow( ), max( ) 함수의 사용 예 ex06-40.py

```
d1= pow(3, 5)
d2 = max(1, 2, 5, 4, 7, 3)
print("pow(3, 5)=",d1)
print("max(1, 2, 5, 4, 7, 3)",d2)
print("\n")
```

실행 결과

```
pow(3, 5)= 243
max(1, 2, 5, 4, 7, 3) 7
```

05 파이썬 문장

키워드, 상수, 변수, 함수 등 지금까지 설명한 파이썬의 구성 요소가 모이면 문장statement이 된다. 문장은 프로그램을 구성하는 명령 단위로 명령문이라고도 한다.

파이썬 문장의 종류는 다음과 같다.

- **단순문** : 대입문, 함수문
- **블록문** : 동일한 들여쓰기로 작성된 연속적인 문장
- **제어문** : 명령문의 실행 순서를 나타내는 문장(if, while, for 등)

1 단순문

단순문은 대입문, 함수문과 같이 최종적으로 한 수식으로 표현된 명령문이다. 파이썬에서 문법적으로는 어떤 수식도 그 자체로 문장이 되지만 프로그래밍에서는 대입문과 함수문이 주로 사용된다. 특히 함수문은 반환값의 이용보다는 함수 기능의 수행을 표현하는 데에 사용된다.

- **식**

  예 x+5, int(x)+int(y), input(), int(input("정수 입력:"))
- **대입문**

  예 y=x+5, avg=total/2, name=input("이름 입력:")
- **함수문**

  예 print("welcome"), print("이름&평균:", name, avg)

다음은 단순문을 이용한 간단한 프로그램의 예이다. 단순문만 사용하면 프로그램을 작성하는 데 한계가 있지만 단순문을 사용하지 않고 프로그램을 작성하는 것도 불가능하다.

코드 6-41 정수의 짝수 여부 판정 ex06-41.py

```
num = 77
prime = num % 2 == 0
print(num,"은 짝수이다 :", prime)
```

실행 결과

```
77 은 짝수이다 : False
```

코드 6-42 1~10 사이의 짝수들의 합 계산 ex06-42.py

```
i, sum = 0, 0
i += 2 ;  sum += i
i += 2 ;  sum += i
i += 2 ;  sum += i
i += 2 ;  sum += i
i += 2 ;  sum += i
print("1~10 사이의 짝수 합 :", sum)
```

실행 결과

```
1~10 사이의 짝수 합 : 30
```

다음은 4개의 함수문으로 구성한 프로그램의 작성 예이다. readData(), getAvg(), getGrade(), printReport() 함수는 아직 정의하지 않았지만, 프로그램이 함수문만으로 작성될 수도 있음을 보여준다. 이 함수들은 10장의 [실습과제 1]에서 설명한다.

```
# readData(), getAvg() , getGrade() , printReport()의 함수정의는 생략함

readData()      #학생 성적을 입력받는다.
getAvg()        #성적의 평균을 계산한다.
getGrade()      #학생의 학점을 판정한다.
printReport()   #학생의 성적 보고서를 출력한다.
```

2 블록문

블록block은 프로그래밍에서 특정 기능을 수행하는 여러 문장의 집합으로 논리적으로 한 단위로 취급한다. 블록문은 작성자의 관점에서는 한 문장이지만, 파이썬의 한 문장으로는 표현할 수 없어 여러 문장으로 표현한 것으로, 형식적으로는 같은 수준의 들여쓰기로 작성된 연속적인 문장들의 모임이다. 같은 라인에서 ;으로 구분된 문장들은 같은 블록에 포함된다.

예를 들면, '변수 x, y의 값을 교환한다'는 논리적 문장은 파이썬에서 다음과 같이 3개의 대입문을 이용해서 블록문으로 표현할 수 있다. 프로그램 작성자는 블록의 전후로 공백 라인을 두어 논리적인 블록임을 나타내기도 하지만, 문법적으로는 같은 수준으로 들여쓴 연속적인 문장을 한 블록으로 취급한다.

```
x = 3 ; y = 4
print(x, y)
temp=x
x=y
y=temp
print(x, y)
```

(a) 파이썬 관점 블록

```
x = 3 ; y = 4
print(x, y)

temp=x
x=y
y=temp

print(x, y)
```

(b) 작성자 관점 블록

그림 6-18 블록

파이썬 프로그램은 전체가 하나의 블록이다. 그래서 파이썬 프로그램의 문장은 항상 라인의 첫 칸부터 작성해야 한다. 파이썬은 들여쓰기를 이용해서 문장 간의 포함 관계를 나타낸다. 하위 블록의 문장은 상위 블록의 문장보다 더 들여쓰기를 해서 작성해야 한다. 블록문은 if~else문과 같은 제어문을 작성할 때 많이 사용한다.

다음은 if~else문의 블록 구조를 나타낸 예시이다.

```
grade = input("파이썬 과목의 목표 학점을 입력하세요.")

if grade >= 'B' :
    print("학생의 목표 학점은 ", grade, "입니다.")
    print("A 학점은 상위 10% 이내 학생에게만 부여합니다.")
    print("B 학점은 상위 10~20% 이내 학생에게만 부여합니다.")
    print("열심히 공부해야 합니다!")
else :
    print("학생의 목표 학점은 ", grade, "입니다.")
    print("목표 학점이 너무 낮습니다.")
    print("자신감을 가지고 공부해야 합니다!")

print("프로그램을 종료합니다."):
```

블록1 : B 학점 이상 목표자에 대한 메시지

블록2 : B 학점 이하 목표자에 대한 메시지

3 제어문

제어문은 문장의 실행 순서를 나타내는 문장이다. 프로그래밍의 기본은 실행 순서를 고려하여 문장을 나열하는 것이지만, 나열된 순서대로만 실행하면 융통성이 요구되는 프로그램 작성은 불가능해진다. 기본적으로는 나열된 문장을 순차적으로 실행하지만, 조건에 따라 선택적으로나 반복적으로 문장을 실행할 수 있어야 다양한 프로그래밍이 가능해진다.

이런 이유로 컴퓨터 프로그램은 순차구조와 선택구조, 제어구조를 기본으로 포함한다. 순차구조는 문장을 순차적으로 나열해서 표현하고, 선택구조와 반복구조는 if, if~else, while과 같은 키워드를 사용해서 표현한다.

```
print("프로그램을 시작합니다.")
①if (score >= 80) :
  ② print("합격을 축하합니다.")
  ③ print("그동안 노력한 결과입니다.")
④else:
  ⑤ print("불합격입니다.")
  ⑥ print("더욱 노력하시기 바랍니다.")
print("프로그램을 종료합니다. ")
```

(a) 선택문 : if~else문

```
sum = 0
num = 1
①while num <= 100 :
  ② sum = sum + num
  ③ num = num + 1
print("1~100 까지의 정수 합:", sum)
```

(b) 반복문 : while문

그림 6-19 들여쓰기의 중요성

단순문은 라인 단위로 작성하지만 제어문은 블록 구조로 여러 라인에 걸쳐 작성한다. [그림 6-19]에서 선택문인 if~else문은 6개 라인, 반복문인 while문은 3개 라인으로 작성되었다. 그리고 if~else문의 ②, ③과 ⑤, ⑥, while문의 ②, ③은 블록이다. 제어문은 단순문과 같이 문법적으로는 한 문장이다. 파이썬의 제어문에 대해서는 8장과 9장에서 설명한다.

파이썬 제어문의 종류는 다음과 같다.

- **선택문** : if, if~else, if~elif~else문
- **반복문** : for~in, while
- **기타 제어문** : continue, break, pass

요약

01 파이썬 프로그램을 작성할 때 주의할 사항은 다음과 같다.

- 프로그램의 첫 문장은 라인의 첫 번째 칸(파이썬 쉘의 프롬프트 직후)부터 작성해야 한다.
- 파이썬 문장은 기본적으로 라인 단위로 작성한다.
- 파이썬 문장을 다음 라인에 연속해서 작성해야 할 때는 라인 끝에 \를 표시해야 한다.
- 한 라인에 파이썬 문장을 연속해서 작성할 때는 두 문장은 ;으로 구분해야 한다.
- #는 주석 표시로, 각 라인에서 # 이후의 내용은 파이썬 코드의 실행과는 무관하다.
- 파이썬은 들여쓰기로 문장들의 포함 관계를 나타낸다.

02 파이썬 단어는 예약어와 식별자로 구분한다. 예약어는 파이썬에서 미리 의미와 사용방법이 정해진 단어들이고, 식별자는 변수명, 함수이름 등과 같이 파이썬의 구성요소들을 식별하기 위해 프로그램에서 정의한 이름을 나타내는 단어들이다. 식별자는 영문 대소문자, 숫자, _(밑줄문자)만으로 구성되며 첫 글자는 반드시 영문자여야 한다.

03 상수는 파이썬 코드에서 직접 자료값을 표현한 것으로 리터털 또는 리터럴 상수라고도 한다. 그리고 변수는 자료값 대신 자료에 이름을 지정하여 사용한 것으로, 프로그램의 실행 동안 사용되는 내부 메모리의 특정 데이터 저장공간을 나타내는 이름이다.

04 파이썬 코드에서 변수(이름)가 대입연산자(=)의 왼쪽에 위치할 때는 저장 공간의 의미로 사용하고, 그 외에는 변수가 나타내는 저장 공간에 저장된 자료값을 의미한다.

05 자료형은 자료의 종류를 나타내는 것으로, 자료형에 따라 내부 메모리의 저장방법이 다르며 자료형에 따라 파이썬 코드에서의 논리적 자료표현 방법도 다르다.

06 파이썬의 수식은 연산자의 종류에 따라 산술식, 관계식, 논리식, 대입식, 함수식 등으로 구성되며, 수학에서의 사용하는 대부분의 연산들을 동일하게 지원한다.

07 파이썬에서는 수학의 연산과 연산자 표현을 동일하게 하지만 일부 연산자의 표현방법이 연산들과 파이썬에서 지원하는 연산자들이 있다.

08 파이썬 함수는 수학의 함수들처럼 인수를 전달하면 계산값을 반환하거나 특정 기능을 수행하도록 설계된 프로그램 내부의 작은 프로그램 단위이다. 함수 그 자체로는 실행되지 않고, 다른 파이썬 문장에서 함수를 사용(호출)해야 실행된다.

09 파이썬 코드에서 함수이름 뒤에는 항상 괄호가 붙으며, 일반적으로 파이썬 함수는 두 형태로 사용한다.

- **함수식** : 수식이나 다른 문장 등에서 사용하여 함수 반환값으로 대체된다.
- **함수문** : 독립적으로 사용하여 함수의 기능을 수행한다.

10 함수를 사용하려면 미리 정의해야 한다. 다만, print(), int(), float(), str() 등과 같이 파이썬에서 미리 정의해서 제공하는 파이썬 내장함수들은 별도의 정의 없이 기능과 사용방법만 확인해서 사용할 수 있다.

11 파이썬 문장은 프로그램을 구성하는 명령 단위로 명령문이라고도 한다. 파이썬 문장은 다음과 같이 구성된다.

- **단순문** : 대입문, 함수문
- **블록문** : 동일한 들여쓰기로 작성된 연속적인 문장들
- **제어문** : 명령문들의 실행순서를 나타내는 문장

연습문제

01 다음은 파이썬에 대한 설명이다. 틀린 것은 어느 것인가?

① 변수명으로 한글은 사용할 수 없다.

② 특정한 프로그램의 구조는 없다.

③ 파이썬 문장은 라인 단위로 작성해야 한다.

④ 알파벳 대소문자는 구분해서 사용해야 한다.

02 다음은 파이썬의 ESC 문자에 대한 설명이다. 틀린 것은 어느 것인가?

① \, “, ‘를 출력할 때 사용한다.

② 키보드에 없는 문자를 입력한다.

③ 기호 대신 특정 기능을 수행한다.

④ 모든 문자 앞에 \(\)를 붙인다.

03 다음은 파이썬의 변수 사용에 대한 설명이다. 틀린 것은 어느 것인가?

① 변수명의 시작은 알파벳으로 해야 한다.

② 변수는 사용하기 전에 정의해야 한다.

③ 변수의 자료형은 저장되는 값으로 결정된다.

④ 변수의 자료형은 프로그램이 실행되는 동안 변경될 수 있다.

04 다음은 파이썬 연산자의 우선순위를 나타낸 것이다. 바른 것은 어느 것인가?

① 괄호 〉 산술연산자 〉 논리연산자 〉 관계연산자

② 괄호 〉 산술연산자 〉 관계연산자 〉 논리연산자

③ 괄호 〈 산술연산자 〈 관계연산자 〈 논리연산자

④ 괄호 〈 관계연산자 〈 산술연산자 〈 논리연산자

05 파이썬에서 제공하는 자료형에 대한 설명이다. 틀린 것은 어느 것인가?

> ㉠ 자료값을 저장하는 메모리의 크기를 결정한다.
> ㉡ 메모리에 자료값을 저장하는 방식을 결정한다.
> ㉢ 변수의 사용 범위와 존재 기간을 결정한다.
> ㉣ int, float, str, bool 등의 자료형을 제공한다.

① ㉠, ㉡ ② ㉢, ㉣ ③ ㉢ ④ ㉣

06 다음은 아래의 변수를 사용하는 각 수식의 계산 결과를 나타낸 것이다. 바른 것은 어느 것인가?

```
x = 2 ; y = 3 ; z = 5 ; a = 3.24 ; b = 5.82
```

① y + z / x → 5.5
② y / 2 → 1
③ a + int(b) % x → 4.24
④ int(a + b) → 9

07 다음은 파이썬 연산자에 대한 설명으로, 변수 x, y는 정수형이다. 틀린 것은 어느 것인가?

① x % y : 나머지를 계산한다.
② x // y : 몫을 계산한다.
③ x ^ y : x의 y승을 계산한다.
④ x = y : x와 y가 같으면 True이다.

08 다음은 파이썬 함수에 대한 설명이다. 바른 것은 어느 것인가?

① 모든 함수는 반드시 반환값을 가진다.
② 모든 함수는 그 자체로 실행될 수 있다.
③ 튜플을 이용하면 여러 자료값을 반환할 수 있다.
④ 인수가 없는 함수 이름 뒤의 괄호는 생략할 수 있다.

09 다음은 파이썬 문장에 대한 설명이다. 틀린 것은 어느 것인가?

① 한 라인에는 반드시 한 문장만 작성해야 한다.

② 함수는 사용하기 전에 정의해야 한다.

③ 한 문장을 여러 라인으로 작성할 수 있다.

④ 문장의 들여쓰기 정도는 작성자가 결정할 수 있다.

10 다음 파이썬 코드의 출력 결과는 무엇인가?

```
ch1 = 'a' ;  ch2 = '1'
ch1 = ch1 + ch2
ch2 = ch2 + ch2
print("%s %s\n" % (ch1, ch2))   # ②
```

① a111 ② a1 11 ③ a1 ④ a 1

11 (   )는 파이썬 코드에 표현된 자료값으로, 프로그램이 실행되는 동안 이 값은 변하지 않는다는 의미를 나타내고, (   )는 프로그램이 처리할 자료값을 저장하는 메모리의 특정 영역을 나타내는 것으로, 프로그램의 실행 도중 저장된 자료값이 변경될 수 있다.

12 (   )는 특정 기능을 수행하는 작은 프로그램 단위로, 시작할 때 (   )를 통해 외부로부터 자료값을 전달받고, 종료될 때 하나의 값을 반환한다.

13 파이썬 문장 중 (   )은 수식, 함수식 등을 나타낸 것으로, 컴퓨터에 의해 실행되는 연산을 나타낸다. (   )은 여러 문장을 동일한 들여쓰기로 나타낸 것으로 논리적으로 하나의 기능을 나타낸다. 그리고 (   )은 문장의 실행 순서를 나타내는 문장이다.

14 다음 중 잘못된 변수명을 고르라.

```
abc, 123, a4, a-1, static, (num), index_num, C, kim.ss, #_1, main, up++
```

15 x=3, y=2, a=2.7, b=3.6일 때, 각 수식의 계산 결과를 구하라.

(1) w = x / y

(2) c = x // y

(3) w = a + b

(4) w = int(a) + int(b)

(5) c = int(a+b)

(6) w = (a*b) < (x+y)

(7) w = x % y

16 a=2, b=−1, c=1, d=−5일 때, 각 수식의 계산 결과를 구하라.

(1) a / b / c

(2) − a * b

(3) a / b % c

(4) b = c = d = 1

(5) a % −c * d

(6) a and b and c

(7) a > −b or c − 1

(8) not (5 + d)

(9) a and b or c < d

(10) a > 2 + 2 / 3

CHAPTER 07
입출력문

학습목표

- 출력문의 개념을 이해하고 print() 함수의 사용법을 익힌다.
- 입력문의 개념을 이해하고 input() 함수의 사용법을 익힌다.

01 출력문과 print( ) 함수

1 출력문이 필요한 이유

프로그램을 작성하면 실행해서 결과를 확인해야 한다. [코드 7-1]은 영어와 수학 성적의 평균을 구하는 것인데, 5개의 대입문으로 작성했고 문법적으로 틀린 부분이 없다. 그런데 실행 결과로 아무것도 나타나지 않는다. 무엇이 문제일까?

코드 7-1 예제 코드 ex07-01.py

```
name = "홍길동"
eng = 66
math = 88
total = eng + math
avg = total / 2
```

실행 결과

아무것도 나타나지 않음

이미 설명한 것처럼, 변수는 컴퓨터 내부 메모리의 특정 저장 공간이므로 저장 내용은 사람이 직접 확인할 수 없다. 확인하려면 출력장치로 출력해야 한다. [코드 7-1]은 평균을 변수 avg에 저장하지만 출력하지는 않는다. 그래서 실행하더라도 컴퓨터 화면에서는 아무것도 확인할 수 없었던 것이다. 이래서는 프로그램을 작성한 의미가 없다. 따라서, 특별한 경우가 아니면, [코드 7-2]와 같이 실행 결과를 출력하는 문장을 포함시켜서 사람들이 확인할 수 있게 해야 한다.

코드 7-2 출력 함수의 사용 ex07-02.py

```
name = "홍길동"
eng = 66 ;  math = 88
total = eng + math
avg = total / 2
```

```
print("-----------------")
print(" 이름 : ", name)
print(" 총점 : " , total)
print(" 평균 : " , avg)
print("-----------------")
```

실행 결과

```
-----------------
 이름 :  홍길동
 총점 :  154
 평균 :  77.0
-----------------
```

2 print() 함수

print() 함수는 파이썬의 대표적인 출력함수이다. print() 함수는 두 가지 방법으로 사용할 수 있다. 하나는 그동안 사용했던 것처럼 단순히 출력할 자료값을 인수로 지정해서 출력하는 방법이다. 이것은 간단히 실행 결과를 확인할 때 유용하다.

print() 함수의 sep, end 구분자 지정 형식은 다음과 같다.

```
print(자료값1, 자료값2, … , sep="문자열1", end="문자열2")
```

위의 형식은 다음과 같이 적용할 수 있다.

```
print("이름:", name, "평균:", avg, sep=" || ", end="\n\n")
```

구분자 sep는 출력되는 자료값을 구분하는 문자열을 지정하고, end는 지정된 자료값을 출력한 뒤 마지막으로 출력하는 문자열을 지정한다. sep와 end 구분자는 그동안 생략했던 것인데, sep 지정을 생략하면 기본값은 공백 문자(" ")가 되고, end 지정을 생략하면 기본값은 개행 문자(\n)가 된다. 그래서 그동안 사용했던 print() 함수는 매번 새 라인에 출력값을 한 칸씩 띄워 출력했던 것이다.

코드 7-3 print( ) 함수의 sep, end 구분자 지정 ex07-03.py

```
01 name = "이강인" ;  avg = 88.3
02 print("이름:", name, "평균:", avg, sep= " ¦¦ ", end= "\n\n")
03 name = "손흥민" ;  avg = 92.6
04 print("이름:", name, "평균:", avg, sep= " ***** ", end= "\t")
05 name = "차범근" ;  avg = 90.3
06 print("이름:", name, "평균:", avg)
07 print("출력을 종료합니다!")
```

실행 결과

```
이름: ¦¦ 이강인 ¦¦ 평균: ¦¦ 88.3

이름: ***** 손흥민 ***** 평균: ***** 92.6    이름: 차범근 평균: 90.3
출력을 종료합니다!
```

[코드 7-3]에서 2행은 출력값을 " || "으로 구분해서 출력하고, 구분자 end="\n\n"의 지정으로 2행과 4행의 출력 사이에는 빈 라인이 있게 된다. 그리고 4행은 출력값을 문자열 " ***** "으로 구분해서 출력하고, end="\t"의 지정으로 4행과 6행은 같은 라인에 탭 간격으로 출력된다. 6, 7행에서는 sep와 end 지정을 생략해서 다시 그동안의 방식대로 출력된다. [코드 7-4]는 sep 구분자를 이용하여 출력값을 테이블 형태로 출력한다.

코드 7-4 sep를 이용한 출력 예 ex07-04.py

```
name = "김철수" ;  eng  = 66 ; math = 88
total = eng + math ;  avg = total / 2
print("="*30)
print("  이름\t¦¦  영어\t¦¦  수학\t¦¦  총점\t¦¦ 평균")
print("="*30)
print (name, eng, math, total, avg, sep="\t¦¦  ")
print("="*30)
```

실행 결과

```
==============================
이름   ¦¦ 영어 ¦¦ 수학 ¦¦ 총점 ¦¦ 평균
------------------------------
김철수 ¦¦ 66   ¦¦ 88   ¦¦ 154  ¦¦ 77.0
==============================
```

print() 함수를 사용하는 또 다른 방법은 출력 내용에 대한 출력서식을 지정해서 출력하는 것이다. 출력 내용의 출력서식을 지정하는 방법으로는 format() 함수 이용, %서식문자열 지정, .format() 함수 이용의 3가지가 있다.

3 format() 함수 이용

이 방법은 각 출력값을 '출력서식 문자열'로 변환하여 출력하는 것으로 format() 함수를 이용한다. format() 함수는 하나의 자료값과 출력서식을 인수로 받아 자료값을 지정된 출력서식의 문자열로 변환하여 반환한다. format() 함수를 이용하면, 출력값을 출력서식의 문자열로 변환해서 print() 함수의 인수로 지정할 수 있다.

format() 함수를 이용한 print() 출력 형식은 다음과 같다.

■ **형식1**

```
formattedStr1 = format(출력값1, '출력서식')
formattedStr2 = format(출력값2, '출력서식')
print(formattedStr1, formattedStr2)
```

■ **형식2**

```
print(format(출력값1, '출력서식'), format(출력값2, '출력서식'), … )
```

다음은 format() 함수를 이용해서 출력값의 출력서식을 지정하여 출력하는 예이다.

```
print("이름:", format(name, 's'), ", 평균: ", format(avg, '5.2f'))
```

format() 함수의 첫 번째 인수는 출력값이고, 두 번째 인수는 출력값에 대한 출력서식이다. 출력서식은 다음과 같이 지정한다. 출력서식에 대한 설명은 [표 7-1]을 참고하자.

```
[align] [0] [width] [,] [.precision] [type]
```

표 7-1 출력서식의 종류

출력서식	설명
align	<(왼쪽 정렬), >(오른쪽 정렬), ^(가운데 정렬)
0	공백 채움(생략), 0으로 채움(수치)
width	자릿수
,	천 단위 콤마 표시(수치)
precision	소수점 이하 자릿수(수치)
type	d(10진 정수), f(10진 실수), b(2진수), o(8진수), x, X(16진수)

[표 7-1]에서 type은 수치값의 출력형식을 지정하는 기호로, d, f, b, o, x는 각각 10진 정수, 10진 실수, 8진, 16진수 형식으로 출력한다. 예를 들면, 출력서식 "5d"는 지정된 출력 수치값을 5자리 공간의 10진 정수로 출력한다는 의미이다.

코드 7-5 format( ) 함수의 사용(1) ex07-05.py

```
print(format("Hello!", ">10"))    # 오른쪽 정렬
print(format("Hello!", "<10"))    # 왼쪽 정렬
print(format("Hello!", "^10"))    # 가운데 정렬
print(format(1234557, ","))       # 수치값의 콤마 표현
print(format(365, "5d"))          # 정수 다섯 자리 출력
print(format(93.25678, "6.2f"))   # 소수점 이하 세 자리 반올림 출력
```

실행 결과

```
    Hello!
Hello!
  Hello!
1,234,557
  365
 93.26
```

[코드 7-6]은 format() 함수를 사용해서 *를 삼각형으로 출력한다. 그리고 [코드 7-7]은 format() 함수를 이용하여 [코드 7-3]보다 출력값의 자릿수 위치 등을 정교하게 지정해서 출력했다. format()의 출력서식을 변경해서 출력 결과를 예측하고, 실행해서 확인해보기 바란다.

코드 7-6 format( ) 함수의 사용(2) ex07-06.py

```
print(format("*", "^13"))
print(format("*"*3, "^13"))
print(format("*"*5, "^13"))
print(format("*"*7, "^13"))
print(format("*"*9, "^13"))
print(format("*"*11, "^13"))
print(format("*"*13, "^13"))
```

실행 결과

```
      *
     ***
    *****
   *******
  *********
 ***********
*************
```

코드 7-7 format( ) 함수 이용 출력 예 ex07-07.py

```
name = "김철수" ;  eng = 66 ;  math = 88
total = eng + math ;  avg = total / 2
print("*"*20)
print(" 이름", format(name, "^9"), sep="\t¦")
print("*"*20)
print(" 영어", format(eng, "6d"), sep="\t¦")
print(" 수학", format(math, "6d"), sep="\t¦")
print("-"*20)
print(" 총점", format(total, "6d"), sep="\t¦")
print(" 평균", format(avg, "9.2f"), sep="\t¦")
print("*"*20)
```

실행 결과

```
********************
 이름	¦   김철수
********************
 영어	¦    66
```

```
 수학    ¦   88
--------------------
 총점    ¦  154
 평균    ¦  77.00
********************
```

format()을 이용하면 특정 자료값에 대한 출력서식을 간단하게 지정할 수 있지만 여러 값을 한꺼번에 출력할 때는 다소 번거로울 수도 있다. 이런 경우에는 다음의 %서식문자열 지정 방법을 사용할 수 있다.

4 %서식문자열 지정

출력문자열에 자료값의 출력 위치와 출력서식을 직접 지정(%출력서식 이용)해 출력하는 것으로, %출력서식을 포함하는 문자열을 %서식문자열이라고 한다.

%서식문자열을 이용하는 print() 출력 형식은 다음과 같다.

■ **형식1**

```
print("%서식문자열" % (출력값리스트))
```

■ **형식2**

```
formattingStr = "%서식문자열" % (출력값리스트)
print(formattingStr)
```

위의 형식은 다음과 같이 적용할 수 있다.

```
print("이름은 %s이고 평균은 %5.2f점입니다." % (name, avg))
```

%서식문자열은 출력할 텍스트와 %출력서식을 포함한다. %s, %5.2f와 같이 표현되는 %출력서식은 % (출력값리스트)에 있는 출력값 하나의 위치와 형식을 나타낸다. %서식문자열 내의

%출력서식과 % (출력값리스트)의 개수는 같아야 하고, 순차적으로 대응된다. %서식문자열을 지정하면 sep 구분자는 지정하더라도 무시된다.

코드 7-8 %서식문자열 이용 출력 ex07-08.py

```
name = "이강인" ;  eng = 66 ;  math = 78 ;  avg = (eng+math) / 2
print("이름은 %s 이고, 총점은 %4d,  평균은 %6.2f 입니다." % (name, eng+math,
  avg))
```

실행 결과

```
이름은 이강인 이고, 총점은  144,  평균은  72.00 입니다.
```

%출력서식의 형식은 [그림 7-1]과 같지만 자료형에 따라 지정 형식이 약간씩 다르다.

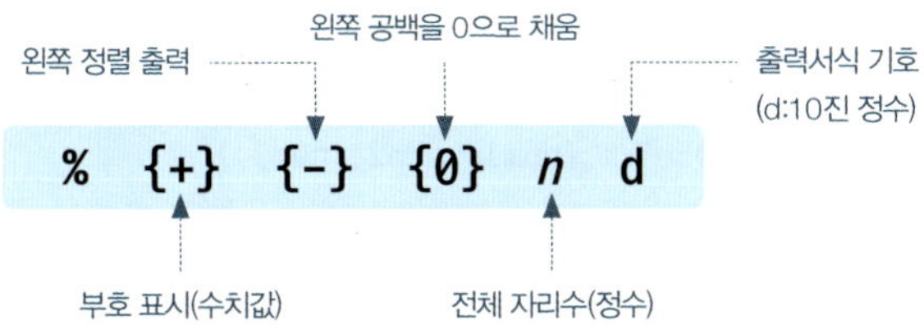

그림 7-1 %출력서식의 기본 형식

자료형에 따른 %출력서식의 지정방법은 [표 7-2]와 같다.

표 7-2 자료형에 따른 %출력서식

자료형	%출력서식	예	출력 형식
정수(10진수)	%d, %*n*d, %*n*d, %0*n*d	%d, %5d, %05d, %+5d, %-5d	10진 정수
정수(16진수)	%x, %*n*x, %*n*d, %0*n*d	%x, %5x, %05x, %+5x, %-5x	16진 정수
정수(8진수)	%o, %*n*o, %*n*d, %0*n*d	%o, %5o, %05o, %+5o, %-5o	8진 정수
실수	%f, %*n*.*m*f, %e, %*n*.*m*e	%f, %6.2f, %e, %6.2e	10진 실수
정수, 한 문자	%c, %*n*c, %*n*c	%c, %8c, %10c	한 문자
문자열	%s, %*n*s, %-*n*s	%s, %10s, %-10s	문자열

정수 출력 형식

일반적으로 정수의 출력 형식은 %d를 사용한다. 예를 들면, 출력기호 "%+-5d"에서 d는 10

진수로 출력한다는 의미이고, 정수 5는 다섯 자리 공간을 확보해서 출력한다는 의미이다. 출력값이 다섯 자리보다 큰 값이면 n(=5)값은 무시하고 필요한 자릿수를 확보해서 출력한다. 그리고 +는 부호를 표시해서 출력하라는 것으로, 생략하면 양수일 때는 부호를 표시하지 않는다. -는 왼쪽 끝을 기준으로 출력하라는 것으로, 생략하면 오른쪽 끝을 기준으로 출력된다. 그리고 %0d와 같이 0을 지정하면 앞쪽의 공백은 0으로 채워 출력한다. %d 대신 %x, %o를 지정하면, 정수를 10진수 대신 각각 16진수, 8진수로 출력한다.

코드 7-9 정수 출력 예(1) ex07-09.py

```
num1 = 82 ;  num2 = 2021 ;  num3 = -64 ;

print("num1=%d , num2=%5d  num3=%5d" % (num1, num2, num3))
print("num1=%+d , num2=%+5d  num3=%+5d" % (num1, num2, num3))
print("num1=%-d , num2=%+-5d  num3=%-5d" % (num1, num2, num3))
print("num1=%0d , num2=%+05d  num3=%+05d" % (num1, num2, num3))
print("num1=%+-0d , num2=%+-05d  num3=%+-05d" % (num1, num2, num3))
```

실행 결과

```
num1=82 , num2= 2021  num3=  -64
num1=+82 , num2=+2021  num3=  -64
num1=82 , num2=+2021  num3=-64  
num1=82 , num2=+2021  num3=-0064
num1=+82 , num2=+2021  num3=-64  
```

코드 7-10 정수 출력 예(2) ex07-10.py

```
n1 = 1234 ;  n2 = -365

print("%d  %d" % (n1, n2))
print("%+6d  %+6d" % (n1, n2))
print("%-6d  %-6d" % (n1, n2))
print("10진수:%d 8진수:%o" % (n1, n1))
print("16진수:%x 16진수:%X" % (n1, n1))
```

실행 결과

```
1234  -365
 +1234    -365
```

```
1234    -365
10진수:1234 8진수:2322
16진수:4d2 16진수:4D2
```

실수 출력 형식

실수의 출력 형식은 주로 %f 출력서식을 사용한다. %n.mf는 10진 실수의 전체 출력 자릿수(n)와 소수점 이하 출력 자릿수(m)를 지정한다.

코드 7-11 실수 출력 예(1) ex07-11.py

```python
x1 = 86.356 ;  x2 = -3.14159

print("%f  %f" % (x1, x2))
print("%6.2f  %6.2f"  % (x1, x2))
print("%.1f  %3.f" % (x1, x2))
print("%+8f  %+-8f" % (x1, x2))
```

실행 결과

```
86.356000  -3.141590
 86.36   -3.14
86.4   -3
+86.356000  -3.141590
```

예를 들면, %6.2f는 여섯 자리의 출력 공간에 소수점 이하 두 자리의 실수값으로 출력하라는 의미이다. 이 경우, 한 자리는 소수점을 표시해야 하므로 실수의 정수 부분은 세 자리가 된다. 전체 자릿수를 지정해서 정수 부분의 자릿수는 부족하면 자동으로 확장되지만 소수점 이하의 값은 자릿수에 맞게 반올림해서 표시된다. 소수점 이하 출력 자릿수의 지정을 생략하면 소수점 이하 자릿수는 여섯 자리가 된다. 이외 +, −, 0 서식 기호는 정수 형식을 지정할 때와 동일하다.

코드 7-12 실수 출력 예(2) ex07-12.py

```python
y1 = 123*10**59 ; y2 = 0.000000000000000000000314159

print("%e  %e" % (y1, y2))
print("%6.2e  %5.2e"  % (y1, y2))
```

```
print("%+10.5e  %+10.5e" % (y1, y2))
```

실행 결과

```
1.230000e+61  3.141590e-21
1.23e+61  3.14e-21
+1.23000e+61  +3.14159e-21
```

문자열과 문자의 출력 형식

문자열의 출력 형식은 %s 출력서식을 사용하고, 문자 하나의 출력 형식은 %c를 사용한다. %10s, %5c와 같이 문자열이나 문자의 출력서식도 전체 출력 자릿수를 지정할 수 있고, %−10c, %−10s와 같이 -를 지정하면 확보된 출력 자릿수의 왼쪽 끝에 정렬해서 출력된다. − 대신 +를 지정하거나 생략하면 오른쪽 끝을 기준으로 정렬해서 출력된다. 단, %c에 대응하는 출력값은 한 문자로 구성된 문자열 또는 정수여야 한다.

코드 7-13 문자열 출력 예 ex07-13.py

```
str1 = "Hi!" ;  str2 = "Welcome!" ;  ch1 = 72 ;  ch2 = "G"

print("%s%s"  % (str1, str2))
print("%10s%10s"  % (str1, str2))
print("%-10s%-10s"  % (str1, str2))
print("%c%c"  % (ch1, ch2))
print("%10c%10c"  % (ch1, ch2))
print("%-10c%-10c"  % (ch1, ch2))
```

실행 결과

```
Hi!Welcome!
       Hi!  Welcome!
Hi!       Welcome!
HG
         H         G
H         G
```

%서식문자열 지정은 현재 가장 많이 사용하는 방법이다. 특히 %출력서식 지정 방법은 C 등 다른 언어에서도 사용하므로 알아두면 유용하다.

5 .format( ) 함수 이용

출력 형식을 지정하는 또 다른 방법은 .format() 함수를 이용하는 것이다. .format() 함수는 출력값 리스트의 인덱스를 이용해서 {인덱스:출력서식} 형식으로 출력문자열에 출력값의 출력 위치와 출력서식을 지정한다.

.format() 함수를 이용한 print() 출력 형식은 다음과 같다.

■ **형식1**

```
print("서식문자열({인덱스:출력서식} 포함" .format(출력값리스트))
```

■ **형식2**

```
formattingStr = "서식문자열({인덱스:출력서식} 포함)" .format(출력값리스트)
print(formattingStr)
```

위의 형식은 다음과 같이 적용할 수 있다.

```
print("이름:{0:s}  총점: {1:5d}  평균:{2:5.2f}" .format(name, total, avg))
```

출력값 리스트에 순차적으로 대응했던 %서식문자열 지정 방법과는 달리 이 방법은 인덱스를 이용해서 서식문자열 내에서 출력값의 출력 위치를 지정한다.

코드 7-14 .format( )을 이용한 출력 형식 지정 ex07-14.py

```
name = "이강인" ; eng = 66 ;  math = 83
total = eng + math ;  avg = (eng+math) / 2
print("이름:{0:s} 총점:{1:d} 평균:{2:7.2f}"  .format(name, total, avg))
print("이름:{0:s} 평균:{2:7.2f} 총점:{1:d}"  .format(name, total, avg))
print("이름:{0:s} 평균:{2:7.2f}"  .format(name, total, avg))
```

실행 결과

```
이름:이강인 총점:149 평균:  74.50
이름:이강인 평균:  74.50 총점:149
이름:이강인 평균:  74.50
```

.format( ) 함수 사용 시 유의사항

.format() 함수를 이용해서 출력서식을 지정할 때 유의해야 할 사항은 다음과 같다.

❶ .format()의 출력값은 0, 1, 2 순서대로 인덱스를 가진다.

❷ 서식문자열 내의 {인덱스:출력서식} 표현에서 {, 인덱스(정수), :, 출력서식, } 사이에는 공백이 있으면 안 된다.
예를 들어, { 0:s}, {1 :d}, { 2 :7.2f}, {0: s}, {1:d }, {2: 7.2f }는 잘못 작성한 것으로 실행하면 오류가 발생한다. 반드시 앞의 [코드 7-14]와 같이 여백 없이 작성해야 한다.

코드 7-15 { } 서식의 인덱스 작성 오류 ex07-15.py

```
name = "이강인" ; eng = 66 ;  math = 83
total = eng + math ;  avg = (eng+math) / 2

print("이름:{ 0:s} 총점:{1:d} 평균:{2:7.3f}" .format(name, total, avg))
```

실행 결과

```
Traceback (most recent call last):
  File "C:/python/ex07-15.py", line 4, in <module>
    print("이름:{ 0:s} 총점:{1:d} 평균:{2:7.3f}" .format(name, total, avg))
KeyError: ' 0'
```

❸ 서식문자열에서 {} 서식이 0부터 인덱스 순서대로 나타날 경우 인덱스를 생략할 수 있다. 단, 부분적으로 생략하면 오류가 발생한다.

코드 7-16 { } 서식의 인덱스 생략 ex07-16.py

```
name = "이강인" ; eng = 66 ;  math = 83
total = eng + math ;  avg = (eng+math) / 2
print("이름:{:s} 총점:{:d}".format(name, total, avg))
print("이름:{:s} 평균:{:7.2f}".format(name, total, avg))
print("이름:{:s} 총점:{:d} 평균:{2:7.3f}".format(name, total, avg))
```

실행 결과

```
이름:이강인 총점:149
이름:이강인 평균: 149.00
```

```
Traceback (most recent call last):
  File "C:/python/ex07-16.py", line 5, in <module>
    print("이름:{:s} 총점:{:d} 평균:{2:7.3f}".format(name, total, avg))
ValueError: cannot switch from automatic field numbering to manual field
specification
```

❹ 서식문자열에서 인덱스를 지정한 {} 서식은 인덱스 순서에 관계없이 나타낼 수 있고, 중복해서 표현할 수 있다. 또한 인덱스는 같지만 출력서식은 다른 {} 서식도 가능하다.

코드 7-17 **{ } 서식의 인덱스 중복 사용** ex07-17.py

```
name = "이강인" ; eng = 66 ;  math = 83
total = eng + math ;  avg = (eng+math) / 2

print("이름:{0:s} 평균:{2:7.3f} 총점:{1:d} ".format(name, total, avg))
print("이름:{0:s} 총점:{1:d}\n이름:{0:s}
        평균:{2:7.3f}".format(name, total, avg))
print("평균:{2:6.2f} 평균:{2:8.4f}".format(name, total, avg))
```

실행 결과

```
이름:이강인 평균: 74.500 총점:149
이름:이강인 총점:149
이름:이강인 평균: 74.500
평균: 74.50 평균: 74.5000
```

.format()은 파이썬 버전 2.6 이후에 추가된 함수이다. %서식문자열 출력 방법처럼 print()의 전체 출력 내용에 대한 출력서식 문자열을 지정하지만, 출력값의 위치와 출력서식을 훨씬 융통성 있게 할 수 있다.

print( ) 함수의 출력 비교

다음 [코드 7-18]은 print() 함수의 출력 방법을 비교한 것이다.

코드 7-18 **print( ) 출력 비교** ex07-18.py

```
name = "이강인" ; eng = 66 ;  math = 83
total = eng + math ;  avg = (eng+math) / 2
```

```
03 print(name, total, avg)
04 print(format(name, "6s"), format(total, "4d"), format(avg, "6.2f"))
05 print("%6s %4d %6.2f" % (name, total, avg))
06 print("{2:6s} {1:4d} {0:6.2f}" .format(avg, total, name))
```

실행 결과

```
이강인 149 74.5
이강인     149  74.50
   이강인  149  74.50
이강인     149  74.50
```

대부분의 출력서식은 비슷하지만, 문자열 출력서식(s, %s)의 경우, 5행은 오른쪽 끝으로 기본 정렬하고 4행과 6행은 왼쪽 끝으로 기본 정렬하여 차이를 보인다. 그리고 6행은 인덱스를 이용해서 값의 출력 순서를 임의로 조정할 수 있음을 보여준다. 단순히 출력값을 확인한다면 3행의 방법이 간단하지만, 출력서식을 지정해서 출력한다면 4~6행의 방법 중 하나를 선택해서 사용하면 된다. 현재까지는 5행의 방법이 많이 사용되고 있지만 최근에는 6행의 방법도 많이 사용되고 있다.

프로그램을 작성하는 시점에서는 실행 결과를 나타내는 변수의 값은 정확히 알 수 없지만 대략적인 자릿수 정도는 예측할 수 있다. 그래서 프로그램 작성자는 실행 결과를 출력할 때는 출력값의 자릿수를 예측해서 출력서식을 지정한다. 예를 들면, 학생의 성적은 각각 다르지만 총점, 평균의 자릿수는 예측할 수 있으므로 미리 출력 형식을 작성해서 학생별로 성적표를 출력할 수 있다.

다음 [코드 7-19]는 출력 변수 name(str), major(str), total(int), avg(float), grade(char), ranking(int)의 값을 정확히 모르는 상태에서 [그림 7-2]와 같이 출력되도록 print()문을 작성한 것이다.

```
 Subject : Python Language

 Name    : **************
 Major   : **************

 Total  Average  grade  Rank
  ***    ***.*     *     **
```

그림 7-2 출력 변수와 출력 형식 설계(*는 변수값)

코드 7-19 .format() 함수의 출력 형식 지정 ex07-19.py

```
01 # 방법1
02 print(" Subject : Python Language\n\n Name    : %s \n" \
03       " Major   : %s \n\n Total  Average  Grade  Rank \n" \
04       "  %3d    %5.1f     %1c     %2d"  \
05       % (name, major, total, avg, grade, ranking))
06
07 # 방법2
08 print(" Subject : Python Language\n")
09 print(" Name    : %s" % name)
10 print(" Major   : %s\n" % major)
11 print(" Total  Average  Grade  Rank")
12 print("  %3d    %5.1f     %1c     %2d"    % (total, avg, grade, ranking))
```

TIP 변수 name, major, total, avg, grade, ranking의 값은 미정이기 때문에 실행 시 오류가 발생한다.

[그림 7-2]를 출력하기 위해 3~6행은 하나의 print()를 사용했고, 8~12행은 라인별로 print()를 사용했다. 전자의 방법이 틀린 것은 아니지만 후자의 방법이 좀 더 간결하고 코드도 보기가 편하다. 따라서, 가급적이면 print()는 8~12행과 같이 라인별로 작성하는 것이 좋다.

02 입력문과 input( ) 함수

1 입력문이 필요한 이유

[그림 7-3]은 김철수 학생의 총점과 평균을 계산해서 출력한 것이다. 우리가 실행 결과를 확인할 수 있으므로 완전한 프로그램이지만 김철수라는 한 학생의 자료만 처리한다는 문제가 있다. 다른 학생의 총점과 평균을 출력하려면 어떻게 해야 할까?

```
name = "김철수"
eng = 66
math = 88
total = eng + math;
avg = total / 2
print("총점 : " , total)
print("평균 : " , avg)
```

대입문 (name, eng, math, total 네 줄)

(a) 대입문 이용

```
name = input("이름은 ?")
eng = int(input("영어 성적은?")
math = int(input("수학 성적은?"
total = eng + math;
avg = total / 2
print("총점 : " , total)
print("평균 : " , avg)
```

입력문 (name, eng, math 세 줄)

(b) 입력문 이용

그림 7-3 자료 입력

[그림 7-3]의 (a)는 자료값을 대입문으로 저장했기 때문에 자료값이 변경되면 대입문을 수정해서 다시 실행해야 한다. 자료가 많지 않으면 그냥 넘어갈 수도 있겠지만 많다면 번거로워서 문제가 된다. 특히 자료값이 변경될 때마다 프로그램을 변경하는 것이 문제인데, (b)와 같이 입력문을 사용하면 이를 해결할 수 있다. 프로그램의 실행 도중에 자료값이 필요할 때 입력문은 입력장치를 통해 프로그램 외부 또는 사용자로부터 입력받게 한다. 입력문을 사용하면 처리할 자료가 변경되더라도 프로그램의 변경 없이 실행만 반복하면 된다.

2 input( ) 함수

input() 함수는 파이썬의 대표적인 입력 함수이다. 프로그램의 실행 도중 키보드를 통해 사용자로부터 문자열을 입력받아 반환한다. 일반적으로 input() 함수를 이용해서 자료값을 저장하는 변수를 입력변수라고 한다. input() 함수를 이용하면 프로그램의 실행 도중 사용자로부터 수치값, 문자열, 부울값 등 여러 가지 자료값을 입력받아 처리할 수 있다.

input() 함수의 형식은 다음과 같다.

```
변수 = input()
변수 = input("입력 메시지")
```

위의 형식은 다음과 같이 적용할 수 있다.

```
name = input()
score = input("시험성적을 입력하세요 : "")
```

문자열 입력 시 유의사항

input()은 입력된 자료값을 항상 문자열로 반환한다는 점을 유의해야 한다. 사용자가 수를 입력해도 input()은 이것을 숫자로만 구성된 문자열로 반환하기 때문에 수치 계산에 바로 사용할 수 없다. 수치 계산에 사용하려면 int() 또는 float() 함수를 이용해서 정수 또는 실수로 변환해야 한다. int()와 float()는 숫자로만 구성된 문자열을 각각 정수, 실수로 변환해 주는 파이썬 내장함수이다.

코드 7-20 + : 문자열 연결 ex07-20.py

```
num1 = input()
num2 = input()
num3 = num1 + num2
print(num3)
```

실행 결과

```
45
356
45356
```

[코드 7-20]과 같이, input()으로 입력받은 숫자 그대로 + 연산을 수행하면 수치 연산이 아닌 문자열 연결연산이 수행된다.

코드 7-21 + : 덧셈(1) ex07-21.py

```
num1 = int(input())
num2 = int(input())
num3 = num1 + num2
print(num3)
```

실행 결과

```
45
356
401
```

코드 7-22 + : 덧셈(2) ex07-22.py

```
num1 = float(input())
num2 = float(input())
num3 = num1 + num2
print(num3)
```

실행 결과

```
34.56
78.75
113.31
```

산술 + 연산을 수행하려면, [코드 7-21], [코드 7-22]와 같이 input()의 반환값을 정수 또는 실수로 변경해서 + 연산을 수행해야 한다.

입력 안내 문자열의 필요성

input() 함수를 사용할 때는 안내 문자열이 필요하다. 다음의 [코드 7-23]에서 input()이 실행되면, [실행 결과 1]과 같이 컴퓨터 화면은 사용자의 키보드 입력을 기다린다. 이 코드를 작성한 직후 작성자가 실행한다면 컴퓨터 화면이 무엇을 기다리는지 알 수 있지만, 오랜 시간이 지난 뒤에 실행하거나 다른 사용자가 실행한다면 컴퓨터가 무엇을 기다리는지를 알기가 어렵다.

코드 7-23 input() 함수의 안내 문자열 필요성 ex07-23.py

```
print("-----------")
score = int(input())
print("입력한 점수 : ", score)
```

실행 결과 1

```
-----------
□ ········· 입력 대기 중
```

실행 결과 2

```
-----------
96
입력한 점수 :  96
```

따라서, input()이 어떤 입력을 기다리는지를 알리는 문자열을 출력하는 것이 좋다. 이것은 다음의 두 방법으로 할 수 있다. [코드 7-24]는 input()의 인수로 안내 문자열을 지정하고, [코드 7-25]는 input() 앞에 print() 문을 사용해서 안내 문자열을 출력한다.

코드 7-24 **input()의 안내 문자열 출력(1)** ex07-24.py

```
name = input("이름을 입력하세요: ")
print("학생 이름은 %s " % name)
```

실행 결과

```
이름을 입력하세요: 이강인
학생 이름은 이강인
```

코드 7-25 **input()의 안내 문자열 출력(2)** ex07-25.py

```
print("이름을 입력하세요: ", end =" ")
name = input()
print("학생 이름은 %s " % name)
```

실행 결과

```
이름을 입력하세요:  이강인
학생 이름은 이강인
```

안내 문자열이 간단하다면 input()에서 안내 메시지를 지정하는 것이 편리하지만 여러 라인으로 길게 출력하거나 다른 문장의 일부로 input()을 사용한다면 [코드 7-25]와 같이 하는 것이 좋다. 어떤 방법을 사용하든 중요한 것은 input()을 사용할 때 안내 문자열을 출력하는 것이다.

다음 [코드 7-26]은 이제껏 살펴본 예제와는 달리 input() 함수의 반환값을 변수에 저장하지 않는다.

코드 7-26 **프로그램 실행 정지 및 계속** ex07-26.py

```
print("  ...\n (메시지 A)  \n  ...\n")
print("[임의의 키를 누르세요]\n")
input()
print("  ...\n (메시지 B)  \n  ...\n")
```

실행 결과

```
 ...
(메시지 A)
 ...
```

```
[임의의 키를 누르세요]

  ...
 (메시지 B)
  ...
```

이것은 1행의 실행 후, 사용자가 임의의 키를 누를 때까지 4행의 실행을 지연하기 위해서이다. 이렇게 하면, 사용자가 1행의 출력 결과를 확인한 후 4행을 실행할 수 있다.

3 print( ), input( )을 사용한 종합 예제

[코드 7-27]과 [코드 7-28]은 대입문과 print(), input()만으로 작성한 프로그램으로, 이번 장에서 배운 내용을 종합한 간단하지만 의미 있는 프로그램이다.

코드 7-27 정수의 짝수 여부 판정 ex07-27.py

```python
num = int(input("정수 입력: "))
prime = (num % 2) == 0
print(num,"은 짝수이다 :", prime)
```

실행 결과

```
정수 입력: 77
77 은 짝수이다 : False
```

코드 7-28 초 시간 입력 → "○○시 ○○분 ○○초" 계산 ex07-28.py

```python
n = int(input("초 시간량을 입력하세요: "))
s = n % 60      # 초 계산
m = n // 60
h = m // 60     # 시간 계산
m = m % 60      # 분 계산
print("{:d}초는 {:d}시간 {:d}분 {:d}초 입니다".format(n, h, m, s))
```

실행 결과

```
초 시간량을 입력하세요: 8976
8976초는 2시간 29분 36초 입니다
```

실습과제 1

[실습코드 7-1]은 한 학생의 이름과 영어 성적, 수학 성적을 입력받아 총점과 평균을 계산하고 그 결과를 출력한다. 학생의 이름과 두 과목의 성적 입력은 input() 함수를 이용했고, 계산 결과는 %출력서식을 이용하여 print() 함수로 출력한다.

실습코드 7-1 한 학생의 성적 처리(1) program07-01.py

```
name = input("이름: ")
eng = int(input("영어 성적: "))
math = int(input("수학 성적: "))
total = eng + math ;  avg = total / 2
print("-"*45)
print(" 이름\t\t영어\t수학\t총점\t평균")
print("-"*45)
print (" %s\t\t%3d\t%3d\t%3d\t%.2f" % (name,eng,math, total, avg))
print("-"*45)
```

실행 결과

```
---------------------------------------------
 이름           영어    수학    총점    평균
---------------------------------------------
 홍길동         67      82      149     74.50
---------------------------------------------
```

[실습코드 7-1]을 실행하여 결과를 확인하고, 다음의 처리조건을 고려해서 프로그램을 수정하라.

처리조건

- 실행결과를 다른 형태로 설계해서 출력한다.
- 과목을 추가해서(예를 들면, 국어, 과학) 성적을 처리한다.
- 프로그램의 작성자, 작성일자, 그리고 주요 변수 설명 등을 메모한다.

요약

01 출력문은 프로그램의 실행결과를 사람들이 확인할 수 있게 하는 문장으로, 수식의 계산결과, 변수의 저장값 등을 지정된 형식으로 출력한다.

02 print() 함수는 대표적인 파이썬 출력함수로, 기본 사용형식은 다음과 같다.

```
print(자료값1, 자료값2, ... , sep="문자열1", end="문자열2")
```

03 print() 함수에서, 자료값의 출력서식 지정은 format() 함수 이용, %서식문자열 지정, .format() 함수 이용의 3가지 방법이 있다.

- **format() 함수** : 인수로 지정한 출력서식의 자료값을 문자열을 반환하는 함수이다.
- **%서식문자열 지정** : 전체 출력 내용을 '%서식문자열'을 지정해서 출력하는 것으로, %서식문자열 내에서 자료값들의 출력값의 위치와 형식은 %출력서식을 이용해서 나타낸다.
- **.format() 함수** : 출력값 리스트의 인덱스를 이용해서 {인덱스:출력서식} 형식으로 서식문자열 내에서 출력값의 위치와 형식을 지정한다.

04 입력문은 프로그램이 실행 도중 필요할 때 입력장치를 통해 사용자 또는 프로그램 외부로부터 자료값을 입력받게 하는 문장으로, input() 함수는 프로그램의 실행 도중 키보드를 이용해서 사용자로부터 문자열을 입력받는 파이썬의 대표적인 입력함수이다.

05 input() 함수의 일반적인 사용형식은 다음과 같다.

- 변수 = input()
- 변수 = input("입력 메시지")

06 input() 함수로 입력받은 수치 문자열을 수치값으로 사용하려면 다음과 같이 파이썬 내장함수 int(), float()을 이용해서 수치형 자료값으로 변환해야 한다.

- 변수 = int(input("정수 입력"))
- 변수 = float(input("실수 입력"))

연습문제

01 다음 파이썬 문장 중 실행 오류가 발생하는 것은 어느 것인가?

① print("500+500")

② print("%d" % (35.456))

③ print("%f" % (35.456))

④ print("%d %d" % (500))

02 다음은 format()을 이용한 print() 함수의 출력에 대한 설명이다. 틀린 것은 어느 것인가?

① print(format(1234557, ",")) – 수치값 1234557을 천 단위로 콤마 표시를 한다.

② print(format("Hello!", "^10")) – "Hello!"를 10칸의 출력 공간에 가운데 정렬로 출력한다.

③ print(format("Hello!", " >10")) – "Hello!"를 10칸의 출력 공간의 왼쪽 끝에서 출력을 시작한다.

④ print(format(93.25678, "6.2f")) – 수치값 93.25678을 소수점 둘째 자리에서 반올림해서 출력한다.

03 다음의 print() 함수 작성 중 컴파일 오류가 발생하는 것은 어느 것인가? 단, str1, int1, float1은 각각 문자열, 정수, 실수값을 가진 변수이다.

① print("%s %d %f" % ("Python", 356, 88.9))

② print("%6s %3d %5.1f" % ("Python", 356, 88.9))

③ print("%10s %10d %10.3f" % ("Python", 356, 88.9))

④ print("format(%2) format(3d) format(5.1f)" % ("Python", 356, 88.9))

04 다음의 print() 함수 작성 중 컴파일 오류가 발생하는 것은 어느 것인가? 단, str1, int1, float1은 각각 문자열, 정수, 실수값을 가진 변수이다.

① print("{0:s} {1:d} {2:7.3f}" .format(str1, int1, float1))

② print("{:s} {:d} {:7.3f}" .format(str1, int1, float1))

③ print("{:s} {:d} {2:7.3f}" .format(str1, int1, float1))

④ print("{1:d} {2:7.3f} {0:s}" .format(str1, int1, float1))

05 다음 출력문 중 같은 출력 결과를 나타내는 것으로 바르게 짝지어진 것은?

```
   name = "이강인" ; eng = 66 ;  math = 83
   total = eng + math ;  avg = (eng+math) / 2
㉠ print(name, total, avg)
㉡ print(format(name, "6s"), format(total, "4d"), format(avg, "6.2f"))
㉢ print("%6s %4d %6.2f" % (name, total, avg))
㉣ print("{2:6s} {1:4d} {0:6.2f}" .format(avg, total, name))
```

① ㉡, ㉣ ② ㉡, ㉢, ㉣

③ 모두 같게 출력된다. ④ 모두 다르게 출력된다.

06 다음은 % 출력서식 기호에 대한 설명이다. 틀린 것은 어느 것인가?

① %10d – 10칸의 출력 공간을 확보하여 10진 정수를 출력한다.

② %10c – 10칸의 출력 공간을 확보하여 문자를 최대 10까지 출력한다.

③ %–10s – 10칸의 출력 공간을 확보하여 문자열을 왼쪽 정렬로 출력한다.

④ %10.3f – 10칸의 출력 공간을 확보하여 실수를 소수점 세 자리까지 출력한다.

07 다음 중 print() 함수의 실행 결과가 잘못된 것은 어느 것인가?

print() 함수	실행결과												
① print("%6.2f", 1234.56)	1	2	3	4	.	5	6						
② print("%6.1f", 1234.56)	1	2	3	4	.	6							
③ print("%7.3f", 1234.56)	1	2	3	4	.	5	6	0					
④ print("%10f", 1234.56)	1	2	3	4	.	5	6	0	0	0	0		

08 하나의 print() 문을 사용해서 다음 문장을 그대로 출력하라.

```
"It's leviOsa, not leviosA."
-Hermione Granger
```

09 다음 중 print() 함수의 실행 결과가 잘못된 것은 어느 것인가?

print() 함수	실행결과																	
① print("\"a \\ is a symbol.\"")	“	a		\		i	s		a		s	y	m	b	o	l	.	”
② print("%d%% of Sally's", 10)	1	0	%		o	f		S	a	l	l	y	’	s				
③ print("%10s\n", "Hello everyone!!")	H	e	l	l	o		e	v	e	r								
④ print("%10.5s", "Hello everyone!!")						H	e	l	l	o								

10 num1, num2의 값으로 각각 20, 3을 입력할 때, 다음 파이썬 코드의 실행 결과로 바른 것은 어느 것인가?

```
num1 = input()
num2 = input()
num3 = num1 + num2
print(num3)
```

① 23 ② 203 ③ 202020 ④ 컴파일 오류 발생

11 다음은 파이썬 코드의 문장 ①에 대한 설명이다. 틀린 것은 어느 것인가?

```
print("  ...\n (메시지 A)  \n  ...\n")  # ㉠
print("  ...\n (메시지 B)  \n  ...\n")  # ㉡
input()                                # ①
print("  ...\n (메시지 C)  \n  ...\n")  # ㉢
```

① 문장 ①은 반환값을 사용하지 않는다.

② 문장 ①은 엔터키를 입력하면 실행된다.

③ 메시지 A, B, C의 내용이 간단할 때 유용하다.

④ 문장 ㉠, ㉡ 실행 후, 프로그램을 잠시 중지시킨다.

12 아래 그림과 같이 출력하는 파이썬 코드를 작성하라. 단, 반복문은 사용하지 않는다.

```
      *
     **
    ***
   ****
  *****
 ******
*******
```

13 원화(KRW)의 미국달러(USD) 환율이 1,236.80일 때, 100만원이 몇 달러인지를 계산해서 다음과 같이 출력하라.

출력 예 1,000,000 KRW ──► USD 808.54

14 주어진 초 단위의 시간이 몇 시간 몇 분 몇 초인지를 계산해서 출력하라. 단, 분, 초가 한 자리인 수인 경우, 맨 앞에 0을 붙여 출력해야 한다.

15 print()와 format()을 이용해서 다음과 같은 표를 출력하라. 단, 글꼴은 Consolas로 설정하고, % 수치는 소수점 이하 첫째 자리까지만 출력한다.

(글꼴 설정 방법 : 파이썬 쉘 상단의 Options－Configure IDLE－Font Face : Consolas 설정)

6칸 우측 정렬 / 8칸 우측 정렬 / 10칸 우측 정렬

```
    MENU  VOTE       (%)
------------------------
   JUICE     5      **.*
  COFFEE     7      **.*
     TEA     3      **.*
```

CHAPTER 08
선택문

학습목표

- 선택 구조의 필요성을 이해한다.
- if문의 의미를 이해하고 사용법을 익힌다.
- if~else문의 의미를 이해하고 사용법을 익힌다.
- if~elif~else문의 의미를 이해하고 사용법을 익힌다.

01 선택 구조의 필요성

프로그램의 제어 구조는 문장의 실행 순서를 의미한다. 모든 프로그램의 문장은 기본적으로 작성된 순서대로 실행되는데, 이를 순차 구조라고 한다. 그런데 순차 구조만 사용하면 단순한 처리만 할 수 있고, 융통성을 필요로 하는 처리를 할 수 없어 프로그램으로 작성할 수 있는 처리 범위가 극히 제한된다.

예를 들면, [그림 8-1]의 (a)에서 평균이 70 이하일 경우에 '더 노력하세요!'라는 메시지를 출력하려면 5행과 6행 사이에 문장 print("더 노력하세요!")를 추가해서 선택적으로 실행해야 한다. 그런데 5행 뒤에 그냥 추가하면 항상 실행되므로 (b)와 같이 print() 문 앞에 if라는 키워드와 함께 실행 조건을 추가해서 선택적으로 실행되도록 해야 한다. 이런 형식의 문장을 선택 구조라고 한다. 순차 구조와 선택 구조를 함께 이용하면 좀 더 다양한 프로그래밍이 가능해진다.

```
score1 = int(input("1차 성적: "))
score2 = int(input("2차 성적: "))
total = score1 + score2
avg = total / 2
print ("평균=", avg)
print ("프로그램 종료")
```

(a) 예제 프로그램

```
score1 = int(input("1차 성적: "))
score2 = int(input("2차 성적: "))
total = score1 + score2
avg = total / 2
print ("평균=", avg)
if (avg < 70) :
    print("더 노력하세요!")      ← 선택 구조 추가
print ("프로그램 종료")
```

(b) 선택 구조를 추가한 프로그램

그림 8-1 선택 구조 추가 예시

[그림 8-2]는 순차 구조와 선택 구조로 구성된 제어 구조를 나타낸다. 선택 구조 자체를 하나의 문장으로 표현하면, 프로그램은 항상 문장을 순차적으로 실행하는 순차 구조가 된다. 이것은 프로그램을 작성할 때, 먼저 전체적으로 처리 작업의 실행 순서를 순차 구조로 나타내고, 필요에 따라 각 처리 작업을 선택 구조로 나타내면 된다는 것을 의미한다. 참고로, 대부분의

프로그램은 순차 구조와 선택 구조 그리고 반복 구조로 구성된다. 반복 구조에 대해서는 9장에서 설명한다.

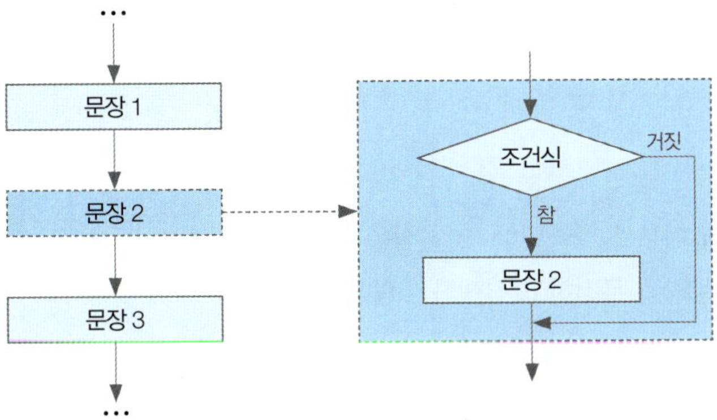

그림 8-2 순차 구조와 선택 구조로 구성된 프로그램 구조

선택문은 선택 구조를 나타내는 문장이다. 선택 구조는 문장의 선택 방법에 따라 한 문장의 선택 여부를 표현하는 단일 선택 구조, 두 문장 중 어느 하나를 선택하는 양자 택일 구조, 그리고 2개 이상의 여러 문장 중에서 선택하는 다중 선택 구조로 구분한다. 파이썬에서는 이런 선택 구조를 각각 if문, if~else문, if~elif~else문으로 표현한다.

02 if문

1 if문의 형식

if문은 특정 문장 또는 블록의 실행 여부를 나타낸다. 조건식을 지정해서 참일 때만 선택문장을 실행하고, 참이 아닐 때는 선택문장을 무시하고 실행하지 않는다.

```
(이전 문장)
if 조건식 : 선택문장
(다음 문장)
```

```
(이전 문장)
if 조건식 :
    선택문장
(다음 문장)
```

```
(이전 문장)
if 조건식 :
    선택문장-1
    선택문장-2
    …
    선택문장-n
(다음 문장)
```

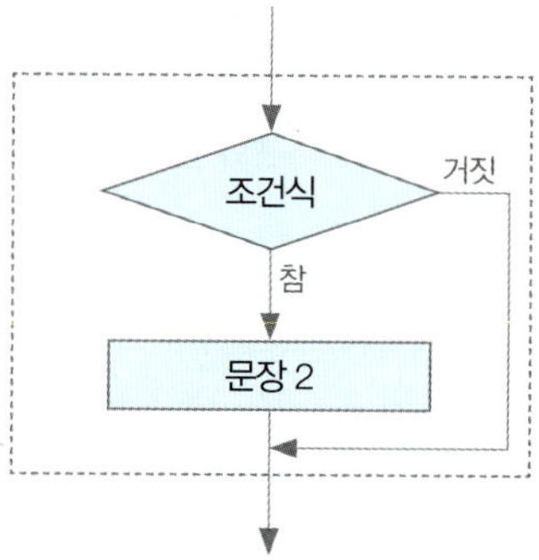

그림 8-3 if문의 형식과 의미

[코드 8-1]은 if문을 사용한 간단한 예제로, 두 정수 중 더 큰 수를 출력하는 프로그램이다. 이때 if 조건식 뒤의 콜론(:)은 생략해서는 안 되며, 선택문장을 다음 라인에 작성할 때는 반드시 들여써야 한다.

코드 8-1 두 정수 중 큰 수 출력 ex08-01.py

```
x = int(input("정수1: "))
y = int(input("정수2: "))
max = x
if y > max :
    max = y
print("큰 정수:", max)
```

실행 결과

```
정수1: 32
정수2: 28
큰 정수: 32
```

특히 if문의 선택문장이 블록이면 블록의 문장은 모두 같은 정도로 들여써야 한다. if문의 선택문장이 블록이면 if문과 다음 문장 사이에는 라인 하나를 비워 두기도 한다. 다음 [코드 8-2]를 통해 확인해보자.

코드 8-2 두 정수를 크기순으로 출력 ex08-02.py

```
x = int(input("정수1: "))
y = int(input("정수2: "))
if x > y :
    temp = x
    x = y
    y= temp

print(x, y)
```

선택문장이 블록인 경우

실행 결과

```
정수1: 20
정수2: 12
12 20
```

2 if문을 이용한 여러 가지 표현

if문의 조건식을 잘 이용하면 다음과 같이 여러 가지 표현이 가능하다.

- **변수 num 값이 2로 나누어지면 짝수이다.**

```
if (num % 2) == 0 :
    print(num, ": 짝수")
```

- **입력값(정수)이 더 크면 변수 max를 입력값으로 변경한다.**

(변수 max 값은 지정되어 있다고 가정한다.)

```
num = int(input())
if num > max :
    max = num
```

- **성적 score가 80 이상이면 "Pass!"를 출력한다.**

```
if score >= 80 :
    print("Pass!")
```

[코드 8-3]은 평균 성적에 따라 수준(level)을 평가해서 출력하는 예제로, if문을 연속 4번 사용한다.

코드 8-3 avg 값에 따른 평가 선택 ex08-03.py

```
score1 = int(input("1차 성적 : "))
score2 = int(input("2차 성적 : "))
total = score1 + score2
avg = total / 2
if avg > 90 :
    level = "매우 우수"
if 70 <= avg < 90 :
    level = "우수"
if 60 <= avg < 70 :
    level = "보통"
if avg < 60 :
    level = "미흡"
print ("평균 :", avg, "(", level, ")")
```

실행 결과

```
1차 성적 : 78
2차 성적 : 85
평균 : 81.5 ( 우수 )
```

여기서 잠깐 특수한 if 조건식

일반적으로 if의 조건식은 관계식이나 논리식으로 표현하지만 수치값 또는 문자열을 갖는 수식의 표현도 가능하다. 파이썬은 수식값이 0 또는 널 문자열("")이면 거짓, 그 외는 참으로 판단한다. 따라서, 수식값이 0 또는 널 문자열이면 선택문장은 실행되지 않는다. 수치값이나 문자열을 if의 조건식으로 사용하는 것은 일반적이지는 않지만 문법적으로는 아무런 문제가 없다. 이러한 if문의 예시는 다음과 같다.

• 조건문이 수치값인 경우

```
if (1) : print("하이!")    # 문장 print("하이!")는 항상 실행된다.
if (0) : print("오류!")    # print("오류!")는 항상 실행되지 않는다.
```

• 조건식이 수식인 경우

```
if num % 2 :               # num을 2로 나눈 나머지가 0이 아니면 참이다.
    print(num, ": 홀수")
```

• 조건식이 문자열인 경우

```
name = input()
if not name :              # 아무것도 입력하지 않고 엔터키만 누르면 참이 된다.
    print("이름이 입력되지 않았습니다!")
```

03 if~else문

1 if~else문의 형식

if~else문은 두 개의 선택문장 또는 블록 중 하나를 선택해서 실행하는 것을 나타낸다. if의 조건식이 참이면 if와 else 사이의 선택문장1(블록1)을, 거짓이면 else 다음의 선택문장2(블록2)를 실행한다.

```
(이전 문장)
if 조건식 : 선택문장1
else : 선택문장2
(다음 문장)
```

```
(이전 문장)
if 조건식 :
    선택문장1
else:
    선택문장2
(다음 문장)
```

```
(이전 문장)
if 조건식 :
    선택문장-11
    선택문장-12
    …
    선택문장-1n
Else :
    선택문장-21
    선택문장-22
    …
    선택문장-2n
(다음 문장)
```

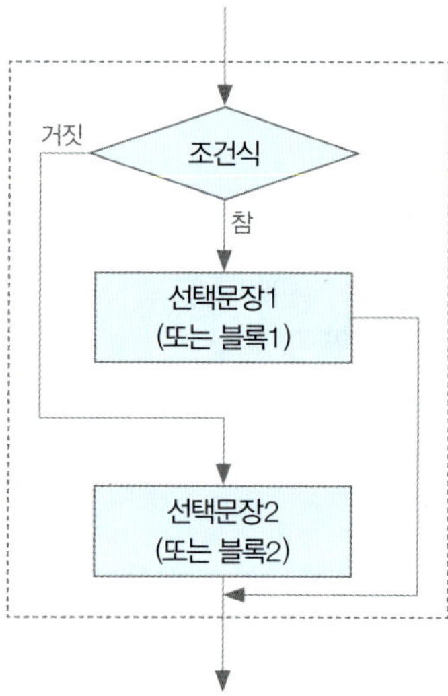

그림 8-4 if~else문의 형식과 의미

우선 if~else문을 사용한 간단한 예제를 살펴보자. [코드 8-4]는 입력한 정수에 따라 홀수와 짝수를 판단하는 프로그램이다.

코드 8-4 홀수/짝수 판단하기 ex08-04.py

```
num= int(input("정수 입력: "))
if num % 2 == 0 :
    print(num, "은 짝수이다")
```

```
else :
    print(num, "은 짝수이다")
```

실행 결과

```
정수 입력: 6
6 은 짝수이다
```

비슷한 형태의 [코드 8-5]는 입력한 점수에 따라 합격 여부를 판단한다.

코드 8-5 합격/불합격 판단하기 ex08-05.py

```
score = int(input("점수 입력: "))
if score >= 70  :
    print("합격입니다")
else :
    print("불합격입니다")
```

실행 결과

```
점수 입력: 80
합격입니다
```

다음은 if 조건식으로 문자열을 지정하여 빈 문자열이면 else 부분이 실행된다.

코드 8-6 if 조건식의 문자열 표현 ex08-06.py

```
nickName = input("별명 입력: ")
if nickName :
    print("별명은 ", nickName, "이네요!")
    print("멋진 닉네임 입니다!")
else :
    print("별명을 입력하지 않았습니다")
```

실행 결과

```
별명 입력: 푸른별
별명은  푸른별 이네요!
멋진 닉네임 입니다!
```

실행 결과

```
별명 입력:
별명을 입력하지 않았습니다
```

마지막으로 [코드 8-7]은 if문만을 사용하여 입력받은 두 정수 중 큰 수를 출력한 [코드 8-1]을 if~else문을 사용하여 변경한 예제이다.

코드 8-7 **두 정수 중 큰 수 출력** ex08-07.py

```
num1 = int(input("정수1: "))
num2 = int(input("정수2: "))
if num1 > num2 :
    max = num1
else :
    max = num2
print("큰 정수:", max)
```

실행 결과

```
정수1: 653
정수2: 902
큰 정수: 902
```

2 if~else문과 if문의 비교

if~else문은 if문을 연속적으로 사용해서 표현할 수도 있다. [그림 8-5]와 같이 80점이 넘을 경우 '합격'을 출력하고, 그렇지 않으면 '불합격'을 출력해야 하는 경우를 보자.

```
if score >= 80 :
    print("합격")
else:
    print("불합격")
```

(a) if~else문을 사용하는 경우

```
if score >= 80 :
    print("합격")
if score < 80 :
    print("불합격")
```

(b) if문을 연속적으로 사용하는 경우

그림 8-5 if문과 if~else문의 비교(1)

이를 도식화하면 [그림 8-6]과 같다. if~else문은 if 조건식이 거짓이라면 무조건 else문이 실행된다. 반면, 같은 결과를 보여주기 위해 if문은 if 조건식과 if not 조건식을 명시해야 한다.

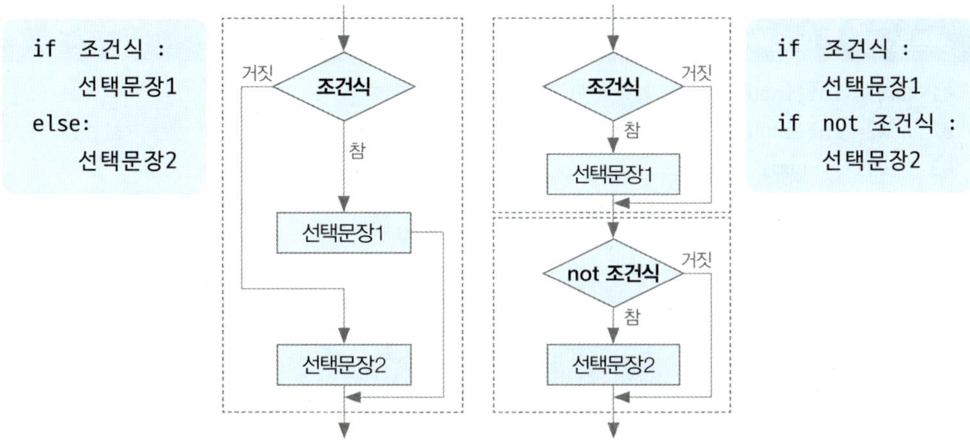

그림 8-6 if~else문과 if문의 비교

이번에는 조건식에 따라 선택문장에서 p라는 변수에 값을 대입하는 경우를 보자. [그림 8-7]과 같이 if~else문의 선택문장이 같은 변수에 대한 대입문이면, 대입문과 if문을 사용해서 표현할 수도 있다. 그러나 문법적으로는 독립된 문장이기 때문에 두 문장의 논리적인 연결은 작성자가 고려해야 한다.

```
if score >= 80 :
    p = "합격"
else:
    p = "불합격"
print(p)
```

(a) if~else문

```
if score >= 80 :
    p = "합격"
if score < 80 :
    p = "불합격"
print(p)
```

(b) if문

```
p = "합격"
if score < 80 :
    p = "불합격"
print(p)
```

(c) 대입문과 if문

그림 8-7 if문과 if~else문의 비교(2)

if문과 비교해서 if~else문을 이용하면 조건식 하나로 두 문장의 선택을 표현할 수 있고, 문법적으로도 한 문장이어서 간결하고 읽기도 쉽다.

3 if~else문을 활용한 오류 확인

[코드 8-8]은 두 정수를 입력받아 나눗셈 연산을 수행한다. 분모 num2의 값으로 0이 입력되면 실행 오류가 발생한다. 이런 경우, [코드 8-9]와 같이 if~else문을 사용해서 분모가 0인지를 확인하면 실행 오류를 방지할 수 있다.

코드 8-8 나누기 연산의 분모 오류 ex08-08.py

```
num1= int(input("정수 입력: "))
num2= int(input("정수 입력: "))
result = num1 / num2
print("num1/num2 =", result)
print("프로그램 종료")
```

실행 결과

```
정수 입력: 6
정수 입력: 0
Traceback (most recent call last):
  File "C:/python/ex08-08.py", line 3, in <module>
    result = num1 / num2
ZeroDivisionError: division by zero
```

코드 8-9 나누기 연산의 분모 오류 확인 ex08-09.py

```
num1= int(input("정수 입력: "))
num2= int(input("정수 입력: "))
if  num2 == 0 :
    print("ERROR: divide by zero\n")
else :
    result = num1 / num2
    print("num1/num2 =", result)
print("프로그램 종료")
```

실행 결과

```
정수 입력: 6
정수 입력: 0
ERROR: divide by zero

프로그램 종료
```

[코드 8-10]은 2차 방정식 $ax^2 + bx + c = 0$의 계수 $a(\neq 0)$, b, c를 입력받아 두 실근을 계산해서 출력한다. 2차 방정식은 판별식 $d = b^2 - 4ac$의 값이 0보다 크거나 같을 때만 2개의 실근을 가지며, 근의 공식은 $x = (-b \pm \sqrt{d}) / 2a$이다. 이때 a에 0이 입력되면 실행 오류가 발생하기 때문에 오류를 먼저 확인한다.

코드 8-10 2차 방정식 $ax^2+bx+c=0$의 두 실근 구하기 ex08-10.py

```python
print("2차 방정식 계수 a, b, c를 입력하세요!")
a, b, c = int(input("a=")), int(input("b=")), int(input("c="))
d = b**2 - 4*a*c
if a == 0 :
    print("ERROR: divide by zero\n")
else :
    if d >= 0 :
        rootd = d**(1/2)
        x1 = ((-1)*b + rootd) / (2*a)
        x2 = ((-1)*b - rootd) / (2*a)
        print("x1=%6.2f, x1=%6.2f" % (x1,x2))
    else :
        print("근 없음!\n")
```

실행 결과

```
2차 방정식 계수 a, b, c를 입력하세요!
a= 5
b= 20
c= 8
x1= -0.45, x1= -3.55
```

실행 결과

```
2차 방정식 계수 a, b, c를 입력하세요!
a= 0
b= 2
c= 8
ERROR: divide by zero
```

04 if~elif~else문

1 다중 선택 구조의 개념

다중 선택 구조는 2개 이상의 여러 문장 중 하나를 선택해서 실행하는 것을 나타낸다. 예를 들면, 시험 성적에 따라 학점 A~F를 판정하는 것은 5개 학점 중 하나를 선택하는 다중 선택 구조이다. 이런 다중 선택 구조는 다음과 같이 if문의 연속 사용이나 if~else문의 중첩 사용으로 표현할 수 있다. 다음 [그림 8-8]은 5개의 문장을 연속적으로 사용해서 학점 판정의 다중 선택 구조를 나타낸다.

```
score = int(input("점수: "))
grade = 'F'
if (score >= 60) :  grade = 'D'
if (score >= 70) :  grade = 'C'
if (score >= 80) :  grade = 'B'
if (score >= 90) :  grade = 'A'
```

(a) 대입문과 if문의 연속 사용

```
score = int(input("점수: "))
if (90 <= score) : grade = 'A'
if (80 <= score < 90) : grade = B'
if (70 <= score < 80) : grade = 'C'
if (60 <= score < 70) : grade = 'D'
if (score < 60) : grade = 'F'
```

(b) if문의 연속 사용

그림 8-8 학점 판정하기

[그림 8-8]에서 if문은 독립적인 문장이지만 논리적으로는 학점을 판정하는 기능(다중 선택 구조)을 수행한다. (a)는 변수 grade 값이 if 조건식에 따라 변경되고, 문장의 순서가 바뀌면 학점 판정 결과는 틀리게 된다. (b)는 문장의 순서는 바뀌어도 되지만 if의 조건식이 복잡해서 비효율적이다. 그리고 무엇보다도 두 표현은 모두 어느 정도 프로그래밍 경험이 있어야 작성할 수 있다.

2 if~else문의 중첩 사용

if문이나 if~else문 내에 또 다른 if문이나 if~else문을 중첩해서 사용하면 다중 선택 구조를 좀 더 직관적으로 표현할 수 있다. if~else문을 중첩 사용하면 [그림 8-8]은 [그림 8-9]와 같이 된다. if~else문의 중첩 사용은 문법적으로 다중 선택 구조를 한 문장으로 표현할 수 있지만, if~else의 중첩으로 들여쓰기가 많아져서 코드를 읽기 어려워진다.

```
if  score >= 90 :  grade = 'A'
else
   if score >= 80 :  grade = 'B'
   else
      if score >= 70 :  grade = 'C'
      else
         if score >= 60 :  grade = 'D'
         else :  grade = 'F'
```

그림 8-9 학점 판정하기 : if~else의 중첩 사용

다중 선택의 또 다른 예로 특정 요일을 입력받아 해당 요일에 할 일을 출력하는 프로그램이 있다. 일주일은 7개 요일로 구성되므로 7개의 할 일 중 하나를 선택해서 출력한다. [코드 8-11]처럼 if문을 연속 사용하거나 [코드 8-12]처럼 if~else문을 중첩 사용해서 표현할 수 있다.

코드 8-11 요일별 할 일 출력하기 : if/if~else문 연속 사용 ex08-11.py

```
day = input("오늘은 무슨 요일인가요? ")
if day == "월" or day == "화" :
    do = "파이썬 과제하기"
if day == "수" :
    do = "전공 과제하기"
if day == "목" or day == "금" :
    do = "어학 공부하기"
else :
    do = "취미 활동하기"
print("오늘의 할 일 :", do)
```

실행 결과

```
오늘은 무슨 요일인가요? 화
오늘의 할 일 : 취미 활동하기
```

코드 8-12 요일별 할 일 출력하기 : if~else문 중첩 사용 ex08-12.py

```
day = input("오늘은 무슨 요일인가요? ")
if  day == "월" or day == "화" :
    do = "파이썬 과제하기"
else :
    if  day == "수" :
         do = "전공 과제하기"
    else :
         if  day == "목" or day == "금" :
             do = "어학 공부하기"
         else :
             do = "취미 활동하기"
print("오늘의 할 일 :", do)
```

실행 결과

```
오늘은 무슨 요일인가요? 화
오늘의 할 일 : 파이썬 과제하기
```

[코드 8-11]과 [코드 8-12]를 실행해보면 입력값이 같음에도 결과가 달라지는 것을 확인할 수 있다. 이처럼 다중 선택 구조를 if와 if~else의 연속 사용으로 표현하면 if문이 블록처럼 실행되어야 하지만, 독립적인 문장이기 때문에 특정 if 조건식을 잘못 지정하면 전체가 작성자의 의도와는 다르게 실행된다. 프로그램 작성 경험이 많지 않으면 이런 실수는 흔히 발생한다.

또한 [코드 8-13]과 같이 if, if~else를 중첩 사용하면 전체를 한 문장으로 작성할 수 있지만 들여쓰기 때문에 코드의 가독성이 떨어지게 된다. 따라서 if, if~else의 중첩은 한두 번 정도로 제한해서 사용하는 것이 좋다.

코드 8-13 윤년 판단 : if~else의 중첩 사용 ex08-13.py

```
# 윤년: 4 또는 400의 배수이면서 100의 배수가 아닌 연도
year = int(input("연도 입력: "))
if year%4 != 0 :
     print("%d년은 윤년이 아닙니다!" % year)
else :
     if year % 100 == 0 :
         if year % 400 == 0 :
```

```
            print("%d년은 윤년입니다!" % year)
        else :
            print("%d년은 윤년이 아닙니다!" % year)
    else :
        print("%d년은 윤년입니다!" % year)
```

실행 결과

```
연도 입력: 2024
2024년은 윤년입니다!
```

3 if~elif~else문의 형식

3~4개 정도의 다중 선택 구조는 if문의 순차적 사용이나 if~else문의 중첩 사용으로 표현할 수 있다. 그러나 이런 표현은 문법적으로는 독립된 문장을 나열한 것이어서 논리적 오류가 발생할 가능성이 높고, 코드를 읽기도 어렵게 만든다. 이런 경우, if~elif~else문을 사용할 수 있다. if~elif~else문은 if~else문의 중첩 사용을 간결한 구조로 표현한 다중 선택 제어문이다.

```
(이전 문장)
if  조건식1 :
←--→ 선택문장1
elif 조건식2 :
←--→ 선택문장2
      …
elif 조건식n :
←--→ 선택문장n
else:
←--→ 선택문장0
(다음 문장)
```

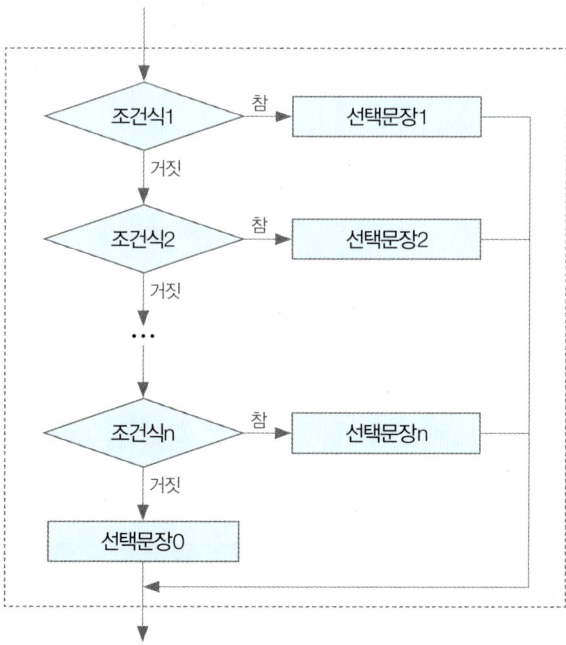

그림 8-10 if~elif~else문의 형식과 의미

if~elif~else문은 각 문장의 조건식을 순차적으로 조사해서 처음으로 참인 조건식에 대한 선택문장만을 실행한다. 그리고 나열된 모든 조건식이 거짓이면 마지막 선택문장을 실행한다. 마지막 elif의 조건식n이 거짓일 때 실행할 선택문장0이 없으면 else 부분은 생략해도 된다.

[그림 8-11]은 학점 판정의 예를 if~elif~else문으로 작성해서 앞의 예들과 비교한 것으로, if~elif~else문의 사용이 훨씬 간결하고 직관적임을 알 수 있다. if~elif~else문은 논리적으로 다중 선택 구조를 나타내고 문법적으로도 한 문장이기 때문에 사용방법을 연습해 두면 유용하다.

```
score = int(input("성적:"))

grade = "F"
if (score >= 60):
    grade = "D"
if (score >= 70):
    grade = "C"
if (score >= 80):
    grade = "B"
if (score >= 90):
    grade = "A"

print(score, ":", grade)
```

(a) if문의 연속 사용

```
score = int(input("성적:"))

if (score >= 90):
    grade = "A"
else:
    if (score >= 80):
        grade = "B"
    else:
        if (score >= 70):
            grade = "C"
        else:
            if (score >= 60):
                grade = "D"
            else:
                grade = "F"

print(score, ":", grade)
```

(b) if~else의 중첩 사용

```
score = int(input("성적:"))

if (score >= 90):
    grade = "A"
elif (score >= 80):
    grade = "B"
elif (score >= 70):
    grade = "C"
elif (score >= 60):
    grade = "D"
else:
    grade = "F"

print(score, ":", grade)
```

(c) if~elif~else의 사용

그림 8-11 학점 판정하기

[코드 8-14]는 [코드 8-12]에서 작성한 요일별 할 일 출력하기를 if~elif~else문을 사용하여 다시 작성한 예이다.

코드 8-14 요일별 할 일 출력하기 : if~elif~else 사용 ex08-14.py

```
day = input("오늘은 무슨 요일인가요? ")
if day == "월" or day == "화" :
    do = "파이썬 과제하기"
```

```
elif day == "수" :
    do = "전공 과제하기"
elif day == "목" or day=="금" :
    do = "어학 공부하기 "
else:
    do = "취미 활동하기"
print("오늘의 할 일 :", do)
```

실행 결과

```
오늘은 무슨 요일인가요? 금
오늘의 할 일 : 어학 공부하기
```

[코드 8-15]는 [코드 8-13]의 윤년 판단 예를 if~elif~else문을 이용해서 다시 작성한 예이다. [코드 8-13]과 동일한 결과를 나타내지만, 전체 코드 구조는 더 직관적이다.

코드 8-15 윤년 판단 : if~else 사용 ex08-15.py

```
# 윤년: 4 또는 400의 배수이면서 100의 배수가 아닌 연도
year = int(input("연도 입력: "))
if year%4 != 0 :
    print("%d년은 윤년이 아닙니다!" % year)
elif year%100 == 0 and year%400 == 0 :
    print("%d년은 윤년입니다!" % year)
elif year%100 == 0 and year%400 != 0 :
    print("%d년은 윤년이 아닙니다!" % year)
else :
    print("%d년은 윤년입니다!" % year)
```

실행 결과

```
연도 입력: 2028
2028년은 윤년입니다!
```

실습과제 1

[실습코드 8-1]은 한 학생의 이름과 영어 성적, 수학 성적을 입력받아 총점, 평균과 전체 평균에 대한 학점을 계산해서 출력하는 코드로, 7장의 [실습코드 7-1]의 기능을 확장한 것이다. 학생의 학점을 계산하기 위해 if~elif~else문을 사용한다.

실습코드 8-1 한 학생의 성적 처리(2) program08-01.py

```
name = input("이름: ")
eng = int(input("영어 성적: ")) ;  math = int(input("수학 성적: "))
total = eng + math ;  avg = total / 2

# 학점 판정
if avg>=90 :  grade = 'A'
```

```
elif avg>=80 :  grade = 'B'
elif avg>=70 :  grade = 'C'
elif avg>=60 :  grade = 'D'
else :  grade =  'F'

# 결과 출력
print("-"*53)
print(" 이  름\t\t영어\t수학\t총점\t평균\t학점")
print("-"*53)
print (" %s\t\t%3d\t%3d\t%3d\t%.2f\t%2c" % (name, eng, math, total, avg,
grade))
print("-"*53)
```

실행 결과

```
이름: 홍길동
영어 성적: 93
수학 성적: 87
-----------------------------------------------------
 이  름      영어    수학    총점    평균     학점
-----------------------------------------------------
 홍길동       93      87     180     90.00     A
-----------------------------------------------------
```

[실습코드 8-1]을 실행하여 결과를 확인하고, 다음의 처리조건을 고려해서 프로그램을 수정하라.

처리조건 1

- if문만을 사용해서 학생의 학점(A~F)을 구한다.
- 과목별 학점도 계산해서 출력한다.
- 평균이 90 이상이면 "성적우수", 60 이하이면 "재이수" 메시지를 출력한다.

처리조건 2

- 입력된 성적이 0~100 사이의 수치값이 아니면 프로그램은 정확하게 동작하지 않는다. 이 문제를 어떻게 해결할지를 생각해보고, 프로그램을 수정하라.

요약

01 프로그램은 기본적으로 나열된 순서대로 실행되는 순차 구조로 작성되며, 선택 구조는 순차 구조로 나열된 문장들 중에서 지정된 조건에 따라 선택적으로 실행되도록 작성된 문장 구조를 의미한다.

02 프로그램의 선택 구조는 단일 선택 구조, 양자 택일 구조, 다중 선택 구조로 구분한다. 파이썬에서는 선택문으로 if문, if~else문, if~elif~else문을 제공한다.

03 if문은 특정 문장의 실행여부를 나타내는 문장으로 조건식을 지정해서 참일 때만 선택문장을 실행하고, 그렇지 않으면 선택문장을 무시하고 실행하지 않는다. if~else문은 두 선택문장들 중 하나를 선택해서 실행하는 것을 나타내는 문장으로, if의 조건식이 참이면 if와 else 사이의 선택문장1을, 거짓이면 else 다음의 선택문장2를 실행한다.

```
if 조건식 :
     선택문장
```

```
if 조건식 :
    선택문장1
else
    선택문장2
```

04 다중 선택 구조는 2개 이상의 여러 문장들 중 하나를 선택해서 실행하는 것을 나타내는 것으로, if문을 연속적으로 사용하거나 if~else문의 중첩 사용으로 표현할 수 있지만 프로그램 코드를 이해하기 어렵게 만드므로 제한적으로 사용하는 것이 좋다.

05 if~elif~else문은 if~else문의 중첩 사용을 간결한 구조로 표현한 다중 선택문으로, 각 문장의 조건식(조건식1, 조건식2, ...)을 순차적으로 조사해서 처음으로 참인 조건식에 대한 선택문장만을 실행하고, 모든 조건식이 거짓이면 마지막 선택문장을 실행한다.

```
if 조건식1 :
    선택문장1
elif 조건식2 :
    선택문장2
   ...
elif 조건식n :
    선택문자n
else:
    선택문장0
```

01 다음은 파이썬에서 사용할 수 있는 제어문이다. 나머지 셋과 성격이 다른 것은 어느 것인가?

① if문 ② if~else문 ③ if~elif~else문 ④ while문

02 다음 중 나머지 셋과 의미가 다른 것은 어느 것인가?

① if num%2 != 0 : ② if num%2 :

③ if num%2*2 == num : ④ if num/2*2 == num :

03 다음 중 나머지 셋과 실행 결과가 다른 것은 어느 것인가?

① print("welcome!") ② if -1 : print("welcome!")

③ if 0 : print("welcome!") ④ if 1 : print("welcome!")

04 다음은 점수를 입력받아 등급을 판정하는 파이썬 코드의 일부이다. 점수로 88을 입력한다면 출력 결과는 어떻게 나오는가?

```
score = int(input("0~100 사이의 점수를 입력하세요: "))
if score>=90 :  grade = "excellent"
elif score>=70 :  grade = "normal"
elif score>=80 :  grade = "good"
elif score>=60 :  grade = "not bad"
else :  grade = "bad"
print("%s\n" % grade)
```

① excellent ② good ③ normal ④ not bad ⑤ bad

05 다음은 파이썬의 선택 구조 제어문에 대한 설명이다. 틀린 것은 어느 것인가?

① 다중 선택 구조는 if문의 중첩 사용으로 표현할 수 있다.

② 다중 선택 구조는 if문의 연속 사용으로 표현할 수 있다.

③ if의 조건식으로 산술식과 관계식, 논리식을 사용할 수 있다.

④ if~elif문은 여러 문장을 중복 선택해서 실행할 때 사용한다.

06 다음 중 동일한 grade 값을 나타내는 코드만 고른 것은 어느 것인가?

㉠
```
grade = 'F'
if score>=60 :  grade = 'D'
if score>=70 :  grade = 'C'
if score>=80 :  grade = 'B'
if score>=90 :  grade = 'A'
```

㉡
```
if 90<=score :  grade = 'A'  if
70<=score<80 :  grade = 'C'  if
80<=score<90 :  grade = 'B'  if
60<=score<70 :  grade = 'D'  if
score<60 :  grade = 'F'
```

㉢
```
if score>=90 :  grade = 'A'
elif score>=70 :  grade = 'C'
elif score>=80 :  grade = 'B'
elif score>=60 :  grade = 'D'
else : grade = 'F'
```

㉣
```
if score//10 == 10 :  grade = 'A'
elif score//10 == 9 :  grade = 'A'
elif score//10 == 7 :  grade = 'C'
elif score//10 == 8 :  grade = 'B'
elif score//10 == 6 :  grade = 'D'
else : grade = 'F'
```

① ㉠, ㉡, ㉢　② ㉠, ㉡, ㉣　③ ㉠, ㉢, ㉣　④ ㉡, ㉢, ㉣

07 다음 중 아래 코드에 대한 설명으로 바른 것은 어느 것인가?

```
i = 10
if  i=10  print("result is true")
```

① 컴파일 오류가 발생한다.
② 컴파일은 되지만 실행 오류가 발생한다.
③ 컴파일이 되고 화면에 "result is true"가 출력된다.
④ 컴파일은 되지만 화면에 아무것도 출력되지 않는다.

08 다음 중 나머지 셋과 실행결과가 다른 것은 어느 것인가?

① if 0 : print("Hi!")　② if -1.23 : print("Hi!")
③ if "" : print("Hi!")　④ if [] : print("Hi!")

09 다음 중 아래 코드의 출력 결과로 바른 것은 어느 것인가?

```
a = int(input()) ;  b = int(input())
if a :  print("A")
elif a and b :  print("A and B")
else :
    if not b :  print("not B")
    else : print("ELSE")
```

① a와 b가 모두 0이 아니라면 결과로 “A and B”를 출력한다.

② a가 0이 아니고 b가 0이라면 결과로 “not B”를 출력한다.

③ a가 0이고 b가 0이 아니라면 결과로 “ELSE”를 출력한다.

④ a와 b가 모두 0이라면 결과로 “ELSE”를 출력한다.

10 다음 파이썬 코드의 실행 결과는 무엇인가?

(1)

```
n=127;
if  n % 2 :
    print("%d is good !" % n)
else :
    print("%d is bad !" % n)
```

(2)

```
score = 88
if (score>=0) and (score<=100) :
    if score>=90 :
        print("The score is excellent !")
    else :
        print("The score is not valid !")
print("Good-Bye !")
```

11 다음 코드의 실행 결과를 나타내고, 각 결과가 출력되는 이유를 설명하라.

```
a = 1 ;  b = 3
a =  not b
print("a=%d" % a)

a=b=0
if not b :  b = 3
else : b = 8
print("a=%d, b=%d" % (a, b))

a = 1 ;  b = 2
if a>b :  b = 3
else :  b = 4
print("a=%d, b=%d" % (a, b))
```

12 다음 코드는 양의 정수를 입력받아 짝수인지 홀수인지를 판단한다. 빈칸에 알맞은 코드를 채우라.

```
number = int(input("양의 정수를 입력하세요: "))
if (                    ) :
    print("정수 %d는 홀수입니다." % number)
else :
    print("정수 %d는 짝수입니다." % number)
```

13 정수 3개를 입력받아 크기순으로 정렬하는 프로그램을 if~else문을 사용하여 작성하라.

14 문자를 입력받아 소문자이면 대문자로 변환하여 출력하는 프로그램을 작성하라. 단, 소문자가 아니면 그냥 출력한다.

15 100점 만점의 시험 성적(정수)을 입력받아 학점(A, B, C, D, F)을 판정한 후, 점수와 학점을 출력하는 프로그램을 다음의 처리 조건을 고려하여 작성하라.

(1) if문만 사용한다.

(2) 중첩된 if~else문을 사용한다.

(3) if~elif~else문을 사용한다.

16 한 학생의 점수를 입력받아 아래와 같이 학점을 구분하여 점수와 학점을 출력하는 프로그램을 작성하라. 단, 0~100을 벗어나는 점수가 입력되면 오류 메시지를 출력한다.

score	grade	score	grade
95~100	A+	90~94	A
85~89	B+	80~84	B
75~79	C+	70~74	C
65~69	D+	60~64	D
59이하	F		

CHAPTER 09

반복문

학습목표

- 반복 구조의 필요성을 이해한다.
- while문의 의미를 이해하고 사용법을 익힌다.
- for문의 의미를 이해하고 사용법을 익힌다.
- 기타 제어문의 종류와 각각의 사용법을 익힌다.

01 반복 구조의 필요성

컴퓨터의 장점 중 하나는 동일한 작업의 반복 처리를 신속하고 정확하게 할 수 있다는 것이다. 사람은 간단한 작업이라도 계속 반복하면 집중력이 저하되어 정확도가 떨어지고 처리 속도도 느려지지만 컴퓨터는 그렇지 않다. 그렇다면 동일 작업을 반복해서 실행하도록 하려면 어떻게 해야 할까?

예를 들어 문장 print("welcome!")을 5번 반복하려면 어떻게 해야 할까? 당장 생각할 수 있는 것은 print("welcome!") 문장을 5번 반복 작성하는 것인데 이 정도는 큰 부담이 되지 않는다. 그런데 만약 10,000번을 반복해야 한다면? 이것은 복사 기능을 사용하더라도 지루한 작업이고, 특히 정확히 10,000번 반복하는 것은 쉽지 않은 일이다. 이런 경우, 선택 구조를 if로 표현했던 것처럼 반복 구조를 이용하여 문장 print("welcome!") 앞에 10,000번의 반복 실행을 표현해서 컴퓨터가 반복적으로 읽고 실행하도록 하면 편리할 것이다. 파이썬에서는 다음과 같이 for문을 이용하여 문장 print("welcome!")을 10,000번 반복 실행할 수 있다.

```
for count in range(10000) :
    print("welcome!")
```

이와 같이 특정 문장의 반복 실행을 표현한 것을 반복 구조라고 한다. 반복 구조를 이용하면, 특정 처리 작업의 단순 반복은 물론 일련의 연속적인 처리 과정의 반복도 효과적으로 프로그래밍할 수 있다. 예를 들면, 8장의 [그림 8-1]에서 한 학생의 평균을 계산했는데, 반복 구조를 이용하면 여러 학생의 평균을 출력하는 것은 물론, 전체 평균, 최고·최저 득점자 등의 출력도 간단하게 처리할 수 있다.

[그림 9-1]은 일반적인 프로그램의 제어 구조를 나타낸 것이다. 순차 구조를 기본으로 필요에 따라 선택 구조와 반복 구조를 적절히 이용하면 대부분의 프로그램을 작성할 수 있다.

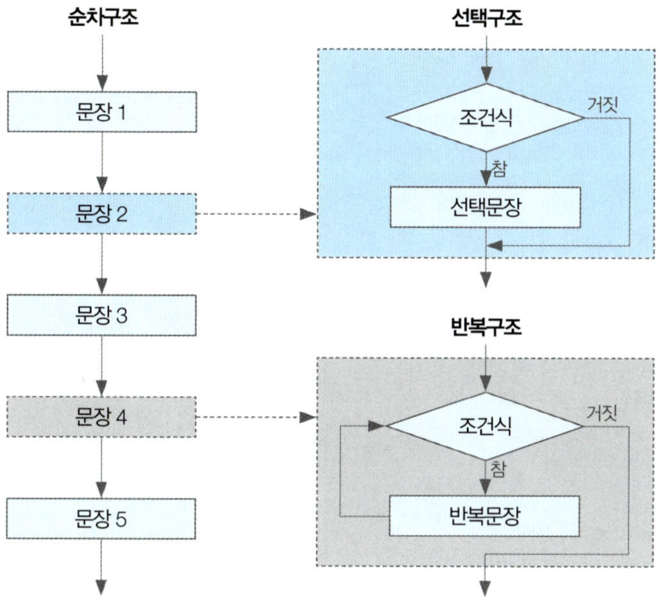

그림 9-1 프로그램의 기본 제어 구조

파이썬은 반복 구조를 while문 또는 for문으로 표현한다. while문은 조건식을 이용해서 반복을 나타내고, for문은 반복 횟수를 지정해서 반복을 표현한다. 일반적으로 while문은 반복 조건을 알고 있을 때 사용하고, for문은 반복 횟수를 예측할 수 있을 때 사용한다.

02 while문

1 while문의 형식

while문은 조건식을 지정해서 조건식이 만족, 즉 참이 되는 동안 반복문장(블록, 이하 루프라고 함)을 반복적으로 실행한다. while문의 형식과 의미는 [그림 9-2]와 같다.

```
(이전 문장)

while 조건식 :
←--→반복문장

(다음 문장)
```

```
(이전 문장)

while 조건식 :
←--→반복문장1
    반복문장2
      …
    반복문장n

(다음 문장)
```

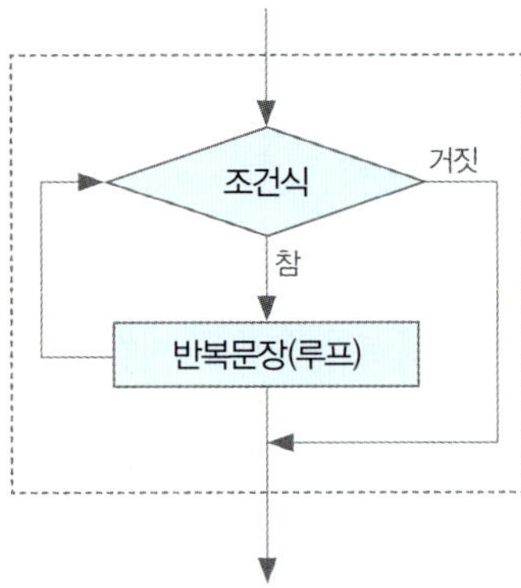

그림 9-2 while문의 형식과 의미

문장 print("welcome!")의 10,000번 반복 실행을 while문으로 표현하면 다음과 같다.

```
count=1
while count <= 10000 :
    print("welcome!")
    count = count+1
print("프로그램 종료!")
```

while문은 조건식을 검사해서 참이면 반복문장을 실행하고, 다시 조건식을 검사한다. 이런 과정을 조건식이 거짓이 될 때까지 반복한다. while문의 형식은 if문과 비슷한데, if문은 조건식을 한 번만 검사하지만 while문은 조건식을 거짓이 될 때까지 반복적으로 검사한다.

[그림 9-3]은 1에서 10까지의 정수 합을 다양한 방법으로 구하는 예로, 왜 while문을 사용하는 것이 유용한지 알 수 있다.

①
```
sum=1+2+3+4+5+6+7+8+9+10
print("합 :", sum)
```

②
```
sum = 0
count = 1
sum = sum + count
count = count + 1
sum = sum + count
count = count + 1
......
sum = sum + count
count = count + 1
print("합 :", sum)
```
10번 반복

③
```
sum = 0
count = 1
while count <= 10 :
    sum = sum + count
    count = count + 1
print("합 :", sum)
```

④
```
sum = 0
count = 1
while count < 11 :
    sum = sum + count
    count = count + 1
print("합 :", sum)
```

그림 9-3 1에서 10까지의 정수 합

- **방법 ①** : 반복문을 이용하지 않고 대입문을 작성했는데, 틀린 것은 아니지만 대단히 비효율적이다. 이런 방식으로 작성할 것이면 굳이 프로그래밍할 필요가 없다.
- **방법 ②** : 계산 과정을 순차 구조로 나타낸 것인데 동일한 표현이 반복된다.
- **방법 ③** : 방법 ②를 while문으로 표현한 것이다.
- **방법 ④** : 방법 ③과 같은 while문이지만 조건식을 다르게 지정했다.

2 반복제어변수

반복제어변수의 사용

while문에서 반복 횟수 제어를 위해 사용하는 변수를 반복제어변수라 한다. [코드 9-1]에서 while문은 변수 i를 이용해서 반복 루프(3~5행)의 반복 횟수를 제어한다.

코드 9-1 반복제어변수의 사용 ex09-01.py

```
01 i = 0
02 while  i<5  :
03       print("welcome!" , end =" ")
04       print("pythom programming!")
05       i = i + 1
```
반복문장(루프): 03~05행

```
06
07 print("while문 종료 후 변수 i값 :", i)
```

실행 결과

```
welcome! pythom programming!
welcome! pythom programming!
welcome! pythom programming!
welcome! pythom programming!
welcome! pythom programming!
while문 종료 후 변수 i값 : 5
```

변수 i는 while문의 실행 전에 초기화되고(1행), 조건식은 변수 i를 포함한다(2행). 그리고 반복 루프 내에서 값이 변경된다(5행). while 루프의 반복 횟수는 1행, 2행, 5행에 따라 결정되고, while문을 종료했을 때 변수 i의 값을 예측할 수 있다. 변수 i의 값이 0부터 시작하고, 반복할 때마다 1씩 증가시켰기 때문에 while문을 종료하면 i의 값은 조건식 i<5의 값을 처음으로 False가 되게 하는 5가 된다. [코드 9-1]에서는 변수 i를 반복 횟수 제어 목적으로만 사용했고, 실제로 반복하려는 문장은 3, 4행이다.

반복제어변수는 반복 횟수 제어 외에 다른 용도로도 사용할 수 있다. 예를 들어, 다음처럼 1에서 100까지의 정수 합을 구할 때 반복루프 내에서 반복제어변수 num의 값을 변수 sum에 더하여 구할 수 있다.

```
sum = 0 ;  num = 1
while num <= 100 :
    sum = sum + num
    num = num + 1

print("1~100의 합 :", sum)
```

이처럼 반복제어변수는 반복문의 조건식에서만 사용되는 것이 아니라 루프의 실행문장에서도 다른 목적으로 사용할 수 있다. 다음 예는 1000보다 작은 3의 배수의 합을 구하기 위해 반복제어변수 num을 3씩 증가시켜 반복루프에서 사용한다.

```
sum = 0 ;  num = 3
while num < 1000 :
    sum = sum + num
    num = num + 3

print("1~1000 사이 3의 배수의 합 :", sum)
```

위에서 while 루프 반복 횟수는 1000//3=999이고, while문의 종료 후 num 값은 1002로 예측할 수 있다.

반복제어변수는 사용자 입력값으로 지정할 수도 있다. [코드 9-2]는 -1을 입력할 때까지 정수를 입력받아 그 합을 출력한다. 여기서는 반복제어변수 num 값이 사용자 입력에 의해 변경되므로 while문을 이용할 때는 루프의 반복 횟수를 예측할 수 없다.

코드 9-2 **사용자 입력을 이용한 반복 제어(1)** ex09-02.py

```
print("-1을 입력할 때까지 입력되는 정수의 합 구하기")
num = int(input("정수 입력 : "))
sum = 0
while num != -1 :
    sum = sum + num
    num = int(input("정수 입력 : "))

print("입력된 정수의 합 : ", sum)
```

실행 결과

```
-1을 입력할 때까지 입력되는 정수의 합 구하기
정수 입력 : 20
정수 입력 : 40
정수 입력 : 50
정수 입력 : 80
정수 입력 : 70
정수 입력 : -1
입력된 정수의 합 :  260
```

반복제어변수의 활용

while문은 루프의 반복 조건을 미리 알고 있거나 반복 여부가 사용자의 입력으로 결정될 때는 유용하다. [코드 9-3]은 사용자가 문자 q를 입력할 때까지 입력된 문자열을 출력한다.

코드 9-3 사용자 입력을 이용한 반복 제어(2) ex09-03.py

```
count = 0
ch = input("임의 키(종료는 'q') 입력)) : ")
while ch != 'q' :
    count += 1
    print(count, " :", ch, "키를 눌렀습니다!")
    ch = input("임의 키(종료는 'q') 입력)) : ")
print("while문을 종료합니다.")
```

실행 결과

```
임의 키(종료는 'q') 입력)) : f
1  : f 키를 눌렀습니다!
임의 키(종료는 'q') 입력)) : g
2  : g 키를 눌렀습니다!
임의 키(종료는 'q') 입력)) : #
3  : # 키를 눌렀습니다!
임의 키(종료는 'q') 입력)) : v
4  : v 키를 눌렀습니다!
임의 키(종료는 'q') 입력)) : w
5  : w 키를 눌렀습니다!
임의 키(종료는 'q') 입력)) : q
while문을 종료합니다.
```

다음 [코드 9-4]는 입력된 패스워드를 검사한다. 즉, while문은 정확한 패스워드가 입력될 때까지 반복된다.

코드 9-4 입력 패스워드 확인 ex09-04.py

```
password = input("패스워드: ")
while password != "Hi!python" :
    print("패스워드가 틀렸습니다. 다시 입력하세요!")
```

```
    password = input("패스워드: ")
print("로그-인 성공")
```

실행 결과

```
패스워드: python
패스워드가 틀렸습니다. 다시 입력하세요!
패스워드: hi!
패스워드가 틀렸습니다. 다시 입력하세요!
패스워드: hipython
패스워드가 틀렸습니다. 다시 입력하세요!
패스워드: Hi!python
로그-인 성공
```

[코드 9-4]는 정확한 패스워드를 입력하지 않으면 while문이 무한히 반복된다. 이를 개선하기 위해 [코드 9-5]는 사용자의 패스워드 입력 횟수를 최대 3회로 제한하고, while 루프의 반복은 변수 count와 flag를 이용해서 제어한다. count는 while 루프의 반복 횟수를, flag는 입력된 패스워드가 정확한지 여부를 나타낸다. 패스워드 입력을 최대 3회로 제한했기 때문에 3번째 입력에서 부정확한 암호를 입력하면 while문은 종료된다.

코드 9-5 패스워드 입력 횟수 제한(최대 3회) ex09-05.py

```
count = 0 ;  flag = 0
while flag==0 and count<3 :
    password = input("패스워드: ")
    if password  == "Hi!python" :
        flag = 1 ··········· 입력된 암호가 정확함
    else :
        print("패스워드가 틀렸습니다.")
    count = count + 1

if flag == 1 :
   print("로그-인 성공")
else :
   print("로그-인 실패")
```

실행 결과

```
패스워드: python
패스워드가 틀렸습니다.
패스워드: hi
패스워드가 틀렸습니다.
패스워드: Hi!python
로그-인 성공
```

실행 결과

```
패스워드: abc
패스워드가 틀렸습니다.
패스워드: good
패스워드가 틀렸습니다.
패스워드: python
패스워드가 틀렸습니다.
로그-인 실패
```

3 무한 반복

while문의 조건식에 변수가 있다면 이 변수는 while문의 실행 전에 값을 지정하고, while 루프에서 변수값을 변경해야 한다. 변수값을 미리 지정하지 않으면 [그림 9-4]의 (a)와 같이 오류가 발생하고, 루프에서 조건식의 변수값을 변경하지 않으면 (b)와 같이 while문이 무한히 반복된다.

```
while count<=100 :
    print("welcome!")
    count = count+1
print("프로그램 종료!")
```

(a) 반복제어변수의 초기화 오류

```
count=1
while count<=100 :
    print("welcome!")
print("프로그램 종료!")
```

(b) while문의 무한 반복

그림 9-4 while문 오류 예시

그런데 무한 반복을 의도적으로 사용할 때도 있다. 예를 들면, [코드 9-6]과 같이 while문의 조건식을 True로 지정해서 의도적으로 메뉴 안내 화면이 무한 반복되도록 작성하고, 사용자 입력 등으로 while문을 종료할 수도 있다. 이런 경우, while 루프는 while문을 종료하는 선택문을 포함해야 한다.

코드 9-6 메뉴 안내 화면 작성 ex09-06.py

```
while True:
    print("\n=== 메뉴 화면 ===")
    print("  메뉴1 (1)")
    print("  메뉴2 (2)")
```

```
    print("  종 료 (q)\n")
    ch = input("메뉴를 선택하세요(1, 2, q): ")
    if ch=='1' :
        print("메뉴1을 선택했습니다!")        메뉴1 수행
        input("[<enter> 키 입력]")
    elif ch=='2' :
        print("메뉴2를 선택했습니다!")        메뉴2 수행
        input("[<enter> 키 입력]")
    elif ch=='q' :
        break      # 메뉴 화면 종료          while문 종료
    else  :
        print("1, 2, q를 선택해야 합니다. 다시 선택해 주세요!")
print("메뉴 화면을 종료합니다!")
```

실행 결과

```
=== 메뉴 화면 ===
  메뉴1 (1)
  메뉴2 (2)
  종 료 (q)

메뉴를 선택하세요(1, 2, q): 2
메뉴2를 선택했습니다!
[<enter> 키 입력]

=== 메뉴 화면 ===
  메뉴1 (1)
  메뉴2 (2)
  종 료 (q)

메뉴를 선택하세요(1, 2, q): 1
메뉴1을 선택했습니다!
[<enter> 키 입력]

=== 메뉴 화면 ===
  메뉴1 (1)
  메뉴2 (2)
  종 료 (q)

메뉴를 선택하세요(1, 2, q): q
메뉴 화면을 종료합니다!
```

[코드 9-6]은 메뉴 안내 화면을 작성한 것으로, while문을 무한 반복으로 작성했지만 사용자가 q를 입력하면 14행에 의해 while문은 종료된다. break는 while문을 종료시키는 문장으로 뒤에서 설명한다. while문의 조건식을 True로 지정했기 때문에 while 루프가 반드시 한 번은 실행된다.

4 while문을 활용한 예제

while문을 활용하여 최대공약수 구하기, 최소 정수와 최대 정수의 평균 구하기, 사용자가 입력한 월의 달력 출력하기 프로그램을 작성한다.

유클리드 호제법을 이용한 최대공약수 구하기

임의의 양의 정수 두 개를 입력받아 두 정수의 최대공약수를 구해보자. 이때 최대공약수를 구하는 방법으로 여기서는 다음의 유클리드 호제법을 이용한다.

> 두 정수 m, n(m>n)의 최대공약수는 n과 m%n의 최대공약수와 같다. 따라서, 두 정수 중 큰 정수를 작은 정수로 나누어서 나누어지면 작은 정수가 두 정수의 최대공약수가 된다. 만약 나누어지지 않으면, 그 나머지를 작은 정수로 그리고 직전의 작은 정수를 큰 정수로 지정해서 같은 과정을 반복한다.

그림 9-5 유클리드 호제법

예를 들면, 36과 24의 최대공약수는 36%24=12와 24의 최대공약수와 같다. 그리고 12와 24의 최대공약수는 12이므로 36과 24의 최대공약수는 12가 된다. [코드 9-7]은 먼저 입력된 두 정수를 큰 정수$_{max}$와 작은 정수$_{min}$로 구분한다. 그리고 나서 while문을 이용해서 큰 정수가 작은 정수로 나누어질 때까지 유클리드 호제법을 반복해서 적용해 나간다.

코드 9-7 유클리드 호제법을 이용한 최대공약수 구하기 ex09-07.py

```
n1 = int(input("첫 번째 정수: "))
n2 = int(input("두 번째 정수: "))
if  n1 <= n2 : min = n1 ;  max = n2
else : min = n2 ;  max = n1
while (max%min) != 0 :
    temp = min ;  min = max % min ;  max = temp
gcd = min
print("%d, %d의 최대공약수: %d\n" % (n1, n2, gcd))
```

실행 결과

```
첫 번째 정수: 48
두 번째 정수: 68
48, 68의 최대공약수: 4
```

최소 정수와 최대 정수의 평균 구하기

다음은 사용자로부터 -1이 입력될 때까지 정수를 입력받아 최소 정수와 최대 정수, 평균을 출력한다. 첫 번째 입력 점수는 4행에서 처리되고, 두 번째 입력되는 정수부터는 5~11행의 반복 처리를 통해 최대·최소 정수를 구한다.

코드 9-8 최소 정수/최대 정수 및 평균 구하기 ex09-08.py

```
01 print("최소 정수/최대 정수/평균 구하기(-1: 입력 종료)")
02 num = int(input("정수 입력: "))
03 if num !=- 1 :
04     n=1 ; sum=num ; max=min=num
05     num=int(input("정수 입력: "))
06     while num != -1 :
07         n += 1
08         sum += num
09         if num < min :  min = num
10         elif num > max :  max = num
11         num = int(input("정수 입력: "))
12     avg = sum / n
13     print("정수 개수: %d" % n)
14     print("최소 정수: %d, 최대 정수: %d" % (max, min))
15     print("입력된 정수 평균: %8.2f" % avg)
16 print("프로그램 종료")
```

- 03행: 처음부터 -1이 입력된 경우를 확인함
- 04행: 첫 번째 입력 정수
- 05행: 두 번째 정수부터 반복 처리

실행 결과

```
최소 정수/최대 정수/평균 구하기(-1: 입력 종료)
정수 입력: 78
정수 입력: 56
정수 입력: 92
정수 입력: 88
정수 입력: 62
```

```
정수 입력: 86
정수 입력: -1
정수 개수: 6
최소 정수: 92, 최대 정수: 56
입력된 정수 평균:    77.00
프로그램 종료
```

달력 출력하기

사용자로부터 특정 월의 시작 요일과 일수를 입력받고, 해당 월의 달력을 출력해보자. 한 주일은 일요일부터 시작된다. 특정 월의 시작 요일 정보는 0~6의 정수로 입력받는다. 0~6은 일요일~토요일을 의미한다.

코드 9-9 달력 출력하기 ex09-09.py

```
months = int(input("월의 날짜 수(1-31) ? : "))
startDay = int(input("월의 첫 번째 요일(일:0 - 토:6) ? : "))

# 달력의 요일 출력
print("\n--------------------")
print("일 월 화 수 목 금 토")

# 첫 번째 주의 1일 이전 요일(빈칸) 출력
i = 0
while i < startDay :
    print('  ', end=' ')
    i = i + 1

# 1~months까지의 날짜 출력
n = 1
day = startDay                  n일의 요일
while n <= months :
    if day % 7  == 0:           day=7이면 다음 줄에 출력(새로운 주일의 시작)
        day = 0
        print('\n', end='')

    print("%2d" % (n), end=' ')
```

```
    day = day + 1
    n = n + 1
print("\n-------------------")
```

실행 결과

```
월의 날짜 수(1-31) ? : 31
월의 첫 번째 요일(일:0 - 토:6) ? : 4


---------------------
일 월 화 수 목 금 토
             1  2  3
 4  5  6  7  8  9 10
11 12 13 14 15 16 17
18 19 20 21 22 23 24
25 26 27 28 29 30 31
---------------------
```

실습과제 1

다음 [실습코드 9-1]은 한 학급의 성적을 처리하는 프로그램이다. 학생수(n)와 각 학생의 이름, 영어와 수학 성적을 입력받아 학생별로 총점, 평균과 전체 평균에 대한 학점을 계산해서 출력하고, 학급의 전체 평균도 계산해서 출력한다. 이를 위해 8장의 [실습과제1]에서 설명한 [실습코드 8-1]을 입력된 학생 수만큼 반복한다. 즉, 각 학생의 성적처리 및 출력은 8장의 [실습코드 8-1]을 그대로 사용하고, 입력된 학생수(n) 만큼 반복하기 위해 while 문을 사용한다. 그리고 학급의 평균은 while 문을 실행하는 동안 모든 학생들의 영어와 수학 성적을 합산해서 과목수*학생수(즉, 2*n)로 나누어 계산한다.

실습코드 9-1 한 학급의 성적 처리(while문 이용) program09-01.py

```
n = int(input("학생 수 입력 : "))
count = cTotal = 0

while count < n :
    print("\n%d번째 학생 성적 처리" % count)

     [실습코드 8-1]의 코드(한 학생의 성적 처리 및 성적표 출력)

    cTotal += total
    count += 1
```

```
cAvg = cTotal/(2*n)
print("\n학생 수 : %d, 전체 평균 : %6.2f\n" % (n, cAvg))
```

실행 결과

```
학생 수 입력 : 2

0번째 학생 성적 처리
이름: 홍길동
영어 성적: 88
수학 성적: 67
----------------------------------------------------
 이 름      영어   수학   총점   평균   학점
----------------------------------------------------
 홍길동      88     67    155   77.50   C
----------------------------------------------------

1번째 학생 성적 처리
이름: 임꺽정
영어 성적: 92
수학 성적: 73
----------------------------------------------------
 이 름      영어   수학   총점   평균   학점
----------------------------------------------------
 임꺽정      92     73    165   82.50   B
----------------------------------------------------

학생 수 : 2,  전체 평균 : 80.00
```

[실습코드 9-1]을 실행하여 결과를 확인하고, 다음의 처리조건을 고려해서 프로그램을 수정하라.

처리조건 1

- 과목(영어, 수학)별 전체 평균을 출력한다.

처리조건 2

- [실습코드 9-1]은 학생 수를 입력해서 while문의 반복 횟수를 결정한다. 만약 학생 수를 입력하지 않는다면 어떻게 해야 할지 생각해보고, 프로그램을 수정하라.

HINT 더 이상 입력할 학생이 없으면 학생 이름으로 널 문자열을 입력한다.

03 for문

1 for문의 형식

for문은 컬렉션의 원소를 대상으로 반복 처리를 하기 위해 사용한다. for문은 항상 in 연산자와 함께 사용하기 때문에 for~in문이라고도 한다. for 루프는 컬렉션의 원소 개수만큼 반복 실행된다.

for문의 형식과 의미는 다음과 같다.

```
(이전 문장)
for 변수  in  [a1, a2, …, am] :
←…→ 반복문장(루프)
(다음 문장)
```

```
(이전 문장)
for  변수  in  [a1, a2, …, am] :
←…→ 반복문장1 ┐
    반복문장2 │ 반복
       …      │ 루프
    반복문장n ┘

(다음 문장)
```

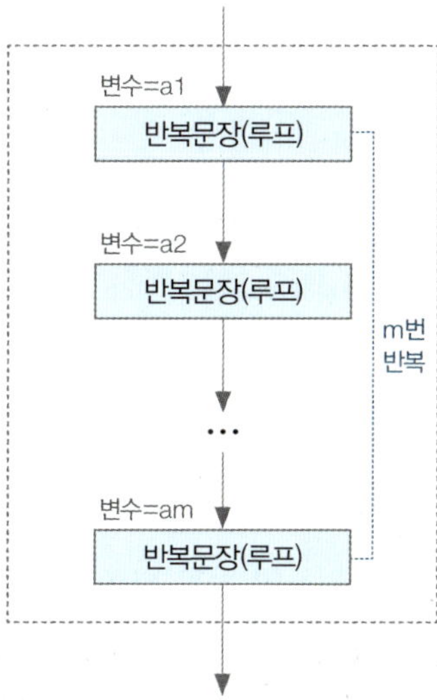

그림 9-6 for문의 형식과 의미

코드 9-10 for문 ex09-10.py

```
for count in [ 'A', 'B', 'C', 'D', 'E' ] :
    print(count, ": Welcome!")

print("count =", count)
```

실행 결과

```
A : Welcome!
B : Welcome!
C : Welcome!
D : Welcome!
E : Welcome!
count = E
```

여기서 잠깐 **컬렉션 자료의 반복 처리**

for문은 컬렉션 자료의 원소를 대상으로 동일한 처리를 반복하는 것을 나타낸다. 컬렉션 자료는 여러 자료값의 모임을 의미하는데, 자료 모임의 관리 방법에 따라 리스트, 튜플, 집합, 딕셔너리로 구분한다.

- **리스트** : solar = ['수성', '금성', '지구', '화성', '목성', '토성', '천왕성', '해왕성']
- **튜플** : applySubject = ("대학수학", "교양영어", "인문학 이해", "공학개론")
- **집합** : x = { 10, 30, 50 }
- **딕셔너리**: student = { "name":"이강인", "year":1, "credit": 93, "talent":"축구" }

컬렉션 자료의 활용은 11장에서 다루고, 여기서는 for문이 컬렉션 원소의 반복 처리에 사용될 수 있다는 정도만 이해하면 된다. for문은 모든 컬렉션에 사용할 수 있다. 여기서는 리스트를 중심으로 for문의 사용을 설명한다.

for문은 리스트의 각 원소에 대해 루프를 실행한다. in 연산자는 원래 논리연산자로 수식 '변수 in 리스트'는 변수값이 리스트에 존재하는지를 판단하지만, for문에서는 리스트의 각 원소를 순차적으로 변수에 대입하여 반복 루프를 실행하라는 의미이다. 따라서, for문의 in 연산자 앞에는 항상 변수를 지정해야 한다. [코드 9-11]은 리스트의 크기(원소의 개수)를 이용해서 문장 print("Welcome!")의 반복 횟수를 나타낸 것이다.

코드 9-11 for문을 이용한 print( )의 10번 반복 ex09-11.py

```
for i in [10, 20, 30, 40] :
    print("Python Programming!")
print("i =", i)
```

실행 결과

```
Python Programming!
Python Programming!
Python Programming!
Python Programming!
i = 40
```

연산자 in 앞의 변수값은 반복 루프를 실행할 때마다 리스트의 다음 원소값으로 지정된다. 그래서 반복 루프에서 이 변수를 참조하면 루프가 실행될 때마다 변수값은 순차적으로 리스트의 원소값으로 자동 변경된다. 그리고 이 변수값을 루프 내에서 변경하더라도 루프의 실행을 마치면 리스트의 다음 원소로 자동 변경된다. 따라서, 특별한 경우가 아니면 for 루프 내에서는 in 앞의 변수를 변경해서는 안 된다.

2 for문의 반복제어변수

[코드 9-12]에서 변수 j는 for 루프 내에서 값이 변경되지만, 루프를 시작할 때마다 순차적으로 리스트의 원소값으로 재지정된다. 그리고 for 루프의 마지막 실행 때 리스트의 마지막 원소값 50으로 지정된 후 루프의 실행 과정에서 51로 증가되었다. 이 예는 for문의 설명을 위한 것으로, 이렇게 사용하는 것은 피해야 한다.

코드 9-12 반복제어변수의 사용 ex09-12.py

```
sum = 0
for j in [10, 20, 30, 40, 50] :
    j = j + 1
    sum = sum + j
print("sum=%d,   j=%d" % (sum, j))
```

실행 결과

```
sum=155,   j=51
```

다음의 [코드 9-13]과 [코드 9-14]는 일반적인 for문의 사용 예이다.

코드 9-13 for문의 올바른 반복제어변수 사용(1) ex09-13.py

```
appliedSubjects=("대학수학","교양영어", "인문학 이해")
for subject in appliedSubjects :
    print("%s를 수강합니다" % subject)
```

실행 결과

```
대학수학를 수강합니다
교양영어를 수강합니다
인문학 이해를 수강합니다
```

코드 9-14 for문의 올바른 반복제어변수 사용(2) ex09-14.py

```
solar = [ '수성', '금성', '지구', '화성', '목성', '토성', '천왕성', '해왕성' ]
i = 1
for star in solar :
    print("%s은 태양계의 %d번째 행성입니다." % (star, i))
    i = i + 1
```

실행 결과

```
수성은 태양계의 1번째 행성입니다.
금성은 태양계의 2번째 행성입니다.
지구은 태양계의 3번째 행성입니다.
화성은 태양계의 4번째 행성입니다.
목성은 태양계의 5번째 행성입니다.
토성은 태양계의 6번째 행성입니다.
천왕성은 태양계의 7번째 행성입니다.
해왕성은 태양계의 8번째 행성입니다.
```

3 range( ) 함수

for문은 리스트의 원소 개수만큼 반복 루프를 실행한다. 그런데 단지 반복 횟수를 나타내기 위해서 리스트 원소를 나열해야 한다면 불편할 때가 있다. 예를 들면, 문장 print("방문을 환영합니다!")를 5번 반복한다면 리스트를 다음과 같이 표현해도 된다.

```
for i  in  [1, 2, 3, 4, 5] :
    print("방문을 환영합니다!")
```

그러나 print("방문을 환영합니다!")를 1000번 반복한다면 이것은 귀찮고 지루한 작업이 된다. 이런 경우, range() 함수를 이용하면 간단히 표현할 수 있다.

```
for i  in  range(1000):
    print("방문을 환영합니다!")
```

이와 같이, range() 함수는 지정된 범위의 정수 리스트를 반환하는 파이썬 내장함수이다. range() 함수를 이용하면 for문의 반복 횟수를 간단하고 편리하게 표현할 수 있다.

표 9-1 range() 함수의 사용 방법

사용형식	설명과 예
range(n)	리스트 [0, 1, 2, …, n−1]을 반환함 예 range(7) = [0, 1, 2, 3, 4, 5, 6] = range(0, 7, 1)
range(n1, n2)	리스트 [n1, n1+1, n1+2, …, n2−1]을 반환함 예 range(3, 7) = [3, 4, 5, 6]
range(n1, n2, α)	리스트 [n1, n1+α, n1+2α, …, m−α, m] (단, m<n2를 반환함) 예 range(1, 10, 2) = [1, 3, 5, 7, 9]

range()가 반환하는 정수 리스트의 마지막 값은 range()의 인수로 나타낸 경계값(n 또는 n2)을 포함하지 않는다. 그리고 [표 9−1]의 range(n1, n2)에서 n1>n2이면, range()는 공백 리스트([ ])를 반환한다.

for~range()문과 while문의 비교

range()를 사용하는 for문은 [그림 9−7]과 같이 while문으로 다시 작성할 수 있다. for~range()문의 사용에 익숙해지면 while문보다 for문으로 표현하는 것이 훨씬 간단하고 편리하다. 따라서, 반복 횟수를 예측할 수 있다면 for문을 사용하면 되고, 반복 조건을 알고 있다면 while문을 사용하면 된다.

```
for i in  range(n1, n2, n3) :
    반복문장(블록)
```

```
for  i  in  range(0, 101, 1):
    print("welcome!")
```

(a) for~range()문의 형식과 예시

```
i = n1
while  i<n2 :
    반복문장(블록)
    i = i + n3
```

```
i = 0
while  i < 101 :
    print("welcome!")
    i = i + 1
```

(b) while문의 형식과 예시

그림 9-7 for~range()문과 while문의 비교

[코드 9-15]와 [코드 9-16]은 for~range()를 이용해서 루프의 반복 횟수를 지정한 것이다. while문에서는 반복제어변수를 루프 내에서 변경했지만 for문에서는 변경하지 않았다. 그리고 for문이 종료되면, 반복제어변수([코드 9-15]의 i, [코드 9-16]의 n)의 값은 루프 내에서 변경하지 않는다면 항상 리스트의 마지막 원소값이 된다.

코드 9-15 1~100 사이 정수의 합 ex09-15.py

```
sum = 0
for i in range(101) :
    sum = sum + i
print("1~100의 정수 합: %d" % sum)
```

실행 결과

```
1~100의 정수 합: 5050
```

코드 9-16 1~1000 사이 5의 배수의 합 ex09-16.py

```
sum=0;
for n in range(5, 1001, 5) :
    sum = sum + n
print("1~1000의 5의 배수 합: %d" % (sum))
```

실행 결과

```
1~1000의 5의 배수 합: 99500
```

[코드 9-17]은 양의 정수 n을 입력받아 소수 여부를 판정한다. 소수는 1과 자기 자신 외에는 약수를 갖지 않는 수이다. 따라서, n이 소수이면 2부터 n-1까지의 정수로 n을 나누면 한 번도 나누어지지 않는다. [코드 9-17]은 이런 특성을 이용해서 입력된 정수의 소수 여부를 판정한다.

코드 9-17 **소수 판정하기** ex09-17.py

```
n = int(input("양의 정수: "))
flag = 0
for i in range(2, n) :
    if n%i == 0 :
        flag = 1
if flag==0 :
    print("%d은 소수임" % (n))
else :
    print("%d은 소수가 아님" % (n))
```

실행 결과

```
양의 정수: 337
337은 소수임
```

수열의 합과 일반항 계산 등 수학에서 공부했던 점화식 계산 과정은 for~range()를 이용해서 프로그래밍할 수 있다. 우선, 수학의 점화식 계산 과정을 살펴보면, 수열 A_n의 A_0항부터 A_n항까지의 합 S_n은 다음과 같이 점화식으로 계산할 수 있다.

$$
\begin{aligned}
S_0 &= A_0 \\
S_1 &= S_0 + A_1 \\
S_2 &= S_1 + A_2 \\
&\dots \\
S_n &= S_{n-1} + A_n
\end{aligned}
$$

이 수식을 for~range()를 이용하면, 다음과 같이 정형화된 형태로 표현할 수 있다.

```
s = A0
for i in range(1, n+1) :
    ai 항을 계산한다
    s = s + ai
}
```

[코드 9-18]과 [코드 9-19]는 이런 점화식 프로그래밍의 예이다. [코드 9-18]은 초항 $A_0=5$이고, 일반항 $A_n=5+3n(n \geq 1)$인 수열의 합 $S_{100}=A_0+A_1+A_2+\ldots+A_{100}$의 계산을 나타낸다. 그리고 [코드 9-19]는 일반항이 $A_n=(1+2+\ldots\ n)$인 수열의 합 $S_n=A_1+A_2+\ldots+A_n$의 계산을 for~range()를 이용해서 작성했다.

코드 9-18 수열 $A_n=5+3n(n\geq1)$의 S_{100} 구하기 ex09-18.py

```python
s, an = 5, 5
for i in range(1, 101) :
    an = an + 3
    s = s + an

print("%d항까지의 합= %d" % (i, s))
```

실행 결과

```
100항까지의 합= 15655
```

코드 9-19 s=1+(1+2)+(1+2+3) + ⋯ + (1+2+⋯+n) ex09-19.py

```python
s = an = 1
n=int(input("n : "))
for i in range(2, n+1) :
    an = an + i
    s = s + an

print("%d항까지의 합= %d" % (n, s))
```

실행 결과

```
n : 100
100항까지의 합= 171700
```

4 반복문의 중첩 사용

for문과 while문은 루프 내에서 또 다른 for문이나 while문을 포함할 수 있다. 다만, 이렇게 중첩해서 사용하면 코드를 이해하기 어려워지므로 꼭 필요할 때 한 번 정도 중첩해서 사용하고 그 이상의 중첩 사용은 피하는 것이 좋다.

반복문의 중첩 사용 형태

[코드 9-20]과 [코드 9-21]은 각각 for문과 while문에서 반복구조를 중첩 사용하는 예제이다.

코드 9-20 for문의 중첩 사용 ex09-20.py

```
01 # for문 중첩 사용
02 for  i  in range(5) :
03     for  j  in range(3):
04         print("*", end="")
```

실행 결과

```
***************
```

위의 [코드 9-20]은 *을 연속해서 15번 출력한다. 4행의 print("*", end="")는 [그림 9-8]과 같은 순서로 15번 실행된다. for문을 중첩해서 사용하면 안쪽 루프의 실행 횟수는 '바깥쪽 for문 반복 횟수×안쪽 for문 반복 횟수'가 되기 때문이다.

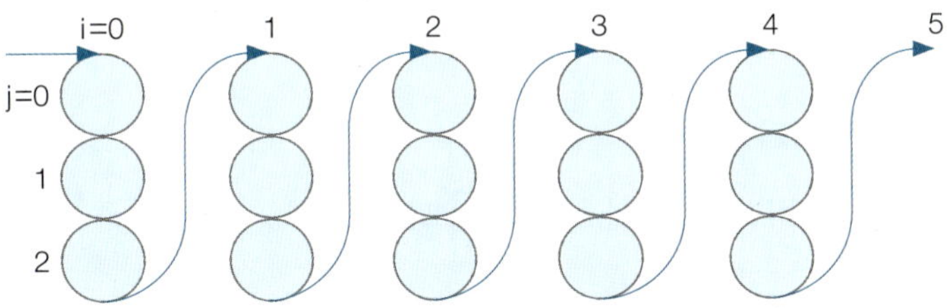

그림 9-8 [코드 9-20] 중첩 for문 내부 루프의 실행 순서

[코드 9-21]은 *을 12번 연속해서 출력한다. 중첩 for문과 마찬가지로 중첩된 while문에서 안쪽 루프의 실행 횟수는 '바깥쪽 while문 반복 횟수×안쪽 while문 반복 횟수'가 된다.

코드 9-21 while문의 중첩 사용 ex09-21.py

```
01 # while문 중첩 사용
02 i = 1
03 while  i <= 3 :
04     j = 1
05     while  j <= 4 :
06         print("+", end="")
07         j += 1
08     i  += 1
```

실행 결과

```
++++++++++++
```

[그림 9-9]와 같이 for문과 비슷한 방식으로 중첩된 while문의 내부 루프인 6행의 문장 print("+", end = " ")는 12번 반복 실행된다.

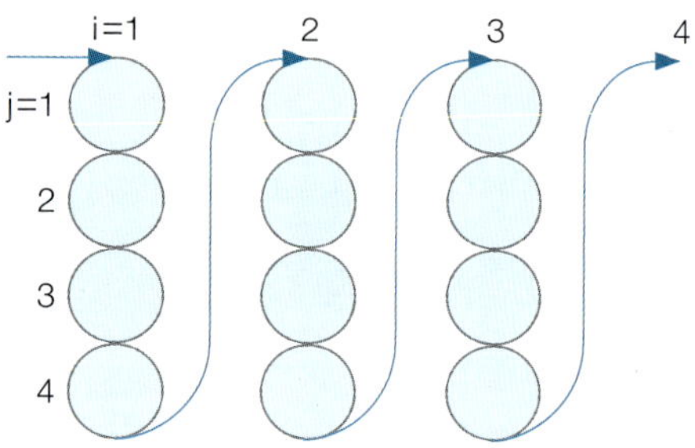

그림 9-9 [코드 9-21] 중첩 while문 내부 루프의 실행 순서

다음은 for문을 이용하여 작성한 프로그램 예제들이다. 각 코드를 통해 for문의 사용을 실습해보기 바란다.

입력받은 수보다 작은 모든 소수 출력하기

[코드 9-22]는 2보다 큰 정수(n)를 입력받아 2에서 n 사이의 모든 소수를 출력한다.

코드 9-22 2~n 사이의 모든 소수 출력 ex09-22.py

```
n = int(input("양의 정수: "))
k=0
for i in range(2, n+1) :
    flag = 0
    for j in range(2, i) :
```

```
06          if i%j == 0 :
07              flag = 1
08
09      if flag == 0 :
10          if k == 5 :
11            k = 0
12            print("")
13          print("%3d" % (i), end=" ")
14          k += 1
```

실행 결과

```
양의 정수: 500
  2   3   5   7  11
 13  17  19  23  29
... 생략 ...
443 449 457 461 463
467 479 487 491 499
```

2~n 사이의 각 정수들을 조사하기 위해 3행에서 for문과 리스트 range(2, n+1)를 사용하고, 각 정수 i에 대해서는 소수 여부를 판단하기 위해 for문의 루프에서 다시 for문과 range(2, i)를 사용한다. 변수 k는 한 라인에 소수를 5개씩 출력하기 위한 것이다.

알파벳 출력하기

[코드 9-23]은 정삼각형으로 알파벳 문자를 출력한다. 이를 위해 for문을 중첩해서 사용하고, 내부 루프에서는 for문을 연속 사용한다.

코드 9-23 알파벳 출력하기 ex09-23.py

```
for i in range(1, 27) :
   for col in range(1, 40-i) :
       print(" ", end="")
   for j in range(0,i) :
       print("%c " % (ord('A')+j), end="")
   print("")
```

실행 결과

```
                    A
                   A B
                 ... 생략 ...
A B C D E F G H I J K L M N O P Q R S T U V W X Y Z
```

안쪽의 첫 번째 for문은 각 행의 첫 문자가 출력되기 전까지 공백을 출력하고, 두 번째 for문은 출력할 문자의 개수 j=0~(i-1)만큼 반복한다. j를 0부터 한 이유는 문자를 'A'+j로 표현해야 편리하기 때문이다. 마지막 print(" ")문은 한 라인을 처리한 후에 줄을 바꿔 준다.

구구단 출력하기

[코드 9-24]는 for문을 중첩 사용해서 2단~9단의 구구단을 세로 방향으로 출력한다.

코드 9-24 구구단 출력하기(세로 방향) ex09-24.py

```
for i in range(2,10,1) :
    for  k in  range(1,10,1) :
        print( "%d x %d = %2d" % (i,k, i*k))
    print("")
```

실행 결과

```
2 x 1 =  2
2 x 2 =  4
2 x 3 =  6
2 x 4 =  8
2 x 5 = 10
2 x 6 = 12
2 x 7 = 14
2 x 8 = 16
2 x 9 = 18
... 생략 ...
```

구구단을 세로 방향으로 출력하는 코드는 간단하지만 가로 방향으로 출력하는 것은 약간 더 복잡하다. 이것은 개별적으로 코드를 작성해보자. 이것은 연습문제로 남긴다.

실습과제 2

[실습코드 9-2]는 한 학급의 성적을 처리하는 프로그램이다. [실습과제 1]의 [실습코드 9-1]에서와 마찬가지로 학생 수(n)와 각 학생의 이름, 영어와 수학 성적을 입력받아 학생별로 총점, 평균과 학점을 계산해서 출력하지만, 최고 득점자의 이름과 평균을 출력한다. 개별 학생의 성적 처리와 출력을 위해 [실습과제 1]에서는 while문을 사용했지만 이번에는 for문을 이용한다. 그리고 학급의 최고득점자의 이름과 평균을 구하기 위해 [코드 9-8]과 같이 첫 번째 입력 학생에 대한 처리는 별도로 작성하고, 나머지 학생들은 반복구조를 이용해서 처리한다.

실습코드 9-2 한 학급의 성적 처리(for문 이용) program09-02.py

```
topAvg=topName=None
n = int(input("학생 수 입력 : "))

# 첫 번째 학생 성적 처리
print("\n%d번째 학생 성적 처리" % 0)
[실습코드 8-1]의 코드(한 학생의 성적 처리 및 성적표 출력)
topAvg = avg
topName = name

for i in range(1, n) :
    print("\n%d번째 학생 성적 처리" % i)
    [실습코드 8-1]의 코드(한 학생의 성적 처리 및 성적표 출력)
    if topAvg < avg :
        topAvg = avg
        topName = name
print("\n최고 평균 : %6.2f(%s)" % (topAvg, topName))
```

실행 결과

```
학생 수 입력 : 2

0번째 학생 성적 처리
이름: 홍길동
영어 성적: 88
수학 성적: 67
------------------------------------------------
 이 름     영어    수학    총점    평균    학점
------------------------------------------------
 홍길동     88      67     155    77.50     C
------------------------------------------------
```

```
1번째 학생 성적 처리
이름: 임꺽정
영어 성적: 92
수학 성적: 73
----------------------------------------------------
 이 름      영어    수학    총점    평균    학점
----------------------------------------------------
 임꺽정      92      73     165    82.50     B
----------------------------------------------------

최고 평균 :   82.50(임꺽정)
```

[실습코드 9-2]를 실행하여 결과를 확인하고, 다음의 처리조건을 고려해서 프로그램을 수정하라.

처리조건 1

- 전체 학생 중 최저 득점자의 이름과 평균도 출력한다.
- 과목(영어, 수학)별 최고 득점자와 점수와 최저 득점자와 점수도 출력한다.

처리조건 2

- 모든 학생의 성적 계산과 출력을 for문으로 반복 처리해야 한다면 어떻게 할지 생각해보고 프로그램을 수정해보라.

처리조건 3

- 이 프로그램은 학생 수로 n(예를 들면 n=10)을 입력하고 중간에 학생 자료의 입력을 중단하면(예를 들어, 6명의 학생만 입력하고 중단하면) 문제가 발생한다. 이런 경우에도 프로그램이 잘 동작하게 하려면 어떻게 해야 할지 생각해보고 프로그램을 수정하라.

04 기타 제어문

선택문과 반복문 외의 제어문으로는 break문, continue문, pass문, return문이 있다.

1 break문

break문은 반복문의 루프에서 반복문의 실행을 중단하는 데에 사용한다. 반복문의 루프를 실행하는 도중에 break를 만나면 반복문의 실행이 종료된다. break문을 사용하면 while문의 조건식이나 for문의 리스트에 관계없이 반복을 중단할 수 있다. 일반적으로 break문은 반복문의 실행 도중 특정 조건이 발생하면 중단하기 위해 if문과 함께 사용한다.

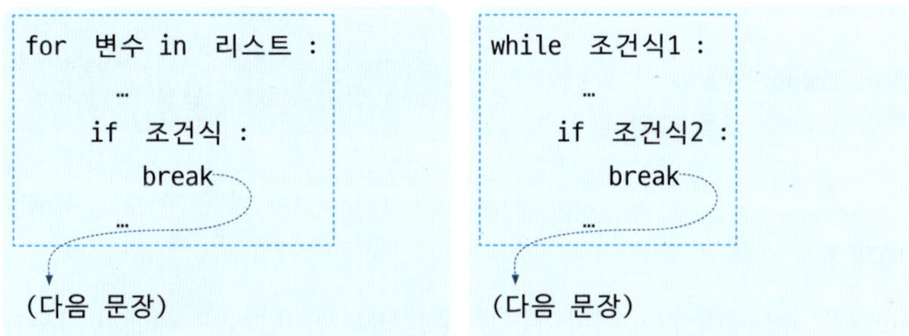

그림 9-10 반복문에서 break문의 사용

break문은 충분히 반복하면 그 과정에서 해를 구할 수 있다는 것은 알지만, 정확한 반복 횟수를 알지 못하는 문제의 프로그램을 작성할 때 반복문과 함께 사용하면 효과적이다.

다음 [코드 9-25]와 [코드 9-26]은 1부터 순차적으로 정수를 더해 처음으로 그 합이 1000을 넘을 때의 정수와 그 누적 합을 구한다. 1에서 1000까지의 정수를 순차적으로 더해 가면 누적 합은 당연히 1000을 넘게 되고, 중간의 어떤 정수를 더할 때 처음으로 1000이 넘게 될지를 예측할 수 있다. 따라서, 1에서 1000까지의 누적 합을 구하는 for문이나 1부터 계속 정수를 더해 가는 무한 반복 while문에서 누적 합이 1000을 넘는지를 매번 확인해서 1000을 넘으면 break문으로 반복문을 중단한다.

코드 9-25 for문을 이용한 누적 합 계산 ex09-25.py

```
sum= 0
for i in range(1, 1000) :
    sum = sum+i
    if  sum>1000 :
        break
print("누적 합이 1000을 넘을 때 :", sum)
print("누적 합이 1000을 넘을 때의 정수:", i)
```

실행 결과

```
누적 합이 1000을 넘을 때 : 1035
누적 합이 1000을 넘을 때의 정수: 45
```

코드 9-26 while문을 이용한 누적 합 계산 ex09-26.py

```
sum=0 ; i=0
while True :
   i = i+1
   sum = sum+i
   if sum>1000 :
       break
print("누적 합이 1000을 넘을 때 :", sum)
print("누적 합이 1000을 넘을 때의 정수:", i)
```

실행 결과

```
누적 합이 1000을 넘을 때 : 1035
누적 합이 1000을 넘을 때의 정수: 45
```

break문을 활용한 예제 1

[코드 9-27]의 while문은 조건식이 True여서 루프를 무한 반복하지만 루프 내에서 사용자가 y를 입력하면 break문이 실행되어 프로그램을 종료한다.

코드 9-27 y를 입력할 때까지 while문 반복 ex09-27.py

```
while True :
    print("Welcome!")
    response = input("중지할까요? ('y' or 'n') : ")
    if  response == "y" :
        break
    print("계속 반복합니다!", end = "")
print("while문 종료!")
```

실행 결과

```
Welcome!
중지할까요? ('y' or 'n') : n
계속 반복합니다!Welcome!
중지할까요? ('y' or 'n') : y
while문 종료!
```

break문을 활용한 예제 2

[코드 9-28]은 정수 n의 소수 여부를 판정한다. [코드 9-17]에서는 정수 n이 소수인지를 판단하기 위해 2부터 n-1까지 각 정수로 n을 나누어서 조사했는데, 이들 중 한 번이라도 나누어지면 소수가 아니므로 더 조사할 필요는 필요 없다. [코드 9-28]은 이런 점을 고려하여 [코드 9-17]을 개선한 것으로, for문의 예정된 반복을 중단하기 위해 break문을 사용한다.

코드 9-28 정수 n의 소수 여부 판정하기 ex09-28.py

```
n = int(input("양의 정수: "))
flag = 0
for i in range(2, n) :
    if n%i == 0 :
        flag = 1
        break
if flag==0 :
    print("%d은 소수임" % (n))
else :
    print("%d은 소수가 아님" % (n))
```

실행 결과

```
양의 정수: 137
137은 소수임
```

실행 결과

```
양의 정수: 256
256은 소수가 아님
```

2 continue문

continue문은 반복문에서만 사용되는 문장으로, 반복문에서 현재 루프의 실행을 종료하고, 다음 루프의 실행 부분으로 이동한다. 따라서, 현재 루프에서 break 다음의 문장은 실행되지 않는다. while문에서는 continue문을 만나면 다음 실행은 조건식 검사이고, for문에서는 반복제어변수 값이 리스트의 다음 원소값으로 변경된다.

break문은 반복문 전체를 종료하지만 continue문은 반복문에서 현재 루프의 실행만 종료된다. 일반적으로 continue문은 반복문의 실행 도중 특정 조건이 만족되면, 루프의 나머지 부분의 실행을 생략하기 위해 루프 내에서 if문과 함께 사용된다.

[코드 9-29]와 [코드 9-30]은 1에서 100 사이의 3의 배수를 제외한 정수의 합(sum = 1 + 2 + 4 + 5 + 7 + ⋯ + 97 + 98 + 100)을 구한다. for 루프와 while 루프에서 변수 i의 값이 3의 배수가 될 때는 변수 sum에 더하는 문장의 실행을 제외하기 위해 continue문을 사용한다.

코드 9-29 for문의 continue 사용 ex09-29.py

```
sum= 0
for  i  in range(1, 101) :
    if i%3==0: continue
    sum = sum+i

print("합 : %d" % (sum))
```

실행 결과

```
합 : 3367
```

코드 9-30 while문의 continue 사용 ex09-30.py

```
sum = 0 ;  i = 0
while i < 100 :
    i = i + 1
    if i % 3 == 0 :  continue
    sum = sum + i
print("합 : %d" % (sum))
```

실행 결과

```
합 : 3367
```

continue문을 사용하는 또 다른 예제로, [코드 9-31]은 1부터 1000 사이의 7의 배수를 제외한 정수의 합이 처음으로 1000을 넘을 때, 그 합과 마지막에 더해지는 정수를 구한다. 1부터 1000까지의 7의 배수를 제외한 정수를 순차적으로 더해 가면, 그 누적 합은 당연히 1000을 넘게 된다. 따라서, 1부터 1000 사이의 정수의 누적 합을 구하기 위해 for문을 사용하고, for 루프 내에서 7의 배수인 정수를 누적 합에서 제외하기 위해 continue문을 사용한다. 그리고 누적 합이 처음으로 1000이 넘으면 for문의 실행을 종료하기 위해 break문을 사용한다.

코드 9-31 for문에서 continue문, break문의 사용 ex09-31.py

```
sum = 0
for  i  in range(1, 1001) :
    if  i%7 == 0 : continue
    sum = sum + i
    if  sum>1000 : break

print("처음으로 1000을 넘을 때의 합 : %d " % sum)
print("마지막에 더해진 정수 : %d " % i)
```

실행 결과

```
처음으로 1000을 넘을 때의 합 : 1029
마지막에 더해진 정수 : 48
```

3 pass문

pass문은 [코드 9-32]와 같이 아무런 일도 하지 않지만 문법적으로는 문장이 필요한 경우에 사용한다. if문을 이용해서 표현해도 되기 때문에 실제로 이와 같은 형태로 작성하지는 않는다.

코드 9-32 pass문 사용 ex09-32.py

```
score = int(input("점수: "))
if score >= 60 :
    pass
else :
    print("불합격!")
print("프로그램 종료")
```

실행 결과

```
점수: 85
프로그램 종료
```

실행 결과

```
점수: 54
불합격!
프로그램 종료
```

[코드 9-33]은 pass문의 또 다른 사용 예이다. 메뉴 프로그램을 작성할 때 사용자가 메뉴를 선택하면 해당되는 기능을 실행해야 하는데, 아직 메뉴의 수행 코드를 준비하지 않았다면 [코드 9-33]과 같이 pass문으로 대신하고 나중에 대체할 수 있다. 그러면 메뉴별 수행 코드를

작성하지 않더라도 메뉴 화면의 작동을 확인할 수 있다. pass문은 이런 목적으로 사용할 수 있지만 실제로 프로그램을 작성할 때는 많이 사용되지 않는다.

코드 9-33 메뉴 화면(작동 확인) 작성 예 ex09-33.py

```
while True:
    print("=== 메뉴 화면 ===")
    print("  메뉴1 (1)")
    print("  메뉴2 (2)")
    print("  종 료 (q)\n")
    print("==============")
    ch = input("메뉴를 선택하세요(1, 2, q): ")
    if ch=='1' :
        pass
        input()
    elif ch=='2' :
        pass
        input()
    elif ch=='q' :
        break
    else  :
        print("1, 2, q를 선택해야 합니다!")
print("메뉴 화면을 종료합니다!")
```

pass: 메뉴1 수행 코드 대체

pass: 메뉴2 수행 코드 대체

break: 메뉴 화면 종료

실행 결과

```
=== 메뉴 화면 ===
  메뉴1 (1)
  메뉴2 (2)
  종 료 (q)

==============
메뉴를 선택하세요(1, 2, q): 2
=== 메뉴 화면 ===
  메뉴1 (1)
  메뉴2 (2)
  종 료 (q)

==============
메뉴를 선택하세요(1, 2, q): q
메뉴 화면을 종료합니다!
```

요약

01 반복 구조는 특정 문장의 반복적인 실행을 표현한다. 순차 구조와 선택 구조, 반복 구조를 이용하면 대부분의 프로그램을 작성할 수 있다.

02 파이썬은 반복문으로 while문과 for문을 제공한다. 일반적으로 while문은 반복조건을 알고 있을 때 사용하고, for문은 반복횟수를 예측할 수 있을 때 사용한다.

03 while 문은 조건식을 지정해서 조건식이 참이 되는 동안 반복문장(루프)을 반복 실행한다.

```
while 조건식 :
    반복문장(루프)
```

04 for문은 반복문장을 리스트(또는 컬렉션)의 원소들을 대상으로 동일한 처리를 반복하거나 리스트의 원소 개수만큼 반복해서 실행해야 할 때 사용한다.

```
for 변수 in 리스트(또는 컬렉션 자료) :
    반복문장(리스트 원소를 변수로 참조함)
```

05 range() 함수는 지정된 범위의 정수 리스트를 반환한다. for문을 range()와 함께 사용하면 반복문장의 반복 횟수를 간단하게 지정할 수 있다.

```
for 변수 in range(n1, n2, α) :
    반복문장(변수=n1, n1+α, n1+2α, ... < n2)
```

06 for문과 while문은 반복문장(루프)에서 또 다른 for문이나 while문을 제한 없이 사용할 수 있지만, 꼭 필요할 때 한번 정도 중첩해서 사용하는 것이 좋다.

07 break문은 반복문의 실행을 중단하기 위해 사용하는 문장으로, 반복문의 루프를 실행하는 도중 break를 만나면 반복문은 실행을 종료한다. continue문은 반복문에서 현재 루프의 실행을 종료하고, 다음 루프의 실행을 위한 시작 부분으로 이동한다. 그리고 pass문은 아무런 일도 하지 않는 문장으로, 문법적으로는 문장이 필요할 때 사용한다.

01 다음의 파이썬 코드 중에서 "welcome!"의 출력 횟수가 <u>다른</u> 것은 어느 것인가?

①
```
for i in range(0, 10, 1):
    print("welcome!")
```

②
```
for i in range(1, 10, 1):
    print("welcome!")
```

③
```
for i in range(10):
    print("welcome!")
```

④
```
for i in range(0, 30, 3):
    print("welcome!")
```

02 다음은 1부터 10까지의 정수 합을 계산하는 파이썬 코드이다. <u>틀린</u> 것은 어느 것인가? 단, 아래 변수는 모두 int형이다.

①
```
sum=0
for count in range(1, 10) :
    sum += count
print("sum=%d" % sum)
```

②
```
sum=0
for count in range(1, 11) :
    sum += count
print("sum=%d" % sum)
```

③
```
sum=0
count=1
while count<=10 :
    sum += count
    count += 1
print("sum=%d" % sum)
```

④
```
sum=0
count=1
while count<11) :
    sum += count
    count += 1
printf("sum=%d" % sum)
```

03 다음의 파이썬 코드 중에서 무한 루프가 아닌 것은 어느 것인가?

①
```
while 1 :
    print("하이! ")
```

②
```
while 0 :
    print("하이! ")
```

③
```
count = 1
while count<10 :
    printf("하이! ")
    count += count
```

④
```
count = 1
state =1
while state :
    print("하이! ")
    count += 1
```

04 다음의 파이썬 코드 중에서 "welcome!"의 출력 횟수가 다른 것은 어느 것인가?

①
```
for i in range(0, 6) :
    print("welcome! ")
```

②
```
for i in range(1, 4) :
    for j in range(0, 2) :
        print("welcome! ")
```

③
```
i = 1
while count<=6 :
    print("welcome! ")
    i = i + 1
```

④
```
i = 1
while i<=3 :
    j = 0
    while  j<=2 :
        print("welcome! ")
        j = j + 1
```

05 다음의 파이썬 코드 중에서 print()문이 실행되는 것은 어느 것인가?

①
```
for i in range(0, 0) :
    print("보일까요?")
```

②
```
for i in range(10, 10, -1) :
    print("보일까요?")
```

③
```
i = 0
while  i<=0 :
    print("보일까요?")
    i = i + 1
```

④
```
i = 0
while i<0 :
    printf("보일까요?")
```

06 다음 파이썬 코드의 출력 결과로 바른 것은 어느 것인가?

```
sum=0

for i in range(1, 11, 3) :
   sum += i
   if sum>=10 :  break
print("i=%d, sum=%d" % (i, sum))
```

① i=7, sum=12
② i=10, sum=12
③ i=11, sum=22
④ i=13, sum=22

07 다음 중 반복문에서 현재의 반복 루프를 종료하기 위해 사용하는 문장은 어느 것인가?

① break문 ② continue문 ③ return문 ④ pass문

08 다음은 while문에 대한 설명이다. 틀린 것은 어느 것인가?

① 조건식이 만족되는 동안 계속 실행한다.
② 루프 내에 조건식을 변경하는 문장이 있어야 한다.
③ 반복 횟수를 미리 알고 있을 때 사용하기 적합하다.
④ 단 한 번도 반복 루프를 실행하지 않을 수도 있다.

09 다음 파이썬 코드의 출력 결과로 바른 것은 어느 것인가?

```
sum=0 ; num=0

while num<=6 :
    num += 1
    if num%3==0 :  continue
    sum += num
print("num=%d, sum=%d" % (num, sum))
```

① num=6, sum=19 ② num=6, sum=21
③ num=7, sum=19 ④ num=7, sum=21

10 다음의 for문은 pass 문장을 몇 번 실행하는가?

```
for i in range(1, 10, 3) :  pass
```

① 3 ② 4
③ 5 ④ 9

11 다음의 파이썬 코드에서 print()문의 실행 결과는 어떻게 나오는가?

(1)

```
sum = 0;
for  i in range(0, 10) :
    sum = sum + i
    i = i + 2
print("sum=%d, i=%d" % (sum, i))
```

(2)

```
sum = 0 ;  i = 1
while i<30 :
    sum = sum + i
    i = i + 7
print("sum=%d, i=%d" % (sum, i))
```

(3)

```
counter = 3
while counter<=10 :
    counter += 2
print("counter=%d" % counter)
```

(4)

```
for i in range(0, 4) :
    if i==1 :  break
    for j in range(0, 4) :
        if j==2 :  break
print("i=%d, j=%d" % (i, j))
```

(5)

```
sum = 0
for i in range(1, 21) :
    if i%5 != 0 :  continue
    sum += i
print("i=%d, sum=%d" % (i, sum))
```

(6)

```
i = -5 ;  n = 5 ;  total = 0
while i<n :
    i = i + 1
    if i%3 == 0 :  continue
    total += i
print("i=%d, total=%d" % (i, total))
```

(7)

```
sum = 0
for i in range(1, 20) :
    sum += i
    i *= 2
print("i=%d, sum=%d" % (i, sum))
```

(8)

```
i = 0 ;  sum = 0
while sum<20 :
    sum += i
    i += 3
print("i=%d, sum=%d" % (i, sum))
```

(9)

```
i = 1 ;  sum = 0
while i<20 :
    if i%3 == 0 :  i += 1
    elif i%3 == 1 :  i += 2
    elif i%3 == 2 :  i += 3
    sum += i
print("i=%d, sum=%d" % (i, sum))
```

(10)

```
n = 3
while n<=20 :
    i = 2
    while i<n :
        if n%i == 0 :  break
        i += 1
if i==n :  print("%d " % n)
n += 1
```

12 다음의 파이썬 코드를 continue문을 사용하지 말고 다시 작성하라.

```
i = -5 ;  n = 50 ;  total = 0
while i<n :
    i += 1
    if  i==0 :  continue
    total += i
```

13 다음은 while문을 이용하여 1부터 100까지의 합을 계산한 것이다. 이 코드를 for문을 이용하여 다시 작성하라.

```
i = 1 ;  sum = 0
while i<=100 :
    sum += i
    i += 1
print("result=%d" % sum)
```

14 $1^2 + 2^2 + 3^2 + \cdots + i^2$이 1000을 초과하는 최초의 i 값을 구하는 프로그램을 작성하라.

15 피보나치 수열은 앞의 두 항을 더해서 다음 항이 만들어지는 수열이다. 자연수 n을 입력받아 1항부터 n항까지의 합을 구하는 프로그램을 작성하라.

$$s(n) = 1 + 1 + 2 + 5 + 8 + 13 + 21 + 34 + 56 + \cdots$$

16 다음 실행결과와 같이 구구단을 가로 방향으로 출력하는 프로그램을 작성하라.

실행 결과

```
2단      3단      4단      5단      6단      7단      8단      9단
2×1=2    3×1=3    4×1=4    5×1=5    6×1=6    7×1=7    8×1=8    9×1=9
2×2=4    3×2=6    4×2=8    5×2=10   6×2=12   7×2=14   8×2=16   9×2=18
                       ... 생략 ...
```

17 학생들의 점수를 읽고, 아래와 같이 학점을 구분하여 점수와 학점을 출력하는 프로그램을 작성하라. 음수가 입력되면 프로그램을 종료하는 것으로 한다.

score	grade	score	grade
95~100	A+	90~94	A
85~89	B+	80~84	B
75~79	C+	70~74	C
65~69	D+	60~64	D
59이하	F		

18 다음의 조건을 만족하는 프로그램을 작성하라.

(1) 초항이 3, 공차가 17인 등차수열에서 최초로 10000이 넘는 항은 몇 번째인지, 그 때의 항의 값은 얼마인지 구하라.

(2) 1~10000 사이의 7의 배수의 개수와 해당하는 숫자를 모두 구하라.

(3) 1~10000 사이의 모든 소수를 구하여 출력하라.

19 사용자에게 다음과 같은 메뉴를 제공하고, 메뉴를 선택하면 지정된 문자열을 출력하는 프로그램을 작성하라. 단, 프로그램은 사용자가 종료를 선택하지 않으면 다시 메뉴 화면을 출력해야 하고, 1, 2, 3, 4, q 이외의 문자를 입력하면 문자를 잘못 입력했음을 알리고 다시 메뉴 화면을 출력해야 한다.

실행 결과

```
학년 입력 :
1학년 ('1') -> '진로탐구' 출력
2학년 ('2') -> '진로목표 설정' 출력
3학년 ('3') -> '진로준비' 출력
4학년 ('4') -> '진로도전' 출력
종 료 ('q') -> 시스템 종료
```

CHAPTER 10
함수

학습목표

- 함수의 필요성을 이해한다.
- 함수의 정의와 사용, 인수 전달과 반환값에 대해 익힌다.
- 전역변수와 지역변수의 차이를 이해하고 사용법을 익힌다.
- 재귀함수의 개념을 이해하고 사용법을 익힌다.
- 파이썬의 주요 내장함수를 살펴본다.

01 함수의 필요성

1 코드의 재사용

프로그래밍을 하다 보면 같은 코드를 반복적으로 작성해야 할 때가 있다. [그림 10-1]과 같이, 같은 코드를 연속적으로 반복 작성해야 한다면 반복문으로 간단히 표현할 수 있다.

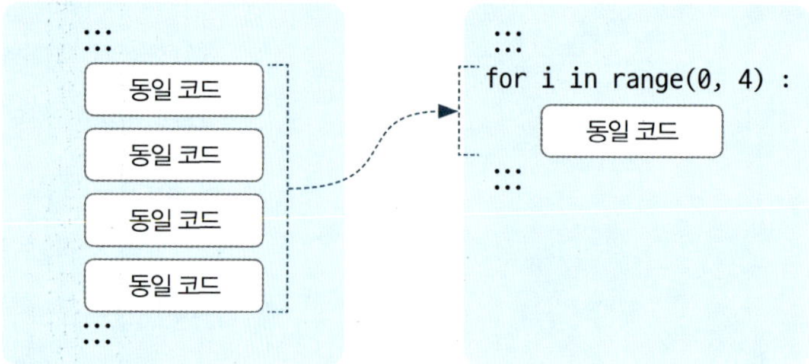

그림 10-1 반복문을 이용한 코드의 반복

그러나 불연속적으로 프로그램의 여러 위치에서 사용해야 한다면 반복문은 작성할 수 없다. 이런 경우, [그림 10-2]와 같이 반복되는 코드를 함수로 정의해 두면 필요할 때 함수이름만으로 간단하게 재사용할 수 있다. 함수는 이름을 가진 코드의 묶음이다.

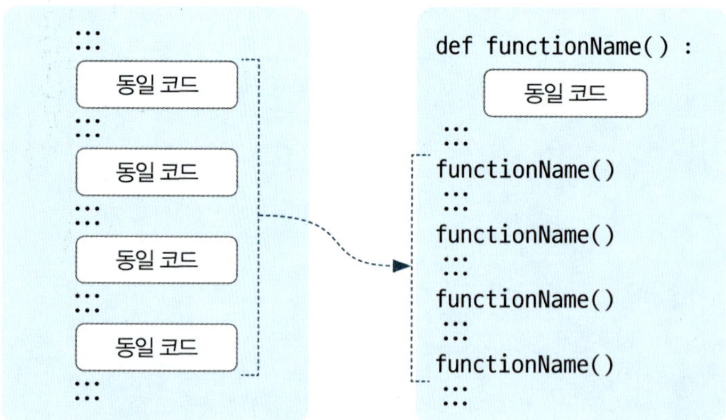

그림 10-2 함수를 이용한 코드의 반복

2 효율적인 프로그램 설계

코드의 재사용 외에도 함수를 이용하면 프로그램의 설계와 작성을 효율적으로 수행할 수 있다. 함수는 특정 작업이나 기능을 수행하는 코드의 모임으로, 작은 단위의 프로그램이다. 우리가 작성하는 프로그램은 그 자체가 하나의 기능을 수행하는 것이고, 이것은 다시 여러 세부 기능으로 구성할 수 있다.

예를 들면, [그림 10-3]과 같이 프로그램을 작은 기능의 함수를 연결해서 구성할 수 있고, [그림 10-4]와 같이 프로그램 자체를 하나의 함수로 작성할 수도 있다.

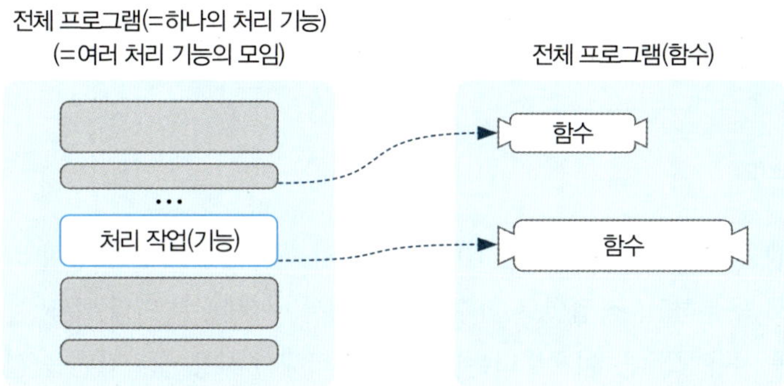

그림 10-3 함수 관점의 프로그램 구조(1)

```
# 함수 정의
def  processScores():
    name = input("이름 입력 : ")
    middle = int( input("중간 성적 입력 : "))
    final = int( input("기말 성적 입력 : "))
    total = middle + final
    avg = total / 2

    print("-----------------------")
    print("이름 : " , name)
    print("총점 : " , total)
    print("평균 : " , mean)
    print("-----------------------")

# 프로그램 작성 : 정의된 함수 사용
processScores()
```

그림 10-4 함수 하나로 작성한 프로그램

함수 단위로 프로그램을 작성하면, 프로그램을 더 체계적으로 작성할 수 있다. 간단한 작업의 프로그램은 그냥 작성할 수 있지만 복잡한 작업은 쉽지 않은데, [그림 10-5]와 같이 프로그램 작업을 작은 단위로 분해해서 함수로 작성하고, 이 함수들을 연결하면 체계적으로 프로그램을 작성할 수 있다.

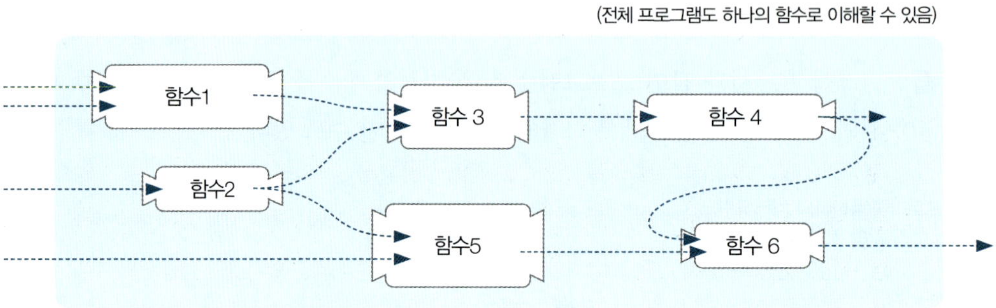

그림 10-5 함수 관점의 프로그램 구조(2)

예를 들어,성적 처리 프로그램을 작성할 경우, [그림 10-6]과 같이 프로그램 작업을 성적 입력, 성적 계산, 결과 출력으로 구분하고, 작업별로 함수를 작성해서 구성할 수 있다. 우리는 이미 많은 파이썬 내장함수를 사용했는데, 이제부터는 함수를 정의해서 사용하는 방법을 설명한다.

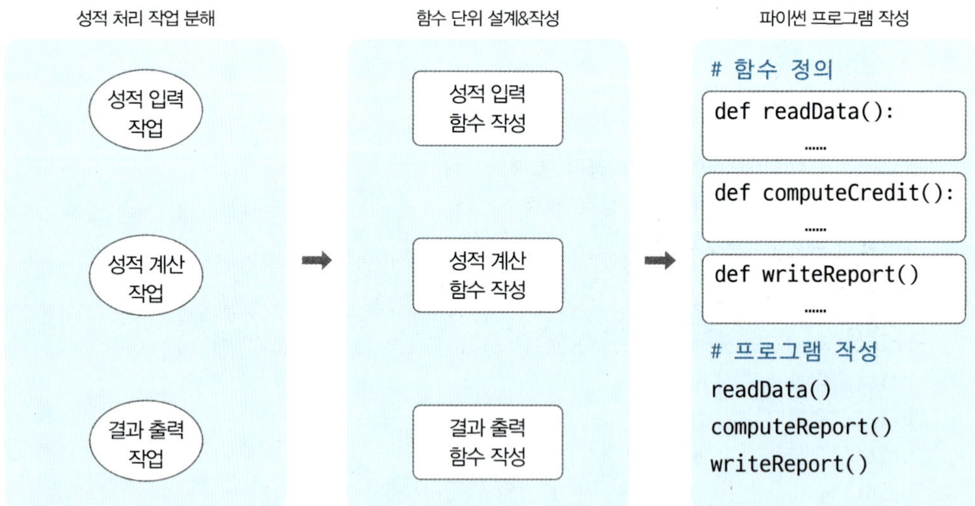

그림 10-6 함수를 이용한 프로그램의 단계별 작성 과정

02 함수의 정의와 사용

1 함수의 정의

파이썬 함수는 특정 기능을 수행하는 문장의 모임으로, 파이썬 프로그램을 구성하는 작은 단위이다. 함수의 기능을 사각형으로 나타내면, 그 구조는 [그림 10-7]과 같다.

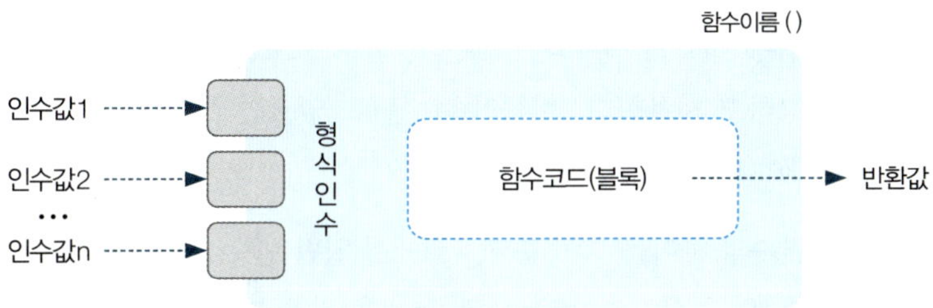

그림 10-7 파이썬 함수의 구조

그동안 작성했던 프로그램과는 달리 정의된 함수는 그 자체로는 실행되지 않고, 반드시 다른 프로그램이나 함수에서 실행을 요청해야만 실행되는 특별한 프로그램이다. 따라서, 함수 정의를 미리 작성해 두고, 필요할 때 실행을 요청(함수 호출)해야 한다. 함수 정의는 그동안 작성했던 프로그램 코드의 작성과 비슷하다. 다만, 실행될 때 인수값과 함께 함수이름으로 호출되고, 종료될 때 하나의 값을 반환하기 때문에 함수 정의는 실행 문장과 함께 함수이름, 형식인수, 반환값의 지정 등을 포함해야 한다. [그림 10-8]은 파이썬 함수의 정의 형식을 나타낸 것이다.

```
def   함수이름(형식인수1, 형식인수2,  … ) :
        문장1
        문장2
          …                         함수코드
        문장n (return문 포함)
```

그림 10-8 파이썬 함수의 정의 형식

함수이름

함수이름은 함수를 호출할 때 사용한다. 함수이름은 변수명의 지정과 마찬가지로 6장에서 설명한 식별자 이름 작성 규칙을 준수해서 지정하면 된다. 일반적으로 함수이름도 그 기능을 쉽게 연상할 수 있게 지정하는 것이 바람직한데, readData(), writeReport(), computeAvg(), getName(), displayMenu()와 같이 함수 기능을 연상할 수 있는 영어의 동사와 명사를 조합해서 명명하는 것도 좋은 방법이다. def는 함수 정의를 나타내는 키워드이다.

함수의 형식인수

함수의 형식인수는 함수가 호출될 때 전달되는 자료값을 저장하는 변수이다. 형식인수는 함수이름 뒤의 괄호 내에 나열해서 함수 내부의 변수와 구별한다. 함수 코드를 작성할 때, 형식인수는 이미 저장값이 있다고 생각하고 사용한다. 형식인수는 필요 없으면 생략할 수 있고, 괄호 뒤의 콜론(:)은 반드시 기술해야 한다.

[그림 10-9]는 형식인수와 일반 변수의 차이를 보여 준다. (a)에서 일반 변수 final은 값이 지정되지 않아 오류가 발생하지만, (b)의 형식인수 middle과 final은 값을 지정하지 않아도 오류가 발생하지 않는다. 이것은 형식인수는 함수가 호출되면 저장값을 전달받기 때문이다.

```
middle = int(input())
total = middle + final  ····· 초기화 오류 발생
avg = total / 2
        …
```

(a) 일반 변수의 사용

```
def compute(middle, final) :
    total = middle + final
    avg = total / 2
        …
```

(b) 형식인수의 사용

그림 10-9 일반 변수와 형식인수의 초기화

함수를 구성하는 모든 문장(함수 코드)은 키워드 def보다 한 단계 더 들여써서 작성해야 한다.

return문

일반적으로 함수 코드에는 return문이 존재한다. return문은 함수의 실행을 종료하고 하나의 결과값(반환값 또는 함수값)을 함수 호출 위치로 반환한다. 함수는 주로 하나의 값을 반환하도록 설계되므로 return문을 포함한다. 반환값이 없다면 return문은 생략할 수 있는데, 이때 함수의 마지막 코드를 실행하면 함수는 종료된다. return문의 형식은 다음과 같다.

❶ 반환값이 없는 경우

```
return
```

❷ 수식값을 반환하는 경우

```
return 수식
```

반환값이 있는 함수

다음은 8장과 9장에서 설명했던 코드 중에서 결과값이 하나인 것을 함수로 다시 작성한 것이다. 이전에는 실행 결과를 print( )로 출력했다면 함수에서는 반환값으로 나타낸다.

■ 1~n의 정수 합 계산

1~n(n>2)의 정수를 합해서 반환하는 함수 accumulateSum()을 정의한다. accumulate Sum() 함수의 구조는 다음과 같다.

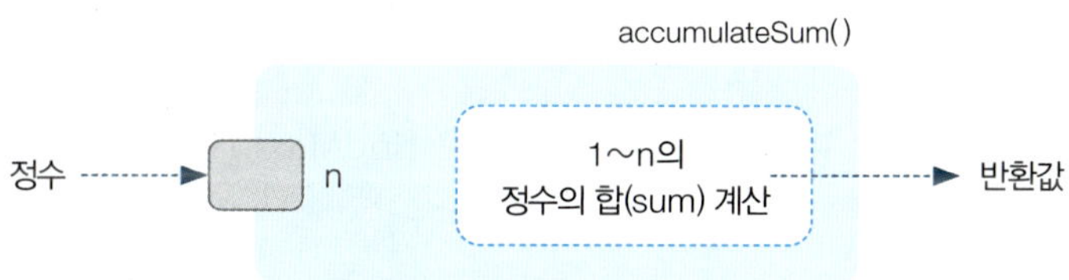

그림 10-10 accumulateSum() 함수의 설계

위의 함수 설계를 기반으로 함수 코드를 작성하면 다음과 같다.

```
def accumulateSum(n) :
    sum = 0
    for i in range(1, n+1) :
        sum  += 1
    return(sum)
```

■ 학점 판정

점수(score)에 따라 A~F까지 학점을 판정하는 함수 getGrade()를 정의한다. getGrade() 함수의 구조는 다음과 같다.

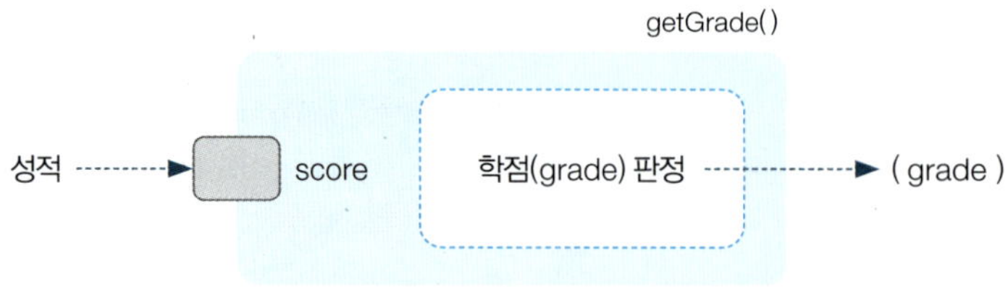

그림 10-11 getGrade()의 함수 설계

위의 함수 설계를 기반으로 함수 내부 코드를 작성하면 다음과 같다.

```
def  getGrade(score) :
    if  score >= 90 :  grade = 'A'
    elif score >= 80 :  grade = 'B'
    elif score >= 70 :  grade = 'C'
    elif score >= 60 :  grade = 'D'
    else :  grade = 'F'
    return (grade)
```

■ 두 정수 중 큰 수 찾기

두 개의 정수(num1, num2)를 비교해서 더 큰 정수를 찾는 함수 findMax()를 정의한다. findMax() 함수의 구조는 다음과 같다.

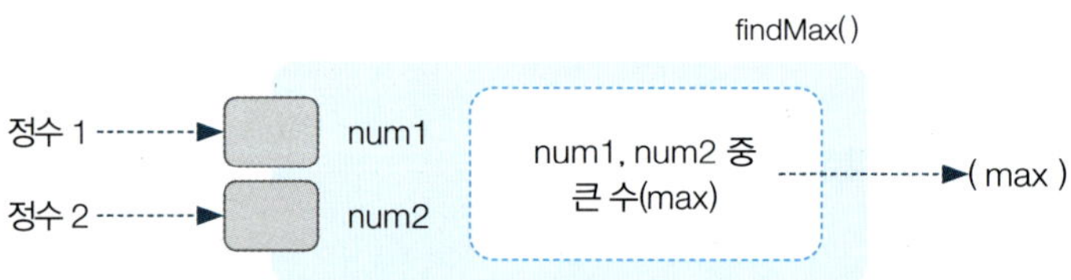

그림 10-12 findMax()의 함수 설계

위의 함수 설계를 기반으로 함수 내부 코드를 작성하면 다음과 같다.

```
def findMax(num1, num2) :
    max = num1
    if  max < num2 :
        max = num2
    return  max
```

■ **소수 여부 판정**

정수(n)의 소수 여부를 판정하는 함수 isPrime()을 정의한다. isPrime() 함수의 구조는 다음과 같다.

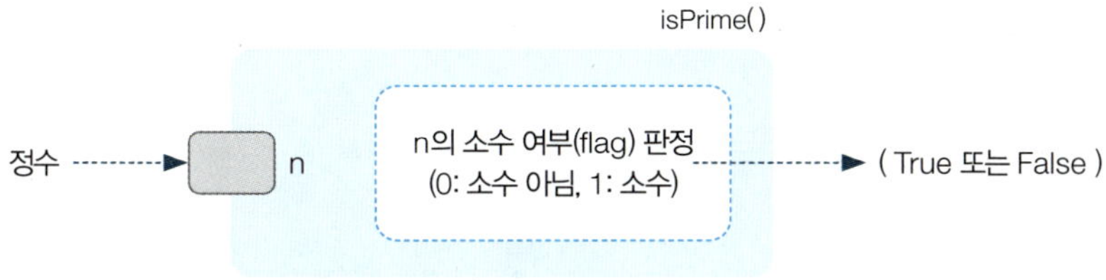

그림 10-13 isPrime()의 함수 설계

위의 함수 설계를 기반으로 함수 내부 코드를 작성하면 다음과 같다.

```
def isPrime(n) :
    flag = True
    for i in range(2, n) :
        if n%i == 0 :
            flag = False
    return(flag)
```

반환값이 없는 함수

함수는 인수와 반환값이 없어도 정의할 수 있다. 이런 경우 함수는 단순히 파이썬 코드 묶음에 이름을 붙인 것이 되는데, 반복적으로 사용되는 코드를 함수로 정의하면 프로그램을 간결하게 작성할 수 있다.

■ **제목 출력하기**

"성적 처리 결과"라는 제목을 출력하기 위한 printTitle() 함수는 형식인수도 없고 반환값도 없다. 그리고 마지막 문장까지 실행하면 종료되므로 return문도 생략했다. printTitle()의 구조는 다음과 같다.

그림 10-14 반환값 없는 함수 설계(1)

위의 함수 구조도를 기반으로 함수 내부 코드를 작성하면 다음과 같다.

```
def printTitle() :
    print("------------------")
    print("성적 처리 결과")
    print("------------------")
```

■ **합격/불합격 메시지 출력하기**

합격/불합격 메시지를 출력하는 notifyMessage() 함수는 인수는 있지만 반환값이 없다. notifyMessage() 함수는 if문에서 return문을 실행하거나 함수의 마지막 문장을 실행하면 종료된다. return문이 실행되면 함수는 종료되고, 그 뒤의 문장은 실행되지 않는다. notifyMessage()의 구조는 다음과 같다.

TIP 이 함수 코드는 if~else문을 이용하여 return문을 사용하지 않고 작성할 수도 있다.

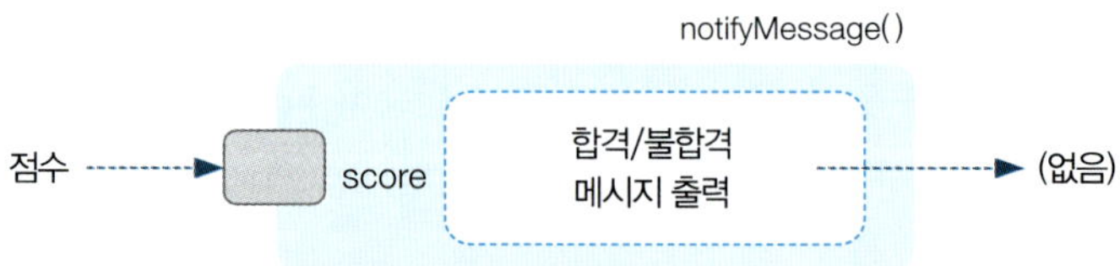

그림 10-15 반환값 없는 함수 설계(2)

```
def notifyMessage(score) :
    if score >= 80 :
        print("축하합니다!")
        print("합격입니다!")
        return
    print("불합격입니다")
    print("분발하세요!")
```

2 함수의 사용

함수는 정의하더라도 그 자체로는 실행되지 않는다. 다른 프로그램이나 다른 함수에서 호출해야 실행된다. 함수는 단독으로 호출해서 사용하거나 수식의 일부로 반환값이 필요한 위치에서 호출할 수 있다. 반환값이 없는 함수는 단독으로 호출해서 사용하는데, 이 경우, None이라는 값을 반환한다.

함수의 호출 형식은 다음과 같다.

❶ 함수 단독으로 사용하는 경우

```
함수이름(인수값1, 인수값2, …)    예 notifyMessage(score)
```

❷ 수식의 일부로 사용하는 경우

```
수식 연산자 함수이름(인수값1, 인수값2, …)    예 grade = getGrade(88) + "학점"
```

다음은 앞에서 설명한 함수들을 사용(호출)하는 여러가지 예를 보여준다.

```
num = int(input("정수 입력 : "))

# 함수 인수값으로 함수 호출
print(accumulateSum(num))

# 수식의 자료값으로 함수 호출
grade = evaluateGrade(88) + "학점"

# 자료값으로 함수 호출
max = findMax(num, 76)

# 조건식으로 함수 호출
if isPrime(num) :
    print("%d는 소수임" % num)
else :
    print("%d는 소수가 아님" % num)
```

```
# 함수 단독으로 사용(함수문)
printTitle()

# 함수문 사용
notifyMessage(78)
```

3 함수의 인수 전달과 반환값

실인수

함수를 호출할 때, 함수이름 뒤의 괄호 내에 형식인수에 대응해서 나열한 것을 실인수real argument라고 한다. 형식인수는 변수이지만 실인수는 변수, 상수, 수식, 함수식 등 여러 가지 형태로 표현할 수 있다. 함수를 호출하면 실인수는 형식인수에 순차적으로 대응해서 전달된 후 함수 코드가 실행되고, 함수가 종료되면 반환값이 함수 호출 위치로 반환된다. 따라서, 함수 호출은 최종적으로 함수 반환값으로 대체된다.

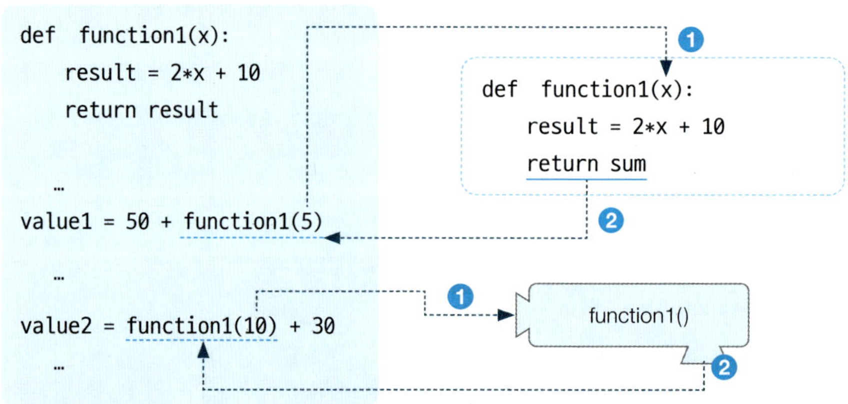

그림 10-16 함수 호출의 인수와 반환값 전달 과정

함수를 호출하면 실인수 값은 대응되는 형식인수로 전달된다. 그러나 함수가 종료되더라도 형식인수 값이 실인수로 다시 전달되지는 않는다. 함수를 호출해서 실인수 값이 형식인수로 복사되고 나면 이후 실인수와 형식인수는 서로 영향을 주지 않는다.

[그림 10-17]에서 각각 실인수 x, y 값을 전달받은 형식인수 a, b는 함수 exchange()에서 서로 교환되지만, 실인수 x, y에는 아무런 영향을 주지 않아 함수 exchange(x, y)의 호출 전후에 출력된 변수 x, y의 값은 변함없이 동일하게 출력된다.

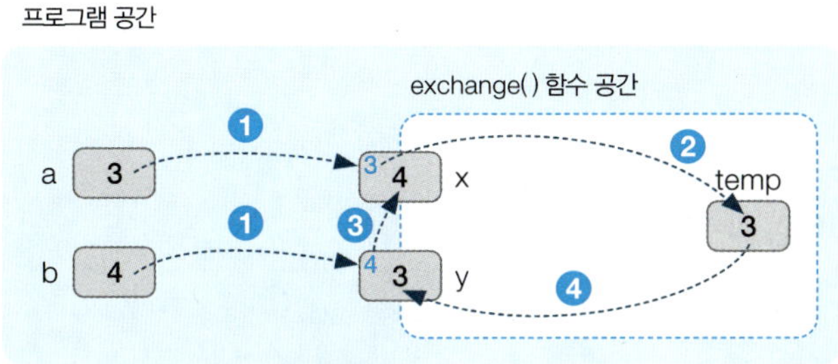

그림 10-17 함수의 인수값 전달

위의 구조에 따라 코드로 작성하면 다음과 같다.

```
def  exchange(a, b):
    temp = a
    print("a=", a, "b=", b)
    a = b
    b = temp
    print("a=", a, "b=", b)

x = 3
y = 5
print ("x=", x, "y=", y)
exchange(x, y)
print ("x=", x, "y=", y)
```

위치 인수와 키워드 인수

함수를 호출할 때, 실인수는 형식인수 이름을 지정해서 전달할 수도 있다. 형식인수명=값 형식으로 실인수를 지정하면, 나열 순서에 관계없이 해당 형식인수로 인수값이 전달된다. 나열 순서에 대응해서 전달되는 인수를 위치 인수positional argument, 형식인수명으로 전달되는 인수를 키워드 인수keyword argument라고 한다. 키워드 인수와 위치 인수를 함께 사용할 때는 위치 인수를 먼저 사용해야 한다. 그러나 가급적이면 함께 사용하는 것은 피해야 한다.

코드 10-1 키워드 인수 ex10-01.py

```
def printArguments(x, y, z):
    print("x=%d, y=%d, z=%d" % (x, y, z))
    sum = x + y + z
    print("x+y+z=%d" % sum)

printArguments(10, 20, 30)
printArguments(y=100, z=200, x=300)
printArguments(z=2000, y=1000, x=3000)
```

실행 결과

```
x=10, y=20, z=30
x+y+z=60
x=300, y=100, z=200
x+y+z=600
x=3000, y=1000, z=2000
x+y+z=6000
```

디폴트 인수

함수를 정의할 때, 형식인수의 기본값을 지정할 수도 있다. 이런 형식인수를 디폴트 인수default argument라고 한다. 함수를 호출할 때, 실인수 값을 생략하면 디폴트 인수는 기본값을 가진다.

코드 10-2 디폴트 인수 ex10-02.py

```
def writeInfo(name, dept, major2="없음") :
    print("%s님 환영합니다!" % name)
    print("학과 : %s" % dept)
    print("부전공 : %s" % major2)

name = input("이름은? : ")
dept = input("학과는? : ")
answer = input("복수전공 이수 여부(Y/N) : ")
if answer == 'Y' or answer == 'y' :
    major2 = input("복수전공명: ")
if answer == 'Y' or answer == 'y' :
    writeInfo(name, dept, major2)
else :
    writeInfo(name, dept)
```

실행 결과

```
이름은? : 홍길동
학과는? : 컴퓨터공학
복수전공 이수 여부(Y/N) : y
복수전공명: 경영학
홍길동님 환영합니다!
학과 : 컴퓨터공학
부전공 : 경영학
```

실행 결과

```
이름은? : 이강인
학과는? : 스포츠과학
복수전공 이수 여부(Y/N) : n
이강인님 환영합니다!
학과 : 스포츠과학
부전공 : 없음
```

여기서 잠깐 함수 설계의 차이

[코드 10-3]과 [코드 10-4]는 함수 설계의 차이를 나타낸 것이다. 두 코드는 모두 동일한 결과를 출력하지만 [코드 10-3]의 writeFactorial(n)은 n!의 계산 결과를 직접 출력했고, [코드 10-4]의 computeFactorial(n)은 반환값으로 정의하여 출력과 분리했다. computeFactorial(n)은 n! 값이 필요한 곳이면 어디든지 활용할 수 있지만 writeFactorial(n)은 사용이 제한적이다. 함수는 다양하게 재사용할 수 있게 작성해야 한다.

코드 10-3 함수 설계 : 실행 결과 직접 출력 ex10-03.py

```python
def writeFactorial(n) :
    fact = 1
    for i in range(1, n+1) :
        fact = fact * i
    print("%d! = %d" % (n, fact))

n = int(input("정수: "))
writeFactorial(n)
```

실행 결과

```
정수: 7
7! = 5040
```

코드 10-4 함수 설계 : 실행 결과 함수값 반환 ex10-04.py

```python
def  computeFactorial(n) :
    fact = 1
    for i in range(1, n+1) :
        fact = fact * i
    return fact

n = int(input("정수: "))
print("%d! = %d" % (n, computeFactorial(n)))
```

실행 결과

```
정수: 7
7! = 5040
```

03 전역변수와 지역변수

1 전역변수와 지역변수의 개념

함수를 사용하려면 전역변수와 지역변수의 개념을 이해해야 한다.

지역변수

앞에서 프로그램은 실행 중에 사용할 변수를 확보한다고 했는데 함수도 프로그램이다. 그래서 함수가 호출되면 함수에서 정의된 변수가 확보되고, 종료하면 확보했던 변수는 소멸되어 더 이상 사용할 수 없게 된다. 이런 변수는 해당 함수에서만 사용할 수 있기 때문에 해당 함수의 지역변수local variable라고 한다. 즉, 지역변수는 함수에서 정의해서 함수 내에서만 사용할 수 있는 변수이다.

전역변수

전역변수global variable는 지역변수에 대응되는 개념이다. 전역변수는 함수 밖에서 정의되는 변수이다. 프로그램이 시작될 때 만들어져서 함수가 호출되기 전부터 이미 사용되고 있는 변수이다. 전역변수는 프로그램의 모든 위치에서 사용할 수 있지만 함수에서 사용할 때는 주의가 필요하다.

2 전역변수와 지역변수를 사용할 때 주의할 점

global 키워드를 통한 전역변수의 명시적 선언

함수에서 전역변수를 사용하려면 시작 부분에 키워드 global과 함께 전역변수명을 선언해야 한다. 함수에서 global로 선언하지 않은 변수들 중 외부의 전역변수와 이름이 같고 단순히 변수값을 참조만 한다면 이 변수는 함수 밖의 전역변수를 나타낸 것으로 취급한다.

그러나 global로 선언하지 않은 변수를 값을 지정해서 사용하면(대입문의 왼쪽에 위치한다면), 이 변수는 함수 밖의 전역변수와 이름이 같더라도 전역변수와는 구별되는 지역변수로 취급한다. 따라서, 함수에서 전역변수를 사용할 때는 시작 부분에 global 키워드를 이용해서 명시적으로 전역변수임을 나타내고 사용하는 것이 좋다. 예를 들면, [코드 10-5]의 함수 f1()에서 변수 value는 global로 선언되지 않았다. 그러나 대입문의 오른쪽에서만 사용되었으므로 함수 밖에서 정의한 전역변수와 같은 변수로 취급한다.

코드 10-5 **전역변수와 지역변수(1)** ex10-05.py

```
def  f1():
    price = value+200        value는 전역변수
    print(price)

value = 1000                 전역변수
f1()
value = price+500
print(value)
```

실행 결과

```
1200
Traceback (most recent call last):
  File "C:/python/ex10-06.py", line 7, in <module>
    value = price+500        전역변수
NameError: name 'price' is not defined. Did you mean: 'print'?
```

[코드 10-6]의 g1()에서는 value를 대입문의 왼쪽에서 사용했기 때문에 함수 밖의 전역변수 value와는 다른 지역변수이다. 그리고 g1()에서는 value의 값을 지정하지 않고 대입문의 오른쪽으로 사용했기 때문에 오류가 발생한다.

코드 10-6 **전역변수와 지역변수(2)** ex10-06.py

```
def  g1():
    price = 2000
    value = value+price
    print(price, value)

value = 1000                 전역변수
g1()
print(value)
```

실행 결과

```
Traceback (most recent call last):
  File "C:/python/ex10-07.py", line 7, in <module>
    g1()
  File "C:/python/ex10-07.py", line 3, in g1
    value = value+price ··········· value는 지역변수이지만 값이 없음(오류)
UnboundLocalError: local variable 'value' referenced before assignment
```

값을 지정한 후 사용해야 하는 지역변수

[코드 10-7]과 [코드 10-8]의 함수 localTrade()에서 사용된 변수 price를 보자. [코드 10-7]의 함수 localTrade1()에서는 대입문으로 값을 지정해서 사용했기 때문에 지역변수이다. 그러나 [코드 10-8]의 함수 localTrade2()에서는 price의 값만 사용했으므로 전역변수이다.

코드 10-7 지역변수 price ex10-07.py

```
def  localTrade1():
    price = 1200 ··········· 지역변수
    salePrice = price * 1.2
    print(price, salePrice)

price = 1000 ··········· 전역변수
localTrade1()
print(price) ··········· 전역변수
```

실행 결과

```
1200 1440.0
1000
```

코드 10-8 전역변수 price ex10-08.py

```
def localTrade2():
    salePrice = price * 1.2 ··········· 지역변수
    print(price, salePrice)

price = 1000 ··········· 전역변수
localTrade2()
print(price) ··········· 전역변수
```

실행 결과

```
1000 1200.0
1000
```

그런데 [코드 10-9]에서 2행과 5행은 전역변수처럼, 4행은 지역변수처럼 사용했지만 실행하면 오류가 발생한다. 왜냐하면 localTrade3() 함수에서 4행의 price는 대입문으로 값을 지정했기 때문에 지역변수이지만, 2행과 5행의 price는 값이 지정되지 않았기 때문에 오류가 발생한다. 즉, 함수 내에서 지역변수의 값을 지정한 후에 사용해야 한다.

코드 10-9 price = 지역변수? 전역변수 ? ex10-09.py

```
01 def localTrade3():
02     salePrice = price * 1.2
03     print(price, salePrice)
04     price = 2000
05     salePrice = price * 1.2
06     print(price, salePrice)
07
08 price = 1000          전역변수
09 localTrade3()
10 print(price)          전역변수
```

실행 결과

```
Traceback (most recent call last):
  File "C:/python/ex10-10.py", line 9, in <module>
    localTrade3()
  File "C:/python/ex10-10.py", line 2, in localTrade3
    salePrice = price * 1.2
UnboundLocalError: local variable 'price' referenced before assignment
```

이름이 같을 수 없는 전역변수와 지역변수

그리고 한 함수에서 같은 이름으로 전역변수와 지역변수를 사용할 수는 없다. 다음 [코드 10-10]의 localTrade4()에서는 2행에서 price를 전역변수로 선언했기 때문에 price는 전역변수이다.

코드 10-10 price 전역변수 선언 ex10-10.py

```
01 def localTrade4():
02     global price
03     salePrice = price * 1.2
```

```
    print(price, salePrice)
    price = 2000
    salePrice = price * 1.2
    print(price, salePrice)

price = 1000        # 전역변수
localTrade4()
print(price)        # 전역변수
```

실행 결과

```
1000 1200.0
2000 2400.0
2000
```

정리하자면 [코드 10-7], [코드 10-8]과 같이 전역변수를 명시적으로 선언하지 않아도 함수 내에서 전역변수와 지역변수의 사용을 구분할 수 있지만, 함수 코드의 이해가 어려워지고, [코드 10-9]와 같은 혼란을 초래할 수도 있다. 따라서, 함수에서 전역변수는 반드시 키워드 global을 이용해서 명시적으로 선언하고 사용하는 것이 좋다. 또한, 지역변수는 반드시 값을 지정한 후 사용해야 한다.

3 전역변수를 활용한 함수

전역변수를 이용하면, 함수는 반환값 외에 처리 결과를 파이썬 프로그램으로 전달할 수 있다. [그림 10-18]은 전역변수를 이용해서 파이썬 프로그램이 함수 f()의 처리 결과를 전달받아 사용하는 과정을 표현한 것이다. 함수 f()는 실행 중에는 처리 결과를 지정된 전역변수에 저장하고, 실행 후에는 파이썬 프로그램에서 이 전역변수를 참조하여 함수의 처리 결과를 이용할 수 있게 된다.

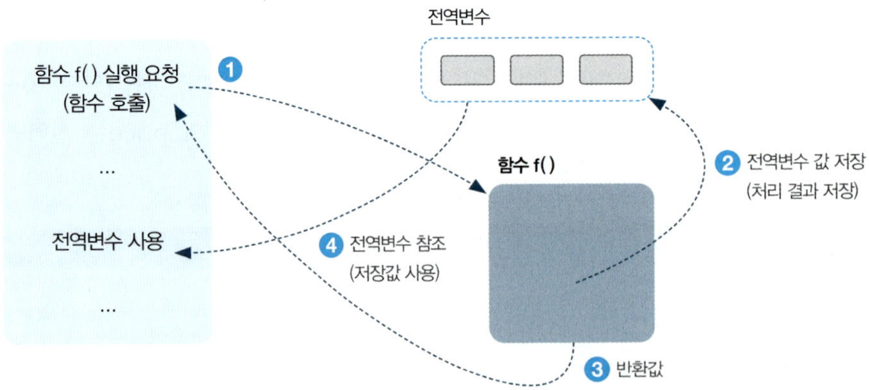

그림 10-18 전역변수를 참조한 함수 처리 결과 이용

이것을 응용하면 전역변수는 함수 간의 자료값 상호 전달에도 이용할 수 있다. 다만, 이런 목적으로 전역변수를 너무 많이 사용하면 각 함수에서 전역변수명과 지역변수명으로 인해 많은 혼란을 야기하고 함수 코드를 읽기 어렵게 만들어 오류의 원인이 될 수도 있다. 따라서, 함수에서 전역변수는 꼭 필요할 때 제한적으로 사용하는 것이 좋다.

함수 호출 횟수 관리

[코드 10-11]은 전역변수를 사용하는 함수의 예이다. 함수 callFunction()은 전역변수 count를 이용해서 자신의 호출 횟수가 3의 배수가 될 때마다 0으로 재설정한다.

코드 10-11 전역변수 활용(1) : 함수 호출 횟수 관리 ex10-11.py

```
def callFunction() :
    global count          ---- 전역변수 선언
    print("%d-번째 호출" % count)
    if count < 2 :
      count = count + 1
    else :
      count = 0
    return(count)

count = 0                 ---- 전역변수 선언
for i in range(0, 10) :
     callFunction()
```

실행 결과

```
0-번째 호출
1-번째 호출
2-번째 호출
0-번째 호출
1-번째 호출
2-번째 호출
0-번째 호출
1-번째 호출
2-번째 호출
0-번째 호출
```

함수의 정보 공유

전역변수를 활용하면 함수끼리 정보를 공유할 수 있다. [코드 10-12]는 전역변수 countSeoul, countJeju를 이용해서 각각 함수 visitSeoul(), visitJeju()의 호출 횟수를 관리하고, 전역변수 total을 이용해서 두 함수의 전체 호출 횟수를 관리한다. 함수 visitSeoul(), visitJeju()는 호출될 때마다 전역변수 countSeoul과 total, countJeju와 total을 각각 1씩 증가시켜 자신들이 호출되었다는 정보를 저장한다.

코드 10-12 **전역변수 활용(2) : 함수의 정보 공유** ex10-12.py

```
def visitSeoul() :
    global total, countSeoul      전역변수 선언
    countSeoul += 1
    total += 1
def visitJeju() :
    global total, countJeju      전역변수 선언
    countJeju += 1
    total += 1

total = 0   # 전역변수
countSeoul = countJeju = 0      전역변수 선언
while True :
  choice = input("선택['s','j' or 'any Key']: ")
  if choice == 's' :
      visitSeoul()
  elif choice == 'j' :
      visitJeju()
  else :
      break

print(countSeoul, countJeju, total)
```

실행 결과

```
선택['s','j' or 'any Key']: s
선택['s','j' or 'any Key']: j
선택['s','j' or 'any Key']: j
선택['s','j' or 'any Key']: s
선택['s','j' or 'any Key']: j
```

```
선택['s','j' or 'any Key']: j
선택['s','j' or 'any Key']: q
2 4 6
```

패스워드 입력 횟수 제한

[코드 10-13]은 전역변수를 이용해서 함수 checkPassword()의 호출 횟수를 최대 3회 이내로 제한한다. 은행 ATM에 카드를 투입하고 연속해서 4회 비밀번호가 틀리면 부정 사용자로 취급하는 것을 모방하여 프로그램으로 작성한 것이다.

코드 10-13 전역변수 활용 : 패스워드 입력 횟수 제한 ex10-13.py

```
def checkPassword(pw):
    global count            전역변수 선언
    count = count+1
    if pw == "python" :
        return(1)
    return(0)

count=0                     전역변수 선언
pw=input("패스워드 입력: ")
state = checkPassword(pw)
while count < 3 :
    if state == 1 : break
    pw = input("패스워드 재입력: ")
    state = checkPassword(pw)

if count < 3 :
    print("로그-인 성공!")
else :
    print("부정사용자임(3회 패스워드 오류)")
```

실행 결과

```
패스워드 입력: java
패스워드 재입력: hi
패스워드 재입력: programming
부정사용자임(3회 패스워드 오류)
```

실행 결과

```
패스워드 입력: C++
패스워드 재입력: python
로그-인 성공!
```

성적 처리의 기능별 함수 구현

[코드 10-14]는 8장의 [실습코드 8-1]을 함수를 이용해서 다시 작성한 것이다. 형식인수 없이 코드를 기능에 따라 구분해서 함수로 작성했다. 함수는 전역변수를 이용해서 자료를 공유하기 때문에 사용하는 변수를 global로 선언하였다. 이렇게 코드를 기능별로 구분해서 함수를 정의하면, 함수를 순차적으로 호출해서 프로그램을 작성할 수 있다. 여기서는 단지 함수를 설명하기 위해 모든 변수를 전역변수로 사용했는데, 바람직한 방법은 아니다.

코드 10-14 성적 처리 : 함수 설계(1) ex10-14.py

```
name=eng=math=total=avg=grade=None
def readData() :
    global name, eng, math
    name = input("이름: ") ;
    eng = int(input("영어 성적: ")) ;
    math = int(input("수학 성적: "))

def getAvg() :
    global total, avg
    total = eng + math ;  avg = total / 2

def getGrade() :
    global avg, grade
    if avg>=90 :  grade = 'A'
    elif avg>=80 :  grade = 'B'
    elif avg>=70 :  grade = 'C'
    elif avg>=60 :  grade = 'D'
    else :  grade =  'F'

def printRecord() :
    global name, eng, math, total, avg, grade
    print("-"*53)
    print(" 이  름\t\t영어\t수학\t총점\t평균\t학점")
    print("-"*53)
    print (" %s\t\t%3d\t%3d\t%3d\t%.2f\t%2c" % (name,eng,math, total,
           avg, grade))
    print("-"*53)

```

```
name=eng=math=None
readData()
getAvg()
getGrade()
printRecord()
```

readData() : 학생 이름, 영어 성적, 수학 성적을 읽는다

getAvg() : 평균을 계산한다

getGrade() : 학점을 계산한다

printRecord() : 성적표를 출력한다

실행 결과

```
이름: 홍길동
영어 성적: 88
수학 성적: 73
--------------------------------------------------
 이  름    영어   수학   총점   평균    학점
--------------------------------------------------
 홍길동     88     73    161   80.50    B
--------------------------------------------------
```

실습과제 1

[코드 10-14]에서는 전역변수를 이용해서 함수들이 자료를 공유했다. 그런데 각 함수에서 전역변수들을 사용하다 보면 전역변수 값을 변경할 수 있는데, 이것은 다른 함수들에도 영향을 주므로 프로그램 오류의 원인이 될 수 있다. 그리고 전역변수를 많이 사용하면 함수의 재사용성이 떨어지기 때문에 가급적이면 각 함수에서 전역변수의 사용은 최소화하는 것이 좋다.

[실습코드 10-1]은 한 학생의 이름과 영어 성적, 수학 성적을 입력받아 총점, 평균, 학점을 계산해서 출력하는 프로그램이다. [코드 10-14]에서는 [실습코드 8-1]의 코드를 기능별로 구분하고 전역변수만 사용하도록 함수들을 설계했다. 전역변수의 사용을 줄이기 위해 가급적이면 지역변수를 사용하도록 함수들을 설계하여 재정의한다.

실습코드 10-1 한 학생의 성적 처리(함수 프로그래밍) program10-01.py

```
name=eng=math=None
def readData() :
    global name, eng, math
    name=input("이름: ")
    eng=int(input("영어 성적: ")) ; math=int(input("수학 성적: "))

def getAvg(eng, math, n) :
    return((eng+math) / n)

def getGrade(score) :
    if score>=90 :  return('A')
```

```
    elif score>=80 :  return('B')
    elif score>=70 :  return('C')
    elif score>=60 :  return('D')
    else :  return('F')

def printTitle() :
    print("="*41)
    print(" 이  름\t\t영어\t수학\t총점\t평균\t학점")
    print("="*41)

def printRecord(name, subj1, subj2, mean, level) :
    print(" %s\t\t%3d\t%3d\t%3d\t%.2f\t%2c" % (name, subj1,subj2, \
            subj1+subj2, mean, level))
    print("="*41)

readData()                   # 학생 이름, 영어와 수학성적을 읽는다.
avg = getAvg(eng, math, 2)  # 평균을 계산한다.
grade = getGrade(avg)        # 학점을 계산한다.
printTitle()
printRecord(name, eng, math, avg, grade)    # 성적표를 출력한다.
```

실행 결과

```
이름: 홍길동
영어 성적: 87
수학 성적: 56
--------------------------------------------------
 이  름      영어    수학    총점    평균    학점
--------------------------------------------------
 홍길동       87      56      143     71.50    C
--------------------------------------------------
```

[실습코드 10-1]을 실행하여 결과를 확인하고, 다음의 처리조건을 고려해서 프로그램을 수정하라.

처리조건 1

- 전역변수를 사용하지 않는 함수들만 정의해서 사용할 수 있다면 프로그램을 어떻게 수정해야 할지 생각해보고, 프로그램을 수정하라.

처리조건 2

• 단 2개의 함수만 사용한다면, 어떤 함수들을 설계해서 사용할지 생각해서 프로그램을 다시 작성하라.

실습과제 2

[실습코드 10-2]는 학생이 n명인 한 학급의 성적을 처리하는 프로그램이다. 학생 수(n)와 각 학생의 이름, 영어와 수학 성적을 입력받아 학생별로 총점, 평균과 학점을 계산해서 출력하고, 최고득점자의 이름과 평균의 출력한다. 특별히 한 학생의 성적 처리 및 출력작업을 함수 processOne()으로 정의해서 프로그램의 논리 구성을 간단하게 작성한다. 함수 processOne()은 9장의 [실습과제2]에서 정의했던 함수들을 이용하며, 전역변수 avg와 grade는 global로 선언했지만 그 외 전역변수들은 global로 선언하지 않았다.

실습코드 10-2 한 학급의 성적 처리(함수 프로그래밍) program10-02.py

```
name=eng=math=topAvg=topName=None
def readData() :
    ...
def getAvg(eng, math, n) :
    ...
def getGrade(score) :
    ...
def printTitle() :
    ...
def printRecord(name, subj1, subj2, mean, level) :
   ...

def processOne() :
    global avg, grade
    readData()
    avg = getAvg(eng, math, 2)
    grade = getGrade(avg)
    printTitle()
    printRecord(name, eng, math, avg, grade)

print("\n프로그램 시작")
n = int(input("학생 수 입력 : "))

# 첫 번째 학생 성적 처리
```

함수 정의 코드는 생략함

```
print("\n%d번째 학생 성적 처리" % 0)
processOne() ; topAvg = avg ;  topName = name

# 두 번째~n번째 학생 성적 처리
for i in range(1, n) :
    print("\n%d번째 학생 성적 처리" % i)
    processOne()
    if topAvg < avg :
        topAvg = avg ; topName = name

print("\n최고평균 : %6.2f(%s)" % (topAvg,topName))
print("\n프로그램 종료")
```

실행 결과

```
학생수 입력 : 2

0번째 학생 성적 처리
이름: 임꺽정
영어 성적: 78
수학 성적: 63
==================================================
 이  름          영어  수학  총점  평균    학점
==================================================
 임꺽정          78    63    141   70.50   C
==================================================

1번째 학생 성적 처리
이름: 마동탁
영어 성적: 82
수학 성적: 93
==================================================
 이  름          영어  수학  총점  평균    학점
==================================================
 마동탁          82    93    175   87.50   B
==================================================

최고평균 :  87.50(마동탁)
```

[실습코드 10-2]를 실행하여 결과를 확인하고, 다음의 처리조건을 고려해서 프로그램을 수정하라.

처리조건 1

- 전체 학생 중 최저 득점자의 이름과 평균을 출력한다.
- 과목(영어, 수학)별 최고 득점자와 점수, 최저 득점자와 점수를 출력한다.

처리조건 2

- 이 프로그램은 미리 학생 수(n)를 확인하여 학생 수를 입력한다. 만약 학생 수를 미리 입력하지 않고 임의의 학생들의 데이터를 입력받아 처리하려면 어떻게 해야 할지 생각해보고, 프로그램을 수정하라.

HINT 학생의 입력 데이터가 입력되지 않으면 학생의 성적 처리 반복을 종료한다. 또는 더 이상 입력할 학생 데이터가 없으면 프로그램과 약속한 값을 입력한다.

04 재귀함수

1 재귀함수의 개념

파이썬 함수는 함수 내부에서 자기 자신을 호출해서 사용할 수 있다. 이런 함수를 재귀함수 recursive function 라고 하고, 이런 함수 호출을 재귀 호출 recursive call 이라고 한다. 재귀함수는 재귀적 정의를 포함하는 문제의 처리함수를 작성할 때 유용하다.

TIP 함수 f()가 함수 g()를, 함수 g()는 함수 h()를, 그리고 함수 h()는 함수 f()를 호출하는 것도 재귀호출이라고 할 수 있다.

재귀적 사고

재귀함수를 사용하려면 재귀적 사고를 이해해야 한다. 재귀적 사고는 어떤 문제의 해결 과정에서 동일한 사고를 순환적으로 반복해서 문제의 해에 접근하는 것으로, 우리 주변에는 이런 재귀적 사고를 필요로 하는 문제가 굉장히 많이 있다. 예를 들면, 정류장에서 버스를 기다리는 과정은 재귀적 문제 해결 과정이라고 할 수 있다. 우리는 정류장에서 기다리는 버스(예를 들면, n번 버스)가 도착해서 출발할 때까지 버스를 기다리고, 버스가 도착하면 n번 버스인지를 확인하는 과정을 재귀적으로 반복한다.

[그림 10-19]는 이런 재귀적 과정을 그림과 알고리즘 의사코드로 나타낸 것이다. 이런 재귀적 처리 과정은 재귀함수로 쉽게 작성할 수 있다.

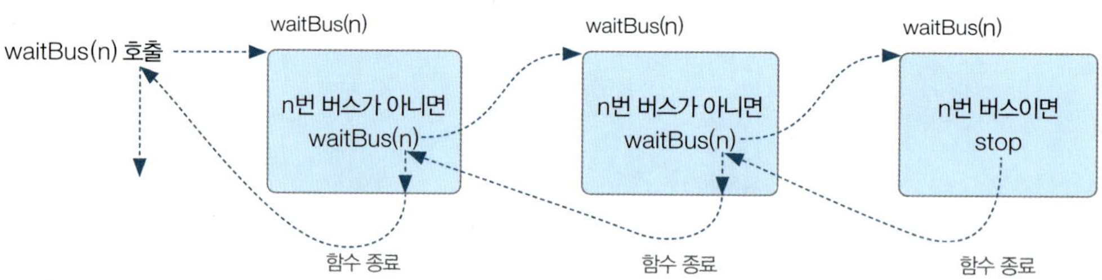

(a) 버스 대기의 재귀적 과정 구조도

```
알고리즘 wait_Bus(n)
1. 한 버스가 도착할 때까지 기다린다.
2. 도착한 버스의 번호를 읽는다.
3. If 버스번호 = n then
        3.1 버스에 탄다.
   else
        3.2 wait_Bus(n)
4. 종료한다.
```

(b) 버스 대기의 알고리즘 의사코드

그림 10-19 재귀함수의 개념

재귀적 정의

재귀적 사고에 익숙해지면 재귀적 정의를 포함한 문제를 재귀함수로 쉽게 작성할 수 있다. [표 10-1]과 같이 수학의 많은 연산은 재귀적 정의를 통해 재귀함수로 쉽게 작성할 수 있다.

표 10-1 수학의 재귀적 정의

재귀적 정의 예	재귀적 정의
n!	$n! = \begin{cases} n\times(n-1)! , & n\geq 1 \\ 1 , & n=0 \end{cases}$
a의 지수승 a^n	$a^n = \begin{cases} a\times a^{n-1} , & n\geq 1 \\ 1 , & n=0 \end{cases}$
1부터 n까지의 정수들의 합 sum(n)	$\mathrm{sum}(n) = \begin{cases} n+\mathrm{sum}(n-1) , & n\geq 2 \\ 1 , & n=1 \end{cases}$
피보나치 수열의 일반항 p(n)	$p(n) = \begin{cases} p(n-1)+p(n-2) , & n\geq 2 \\ 1 , & n=0,1 \end{cases}$

일반적으로 재귀적 정의는 재귀적 정의를 끝내는 종결 조건을 포함한다. 이런 종결 조건 때문에 재귀함수는 if~else 구조로 작성할 수 있다.

TIP 종결 조건이 없으면 재귀적 정의는 무한히 반복된다.

재귀 함수 작성

재귀함수의 일반적인 코드 구조는 다음과 같다.

```
def  Function(arg) :
    if  arg == 종결 조건 :
        result = 종결 조건 처리 코드
    else :
        result = arg α Function(arg-1)   ······ 자기 자신 호출, α는 재귀연산
    return (result)
```

다음은 [표 10-1]의 재귀적 정의를 재귀함수로 작성한 예이다. 재귀함수의 코드는 if~else 구조를 가지므로 문제의 처리 과정을 재귀적 사고로 이해만 한다면 재귀함수로 작성하는 것은 어렵지 않다. 이런 재귀적 사고 능력은 프로그래밍에서 매우 중요하다.

```
def  factorial(n) :
    if  n==0 :
        result = 1
    else :
        result = n * factorial(n-1)
    return (result)
```

(a) n! 계산함수

```
def  exponent(a, n) :
    if  n==0 :
        result = 1
    else :
        result = a * exponent(a, n-1)
    return (result)
```

(b) a^n 계산함수

```
def  sum(n) :
    if  n==1 :
        result = 1
    else :
        result = n + sum(n-1)
    return (result)
```

(c) sum(n) = 1 + 2 + ⋯ + n 계산함수

```
def  p(n) :
    if  n <2 :
        result = 1
    else :
        result = p(n-1) + p(n-2)
    return (result)
```

(d) 피보나치 수열의 일반항 계산함수

그림 10-20 재귀함수 작성 예

[그림 10-21]은 [그림 10-20] (a)에서 사용된 재귀함수 factorial(n)의 실행 과정을 나타낸 것이다.

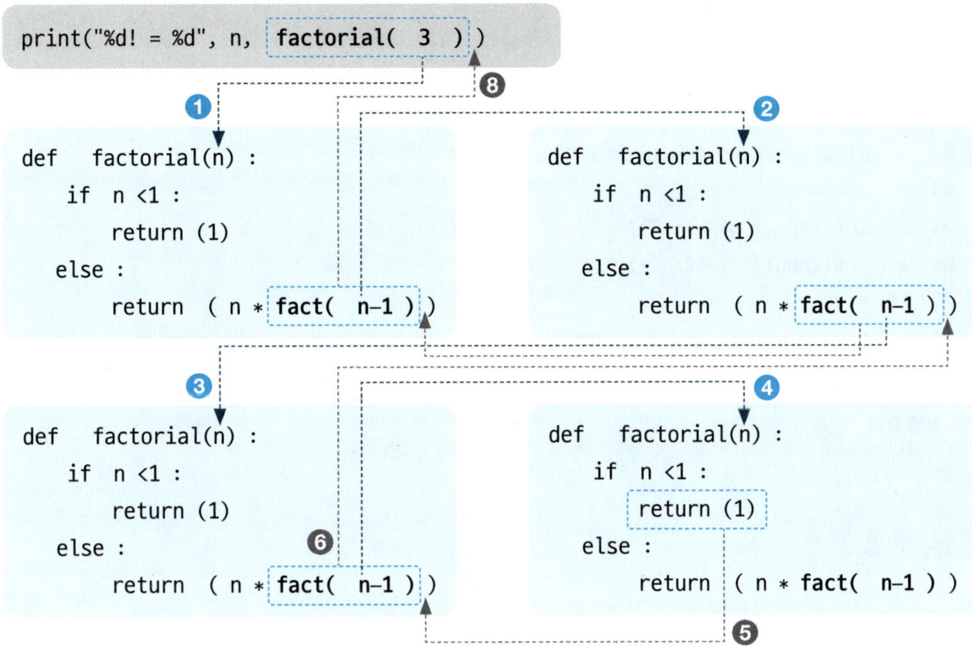

그림 10-21 재귀함수 factorial(n)의 실행 과정(n=3)

재귀함수는 코드는 간단하지만 내부적으로는 자기 자신의 호출을 여러 번 반복한다. 재귀함수를 사용하면 프로그램 코드는 간결하게 작성할 수 있지만, 비재귀함수로 작성할 때보다 실행 속도는 떨어지게 된다. 그러나 프로그램의 개발 단계에서는 실행 속도보다는 프로그램 작성 자체가 중요하므로 재귀함수의 작성 능력을 기르는 것은 중요하다.

TIP 모든 재귀함수는 비재귀함수로 재작성할 수 있다. 따라서, 재귀함수를 이용해서 프로그램을 개발하면, 추후 비재귀적 반복 함수로 재작성해서 처리 속도를 개선할 수 있다.

2 재귀함수를 활용한 예제

최대공약수 구하기

다음 [코드 10-15]는 두 정수의 최대공약수를 구하는 재귀함수로 인수는 항상 n1 > n2인 것으로 가정한다.

TIP 9장의 [코드 9-7]은 비재귀함수로 작성했고, 인수에 대해 n1 > n2라는 가정도 하지 않았다.

코드 10-15 최대공약수 계산 재귀함수 (n1>n2) ex10-15.py

```
def gcd(n1, n2) :
    if  n2 == 0 : return n1
    else : return gcd(n2, n1%n2)

x = int(input("정수1: "))
y = int(input("정수2: "))
if  x<y :
    temp = x ; x = y ; y = temp
print("%d, %d의 최대공약수 : %d" % (x,y,gcd(x,y)))
```

실행 결과

```
정수1: 28
정수2: 12
28, 12의 최대공약수 : 4
```

두 정수 x, y의 최대공약수를 구하는 유클리드 호제법은 다음과 같이 재귀적으로 정의할 수 있다.

$$\gcd(x,y)=\begin{cases}\gcd(y,x) & \text{if } x<y \\ y & \text{if } x>y \text{ and } x\,\%\,y=0 \\ \gcd(y,x\,\%\,y) & otherwise\end{cases}$$

[그림 10-22]는 [코드 10-15]의 재귀함수 gcd(24, 15)의 실행 과정을 나타낸 것이다. gcd(24, 15)를 실행하면 x%y가 0이 될 때까지 내부적으로 gcd() 자신을 계속 호출하고, x%y가 0이 되면 재귀적 호출의 역순으로 y의 값이 직전 호출 위치로 반환된다.

재귀적 호출 ↓

함수	x	y	x % y	함수 실행문
gcd(24, 15)	24	15	9	gcd(y, x % y)
gcd(15, 9)	15	9	6	gcd(y, x % y)
gcd(9, 6)	9	6	3	gcd(y, x % y)
gcd(6, 3)	6	3	0	y값 반환

↑ 함수값 변환

그림 10-22 재귀함수 gcd(24, 15)의 실행 과정

하노이 타워 문제

하노이 타워Hanoi Tower 문제는 [그림 10-23]과 같이 기둥 t를 이용해서 기둥 a에 있는 n개의 원반을 기둥 b로 이동시키는 것으로, 원반은 한 번에 한 개씩만 이동할 수 있고, 각 기둥에서 원반은 항상 큰 것부터 작은 것의 순서로 놓여있어야 한다.

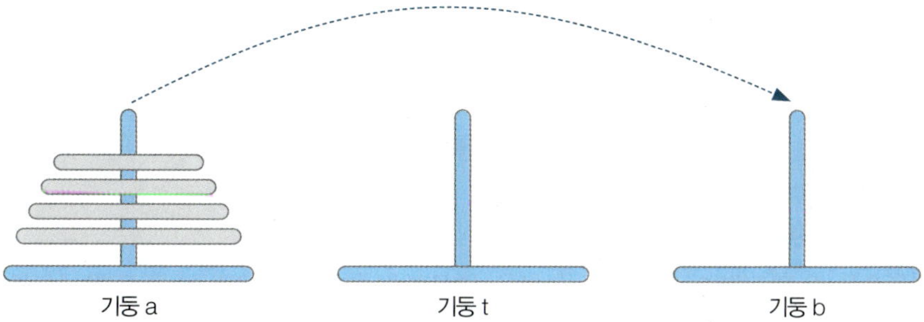

그림 10-23 하노이 타워 문제

편의상 크기에 따라 작은 것부터 순차적으로 1, 2, …, n으로 원반에 일련번호를 부여해서 나타내면, 기둥 a에 있는 n개의 원반을 기둥 b로 이동하는 하노이 타워 문제는 다음과 같이 재귀적 방법으로 해결할 수 있다.

하노이 타워 알고리즘은 다음과 같다.

❶ 기둥 a의 원반 1, 2, …, (n−1)을 기둥 t로 이동시킨다(크기가 n−1인 경우).

❷ 기둥 a의 원반 n을 기둥 b로 이동시킨다.

❸ 기둥 t의 원반 1, 2, …, (n−1)을 기둥 b로 이동시킨다(크기가 n−1인 경우).

위 알고리즘에서 ❶, ❸은 n−1개의 원반을 각각 a에서 t, t에서 b로 이동하는 또 다른 하노이 타워 문제가 된다. 그리고 하노이 타워 문제는 기둥에 원반 1개만 남아 있을 때 종료된다. 따라서, 하노이 타워 문제는 종료될 때까지 내부에서 2번의 또 다른 하노이 타워 문제를 재귀적으로 해결해야 한다. [코드 10-16]은 하노이 타워 재귀함수의 작성 예이다.

코드 10-16 **하노이 타워 해결 함수** ex10-16.py

```
def  hanoiTower(n, a, b, t) :
    if n>=1 :
        hanoiTower(n-1, a, t, b)
```

```
        print(" %d-원반 이동  : %c->%c \n" % (n, a, b))
        hanoiTower(n-1, t, b, a)
    else :
        pass
    return

n = int(input("[하노이 타워 문제] 원반 개수: "))
hanoiTower(n, 'A', 'B', 'T')
```

실행 결과

```
[하노이 타워 문제] 원반 개수: 3
 1-원반 이동  : A->B

 2-원반 이동  : A->T

 1-원반 이동  : B->T

 3-원반 이동  : A->B

 1-원반 이동  : T->A

 2-원반 이동  : T->B

 1-원반 이동  : A->B
```

05 파이썬 내장함수

파이썬은 프로그래밍의 편의를 위해 많이 사용되는 기능을 내장함수로 제공한다. 그동안 많이 사용했던 print(), input(), int(), float() 등이 파이썬의 내장함수이다. 이런 파이썬 내장함수는 파이썬만 설치하면 기본적으로 이용할 수 있다. 파이썬의 내장함수는 [그림 10-24]와 같이 파이썬 공식 웹사이트에서 확인할 수 있다.

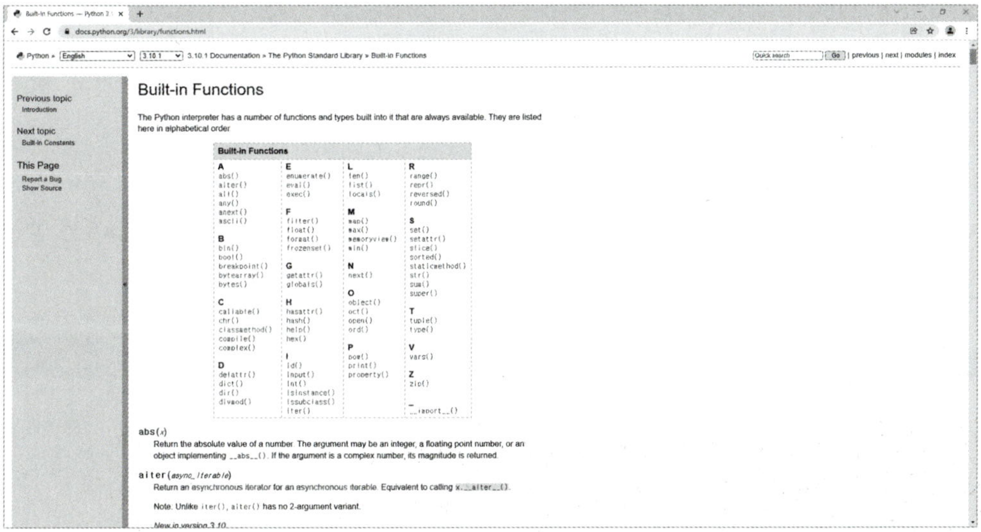

그림 10-24 파이썬 내장함수 안내 페이지

[표 10-2]는 일반적으로 많이 사용하는 파이썬의 내장함수이다.

표 10-2 주요 파이썬 내장 함수

주요 내장함수	기능
abs(), sum(), max(), min(), pow(), round()	수학 계산 함수. 각각 절대값, 합, 최대값, 최소값, 지수승, 반올림 계산함수
all(), any()	객체 구성 요소가 모두 참이면, 어느 하나라도 참이면 True, 그렇지 않으면 False를 반환함
bin(), oct(), hex()	각각 2진수, 8진수, 16진수 변환값 반환

주요 내장함수	기능
int( ), float( ), bool( ), str( )	자료값 형 변환함수, 각각 int, float, bool, str형으로 변환해서 반환함
list( ), tuple( ), set( )	각각 리스트, 튜플, 집합 객체로 변환해서 반환함
char( ), ord( )	각각 문자, 문자 코드값(10진수) 반환함
type( )	자료형을 반환함
open( ), close( )	파일 입출력 함수
input( ), print( ), format( )	각각 입력, 출력, 문자열 출력형식 지정 함수
len( )	컬렉션 객체의 크기(요소 개수)를 반환함
sorted( ), reversed( )	리스트를 정렬해서 반환함

이런 내장함수는 앞으로 프로그래밍을 하면서 필요할 때마다 기능과 사용법을 설명한다. 여기서는 많이 사용되는 수학 함수의 간단한 실행 예를 보이는 것으로 설명을 대신한다.

[코드 10-17]에서 sum()의 인수는 수치값의 리스트여야 한다. 그리고 max()와 min() 함수는 두 인수 중 큰 수와 작은 수를 반환한다. pow(5, 3)은 5의 3승 즉, $5^3=5\times5\times5$를 반환한다.

코드 10-17 수학 내장함수의 사용 예 ex10-17.py

```
print("abs(-3.14)=", abs(-3.14))
print("sum([10, 20, 30, 40, 50])=", sum([10, 20, 30, 40, 50]))
print("max(10, 20)=", max(10, 20))
print("min(10, 20)=", min(10, 20))
print("pow(5, 3)=", pow(5, 3))
print("round(27.74)=", round(27.74))
```

실행 결과

```
abs(-3.14)= 3.14
sum([10, 20, 30, 40, 50])= 150
max(10, 20)= 20
min(10, 20)= 10
pow(5, 3)= 125
round(27.74)= 28
```

다음은 round() 함수의 실행 예이다.

```
>>> print( round(3.3), round(3.5), round(3.7) )
3 4 4
>>> print( round(6.3), round(6.5), round(6.7) )
6 6 7
```

다른 round() 함수의 반환값은 예상대로이지만 round(6.5)의 값은 7이 아닌 6으로, 반올림이 되지 않았다. 이것은 파이썬의 round() 함수는 인수의 정수 부분이 짝수이고 소수점 값이 0.5일 때는 반올림을 하지 않기 때문이다. round() 함수는 인수의 반올림을 계산해서 반환하지만 사용할 때 주의가 필요하다.

요약

01 함수를 이용하면 프로그램에서 불연속적으로 반복되는 코드들을 재사용할 수 있고, 프로그램의 설계와 작성을 효율적으로 수행할 수 있다. 특히 프로그램 작업을 작은 작업들로 분해해서 함수로 작성하고, 이 함수들을 연결해서 프로그램을 구성하면 체계적으로 프로그램을 작성할 수 있다.

02 함수는 특정 기능을 수행하는 문장들의 모임으로, 프로그램을 구성하는 작은 단위이며, 다음의 특성을 가진다.

- 함수는 반드시 미리 정의하고 사용해야 한다.
- 함수는 반드시 다른 함수나 프로그램에서 호출해야 실행된다.
- 함수는 실행될 때 인수값들을 전달받을 수 있고, 종료할 때 하나의 값을 반환한다.

03 파이썬 함수는 함수이름과 형식인수, 그리고 반환값을 포함하여 다음과 같은 형식으로 정의한다.

```
def 함수이름(형식인수1, 형식인수2, ...) :
    문장1
    문장2
      ...
    문장n
```

04 return문은 함수의 실행을 종료하고 하나의 반환값을 함수 호출 위치로 반환한다. 따라서, 하나의 값을 반환하도록 설계되므로 함수는 반드시 return문을 포함해야 한다.

05 함수를 정의할 때 함수이름 뒤의 괄호에 나열하는 형식인수들은 변수이지만 함수를 호출할 때, 함수이름 뒤의 괄호에 형식인수들에 대응해서 나열하는 실인수들은 변수, 상수, 수식, 함수식 다양한 형태로 표현할 수 있다.

06 함수를 호출하면, 실인수 값들은 대응되는 형식인수로 복사되어 전달되면 함수코드가 실행되고 그 이후 실인수와 형식인수는 서로 아무런 영향을 주지 않는다.

07 함수를 호출할 때 '형식인수명=값' 형식으로 실인수를 지정하면, 나열 순서에 관계없이 인수값이 지정된 형식인수명으로 전달된다. 형식인수명으로 전달되는 인수를 키워드 인수라고 한다.

08 함수를 정의할 때, 형식인수의 기본값을 지정하면, 함수를 호출할 때 실인수 값을 생략하면 기본값이 전달된다. 이런 형식인수를 디폴트 인수라고 한다.

09 지역변수는 함수에서 정의해서 함수 내에서만 사용할 수 있는 변수이고, 전역변수는 함수 밖에서 정의되는 변수로 프로그램의 모든 위치에서 사용할 수 있다.

10 함수에서 전역변수를 사용하려면 시작 부분에 키워드 global과 함께 전역변수명을 선언해야 한다. 전역변수를 이용하면, 여러 함수 사이에서 서로 자료값을 전달할 수 있다.

11 함수가 자기 자신을 호출하는 것을 재귀호출이라고 하며, 함수코드로 재귀호출을 포함하는 함수를 재귀함수라고 한다. 재귀함수는 재귀적 정의를 포함하는 문제들의 처리함수를 작성할 때 유용하다.

12 재귀함수는 반드시 종결조건을 포함하며, 다음 형식으로 작성할 수 있다.

```
def 함수이름(arg) :
    if  arg == 종결조건 :
       result = 종결조건 처리코드
    else :
       resullt = 재귀호출을 포함하는 처리코드
    return (result)
```

13 파이썬은 프로그래밍의 편의를 위해 프로그래밍에서 많이 사용되는 기능들을 내장함수로 제공한다. 파이썬의 내장함수들은 파이썬 공식 웹사이트에서 확인할 수 있다.

01 다음은 함수의 인수에 대한 설명이다. <u>틀린</u> 것은 어느 것인가?

① 실인수는 반드시 변수여야 한다.

② 함수를 정의할 때 인수 개수에는 제약이 없다.

③ 함수를 실행할 때 전달되는 값을 저장한다.

④ 함수의 형식인수는 지역변수이다.

02 다음은 함수의 반환값에 대한 설명이다. <u>틀린</u> 것은 어느 것인가?

① 원칙적으로 하나의 값만을 반환한다.

② 반환값이 없을 수도 있다.

③ 반환값이 있는 함수는 수식의 일부로 사용할 수 있다.

④ 반환값이 없는 함수는 반환값을 0으로 가정한다.

03 다음은 함수의 지역변수에 대한 설명이다. <u>틀린</u> 것은 어느 것인가?

① 각 함수의 지역변수 이름은 같아도 된다.

② 한 번 저장된 값은 프로그램이 실행되는 동안 계속 유지된다.

③ 함수의 재사용성을 향상시킨다.

④ 함수가 호출될 때마다 생성과 해지를 반복한다.

04 다음은 파이썬의 전역변수와 지역변수에 대한 설명이다. <u>틀린</u> 것은 어느 것인가?

① 지역변수는 함수 내부에서 정의된다.

② 전역변수는 함수 밖에서 정의된다.

③ 지역변수는 함수 밖에서 사용할 수 없다.

④ 전역변수는 함수 내에서 global 키워드와 함께 정의된다.

05 다음은 파이썬 프로그램을 작성할 때 함수를 사용하는 이유에 대한 설명이다. <u>틀린</u> 것은 어느 것인가?

① 프로그램 코드를 간결하게 한다.

② 반복된 코드 사용을 대체할 수 있다.

③ 프로그램의 실행 속도를 빠르게 한다.

④ 프로그램을 체계적으로 설계할 수 있다.

06 다음 파이썬 코드에 대한 설명으로 틀린 것은 어느 것인가?

```
def  localTrade1():
    price = 1200
    salePrice = price * 1.2
    print(price, salePrice)

price = 1000       # 전역변수
localTrade1()      # ①
print(price)       # ② 전역변수
```

① 함수 localTrade()의 변수 price는 전역변수이다.

② 함수 localTrade()의 변수 salePrice는 지역변수이다.

③ 문장 ①의 실행 결과로 '1200 1440.0'이 출력된다.

④ 문장 ②의 실행 결과로 '1000'이 출력된다.

07 다음은 s(n)=1+2+...+n을 계산해서 반환하는 파이썬 재귀함수의 작성 예이다. (1), (2)의 빈칸에 들어갈 문장은 어느 것인가?

```
def  sum(n) :
    if  n==1 :
          (1)
    else :
          (2)
```

```
㉠ result = 1
㉡ return(1)
㉢ result = n + sum(n-1)
㉣ return(n+sum(n-1))
```

① ㉠-㉢　　② ㉠-㉣　　③ ㉡-㉢　　④ ㉡-㉣

08 다음 중 파이썬의 재귀함수로 작성하기에 가장 부적절한 것은 어느 것인가?

① 1부터 n까지의 정수 합 계산

② 1부터 n까지의 정수 곱 계산

③ 1부터 n 사이의 모든 소수 구하기

④ 입력된 문자열의 역순 출력하기

09 다음 중 나머지 셋과 출력 결과가 다른 것은 어느 것인가?

①
```
def f(num) : return num+2
a = f(10) ; b = f(a) ;  c = f(b)
print(c)
```

②
```
def g(num) : return num+2
c = g(g(g(10)))
print(c)
```

③
```
def f(num) : return num+2
def g(num) : return num+2
def h(num) : return num+2
a=f(10) ;  b=g(a) ;  c=h(b)
print(c)
```

④
```
def f(num) : return num+2
def g(num) :
    num = num+2
    return f(num)
c = g(10) ;  print(c)
```

10 다음은 파이썬 내장함수의 반환값을 나타낸 것이다. 틀린 것은 어느 것인가?

① pow(5, 3) → 125
② round(27.76) → 27.8
③ abs(−3.14) → 3.14
④ max(10, 40, 30, 20) → 40

11 다음 프로그램의 실행 결과는 무엇인가?

(1)
```
def f(x, y) :
    if x%y==0 :
        return 1
    else :
        return 0

print("결과=%d" % f(12, 3))
```

(2)
```
def fun(t) :
    n = (t + 1) * (t + 1)

n = 7
print("호출 전: %d" % n)
fun(n+1)
print("호출 후: %d" % n)
```

(3)
```
def f(num) :
    return num + 2

c = f(f(f(10)))
print(c)
```

(4)

```
def  f(num) :
    return num * 2

def g(num) :
    return f(num + 2)

def h(num) :
    num = num + 10
    return g(num)

c = h(2)
print(c)
```

12 입력한 문자열을 역순으로 출력하는 함수 printReverse()를 작성하라.

13 피보나치 수열은 1 1 2 3 5 8 13 21과 같이 일반항이 직전 두 항의 합이 되는 수열로, i번째 일반항은 다음과 같이 정의된다. 피보나치 수열의 일반항 정의를 참고하여, 피보나치 수열의 n번째 항을 구하는 함수를 작성하라.

$$F_i = 1, \quad \text{if } i = 0, 1$$
$$F_i = F_{i-1} + F_{i-2}, \quad \text{if } i > 1$$

14 연도를 인수로 받아서 윤년 여부를 판단하는 isLeapYear() 함수를 작성하라. isLeapYear() 함수는 윤년이면 1을, 그렇지 않으면 0을 반환한다. 연도가 4로 나눠지면 윤년, 4로 나눠지는 연도 중에서 100으로 나눠지면 윤년이 아니고, 100으로 나눠지는 연도 중 다시 400으로 나눠지면 윤년이다.

15 다음의 조건을 고려하여 사용자로부터 관리자 ID와 비밀번호를 입력받아 그 정당성을 확인하는 프로그램을 작성하라.

- 정당한 관리자 ID와 비밀번호는 전역변수로 저장한다.
- 관리자 ID 확인함수와 비밀번호 확인함수를 별도로 작성해야 한다.
- 관리자 ID를 틀리면, 적절한 메시지를 나타내고 다시 입력하게 해야 한다.
- 비밀번호는 3회까지만 확인하고, 그 이후에는 프로그램을 종료한다.

CHAPTER 11

컬렉션 자료형

학습목표

- 컬렉션의 개념을 이해하고 종류를 살펴본다.
- 리스트의 개념을 이해하고 사용법을 익힌다.
- 튜플의 개념을 이해하고 사용법을 익힌다.
- 집합의 개념을 이해하고 사용법을 익힌다.
- 딕셔너리의 개념을 이해하고 사용법을 익힌다.

01 컬렉션 자료형의 필요성

1 컬렉션 자료형의 개념

자료를 관리하다 보면 관련된 여러 자료를 모아서 하나의 단위로 관리해야 할 때가 있다. 예를 들면, 교사는 학생의 시험 성적을 모아 학번 순서로 관리하고, 특정 학생에 관련된 자료를 해당 학생의 기록카드에 모아서 관리하기도 한다. 파이썬에서는 이런 자료의 모임을 컬렉션 collection 이라고 한다.

- **학급의 성적 리스트**

  class1 = [88, 54, 76, 65, 84, 76, 92, 100, 82, 85]

- **한 학생의 기록카드**

  student = { 'name':"이강인", 'year':2, 'credit':88.2, 'talent':"축구" }

- **언어 과목 집합**

  subjects = { "C/C++", "자바", "파이썬", "자바스크립트", "PHP" }

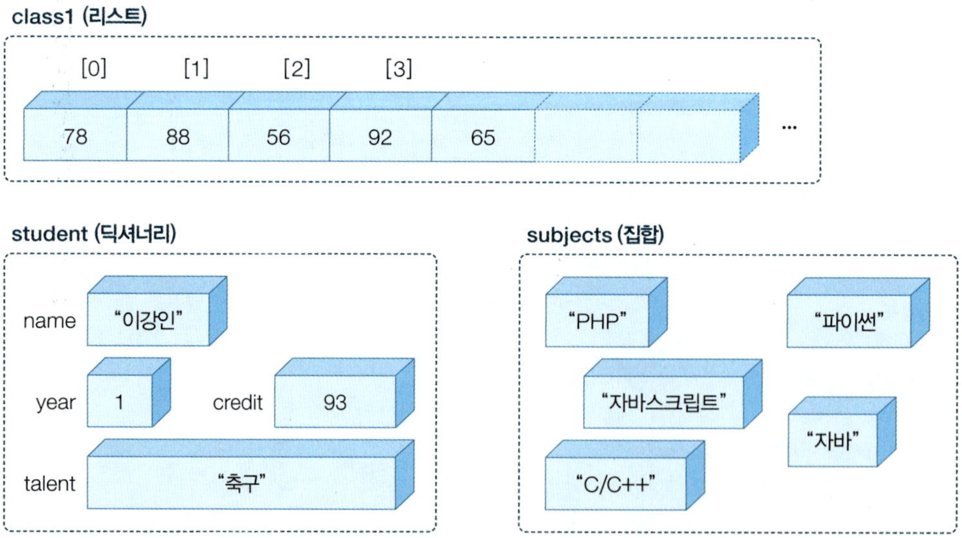

그림 11-1 컬렉션 자료의 개념

2 컬렉션 자료형의 사용

프로그램에서 컬렉션 자료를 이용하면, 다음의 예들과 같은 처리를 논리적으로 간단하게 표현할 수 있다.

- **학급의 성적 리스트 class1에서 3번 학생의 성적을 출력하려면?**

```
print(class1[3])
```

- **학급의 성적 리스트 class1에서 2번 학생의 성적을 0.5점 감점하려면?**

```
class1[2] = class1[2] - 0.5
```

- **학생 student의 특기를 출력하려면?**

```
print(student["talent"])
```

- **언어 과목 집합 subjects에 "파이썬"이 있는지 확인하려면?**

```
if "파이썬" in subjects :
    isSubject = True
else :
    isSubject = False
```

컬렉션 자료는 자료값의 모임 형태와 처리 방법에 따라 리스트list, 튜플tuple, 집합set, 딕셔너리dictionary로 구분한다.

02 리스트

1 리스트의 개념

리스트는 여러 자료값을 순차적으로 나열해서 모아놓은 컬렉션 자료로, 필요에 따라 자료값을 추가하거나 삭제하거나 변경할 수 있다. 리스트는 대괄호([ ]) 내에 자료값을 콤마(,)로 구분해서 순차적으로 표현한다. 리스트를 구성하는 자료값을 원소element라고 한다. 원소의 자료형은 같지 않아도 되고, 다른 리스트를 원소로 포함할 수도 있다. 그리고 원소값이 같을 수도 있다.

리스트의 정의

다음은 학생들의 성적, 한 주의 요일, 개인정보를 리스트로 정의한 예이다.

```
score = [88, 54, 76, 65, 84, 76, 92, 100, 82, 85]
weekend = [ '금요일', '토요일', '일요일' ]
record = ["이강인", 20216615, "컴퓨터공학과", 3, "서울", "010-9999-1234"]
```

리스트의 원소는 나열 순서에 따라 인덱스를 가진다. 맨 앞의 원소부터 순차적으로 0, 1, 2, 3의 순서로, 그리고 맨 뒤의 원소부터 역순으로 -1, -2, -3의 순서로 정수 인덱스를 가진다. 원소는 인덱스를 이용해서 개별적으로 또는 범위를 지정해서 부분적으로 참조·변경할 수 있고, 리스트 전체를 한꺼번에 참조할 수도 있다. [그림 11-2]는 위 리스트의 저장 구조를 그림으로 나타낸 것으로, 각 인덱스의 원소를 보여준다.

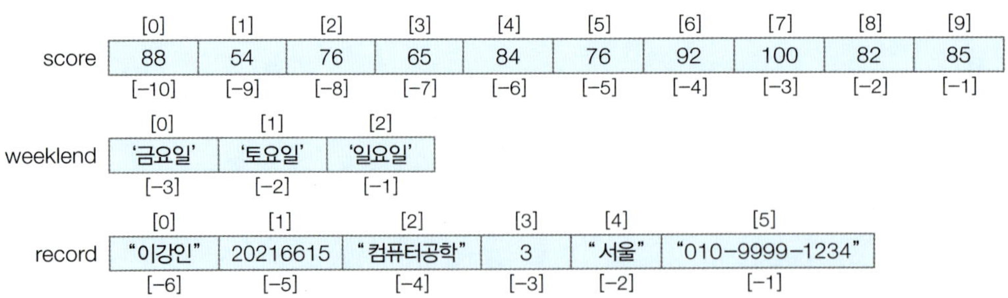

그림 11-2 리스트의 구조

리스트의 원소 참조

리스트 score의 원소는 다음과 같은 형식으로 참조한다.

❶ 인덱스 i인 원소 참조

```
score[i]
```

❷ 부분 리스트 [score[i], score[i+d], score[i+2d], ...] (i+k×d < j, k=0, 1, 2, ...) 참조

```
score[i:j:d]
```

❸ score의 모든 원소 참조

```
score
```

❶은 리스트 인덱스 i인 원소를 참조하고, ❷는 인덱스 i인 원소부터 인덱스 j-1까지 d 간격의 원소를 부분 리스트로 참조한다. ❷에서 i를 생략하면 리스트의 가장 앞쪽 원소, 즉 인덱스 0인 원소부터, 그리고 j를 생략하면 리스트의 마지막 원소까지를 의미하고, d를 생략하면 1이 된다. 빈 리스트는 []으로 나타낸다. 그리고 ❸과 같이 리스트를 저장한 변수는 리스트 전체를 참조한다.

코드 11-1 리스트의 원소 참조(1) ex11-01.py

```
score = [88, 54, 76, 65, 84, 76, 92, 100, 82, 85]
print(score[2], score[-2], )
print(score[2:6], score[-2:-6])
print(score[2:6:2], score[-2:-6:-2])
print(score[:5], score[5:])
print(score)
```

실행 결과

```
76 82
[76, 65, 84, 76] []
[76, 84] [82, 92]
[88, 54, 76, 65, 84] [76, 92, 100, 82, 85]
[88, 54, 76, 65, 84, 76, 92, 100, 82, 85]
```

리스트의 원소 변경

리스트는 프로그램의 실행 도중에 원소를 추가, 삭제, 변경할 수 있다. 원소를 변경할 때는 직접 원소를 참조해서 개별적으로 변경하거나 범위를 지정해서 부분적으로 변경할 수 있다. [코드 11-2]는 리스트 score의 원소를 변경한다.

코드 11-2 리스트의 원소 참조(2) ex11-02.py

```
01 score = [88, 54, 76, 65, 84, 76, 92, 100, 82, 85]
02 print(score[2], score[-2], )
03 print(score[2:6], score[-2:-6])
04 print(score[2:6:2], score[-2:-6:-2])
05 print(score[:5], score[5:])
06 print(score)
07 score = [88, 54, 76, 65, 84, 76, 92, 100, 82, 85]
08 score[2] = 35
09 print("score[2]=", score[2])
10 score[3:6] = [45, 55, 65]
11 print("score[3:6]=", score[3:6])
12 score[6:7] = [75, 85, 88]
13 print("score=", score)
14 score = ['a','b','c','d','f']
15 print("score=", score)
```

score[2] 원소값 변경

부분 리스트 score[3:6]의 원소값 변경

부분 리스트 score[6:7]의 변경

변수 score에 새로운 리스트 ['a','b','c','d','f'] 저장

실행 결과

```
76 82
[76, 65, 84, 76] []
[76, 84] [82, 92]
[88, 54, 76, 65, 84] [76, 92, 100, 82, 85]
[88, 54, 76, 65, 84, 76, 92, 100, 82, 85]
score[2]= 35
score[3:6]= [45, 55, 65]
score= [88, 54, 35, 45, 55, 65, 75, 85, 88, 100, 82, 85]
score= ['a', 'b', 'c', 'd', 'f']
```

12행과 같이 범위를 지정해서 원소를 변경할 때, 변경되는 원소 개수는 반드시 같지 않아도 된다. 범위를 지정해서 변경하면 원소값뿐만 아니라 원소 개수를 줄이거나 늘려서 변경할 수도 있다.

리스트의 원소를 변경할 때, 원소 인덱스를 지정해서 개별적으로 변경하는 것과 범위를 지정해서 변경하는 것은 차이가 있으므로 유의해야 한다. [코드 11-3]과 같이, 개별 인덱스를 지정해서 변경하면 원소값만 변경된다. 그러나 [코드 11-4]의 2행, 5행과 같이 범위를 지정해서 변경하면, 변경값도 반드시 리스트여야 한다. 그렇지 않으면, 8행과 같이 오류가 발생한다.

코드 11-3 리스트의 원소 변경 ex11-03.py

```
score = [10, 20, 30, 40, 50]
score[2] = 22                    원소값 변경
print("score=", score)
print("score 원소 개수=", len(score))
score[2] = [33, 35, 37]          원소값 변경
print("score=", score)
print("score 원소 개수=", len(score))
```

실행 결과

```
score= [10, 20, 22, 40, 50]
score 원소 개수= 5
score= [10, 20, [33, 35, 37], 40, 50]
score 원소 개수= 5
```

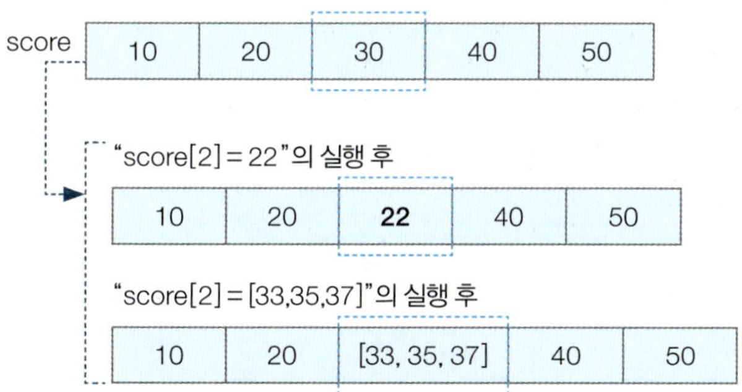

그림 11-3 [코드 11-3]의 실행 결과

범위를 지정해서 원소를 변경하면 리스트의 크기는 대체되는 리스트의 크기에 영향을 받는다. 특히 [코드 11-4]의 5행과 같이, 지정 범위의 크기가 0이면(**예** score[i:i]), 지정된 리스트는 score의 i−1과 i번째 원소 사이에 추가되어 합쳐진다.

코드 11-4 **범위 지정 리스트 변경** ex11-04.py

```
score = [10, 20, 30, 40, 50]
score[2:3] = [33, 35, 37]        부분 리스트 변경
print("score=", score)
print("score 원소 개수=", len(score))
score[2:2] = [33, 35, 37]        부분 리스트 추가
print("score=", score)
print("score 원소 개수=", len(score))
score[2:4] = 90                  오류 발생
print("score=", score)
print("score 원소 개수=", len(score))
```

실행 결과

```
score= [10, 20, 33, 35, 37, 40, 50]
score 원소 개수= 7
score= [10, 20, 33, 35, 37, 33, 35, 37, 40, 50]
score 원소 개수= 10
Traceback (most recent call last):
  File "C:/python/ex11-04.py", line 8, in <module>
    score[2:4] = 90
TypeError: can only assign an iterable
```

그림 11-4 [코드 11-4]의 실행 결과

리스트의 원소 삭제

리스트에서 원소를 삭제할 때는 해당 원소의 범위를 지정해서 빈 리스트([ ])로 대체하거나

del() 함수를 이용해서 원소를 개별적으로 삭제하면 된다. del()은 리스트의 원소를 삭제하는 파이썬 내장함수이다.

코드 11-5 리스트의 원소 삭제 ex11-05.py

```
score = [10, 20, 30, 40, 50, 60, 70, 80, 90]
score[3:6] = []
print("score =", score)
del(score[1])
print("score =", score)
```

score[3:6] = [] ― 부분 리스트 변경

del(score[1]) ― 부분 리스트 변경

실행 결과

```
score = [10, 20, 30, 70, 80, 90]
score = [10, 30, 70, 80, 90]
```

코드 11-6 리스트의 원소값 변경과 삭제 ex11-06.py

```
score = [10, 20, 30, 40, 50]
score[3] = []
print("score =", score)
score[3:4] = []
print("score =", score)
```

실행 결과

```
score = [10, 20, 30, [], 50]
score = [10, 20, 30, 50]
```

리스트 연산

리스트에 대해 +, * 연산자를 사용할 수 있다. +는 두 리스트의 연결연산을 수행하고, *는 리스트의 반복연결연산을 수행한다. +와 * 연산은 문자열에 대해 사용할 때도 동일한 연산을 수행하는데, 사실 파이썬에서는 문자열과 문자 리스트는 논리적으로 동일하게 취급한다. 즉, 문자열 "Hi! Python"은 논리적으로는 문자 리스트 ['H', 'i', '!', ' ', 'P', 'y', 't', 'h', 'o', 'n']과 같은 표현인 셈이다.

TIP 문자열은 논리적으로는 문자 리스트와 동일하지만 컴퓨터 내부의 구현에서는 차이가 있기 때문에 리스트와는 달리 str 자료형으로 구분한다.

코드 11-7 리스트 연산 +, * ex11-07.py

```
score1 = [10, 20, 30, 40]
score2 = [60, 70, 80]
print("score1+score2=", score1+score2)
print("score2*3=", score2*3)
print("len(score1)=", len(score1))      score1 크기 출력
print("len(score2)=", len(score2))      score2 크기 출력

str1 = "Python Programming"
print("str1=", str1)
print("len(str1)=", len(str1))
listStr1 = list(str1)                   문자열형의 리스트형 변환
print("listStr1=", listStr1)
print("len(str1)=", len(str1))
```

실행 결과

```
score1+score2= [10, 20, 30, 40, 60, 70, 80]
score2*3= [60, 70, 80, 60, 70, 80, 60, 70, 80]
len(score1)= 4
len(score2)= 3
str1= Python Programming
len(str1)= 18
listStr1= ['P', 'y', 't', 'h', 'o', 'n', ' ', 'P', 'r', 'o', 'g', 'r', 'a', 'm',
'm', 'i', 'n', 'g']
len(str1)= 18
```

[코드 11-7]에서 len()은 리스트의 크기(원소 개수)를 반환하고, list()는 문자열이나 튜플 등을 리스트형으로 변환해서 반환하는 파이썬 내장함수이다.

2 리스트 처리 함수

파이썬은 [표 11-1]과 같은 많은 내장함수를 제공한다. 이런 함수를 이용하면 원소의 추가, 변경, 삭제 등 리스트 처리를 간단하고 쉽게 할 수 있다. [코드 11-8]~[코드 11-10]은 리스트 처리함수를 이용해서 리스트를 관리하는 예이다. 코드를 이해하는 것이 어렵지 않으므로 설명은 생략한다.

표 11-1 주요 리스트 처리함수(l: 리스트, x: 리스트 원소)

함수	설명	사용 예	실행결과(l = [20,50,30,20])
.append(x)	리스트 끝에 x를 추가함	l.append(7)	l = [20,50,30,20,7]
.insert(i,x)	i번째 원소로 x를 추가함	l.insert(2, 40)	l = [20,50,40,30,20]
.extend(l)	현재 리스트에 리스트 l를 합침	l.expend([15,25,35])	l = [20,50,30,20,15,25,35]
.remove(x)	가장 앞쪽의 x를 삭제함	l.remove(20)	l = [50,30,20]
.index(x)	원소값 x를 찾아 인덱스를 반환함	x=l.index(30)	x=2
.count(x)	원소값 x의 개수를 조사해서 반환함	x=l.count(20)	x=2
.sort()	오름차순으로 정렬함 .sort(reserve=True): 내림차순 정렬	l.sort() l.sort()	l = [20,20,30,50] l = [50,30,20,20]
.reverse()	역순으로 재구성함	l.reserve()	l = [20,30,50,20]
max(l)	리스트 l의 가장 큰 원소값을 반환함	max(l)	50
min(l)	리스트 l의 가장 작은 원소값를 반환함	min(l)	20
sorted(l)	정렬된 새로운 리스트를 생성, 반환함	sl=sorted(l)	sl = [20,20,30,50]
del(l[i])	리스트 l에서 원소 l[i]를 삭제함	del(l[2])	l = [20,50,20]

[코드 11-8]은 n명의 학생으로부터 성적을 입력받아 리스트를 구성한다. 리스트의 끝에 원소를 추가하기 위해 .append() 함수를 이용했다. 자료값을 입력받아 리스트를 구성할 때 많이 사용하는 형태이다.

코드 11-8 리스트 구성 ex11-08.py

```
score = []
n = int(input("학생 수: "))
for i in range(0, n) :
    jumsu = int(input("[%d] 시험 성적: " % i))
    score.append(jumsu)
print("score=", score)
```

실행 결과

```
학생 수: 6
[0] 시험 성적: 88
[1] 시험 성적: 73
```

```
[2] 시험 성적: 94
[3] 시험 성적: 82
[4] 시험 성적: 65
[5] 시험 성적: 77
score= [88, 73, 94, 82, 65, 77]
```

코드 11-9 리스트 처리함수 사용(1) ex11-09.py

```python
nickname = []
for i in range(3) :
    byname =  input("닉네임 입력: ")
    nickname.append(byname)
print(nickname, "리스트 크기 :", len(nickname))

byname = input("닉네임 2번째 추가 입력: ")
nickname.insert(2, byname)
print("2번째 추가 결과", nickname, "리스트 크기 :", len(nickname))
nickname.sort() ;      print("정렬 결과: ", nickname)
nickname.reverse() ;   print("역정렬 결과:", nickname)
```

실행 결과

```
닉네임 입력: 푸른별
닉네임 입력: 샛별
닉네임 입력: 붉은별
['푸른별', '샛별', '붉은별'] 리스트 크기 : 3
닉네임 2번째 추가 입력: 밝은별
2번째 추가 결과 ['푸른별', '샛별', '밝은별', '붉은별'] 리스트 크기 : 4
정렬 결과:  ['밝은별', '붉은별', '샛별', '푸른별']
역정렬 결과: ['푸른별', '샛별', '붉은별', '밝은별']
```

코드 11-10 리스트 처리함수 사용(2) ex11-10.py

```python
class1 = [ 70, 80, 60, 80, 90 ]
class2 = [ 85, 95, 80, 65, 70 ]
print("class1 = ", class1)
print("class1 = ", class1)

```

```
class1.extend(class2)
print("'class1.extend(class2)' 실행 직후 class1 = ", class1)
n = class1.count(80)
print("class1에서 80의 개수 :", n)
class1.remove(80)
print("'class1.remove(80)' 실행 직후 class1 ", class1)
high = max(class1)
low = min(class1)
print("max =", high, "min =", low)
class3 = sorted(class1)
print("'class3 = sorted(class1)' 실행 직후 class1=", class1)
print("'class3 = sorted(class1)' 실행 직후 class3=", class3)
```

실행 결과

```
class1 =  [70, 80, 60, 80, 90]
class1 =  [70, 80, 60, 80, 90]
'class1.extend(class2)' 실행 직후 class1 =  [70, 80, 60, 80, 90, 85, 95, 80, 65, 70]
class1에서 80의 개수 : 3
'class1.remove(80)' 실행 직후 class1  [70, 60, 80, 90, 85, 95, 80, 65, 70]
max = 95 min = 60
'class3 = sorted(class1)' 실행 직후 class1= [70, 60, 80, 90, 85, 95, 80, 65, 70]
'class3 = sorted(class1)' 실행 직후 class3= [60, 65, 70, 70, 80, 80, 85, 90, 95]
```

3 리스트와 for~in문

리스트는 for~in문과 함께 많이 사용된다. for~in문은 일반적으로 리스트의 모든 원소에 대해 동일한 처리가 필요할 때 사용한다. 리스트는 여러 원소로 구성된 컬렉션이지만 각 원소를 개별적으로 처리해야 하는 경우가 많은데, 이때 for~in문은 리스트 원소의 참조 방법에 따라 다음 두 형태로 사용한다.

직접 참조 처리 형식

직접 참조 처리 형식은 다음과 같은데, for문은 반복제어변수(element)를 이용하여 리스트의 원소를 직접 참조해 처리한다.

```
for element in list :    element는 순차적으로 list 원소값으로 가짐
    변수 element를 이용한 리스트 원소 처리 코드
```

코드 11-11 for~in을 이용한 리스트 처리(1) ex11-11.py

```
# 학점 판정 함수(getGrade(score)) 생략으로 실행 시 오류 발생
                    ①   ②   ③   ④   ⑤
for  score  in  [88, 54, 84, 76, 92] :
        grade = getGrade(score)                    원소 처리
        print("%3d : %2s" % (score, grade))
```

인덱스 참조 처리 형식

인덱스 참조 처리 형식은 다음과 같은데, for문은 반복제어변수(index)를 인덱스로 사용해 리스트의 원소를 처리한다.

```
list = [ ... ]
for index in range(0, len(list)) :    index는 순차적으로 0, 1, ..., n-1이 됨
    list[index] 원소의 처리 코드
```

코드 11-12 for~in을 이용한 리스트 처리(2) ex11-12.py

```
score = [88, 54, 84, 75, 92 ]
sum = 0
n = len(score)
for i in range(0, n) :
    sum += score[i]
avg = sum / n
print("리스트 score 평균 : %6.2f" % avg)
```

실행 결과

```
리스트 score 평균 :  78.60
```

4 리스트의 활용

[코드 11-13]은 월별 탄생석 정보를 리스트로 저장해서 필요할 때 참조한다. 이와 같이 리스트는 프로그램이 실행되는 동안 필요한 처리 정보를 저장하기 위해 사용할 수 있다.

코드 11-13 리스트를 이용한 탄생석 정보 저장 ex11-13.py

```
birthstone = ["가넷", "자수정", "아쿠아마린", "다이아몬드", "에메랄드", "진주", "루비", "페리도트", "사파이어", "오팔", "토파즈", "터키석"]
month = int(input("출생 월을 입력하세요 : "))
print(month, "월의 탄생석은", birthstone[month-1], "입니다.")
```

실행 결과

```
출생 월을 입력하세요 : 4
4 월의 탄생석은 다이아몬드 입니다.
```

리스트는 원소의 자료형에 제한이 없지만 동일한 자료형의 원소로 구성된 컬렉션을 처리할 때 특히 유용하다. 학생의 성적 처리와 같이 컴퓨터 처리는 일반적으로 동일한 자료형의 집합을 대상으로 하는데, 이런 자료 집합은 리스트를 이용해서 저장하면 쉽게 처리할 수 있다.

[코드 11-14]와 [코드 11-15]는 성적 리스트의 각 점수에 대해 학점을 판정하고, 전체 평균을 구한다. 리스트를 이용했기 때문에 리스트 크기가 변경되더라도(예를 들어, 학생수가 1000명으로 늘더라도) 파이썬 코드는 변경하지 않아도 된다. [코드 11-14]는 리스트 원소를 변수 score로 참조하고, [코드 11-15]는 인덱스를 이용해서 원소를 참조한다. 두 방법 모두 리스트의 모든 원소를 처리할 수 있지만 인덱스를 이용하면 리스트의 일부만을 처리할 수도 있다.

코드 11-14 리스트 원소의 직접 참조 처리 ex11-14.py

```
# 학점 판정 함수(getGrade(score)) 생략으로 실행 시 오류 발생
score = [88, 75, 92, 64, 82]          ← 5명의 시험 성적 리스트
total=0
for jumsu in score :                  ← 변수(score)를 이용한 리스트 원소 참조
    total = total + jumsu
    grade = getGrade(jumsu)
    print("%3d : %2s" % (jumsu, grade))
avg = total / len(score)
print("\n 리스트 평균 :", avg)
```

코드 11-15 인덱스를 이용한 리스트 원소 처리 ex11-15.py

```
# 학점 판정 함수(getGrade(score)) 생략으로 실행 시 오류 발생
score = [88, 75, 92, 64, 82]
n = len(score)
total = 0
for i in range(n) :
    total = total + score[i]
    grade = getGrade(score[i])
    print("%3d : %2s" % (score[i], grade))
avg = total / n
print("\n 리스트 평균 :", avg)
```

- score = [88, 75, 92, 64, 82] : 5명의 시험 성적 리스트
- for i in range(n) : : 인덱스(i)를 이용한 리스트 원소 참조

[코드 11-16]은 리스트 score에서 최고 점수와 최저 점수를 조사해서 출력한다. for문의 range()에서 0을 제외하여 리스트의 1번째 원소(scoreList[1])부터 리스트 원소에 대한 조사를 반복한다.

코드 11-16 리스트의 최고값, 최저값 구하기 ex11-16.py

```
score = [88, 54, 76, 65, 84, 76, 92, 100, 82, 85]
min = max = score[0]
n = len(score)
for i in range(1, n) :
    if min > score[i] :
        min = score[i]
        continue
    elif max < score[i] :
        max = score[i]
print("최저 점수 : %d \n최고 점수 :" % min, max)
```

- min = max = score[0] : 0번째 원소 처리
- for i in range(1, n) : : 1~(n-1)번째 원소 처리

실행 결과

```
최저 점수 : 54
최고 점수 : 100
```

[코드 11-17]은 학생의 이름과 시험 점수를 각각 리스트 name, score에 저장하는데, [그림 11-5]와 같이 동일한 인덱스 원소는 같은 학생의 이름과 시험 점수를 나타낸다.

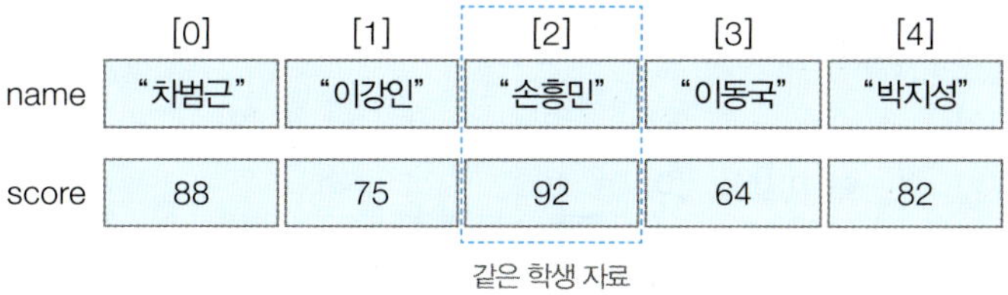

그림 11-5 인덱스를 이용한 여러 리스트의 연계 처리

예를 들면, nameList[2]와 jumsuList[2]는 손흥민 학생의 시험 점수가 92임을 나타낸다. 이와 같이, 인덱스를 이용해서 여러 리스트를 논리적으로 연결해서 처리할 때는 for~range() 문을 이용해야 한다. 이런 형태의 리스트 처리는 많이 사용되니 잘 기억해 두기 바란다.

코드 11-17 인덱스를 이용한 여러 리스트의 연계 처리 ex11-17.py

```
# 학점 판정 함수(getGrade(score)) 생략으로 실행 시 오류 발생
name = ["차범근", "이강인", "손흥민", "이동국", "박지성"]
score = [88, 75, 92, 64, 82]
n = len(name)
total=0
for i in range(n) :
    total = total + score[i]
    grade = getGrade(score[i])
    print("%3s : %3d : %3s" % (name[i], score[i], grade))
avg = total / n
print("\n학생 수 :", n)
print("학생 평균 :", avg)
```

이름 리스트

성적 리스트

5 2차원 리스트

앞서 설명했지만 리스트는 원소의 자료형에 아무런 제한이 없고, 다른 리스트를 원소로 가질 수도 있다. 특히 리스트의 모든 원소가 리스트인 경우, 리스트는 [그림 11-6]과 같이 원소가 2차원 배열 형태로 모여 있는 것으로 생각할 수 있다. 이런 리스트를 2차원 리스트라고 한다. 2차원 리스트에서 각 원소 리스트의 크기는 반드시 같지 않아도 된다.

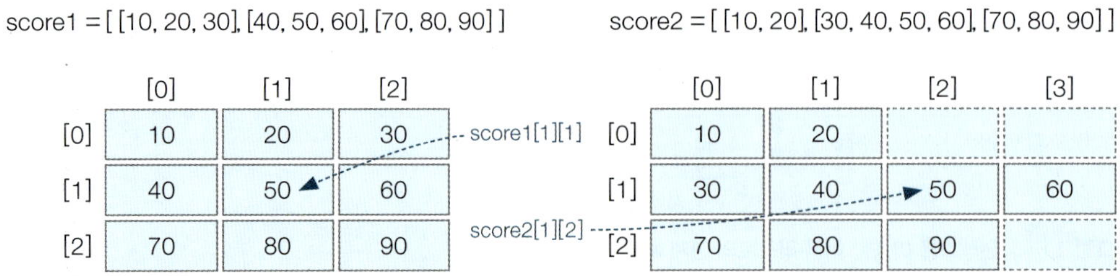

그림 11-6 리스트들의 리스트인 2차원 리스트

코드 11-18 2차원 리스트 참조 ex11-18.py

```
score = [ [10, 20], [30, 40, 50, 60], [70, 80, 90] ]
print("score[1] =", score[1])
print("score[1][2] =", score[1][2])
```

실행 결과

```
score[1] = [30, 40, 50, 60]
score[1][2] = 50
```

2차원 리스트에서 score1[0], score2[1]과 같이 한 인덱스만 참조하면, 행 단위의 리스트 원소를 나타내고, score1[1][1], score2[1][2]와 같이 두 인덱스로 참조하면, 인덱스가 나타내는 행과 열 위치의 원소를 나타낸다.

2차원 리스트는 [코드 11-17]과 같이 여러 리스트를 논리적으로 연관시켜 사용했던 것을 대체할 수 있다. [코드 11-17]에서는 프로그램 작성자가 리스트 간의 논리적인 연관성을 관리했다면, 2차원 리스트를 사용하면 하나의 자료 단위로 사용할 수 있다.

[코드 11-19]와 [코드 11-20]은 파이썬에서 이런 2차원 리스트를 처리하는 방법을 보여주고 있다. 두 코드는 2차원 리스트의 원소를 참조하는 방법만 다를 뿐 실행 결과는 동일하다. 코드를 이해하는 것은 어렵지 않으므로 설명은 생략한다.

코드 11-19 직접 원소 참조를 통한 2차원 리스트 처리 ex11-19.py

```
class1 = [
          [88, 75, 96, 74, 82],      학생0의 1~5차 성적 리스트
          [72, 82, 63, 88, 76],      학생1의 1~5차 성적 리스트
          [92, 84, 82, 96, 76]       학생2의 1~5차 성적 리스트
         ]
```

```
classSum=0 ; i=0;  numSubj=0
for stu in class1:
    sum = 0
    for subj in stu :
        sum = sum + subj
    avg = sum / len(stu)
    print ("%d번 학생 : 총점=%d, 평균=%6.2f" % (i, sum, avg))
    i = i + 1
    numSubj += len(stu)
    classSum = classSum + sum
avgClass = classSum / (numSubj)
print("전체 평균 = %6.2f" % (avgClass))
```

실행 결과

```
0번 학생 : 총점=415, 평균= 83.00
1번 학생 : 총점=381, 평균= 76.20
2번 학생 : 총점=430, 평균= 86.00
전체 평균 =  81.73
```

코드 11-20 인덱스를 이용한 2차원 리스트 처리 ex11-20.py

```
class1 = [
            [88, 75, 96, 74, 82],
            [72, 82, 63, 88, 76],
            [92, 84, 82, 96, 76]
         ]
classSum=0
m= len(class1)
n = len(class1[0])
for i in range(m):
    sum = 0
    for j in range(n) :
        sum = sum + class1[i][j]
    avg = sum / n
    print ("%d번 학생 : 총점=%d, 평균=%6.2f" % (i, sum, avg))
    classSum = classSum + sum
avgClass = classSum / (m*n)
print("전체 평균 = %6.2f" % (avgClass))
```

- [88, 75, 96, 74, 82]: 학생0의 1~5차 성적 리스트
- [72, 82, 63, 88, 76]: 학생1의 1~5차 성적 리스트
- [92, 84, 82, 96, 76]: 학생2의 1~5차 성적 리스트

실행 결과

```
0번 학생 : 총점=415, 평균= 83.00
1번 학생 : 총점=381, 평균= 76.20
2번 학생 : 총점=430, 평균= 86.00
전체 평균 =  81.73
```

6 리스트와 if문

컬렉션 자료는 in 연산자와 함께 if문의 조건식으로 사용할 수 있다. 리스트를 if의 조건식에서 사용하면, 다음과 같이 자료값이 지정된 리스트에 포함될 때만 선택문장을 실행한다.

in 연산자를 이용한 if문의 조건식의 형식은 다음과 같다.

```
if 자료값 in 리스트 : 선택문장
```

다음은 리스트 workDays와 if문을 이용하여 일하는 날인지 여부를 판단해 출력한다.

```
workDays = ['월', '화', '수', '목', '금']
today = input("오늘은 무슨 요일인가요?")
if  today  in workDays :
    print("오늘은 일하는 날입니다.")
```

in 연산자는 직전의 피연산자(예 today)가 리스트(예 workDays)에 존재하는지를 판단한다. 수식 '변수 in 리스트'가 for문에서는 리스트의 자료값을 순차적으로 변수에 대입하여 for 루프를 실행하라는 의미였지만, if문에서는 변수값이 리스트에 존재하는지를 판단하여 True 또는 False의 값을 나타낸다.

코드 11-21 리스트와 for문의 사용 예 ex11-21.py

```
flowers = ['장미', '튤립', '수선화', '카네이션', '국화']
favouriteFlower = input("구매할 꽃을 알려주세요 : ")
if favouriteFlower in flowers :
    print("감사합니다. 바로 준비하겠습니다.")
```

```
    print("조금만 기다려 주세요.")
else:
    print("죄송합니다. 요청하신 꽃은 없습니다.")
    print("빠른 시일 내에 준비하겠습니다.")
```

실행 결과

```
구매할 꽃을 알려주세요 : 수선화
감사합니다. 바로 준비하겠습니다.
조금만 기다려 주세요.
```

실행 결과

```
구매할 꽃을 알려주세요 : 코스모스
죄송합니다. 요청하신 꽃은 없습니다.
빠른 시일 내에 준비하겠습니다.
```

실습과제 1

[실습코드 11-1]은 학생이 n명인 한 학급의 성적을 처리하는 프로그램이다. 학생 수(n)와 각 학생의 이름, 영어와 수학 성적을 입력받아 학생별로 총점, 평균과 학점을 계산해서 출력하고, 최고 득점자의 이름과 평균의 출력한다.

실습코드 11-1 한 학급의 성적 처리(리스트 이용) program11-01.py

```
# getAvg, getGrade, printTitle, printRecord, processOne 함수 구현 생략
name, eng, math, total, avg, grade = [], [], [], [], [], []

n = int(input("학생 수 입력 : "))
# n명 학생 이름, 영어와 수학 성적 입력 및 리스트 name, eng, math 구성
for i in range(0, n) :
    print("\n%d번째 학생 자료 입력" % i)
    name.append(input("이름: "))
    eng.append(int(input("영어 성적: ")))
    math.append(int(input("수학 성적: ")))

# 총점, 평균, 학점 계산 및 total, avg, grade 리스트 구성
for i in range(0, n) :
    total.append(eng[i] + math[i])
    avg.append(total[i] / 2)
    grade.append(getGrade(avg[i]))

# 전체 성적표 출력
printTitle()
for i in range(0, n) :
    printRecord(name[i], eng[i], math[i], avg[i], grade[i])
```

```python

# 최고 득점자 조사 및 출력
max = 0
for i in range(1, n) :
    if total[max] < total[i] : max = i
print("\n최고 평균 : %6.2f(%s)" % (avg[max], name[max]))
```

실행 결과

```
학생수 입력 : 2

0번째 학생 자료 입력
이름: 임꺽정
영어 성적: 67
수학 성적: 72

1번째 학생 자료 입력
이름: 마동탁
영어 성적: 93
수학 성적: 85
==================================================
 이  름    영어    수학    총점     평균     학점
==================================================
 임꺽정     67      72     139     69.50      D
==================================================
 마동탁     82      93     175     87.50      B
==================================================

최고평균 :  89.00(마동탁)
```

[실습코드 11-1]은 각 학생의 자료값을 저장하기 위해 6개의 독립적인 리스트를 이용한다. 다음 그림에서 확인할 수 있듯이 name, eng, math, total, avg, grade는 각각 학생들의 이름, 영어 성적, 수학 성적, 총점, 평균, 학점을 나타내는 리스트이다. 문법적으로는 서로 독립적이지만 작성자는 같은 인덱스의 리스트 원소들이 같은 한 학생의 자료값을 나타내는 것으로 생각하고 사용한다. 이처럼 리스트를 이용해서 학생들의 데이터를 저장하면, 학생의 데이터는 프로그램의 실행 동안 언제든지 참조할 수 있기 때문에 좀 더 다양하고 융통성 있는 처리가 가능해진다.

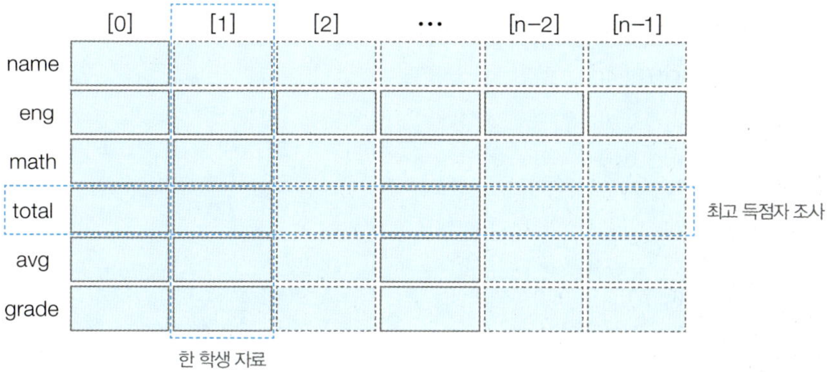

예를 들면, 9장과 10장의 [실습과제]에서는 반복루프 때마다 같은 변수가 각각 다른 학생의 데이터를 나타냈다. 하지만 이제 리스트가 모든 학생의 자료를 가지고 있으므로 학생의 성적 처리와 출력을 프로그램의 실행 도중 언제든지 처리할 수 있다. 또한 최고 득점자 정보는 total 리스트를 조사해서 확인할 수 있다.

[실습코드 11−1]을 실행하여 결과를 확인하고 다음의 처리조건을 고려해서 프로그램을 수정하라.

처리조건 1

- 학급의 과목별 평균과 학급 전체 평균을 계산해서 출력한다.
- 학급의 2위 득점자의 이름과 총점을 출력한다.

처리조건 2

- 수학 성적이 평균 이상인 모든 학생의 이름을 출력한다.

실습과제 2

[실습코드 11−2]는 n명의 학생들의 시험 점수 리스트 list를 구성하여 각 점수의 석차를 구한다. 점수 리스트 jumsu와 석차 리스트 ranking은 독립적으로 정의했지만 인덱스를 이용하여 연관해서 사용한다. ranking의 원소값(대응하는 jumsu 원소들의 석차) jumsu를 조사해서 구할 수 있다. 즉, jumsu의 각 원소 석차는 먼저 ranking의 모든 원소를 1로 지정한 후, jumsu의 각 원소에 대해 매번 jumsu의 모든 원소를 조사해서 자신보다 큰 원소를 발견하면 대응하는 ranking의 원소값을 1 증가시키면 된다.

실습코드 11−2 **리스트의 석차 구하기** program11−02.py

```
n = int(input("학생 수 입력 : "))
jumsu = []; ranking = []

for i in range(0, n) :
```

```
    score = int(input("[%d] 점수: " % i))
    jumsu.append(score)
    ranking.append(0)

# 석차 계산
for i in range(0, n) :
     ranking[i] = 1
     for j in range(0, n) :
          if jumsu[j] > jumsu[i] :
              ranking[i] += 1
print("-"*13)
print(" 점수\t석차")
print("-"*13)
for i in range(0, n) :
    print("  %d\t %d" % (jumsu[i], ranking[i]))
print("-"*13)
```

실행 결과

```
학생 수 입력 : 5
[0] 점수: 78
[1] 점수: 93
[2] 점수: 67
[3] 점수: 78
[4] 점수: 85
-------------
 점수    석차
-------------
  78     3
  93     1
  67     5
  78     3
  85     2
-------------
```

[실습코드 11-2]를 실행하여 결과를 확인하고 이 실습코드를 활용하여 [실습과제1]을 학생들의 석차 순서를 구해 출력하도록 프로그램을 수정하고, 다음의 처리조건을 고려해서 프로그램을 수정하라.

처리조건 1

• 학급 성적보고서(예 학급 학생들의 이름, 석차, 평균)를 이름 순서로 출력한다.

처리조건 2

• 학급 성적보고서를 사용자가 요청한 기준의 순서(예 석차 순서 또는 이름 순서)로 출력하도록 프로그램을 수정한다.

실습과제 3

[실습과제1]에서는 인덱스를 이용하여 한 학생의 자료를 여러 리스트에 저장했다. 여기서는 아래 그림과 같이 2차원 리스트 stu를 구성해서 이용한다. 즉, 각 학생의 데이터를 동일한 의미의 자료값 리스트로 표현하고, 이 리스트들을 모아 학급의 성적 정보를 나타내는 리스트를 구성한다. 즉, 파이썬 관점에서는 stu가 한 학급 학생들의 정보를 나타내는 변수이다.

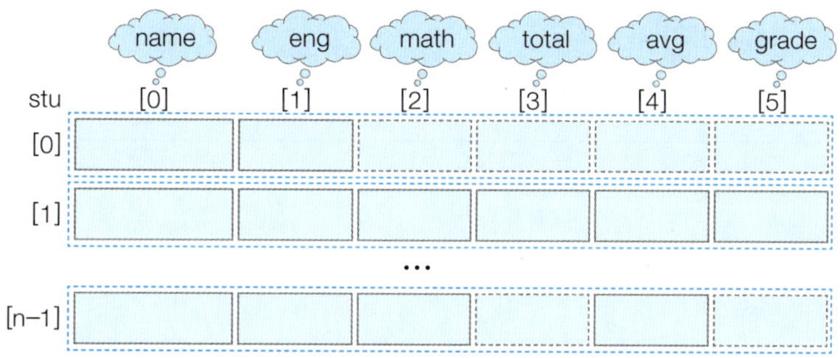

다음은 위의 2차원 리스트 stu를 이용하여 학생 수 n인 한 학급의 성적을 처리한다. 2차원 리스트 stu를 이용하여 학급 학생의 모든 정보를 stu라는 이름으로 일관되고 체계적으로 표현할 수 있다. 다만 작성자는 리스트의 인덱스 번호(정수)가 나타내는 논리적인 의미는 여전히 기억해야 한다. [실습코드 11-3]을 실행하여 결과를 확인하라.

실습코드 11-3 한 학급의 성적 처리 program11-03.py

```
stu = [] ;  n = int(input("학생 수: "))

for i in range(0, n) :
    name = input("[%d]학생 이름: " % (i))
    score1 = int(input("[%d]영어 성적:" % (i)))
    score2 = int(input("[%d]수학 성적:" % (i)))
    ele = [name, score1, score2, 0, 0, 0 ]
    stu.append(ele)
```

```

# 총점, 평균, 학점 계산 및 total, avg, grade 리스트 구성
for i in range(0, n) :
    stu[i][3] = stu[i][1] + stu[i][2]
    stu[i][4] = stu[i][3] / 2
    stu[i][5] = getGrade(stu[i][4])

# 전체 성적표 출력
printTitle()
for i in range(0, n) :
    printRecord(stu[i][0], stu[i][1], stu[i][2], stu[i][4], stu[i][5])

# 최고 득점자 조사 및 출력
max = 0
for i in range(1, n) :
    if stu[max][3] < stu[i][3] : max = i
print("\n최고 평균 : %6.2f(%s)" % (stu[max][4], stu[max][0]))
```

03 튜플

1 튜플의 개념

튜플tuple은 자료값을 순차적으로 나열해서 모아놓은 컬렉션 자료로, 원소가 변경될 수 없다는 점에서 리스트와 차이가 있다. 즉, 튜플은 리스트의 상수 표현이라고 할 수 있다. 튜플은 일반적으로 원소를 콤마로 구분해서 괄호로 묶어 표현하는데, 원소가 둘 이상일 때는 괄호를 생략해도 된다. 다만, 원소가 하나일 때 괄호를 생략한다면 반드시 원소 뒤에 콤마를 붙여야 한다.

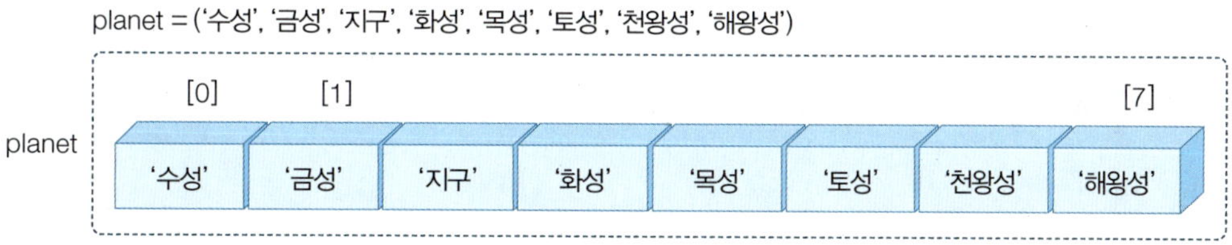

그림 11-7 튜플의 구조

원소의 추가, 삭제, 변경이 불가능함

튜플을 정의한 예시는 다음과 같다.

```
planet = ('수성', '금성', '지구', '화성', '목성', '토성', '천왕성', '해왕성')
weeks = '월', '화', '수', '목', '금', '토', '일'
student = ("이강인", 20226406, "컴퓨터공학과", "평창")
busNumber = 117       # 또는  busNumber = (117)
```

튜플은 원소를 변경할 수 없다는 것 외에는 리스트와 비슷해서 튜플 대신 리스트를 사용하기도 한다. 그러나 튜플을 이용하면 자료값을 여러 변수에 한꺼번에 저장할 수 있어 유용하다.

코드 11-22 튜플의 처리 ex11-22.py

```
tuple1 = 10, 20, 30, 40
tuple2 = (50, 60, 70)
print("tuple1=", tuple1)
print("tuple2=", tuple2)
```

```
05
06 x1, x2, x3, x4 = tuple1
07 (y1, y2, y3, y4) = tuple1
08 print("x1=", x1, "x2=", x2, "x3=", x3, "x4=", x4)
09 print("y1=", y1, "y2=", y2, "y3=", y3, "y4=", y4)
10
11 w1, w2, w3 = tuple2
12 (z1, z2, z3) = tuple2
13 print("w1=", w1, "w2=", w2, "x3=", x3)
14 print("z1=", z1, "z2=", z2, "z3=", z3)
```

실행 결과

```
tuple1= (10, 20, 30, 40)
tuple2= (50, 60, 70)
x1= 10 x2= 20 x3= 30 x4= 40
y1= 10 y2= 20 y3= 30 y4= 40
w1= 50 w2= 60 x3= 30
z1= 50 z2= 60 z3= 70
```

1, 2행은 튜플을 변수에 저장하고, 6, 7행과 11, 12행은 변수로 구성된 튜플에 자료값으로 구성된 튜플을 저장한다. 튜플에 튜플을 저장할 때는 두 튜플의 원소가 순차적으로 대응해서 저장된다. 대입연산자 =의 오른쪽 피연산자가 튜플이면 왼쪽의 피연산자는 변수로 구성된 튜플이어야 한다. 사실 대입연산자 =는 변수로 구성된 튜플에 튜플 자료값을 저장하는 것인데, 괄호는 생략해서 여러 변수를 한꺼번에 저장하는 것처럼 보인다. 이런 튜플의 특성을 이용하면 여러 변수를 한꺼번에 간단히 초기화할 수 있고, 변수의 교환도 간단하게 표현할 수 있다.

2 튜플의 활용

코드 11-23 튜플을 이용한 변수 교환 ex11-23.py

```
total, sum, i = 0, 0, 1   # total=0 ; sum=0 ; i=1과 같음
a, b = 10, 20
print('a=', a, 'b=', b)
a, b = b, a          변수 x, y의 값을 서로 교환함
print('a=', a, 'b=', b)
```

실행 결과

```
a= 10 b= 20
a= 20 b= 10
```

튜플을 이용하면 함수는 반환값으로 여러 자료값을 반환할 수 있다. 함수는 원칙적으로 하나의 반환값을 전달하지만 여러 반환값을 콤마로 구분해서 튜플로 나타내면, 함수는 튜플이라는 컬렉션 자료 하나를 반환값으로 전달한다. 그리고 여러 반환값을 튜플로 전달받은 쪽에서는 튜플의 원소를 참조해서 여러 반환값을 이용할 수 있다.

코드 11-24 **튜플을 이용한 반환값 전달** ex11-24.py

```
def  getBirthDay() :
     birthYear = int(input("출생연도 : "))
     birthMonth = int(input("출생월 : "))
     birthDate = int(input("출생일 : "))
     return birthYear, birthMonth, birthDate

print("학생의 생년월일을 입력하세요!")
birth = getBirthDay()
print("학생은 생년월일은 %d년 %d월 %d일 입니다!" \
      % (birth[0], birth[1], birth[2]))
```

튜플 반환

실행 결과

```
학생의 생년월일을 입력하세요!
출생연도 : 2002
출생월 : 12
출생일 : 30
학생은 생년월일은 2002년 12월 30일 입니다!
```

튜플을 이용해서 함수의 가변인수를 처리할 수 있다. 가변인수arbitrary argument list는 함수를 호출할 때 실인수를 가변적으로 전달하는 것이다. 함수의 가변인수 사용 형식은 다음과 같다.

```
def  functionName(*arg) :
```

위와 같이 함수 정의에서 형식인수 앞에 *를 붙여 나타내면 된다. 그러면 함수 functionName()에서는 가변인수로 전달되는 값을 arg 튜플의 원소로 생각하고 함수 코드를 작성하면 된다. 즉, 함수 functionName()에서 형식인수 arg는 크기 len(arg)인 튜플이라고 생각하면 된다.

코드 11-25 튜플을 이용한 가변 매개변수 사용 ex11-25.py

```python
def  getAverage(*num) :
     total = 0
     for i in num :
         total = total + i
     avg = total / len(num)
     return avg

print(getAverage(10, 20, 30))
print(getAverage(10, 20, 30, 40, 50))
print(getAverage(10, 20, 30, 40, 50, 60, 70, 80))
```

실행 결과

```
20.0
30.0
45.0
```

리스트와 달리 튜플은 원소의 변경을 허용하지 않는다. 따라서, 중요한 정보를 튜플로 저장하면 프로그램의 실행 과정에서 실수 또는 착각에 따른 부당한 변경을 피할 수 있다. 그리고 튜플은 실제 컴퓨터 내부의 구현에 있어서도 리스트보다 단순하고 처리 속도도 더 빠르다. 따라서, 특별히 원소값을 변경해야 하는 경우가 아니라면 리스트보다는 튜플을 이용하는 것이 좋다.

코드 11-26 튜플 활용 예 ex11-26.py

```python
BASE = 1444   # 60갑자 기준연도는 1444년(세종 26년)임
ten = ('갑', '을', '병', '정', '무', '기', '경', '신', '임', '계')
twelve = ('자', '축', '인', '묘', '진', '사', '오', '미', '신', '유', '술', '해')
animal = ('쥐', '소', '호랑이', '토끼', '용', '뱀', '말', '양', '원숭이', '닭',
'개', '돼지')

year = int(input("연도 입력 : "))
i1 = (year - BASE) % 10
i2 =  (year - BASE) % 12
print("%d년은 %s년(%s의 해) 입니다." % (year, ten[i1]+twelve[i2], animal[i2]))
```

실행 결과

```
연도 입력 : 2022
2022년은 임인년(호랑이의 해) 입니다.
```

04 집합

집합set은 여러 유형의 자료값을 순서에 관계없이 모아둔 컬렉션 자료로, 수학의 집합과 같은 개념의 자료의 모임이다. 집합은 중괄호({}) 내에 원소를 콤마로 구분해서 표현한다. 집합에서는 동일한 값을 중복해서 포함할 수 없고, 각 원소를 개별적으로 참조할 수 없다는 점이 리스트, 튜플과는 다르다.

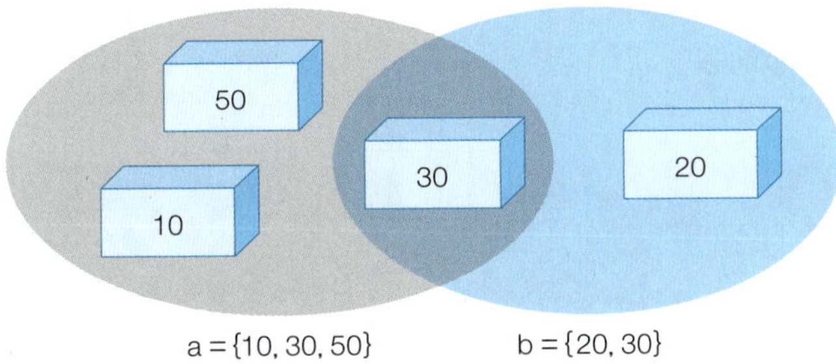

그림 11-8 집합의 구조

코드 11-27 집합 표현과 연산 ex11-27.py

```
a = { 10, 30, 50 }
b = { 30, 20 }
c = a | b
d = a & b
e = a - b
print('a=', a, 'b=', b)
print('a | b=', c)
print('a & b=', d)
print('a - b=', e)
```

실행 결과

```
a= {10, 50, 30} b= {20, 30}
a | b= {50, 20, 10, 30}
a & b= {30}
a - b= {10, 50}
```

리스트나 튜플과는 달리 집합은 동일한 자료값의 중복을 허용하지 않고, 원소의 나열 순서도 아무런 의미를 가지지 않는다. [코드 11-28]은 집합과 리스트의 이런 차이를 보여준다.

코드 11-28 **집합 표현 및 리스트의 차이** ex11-28.py

```
01 set1 = {"C/C++", "Python", "Java", "PHP", "C#"}
02 print("set1=", set1)
03
04 set2 = set([10, 20, 30, 40, 50])
05 set3 = set([10, 20, 30, 20, 50])
06 print("set2=", set2)
07 print("set3=", set3)
08
09 set4 = set("python programming")
10 print("set4=", set4)
```

실행 결과

```
set1= {'C#', 'C/C++', 'Java', 'PHP', 'Python'}
set2= {40, 10, 50, 20, 30}
set3= {10, 20, 50, 30}
set4= {'p', 'o', 'a', 'r', 'h', 'y', 'm', 'i', ' ', 't', 'n', 'g'}
```

set() 함수는 문자열이나 리스트, 튜플을 집합형으로 변환해서 반환하는 내장함수이다. 5행의 리스트 [10, 20, 30, 20, 50]에서 값 20은 중복해서 나타나지만, 집합으로 변경된 set3에서는 한 번만 나타난다. 9행의 문자열도 집합형으로 변환하면 중복된 문자는 한 번만 표현된다.

집합은 수학의 집합 연산을 지원하고, 원소를 변경할 수도 있다. [표 11-2]는 파이썬의 집합 연산과 주요 처리함수이다. 집합 연산은 수학의 집합 연산의 개념과 동일하므로 여기서는 간단한 예로 설명을 대신한다.

TIP 집합은 파이썬 2.3부터 추가된 자료형이다.

표 11-2 집합 연산과 주요 처리함수(a, b : 집합, x : 자료값)

집합 연산	파이썬 표현	메서드	수학 표현 및 설명
합집합	a | b	a.union(b)	$a \cup b \rightarrow a$
교집합	a & b	a.intersection(b)	$a \cap b \rightarrow a$

집합 연산	파이썬 표현	메서드	수학 표현 및 설명
차집합	a − b	a.difference(b)	$a-b \rightarrow a$
배타적 차집합	a ^ b	a.symmetric_difference(b)	$(a-b)\cup(b-a) \rightarrow a$
원소 추가		a.add(x)	$a\cup\{x\} \rightarrow a$
원소 삭제		a.remove(x)	$a-\{x\} \rightarrow a$
부분집합 여부	a <= b	issubset	$a\subseteq b$인가? (논리값)
진부분집합 여부	a < b		$a\subset b$인가? (논리값)
수퍼세트 여부	a >= b	issuperset	$a\supseteq b$인가? (논리값)
완전수퍼세트 여부	a > b		$a\supset b$인가? (논리값)
원소 포함 여부	x in a		$x\in a$
원소 비포함 여부	x not in a		$x\notin a$

코드 11-29 집합 사용의 예 ex11-29.py

```
nickNnmeSet = { '수선화', '코스모스', '들국화' }
userNickname = input("원하는 닉네임을 입력하세요 : ")
while True :
    if  userNickname in nickNnmeSet :
        print("이미 사용 중입니다. 다시 입력해 주세요.")
        userNickname = input("원하는 닉네임을 입력하세요 : ")
    else :
        print("사용 가능합니다. 닉네임으로 등록합니다.")
        nickNnmeSet = nickNnmeSet | { userNickname }
        break
print("사용 중인 닉네임 : ", nickNnmeSet)
```

실행 결과

```
원하는 닉네임을 입력하세요 : 코스모스
이미 사용 중입니다. 다시 입력해 주세요.
원하는 닉네임을 입력하세요 : 들국화
이미 사용 중입니다. 다시 입력해 주세요.
원하는 닉네임을 입력하세요 : 라일락
사용 가능합니다. 닉네임으로 등록합니다.
사용 중인 닉네임 :  {'라일락', '수선화', '코스모스', '들국화'}
```

05 딕셔너리

1 딕셔너리의 개념

딕셔너리dictionary는 '키key:값value' 형태의 자료를 모아놓은 컬렉션 자료이다. 딕셔너리는 중괄호({}) 내에 원소를 콤마로 구분해서 표현한다. 딕셔너리 원소의 키는 원소값을 설명하는 식별자인데 원소값을 참조할 때 인덱스로 사용한다. 즉, 딕셔너리의 원소값은 '딕셔너리명[키]' 형식으로 참조한다.

TIP 딕셔너리는 내부적으로 해시 알고리즘을 사용하여 구현하기 때문에 해시 맵이라고도 하고, 값을 연관된 키와 대응시키기 때문에 연관 배열(associative array)이라고도 한다.

키는 딕셔너리에서 원소의 식별자이기 때문에 원소를 정의할 때 다른 원소의 키와는 중복되지 않게 지정해야 하고 이후에는 변경할 수 없다. 그러나 키에 대응하는 원소값은 변경할 수도 있고 다른 원소값과 같게 할 수도 있다.

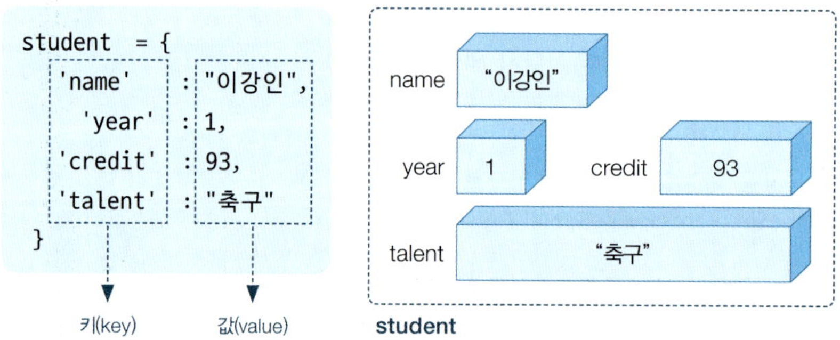

그림 11-9 딕셔너리의 구조

코드 11-30 딕셔너리 ex11-30.py

```
user = {'name': "키메라", 'nickname': "수선화", 'coin': 5000,  'level': "중" }
car = { "차량번호": '한국 가 1234', "차종": '제니시스 G90', "색상": '검정',
        "배기량": 3800 }
infoHobby = { '바둑': 10 , '독서' : 8, '영화감상': 7 }
```

```
print("user =", user)
print("car =", car)
print("infoHobby", infoHobby)
print("%s님은 %s %s 을 운전하며 보유코인은 %d 입니다" \
      % (user['name'], car['색상'], car['차종'], user['coin']) )
```

실행 결과

```
user = {'name': '키메라', 'nickname': '수선화', 'coin': 5000, 'level': '중'}
car = {'차량번호': '한국 가 1234', '차종': '제니시스 G90', '색상': '검정',
       '배기량': 3800}
infoHobby {'바둑': 10, '독서': 8, '영화감상': 7}
키메라님은 검정 제니시스 G90 을 운전하며 보유코인은 5000 입니다
```

딕셔너리의 원소를 나타낼 때, 키와 값의 자료형에는 아무런 제한이 없다. 그리고 프로그램의 실행 도중에 언제든지 필요에 따라 딕셔너리에 원소를 추가 또는 삭제할 수 있다. 원소를 추가할 때는 대입문을 이용하고, 삭제할 때는 del() 함수를 이용한다.

코드 11-31 딕셔너리의 원소 처리 ex11-31.py

```
hobby = { '바둑': 10 , '독서' : 8, '영화감상': 7 }

print(hobby)
hobby['영화감상'] = "100명"        원소값 변경
print(hobby)
hobby['등산'] = 20                 원소 추가
hobby['여행'] = 30                 원소 추가
print(hobby)
del(hobby['바둑'])                 원소 삭제
print(hobby)
```

실행 결과

```
{'바둑': 10, '독서': 8, '영화감상': 7}
{'바둑': 10, '독서': 8, '영화감상': '100명'}
{'바둑': 10, '독서': 8, '영화감상': '100명', '등산': 20, '여행': 30}
{'독서': 8, '영화감상': '100명', '등산': 20, '여행': 30}
```

2 딕셔너리의 활용

딕셔너리 처리 함수

[표 11-3]은 자주 사용하는 딕셔너리 관련 처리 함수이다.

표 11-3 딕셔너리 처리 함수(메서드)

메서드/함수	설명
.keys( )	사전의 원소 키를 리스트 dict_keys로 반환함
.values( )	사전의 원소 값을 리스트 dict_values로 반환함
.items( )	사전의 원소를 (키, 값) 형태의 리스트 dict_items으로 반환함
.get(키)	키에 대응하는 원소 값을 반환함

.keys( ) 함수는 딕셔너리의 모든 키로 구성되는 리스트 dic_keys를 반환하는 함수로 많이 사용한다. 프로그램의 실행 도중에 원소를 추가 또는 삭제하려면 원소의 키가 사용 중인지를 확인해야 하는데, .keys( ) 함수를 이용하면 현재 딕셔너리에서 사용 중인 키를 확인할 수 있다. 그리고 .get( ) 함수는 딕셔너리의 원소를 참조할 때 존재하지 않는 키의 원소값을 참조하면 None 값을 반환한다. 존재하지 않는 키를 이용해서 원소값을 "딕셔너리이름['키']" 형식으로 참조하면 실행 오류가 발생하지만, .get( ) 함수를 이용하면 프로그램 작성자가 오류 처리를 할 수 있으므로 유용하다.

[코드 11-32]는 사용자의 보유 코인(user['coin'])을 사용자 수입(user['income'])으로 넘겨주는 예제다. 사용자의 수입이 정의되어 있는지를 확인하기 위해 .keys( ) 함수를 이용한다.

코드 11-32 .keys( ) 함수의 활용 ex11-32.py

```
user = {'name': "키메라", 'nickname': "수선화", 'coin': 5000,  'level': "중"}
print("user.keys()의 출력 결과 : ", user.keys())
print("딕셔너리 user의 키 리스트 : ", list(user.keys()))
print("user.values()의 출력 결과 : ", user.values())
print("user.items()의 출력 결과 : ", user.items())

# .keys() 함수의 활용
if 'income' in user.keys() :
    user['income'] =  user['income'] + user['coin']
```

```
    user['coin'] = 0
else :
    user['income'] =  user['coin']
    user['coin'] = 0
print("user['coin']=",user['coin'], "user['income']=", user['income'])

user['coin']= 500
if 'income' in user.keys() :
    user['income'] =  user['income'] + user['coin']
    user['coin'] = 0
else :
    user['income'] =  user['coin']
    user['coin'] = 0
print("user['coin']=",user['coin'], "user['income']=", user['income'])
```

실행 결과

```
user.keys()의 출력 결과 :  dict_keys(['name', 'nickname', 'coin', 'level'])
딕셔너리 user의 키 리스트 :  ['name', 'nickname', 'coin', 'level']
user.values()의 출력 결과 :  dict_values(['키메라', '수선화', 5000, '중'])
user.items()의 출력 결과 :  dict_items([('name', '키메라'), ('nickname', '수선
화'), ('coin', 5000), ('level', '중')])
user['coin']= 0 user['income']= 5000
user['coin']= 0 user['income']= 5500
```

[코드 11-33]은 키 '이름'을 이용해서 딕셔너리의 원소값을 참조한다. 키 '이름'이 정의되어 있다면 아무런 문제가 없지만, 정의되어 있지 않으면 키를 이용했을 때 실행 오류가 발생한다. 프로그램 작성자가 딕셔너리의 모든 키를 기억하고 코드를 작성하면 좋겠지만 이것은 쉽지 않다. 키의 정의를 확신할 수 없다면 .get() 함수를 이용해서 실행 오류를 방지할 수 있다.

코드 11-33 .get() 함수의 활용 ex11-33.py

```
user = {'name': "키메라", 'nickname': "수선화", 'coin': 5000,  'level': "중"}
print('사용자 이름은 %s 입니다' % user['name'])
print('사용자 이름은 %s 입니다' % user.get('name'))

if user.get('이름') == None :
     print("키 '이름'은 존재하지 않습니다. 확인 바랍니다!\n")
```

키 '이름'이 없는 경우면 None을 반환함

```
print('사용자 이름은 %s 입니다'% user.get('이름'))
print('사용자 이름은 %s 입니다'% user['이름'])
```

실행 결과

```
사용자 이름은 키메라 입니다
사용자 이름은 키메라 입니다
키 '이름'은 존재하지 않습니다. 확인 바랍니다!!

사용자 이름은 None 입니다
Traceback (most recent call last):
  File "C:/python/ex11-33.py", line 8, in <module>
    print('사용자 이름은 %s 입니다'% user['이름'])
KeyError: '이름'
```

키 '이름'이 없는 경우 오류 발생

[코드 11-34]는 딕셔너리를 이용해서 학생들의 여가 활동에 대한 통계 조사를 수행한다. 통계를 위해 키로 학생들의 여가 활동을 사용했는데, 프로그램을 작성할 때 학생들의 모든 응답을 예측할 수 없어 .keys()를 이용하고 있다. 딕셔너리를 이용할 때 많이 사용하는 형태이므로 기억해두면 유용하다.

코드 11-34 딕셔너리의 활용 예 ex11-34.py

```
infoHobby = { '바둑': 5 , '독서' : 5, '영화감상': 5 }
print("통계 조사 전 : ", infoHobby, end="\n\n")
for i in range(5) :
    print("학생들의 여가 활동에 대한 통계 조사 중입니다")
    hobby = input("학생의 여가 활동은 무엇입니까? ")
    if hobby in infoHobby.keys():
        infoHobby[hobby] += 1
    else :
        infoHobby[hobby] = 1
print("\n5명 통계 조사 후 : ", infoHobby)
```

실행 결과

```
통계 조사 전 :  {'바둑': 5, '독서': 5, '영화감상': 5}
학생들의 여가 활동에 대한 통계 조사 중입니다
학생의 여가 활동은 무엇입니까? 독서
학생들의 여가 활동에 대한 통계 조사 중입니다
```

```
학생의 여가 활동은 무엇입니까? 영화감상
학생들의 여가 활동에 대한 통계 조사 중입니다
학생의 여가 활동은 무엇입니까? 게임
학생들의 여가 활동에 대한 통계 조사 중입니다
학생의 여가 활동은 무엇입니까? 없음
학생들의 여가 활동에 대한 통계 조사 중입니다
학생의 여가 활동은 무엇입니까? 독서

5명 통계 조사 후 :  {'바둑': 5, '독서': 7, '영화감상': 6, '게임': 1, '없음': 1}
```

함수의 키워드 가변인수 처리

딕셔너리를 이용해서 함수의 키워드 가변인수를 처리할 수 있다. 키워드 가변인수는 함수를 호출할 때, 실인수를 가변적인 키워드 인수로 지정해서 전달하는 것이다. 함수의 키워드 가변인수 사용 형식은 다음과 같다.

```
def  functionName(**arg) :
      for k in arg.keys() :
          # 딕셔너리 arg의 원소의 키는 k이고, 값은 arg[k]임
```

위와 같이 함수의 키워드 가변인수는 함수 정의에서 형식인수 앞에 **를 붙여 나타내면 된다. 그러면 함수 function Name()에서는 키워드 가변인수로 전달되는 값을 arg 딕셔너리의 원소로 생각하고 함수 코드를 작성하면 된다. 즉, 함수 functionName()에서 형식인수 arg는 실인수로 나열된 '키워드=값'을 원소 arg[키워드]로 가지는 딕셔너리라고 생각하면 된다. arg.keys()는 실인수의 가변적 키워드로 구성되는 딕셔너리 키 리스트 dict_keys()이다.

키워드 가변인수를 사용해서 functionName()을 호출할 때, functionName()의 형식인수 arg의 상태는 다음과 같다.

```
functionName( name="이강인", job="축구선수", address="스페인")
 →  arg.keys() = dic_keys( ['name', 'job', 'address'] ] 되고
    arg = { "name" : "이강인", "job": "축구선수", "address" :"스페인"}
```

```
functionName( nickname="숏돌이",  age=20 )
 → arg.keys() = dic_keys( ['nickname', 'age']) 되고
   arg = { "nickname" : "숏돌이",  "age" : 20 }
```

[코드 11-35]는 함수의 키워드 가변인수를 이용하여 임의의 딕셔너리 자료를 출력하는 함수를 작성한 것이다. 함수의 키워드 가변인수 기능은 실제 프로그래밍에서 많이 활용되지는 않지만, 파이썬에서는 딕셔너리를 이용해서 처리한다는 점을 기억해 두기 바란다.

코드 11-35 딕셔너리를 이용한 키워드 가변인수 사용 예 ex11-35.py

```
def writeRecord(**arg) :
    print("-"*30)
    for k in arg.keys() :
      print("%-10s :" % (k), arg[k])
    print("-"*30)
writeRecord(name="이강인", job="축구선수", address="스페인")
writeRecord(university="한국대학교",
            deptment="컴퓨터공학과", entry=40)
writeRecord(이름="이강인", 국어=94, 영어=88, 수학=84, 과학=78, 사회=92)
```

실행 결과

```
------------------------------
name       : 이강인
job        : 축구선수
address    : 스페인
------------------------------
------------------------------
university : 한국대학교
deptment   : 컴퓨터공학과
entry      : 40
------------------------------
------------------------------
이름         : 이강인
국어         : 94
영어         : 88
수학         : 84
```

```
과학        : 78
사회        : 92
------------------------------
```

실습과제 4

다음 그림은 n(=5명)의 학생 이름과 점수를 개념적으로는 동일한 테이블 형태로 표현하지만 파이썬 코드에서 각 테이블 원소를 참조하는 방식은 다른 것을 나타낸다. (a)의 두 리스트는 파이썬에서는 독립적이지만 작성자가 가상의 테이블로 구성하고 정수 인덱스를 열 제목으로 이용하는 것과 같다. (b)의 2차원 리스트는 파이썬에서도 한 테이블 stu를 표현하지만 여전히 각 행에서 원소들의 논리적 의미는 작성자가 기억해야 한다. 그러나 (c)는 딕셔너리 원소들의 리스트를 테이블로 표현하여 이런 문제들을 모두 해결한다.

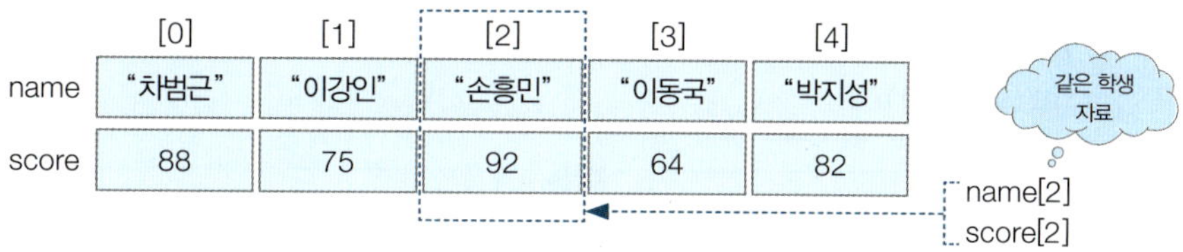

(a) 인덱스와 관련된 리스트들

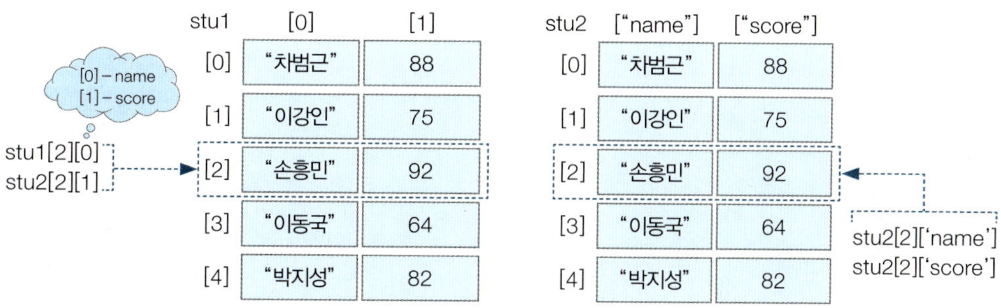

(b) 2차원 리스트

(c) 딕셔너리 원소들의 리스트

다음은 n명 학생들의 자료(이름, 영어 성적, 수학 성적)를 입력받아 위 그림의 (c)와 같이 딕셔너리 리스트로 표현해서 처리한다. 학생별로 데이터를 딕셔너리로 표현하고, 이러한 딕셔너리들을 모아 리스트를 구성해서 출력한다.

[실습코드 11-4]를 실행하여 결과를 확인하고, 그리고 이 프로그램을 활용해서 [실습과제2]를 딕셔너리 리스트를 이용해서 수정해서 실습해보라.

실습코드 11-4 한 학생의 성적 처리(딕셔너리 리스트 이용) program11-04.py

```
# getGrade 함수 정의 생략

stu2 = []
```

```
n = int(input("학생 수: "))
for i in range(0, n) :
    name = input("[%d]학생 이름: " % (i))
    score1 = int(input("[%d]영어 성적: " % (i)))
    ele = dict({ "name" : name, "eng" : score1} )   # 딕셔너리 ele를 구성함
    score2 = int(input("[%d]수학 성적: " % (i)))
    ele['math']= score2                        # 키가 "math"인 딕셔너리 원소 추가
    ele['total'] = score1 + score2             # 키가 "total"인 딕셔너리 원소 추가
    ele['avg'] = ele['total'] / 2              # 키가 "avg"인 딕셔너리 원소 추가
    ele['grade'] = getGrade((ele['avg'])) # 키가 "grade"인 딕셔너리 원소 추가
    stu2.append(ele)                           # 리스트 stu2에 딕셔너리 ele를 추가

for i in range(0, n) :
    print(stu2[i])
```

요약

01 컬렉션은 여러 자료값의 모임을 나타내는 자료형으로, 리스트, 튜플, 집합, 딕셔너리로 구분한다.

02 리스트는 대괄호([])를 이용하여 원소들을 표현하며, 원소들을 추가, 삭제, 변경할 수 있다. 리스트 원소들은 앞쪽부터 0, 1, 2의 순서로 그리고 뒤쪽부터 역순으로는 -1, -2, -3의 순서로 정의되는 인덱스를 이용해서 개별적 또는 부분적으로 참조하고 변경할 수 있다.

03 리스트를 if의 조건식에서 사용하면, 조건식의 자료값이 리스트에 포함될 때만 선택문장을 실행한다.

04 튜플은 리스트의 상수 표현으로, 원소들을 변경할 수 없다는 점에서 리스트와 다르다. 튜플은 일반적으로 괄호를 이용해서 표현하지만 원소가 둘 이상일 때는 괄호를 생략할 수 있다. 다만, 원소가 하나일 때 괄호를 생략한다면 반드시 원소 뒤에 콤마를 붙여야 한다.

05 집합은 수학의 집합을 나타내는 자료형으로, 중괄호({})를 이용하여 표현한다. 집합에서는 원소들을 변경할 수도 있지만 동일한 값을 중복해서 포함할 수 없고 원소들을 개별 참조할 수 없다. 집합은 수학의 집합 연산들을 지원한다.

06 딕셔너리는 '키:값' 형태의 원소들을 모아놓은 자료형으로, 중괄호({})를 이용해서 표현한다. 딕셔너리 원소의 키는 변경할 수 없고 서로 구별되지만 값들은 중복되고 변경될 수 있다. 딕셔너리 원소의 값은 '딕셔너리명[키]' 형식으로 참조한다.

07 딕셔너리의 .keys() 함수는 해당 딕셔너리의 모든 키들로 구성되는 리스트 dic_keys를 반환하며, 프로그램에서 해당 딕셔너리의 키들을 확인할 때 in 연산자와 함께 사용한다.

01 다음은 컬렉션형 자료에 대한 설명이다. 바른 것은 어느 것인가?

① 집합과 딕셔너리는 원소의 순서 개념을 가지고 있다.

② 집합과 딕셔너리는 동일 자료값을 서로 다른 원소로 가질 수 있다.

③ 리스트와 튜플은 원소의 추가, 삭제, 변경이 가능하다.

④ 리스트와 튜플은 동일 자료값을 서로 다른 원소로 가질 수 있다.

02 다음은 리스트에 대한 처리 결과를 나타낸 것이다. 틀린 것은 어느 것인가?

```
score = [10, 20, 30, 40, 50]
```

① score[2:3] = [33, 35, 37] → score = [10, 20, 33, 35, 37, 40, 50]

② score[2:2] = [33, 35, 37] → score = [10, 20, 33, 35, 37, 30, 40, 50]

③ score[2:4] = 90 → score = [10, 20, 90, 50]

④ score[:2] = [5, 15, 25] → score = [5, 15, 25, 30, 40, 50]

03 다음은 리스트에 대한 처리 결과를 나타낸 것이다. 틀린 것은 어느 것인가?

```
score = [10, 20, 30, 40, 50]
```

① score[2] = [22, 25] → score = [10, 20, 22, 25, 40, 50]

② score[2:3] = [22, 25] → score = [10, 20, 22, 25, 40, 50]

③ score[2:] = [90] → score = [10, 20, 90]

④ score += [25, 35] → score = [10, 20, 30, 40, 50, 25, 35]

04 다음은 리스트와 튜플의 차이점에 대한 설명이다. 바른 것은 어느 것인가?

① 리스트는 길이에 제한이 있지만 튜플은 없다.

② 리스트는 원소의 자료형이 같고 튜플은 다르다.

③ 리스트는 메모리를 적게 사용하고 튜플은 많이 사용한다.

④ 리스트는 원소를 변경할 수 있지만 튜플은 변경할 수 없다.

05 다음 코드의 빈칸에 들어갈 문장은 어느 것인가?

```
score = []
n = int(input("학생 수: "))
for i in range(0, n) :
    jumsu = int(input("[%d] 시험성적: " % i))
    [                ]
print("score=", score)
```

실행 결과

```
학생 수: 6
[0] 시험 성적: 88
[1] 시험 성적: 73
[2] 시험 성적: 94
[3] 시험 성적: 82
[4] 시험 성적: 65
[5] 시험 성적: 77
score= [88, 73, 94, 82, 65, 77]
```

① score[i] = jumsu
② score.add(jumsu)
③ score.insert(jumsu)
④ score.append(jumsu)

06 다음 코드는 리스트 score의 원소값의 평균을 구한다. 빈칸에 들어갈 문장은 어느 것인가?

```
score = [88, 75, 92, 64, 82]   # 5명의 시험 성적 리스트
total=0
for jumsu in score :           # 변수(score)를 이용한 리스트 원소 참조
    total = [                ]
avg = total / len(score)
print("\n 리스트 평균 :", avg)
```

① jumsu
② total + jumsu
③ total + score[jumsu]
④ total + jumsu ; jumsu = jumsu + 1

07 다음은 집합 a={10,30,50}, b={30,20}에 대한 연산 결과를 나타낸 것이다. 틀린 것은 어느 것인가?

① a | b = {10, 30, 20}　　② a & b = {30}

③ a − b = {10, 50}　　④ a ^ b = {10, 50, 20}

08 다음은 집합 A, B의 연산에 대한 설명이다. 바른 것은 어느 것인가?

㉠ A+B : 합집합	㉡ A−B : 차집합	㉢ A&B : 교집합	㉣ A^B : 곱집합

① ㉠, ㉡　　② ㉠, ㉣　　③ ㉡, ㉢　　④ ㉢, ㉣

09 다음은 파이썬의 컬렉션 자료에 대한 설명이다. 틀린 것은 어느 것인가?

① 집합과 딕셔너리의 원소는 순서 개념이 없다.

② 함수의 가변인수는 리스트를 이용해서 처리한다.

③ 함수의 키워드 가변인수는 딕셔너리를 이용한다.

④ 리스트와 튜플을 함수의 반환값으로 지정할 수 있다.

10 다음은 컬렉션 자료와 관련된 함수의 대응 관계를 나타낸 것이다. 틀린 것은 어느 것인가?

① list.append(x) : 리스트의 마지막 원소로 x를 추가한다.

② list.remove(i) : 리스트 list에서 i번째 원소를 삭제한다.

③ dic.get(k) : 딕셔너리 dic에서 키 k에 대응하는 원소값을 반환한다.

④ dic.keys() : 딕셔너리 dic의 키들로 구성되는 리스트를 반환한다.

11 다음 딕셔너리 drink에 대한 물음에 답하라.

```
drink = {'콜라': 3200, '사이다': 2800, '커피': 1800, '오렌지주스': 2000,
'사과주스': 2500}
```

(1) 딕셔너리 drink의 key 값으로만 구성된 리스트를 출력하라.

(2) 딕셔너리 drink의 values 값으로만 구성된 리스트를 출력하라.

(3) 딕셔너리 drink에서 모든 음료수의 금액의 총합을 출력하라.

12 다음 코드의 실행 결과는 무엇인가?

(1)

```
list1 = ["가", "나", "다", "라"]
for i in list1[1:]:
    print(i)
```

(2)

```
list2 = ["가", "나", "다", "라"]
for j in list2[: :2]:
    print(j)
```

(3)

```
list3 = ["가", "나", "다", "라"]
for k in list3[: :-1]:
    print(k)
```

13 정수로 구성된 임의의 성적 리스트를 입력받아 평균을 반환하는 함수를 정의하라.

14 1부터 10까지의 어떤 수로도 나누어떨어지는 가장 작은 수는 2520이다. 그렇다면 1부터 20까지의 어떤 수로도 나누어떨어지는 가장 작은 수는 얼마인지를 출력하라.

15 사용자로부터 달러, 엔, 유로, 위안으로 금액을 입력받은 후 이를 원화로 변환하는 프로그램을 작성하라. 각 통화별 환율은 그림과 같고, 사용자는 '100 달러', '1000 엔', '13 유로', '100 위안'과 같이 금액과 통화명 사이에 공백을 넣어 입력한다고 가정한다.

통화명	환율
달러	1167
엔	1096
유로	1268
위안	171

16 예전의 휴대전화 번호는 앞자리에 따라 아래와 같이 통신사가 구분되었다. 사용자로부터 휴대전화 번호를 입력받고, 다음과 같이 통신사를 출력하는 프로그램을 작성하라.

번호	통신사
011	SKT
016	KT
019	LGU
010	알 수 없음

실행 결과

```
휴대전화 번호: 011-475-1234
당신은 SKT 사용자입니다.
```

17 주민등록번호 뒷부분 7자리 중 첫째 자리는 성별을 의미하는데, 1, 3은 남자이고 2, 4는 여자를 의미한다. 다음과 같이, 주민번호를 입력받은 후 성별을 출력하는 프로그램을 작성하라.

실행 결과

```
주민등록번호: 821205-3435327
남자
```

18 주민등록번호 뒷부분 7자리 중 둘째, 셋째 자리는 지역코드를 의미한다. 다음과 같이, 주민번호를 입력받은 후 출생지가 서울인지 아닌지 판단하는 프로그램을 작성하라.

지역코드	출생지
00~08	서울
09~12	부산

실행 결과

```
주민등록번호: 821205-3435327
서울이 아닙니다.
```

실행 결과

```
주민등록번호: 821205-3025483
서울입니다.
```

19 주민등록번호 13자리 중 마지막 숫자는 번호의 유효성을 확인하기 위해 사용된다. 먼저 주민등록번호의 앞에서부터 12자리의 각 숫자에 2, 3, 4, 5, 6, 7, 8, 9, 2, 3, 4, 5를 차례로 곱한 뒤 그 값을 전부 더해서 11로 나눈 나머지를 구한 후, 11에서 이 나머지를 뺀 값이 주민등록번호의 마지막 숫자가 된다. 다음과 같이, 주민등록번호를 입력받은 후 번호의 유효성 여부를 출력하는 프로그램을 작성하라.

실행 결과

```
주민등록번호: 821205-3435327
유효하지 않은 주민등록번호입니다.
```

20 아래의 사다리 구조와 실행결과를 참고하여 a~f에서 시작해서 1~6에 도달하는 사다리 게임 프로그램을 작성하라.

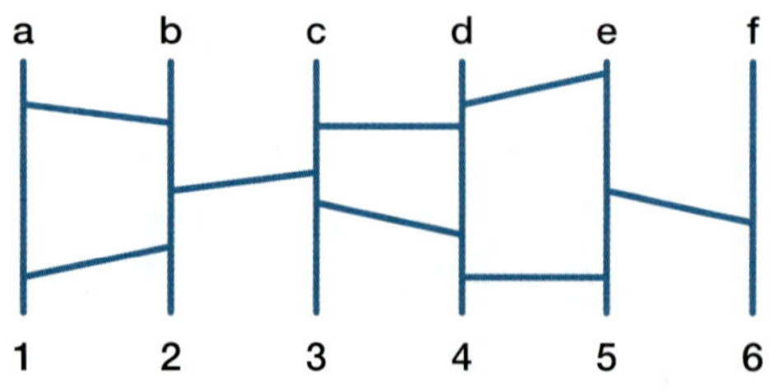

실행 결과

```
a - 5
b - 2
c - 3
d - 6
e - 1
f - 4
```

CHAPTER 12
파일 입출력

학습목표

- 파일 입출력의 필요성을 이해한다.
- 파일 처리 절차를 이해한다.
- 파일 입출력 함수의 종류와 사용법을 익힌다.
- 텍스트 파일의 자료값 구분과 그 사용법을 익힌다.

01 파일 입출력의 필요성

1 대화식 처리의 단점

지금까지 작성한 프로그램은 input()을 이용해서 자료를 입력받고, print()를 이용해서 실행 결과를 출력했다. 마치 컴퓨터와 대화하는 것처럼 키보드로 자료를 입력하고 모니터로 실행 결과를 확인했다. 그런데 이런 대화식 처리는 입력 자료가 간단할 때는 문제가 없지만, 한꺼번에 많은 자료를 입력해서 처리할 때는 불편하고 비효율적이다.

코드 12-1 예제 프로그램 ex12-01.py

```
n= int(input("학생 수는 ? "))
print(n, "학생들(%d)의 성적을 순차적으로 입력하세요")

student = [ ]
for i in range(0, n) :
    score = int(input( ))
    student.append(score)

print("입력 데이터 :", student)
student.sort( )
print("정렬 데이터 :", student)
```

실행 결과

```
학생 수는 ? 5
5 학생들(%d)의 성적을 순차적으로 입력하세요
67
88
76
93
73
입력 데이터 : [67, 88, 76, 93, 73]
정렬 데이터 : [67, 73, 76, 88, 93]
```

[코드 12-1]은 n명의 학생의 성적을 입력받아 정렬해서 출력한다. 간단한 프로그램이지만 실행해보면 불편한 점들이 있다. 가장 불편한 점은 자료를 잘못 입력하면 프로그램을 다시 실행해서 처음부터 입력해야 한다는 것이다. 그리고 실행 결과는 항상 모니터로 확인해야 하는데, 그때마다 프로그램을 실행하고 자료를 다시 입력해야 한다. 자료량이 많다면 매우 불편하고, 특히 같은 자료를 매번 입력하는 것은 비효율적이다. 이것은 input()을 이용해서 자료를 키보드로 입력받고, print()를 이용해서 실행 결과를 모니터로만 출력하기 때문이다. 그럼 어떻게 해야 할까?

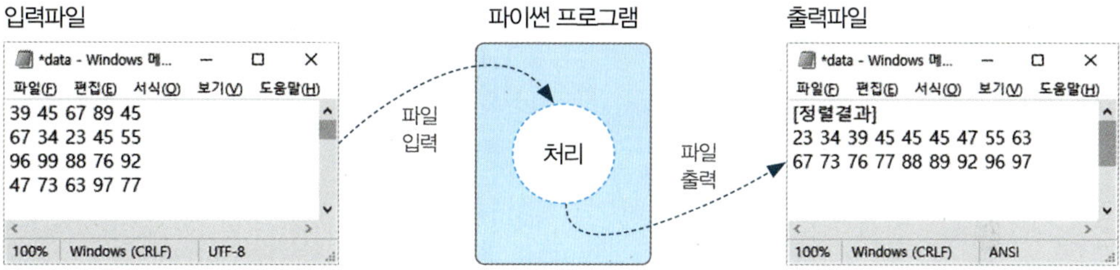

그림 12-1 파이썬 프로그램의 파일 입출력

2 파일 입출력

방법은 파일 입출력을 이용하는 것이다. 즉, [그림 12-1]과 같이 자료를 미리 파일에 저장해 두고, 프로그램 실행 중에 필요할 때 이 파일에서 자료를 가져가도록 하고, 실행 결과도 파일로 출력하는 것이다. 그러면 프로그램을 실행할 때마다 자료를 입력하는 불편을 피할 수 있고, 일단 프로그램을 한번 실행하면 이후에는 프로그램의 재실행 없이 출력된 파일을 바로 확인하면 되므로 효율적이다.

파일은 자료를 디스크와 같은 보조기억장치에 저장한 것이다. 프로그램의 변수는 실행되는 동안 주기억장치에 저장되지만, 파일은 프로그램의 실행과 관계없이 보조기억장치에 저장된다. 프로그램이 파일 자료를 처리하려면, 파일의 내용을 변수로 가져와야 한다.

프로그램이 실행 도중에 지정된 파일로부터 자료를 읽어오고, 지정된 파일로 실행 결과를 출력하는 것을 파일 입출력file Input/Output이라고 한다. 파일 입출력 기능을 이용하면, [그림 12-2]와 같이 프로그램은 키보드와 여러 입력 파일로부터 자료를 입력받고 모니터와 여러 출력 파일로 실행 결과를 분산 또는 중복해서 출력할 수 있다.

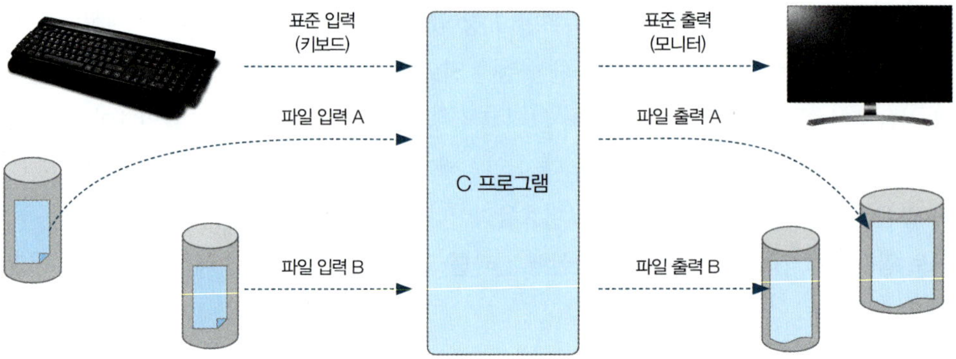

그림 12-2 프로그램의 다양한 파일 입출력

02 파일 처리

1 일상의 파일 사용

컴퓨터 시스템에서 파일은 보조기억장치에 저장된 자료의 모임을 의미하고, 일상생활에서는 서류철, 강의 노트처럼 관련 문서 또는 기록카드 등을 묶어 놓은 것을 의미하는데, 자료를 반영구적으로 안전하게 저장해서 필요할 때 사용한다는 점에서 본질적으로 동일한 의미이다. 따라서, 우리가 일상에서 파일(서류철)을 사용하는 과정을 생각해보면, 컴퓨터 시스템의 파일 사용 방법도 쉽게 이해할 수 있다.

그림 12-3 일상생활에서의 파일

일상생활에서의 파일은 [그림 12-3]과 같이 내용이 기록된 많은 내지나 기록카드로 구성되고, 대개는 제목 등이 적힌 두꺼운 표지를 가지고 있다. 이런 파일의 사용 과정은 파일 표지 열기 → 파일 사용(읽기/쓰기 등) → 파일 표지 닫기의 순서로 단계적으로 진행된다.

❶ 파일을 사용할 때는 사용 목적을 가지고 파일 표지를 연다. 예를 들면, 우리는 파일 내용을 읽거나 기록하기 위해 파일 표지를 연다.

❷ 파일을 열면, 사용 목적에 따라 파일을 사용할 수 있다. 읽을 목적으로 파일을 열었으면 파일 내용을 읽고, 기록할 목적으로 열었으면 첫 번째 내지부터 순차적으로 기록을 해 나가면 된다. 파일을 열면 항상 첫 번째 내지가 나타난다.

❸ 마지막으로 파일의 사용이 끝나면 파일 표지를 닫는다. 이것은 파일 내용의 안전을 위한 것으로, 파일 표지를 닫아야 책장이나 서류함 등에 보관할 수 있다.

이런 일상에서의 파일 이용 과정은 파이썬 프로그램에서도 동일하다. 다만, 프로그램에서는 좀 더 엄격한 절차로 진행된다. 파일을 열 때 반드시 사용 목적을 제시해야 하고, 제시한 목적으로만 사용해야 하며, 사용 후에는 파일을 닫아야 한다. 파일 사용을 위해 파일을 여는 작업을 파일 개방file open, 파일 사용 후 닫는 작업을 파일 폐쇄file close라고 한다. 그리고 사용 목적을 지정하는 것을 파일 모드file mode라고 한다.

2 파이썬의 파일 사용

파이썬에서 파일 사용은 사용 절차에 따라 open(), read(), write(), close() 등 관련 함수를 이용해서 다음과 같은 형태로 작성하면 된다.

```
파일변수 = open("파일명", "파일 모드");
   ...
 # 파일 사용
 # 파일 모드가 읽기이면 파일 읽기 함수 read(), readline() 사용
 # 파일 모드가 쓰기이면 파일 쓰기 함수 write(), writeline() 사용
   ...
파일변수.close()
```

open() 함수

open()은 파일 개방 작업을 수행하는 함수로, 지정한 파일을 파이썬의 파일 객체로 변환해서 반환한다.

▪ 파일명

open()의 첫 번째 인수인 파일명은 운영체제에서 사용되는 실제 파일명으로, 파일의 접근경로(절대경로 또는 상대경로)를 포함한다. open()의 반환값을 저장하는 파일변수는 프로그램에서 사용하는 파일(파일명)의 식별자라고 생각하면 된다.

▪ 파일 모드

두 번째 인수인 파일 모드는 읽기, 쓰기와 같은 파일의 사용 목적을 나타내는 것으로, 주요 값은 [표 12-1]과 같다.

표 12-1 파일 모드

파일 모드	모드 의미	지정 파일이 없는 경우	지정 파일이 있는 경우
'r'	텍스트 파일 읽기	NULL 반환, 기본값	–
'w'	텍스트 파일 쓰기	신규 파일 생성	기존 파일 무시함
'a'	텍스트 파일 추가	신규 파일 생성	기존 파일 뒤에 추가함
'r+'	파일 갱신(읽고 쓰기)	NULL 반환	–
'rb'	이진 파일 읽기	NULL 반환, 기본값	–
'wb'	이진 파일 쓰기	신규 파일 생성	기존 파일 무시함

읽기 모드(r, r+, rb)로 지정되는 입력 파일은 프로그램의 실행 전에 미리 준비되어 있어야 한다. 그러나 쓰기 모드(w, a 모드)로 지정되는 출력 파일은 없으면 새로 생성한다. 특히 w 모드로 열면 파일이 이미 있더라도 무시하고 파일 내용을 새로 작성하므로 기존의 파일 내용은 삭제된다. 그러나 a 모드로 열면 이미 파일이 있을 경우, 파일 끝에 추가해서 내용을 출력한다.

close( ) 함수

close()는 파일변수가 나타내는 파일의 사용을 종료시키는 함수이다. 원칙적으로 모든 파일은 사용을 종료하면 close()를 이용해서 닫아야 한다.

3 파일 처리 예제

[코드 12-2]는 텍스트 파일의 내용을 읽어 컴퓨터 화면에 출력한다. open() 함수를 이용하여 파일 data1.txt를 연 후, read() 함수로 자료를 입력받고 print() 함수로 컴퓨터 화면에 실행 결과를 출력한다.

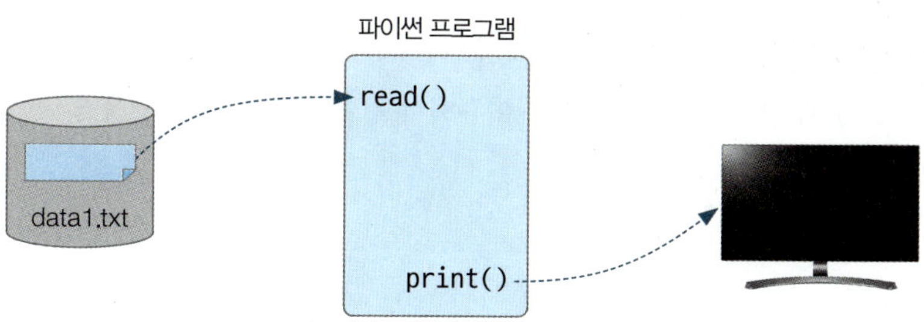

그림 12-4 [코드 12-2]의 프로그램 입출력

[코드 12-2]를 실습하려면 우선 [그림 12-5]와 같은 텍스트 파일 data1.txt를 생성하고, ex12-02.py 파일과 같은 폴더에 저장해야 한다.

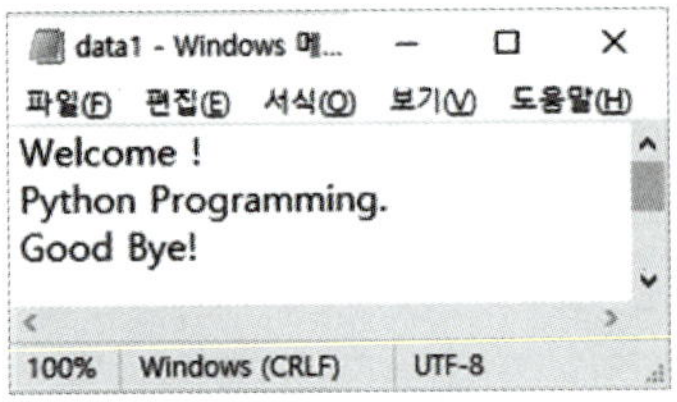

그림 12-5 입력 파일 data1.txt

코드 12-2 파일 입력-화면 출력 ex12-02.py

```
f1 = open("data1.txt", "r")        파일 개방
print("="*20)
txt = f1.read(1)                   파일 사용 : read() 함수 이용
while txt != "" :
    print(txt, end="")
    txt = f1.read(1)               파일 사용
print("="*20)
f1.close()                         파일 폐쇄
```

실행 결과

```
====================
Welcome!
Python Programming.
Good Bye!
====================
```

[코드12-2]의 함수 f1.read(1)는 파일에서 한 문자(바이트)를 읽어 반환하는 파일 객체(f1)의 함수이다. 파일의 사용이 끝나면 파일을 폐쇄해야 한다.

[코드 12-3]은 [그림 12-6]과 같이 input() 함수를 이용해서 키보드로부터 문자열을 입력받아 write() 함수로 파일 result1.txt로 출력한다.

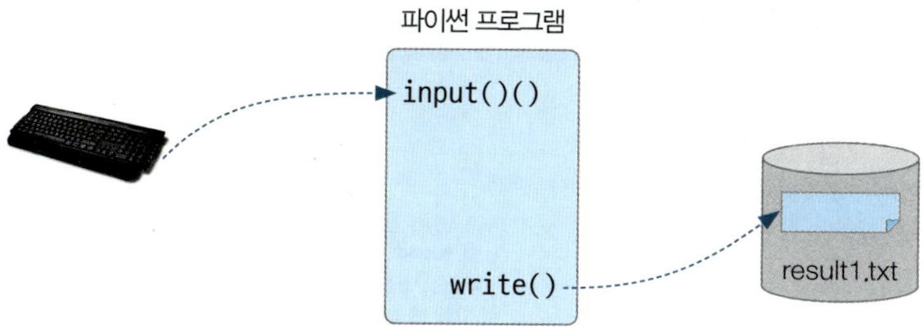

그림 12-6 [코드 12-3]의 프로그램 입출력

[코드 12-3]에서 출력 파일 result1.txt는 미리 준비할 필요가 없다. fopen()으로 파일을 개방하면 자동으로 생성되기 때문이다. 그리고 f2.write(txt)는 인수 txt를 result1.txt 파일로 출력하는 파일 객체(f1)의 함수이다. result1.txt 파일은 사용이 끝나면 파일을 폐쇄해야 한다. 입력 파일은 파일 폐쇄를 생략하면 프로그램이 종료될 때 자동 폐쇄되지만, 출력 파일은 파일 폐쇄를 생략하면 write()의 출력 내용이 파일에 반영되지 않고 폐쇄되므로 반드시 명시적으로 폐쇄해야 한다.

코드 12-3 **키보드 입력-파일 출력** ex12-03.py

```
f2 = open("./result1.txt", "w")
txt = input("메시지를 남기세요.\n")
for i in range(3) :
    f2.write(txt)          write() 함수 이용
    txt =  input()
f2.close()
```

실행 결과

메시지를 남기세요.
파이썬 프로그래밍을 공부합니다.
재미있게 공부하고 있습니다.
열심히 하겠습니다!

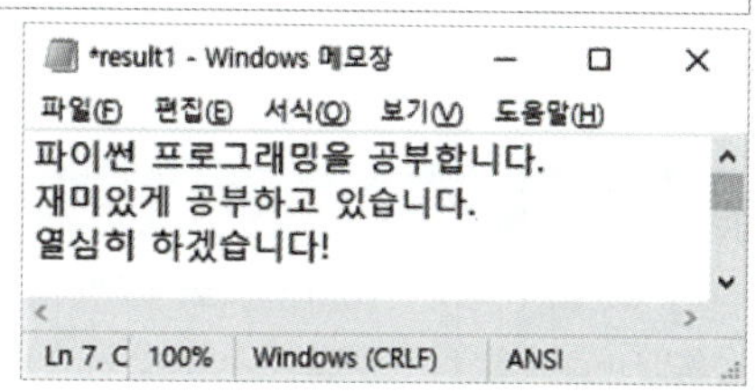

[코드 12-4]는 파일 모드 a의 사용 예이다. a 모드로 연 파일이 프로그램의 실행 전에 존재하지 않으면, a 모드는 w 모드와 동일하게 파일을 생성해서 출력한다. 그러나 이미 존재한다면 기존 파일의 끝에서부터 출력을 시작한다.

코드 12-4 파일 모드 a ex12-04.py

```python
f1= open("./memo.txt", "w");
str1 = "[2022년 3월  7일 월요일]\n"
str1 = str1 + "파이썬 공부를 시작함\n\n"
f1.write(str1)
f1.close()
f1= open("./memo.txt", "a");
str1 = "[2022년 3월 14일 월요일]\n"
str1 = str1 + "교재 1~2장을 공부함"
f1.write(str1)
f1.close()
```

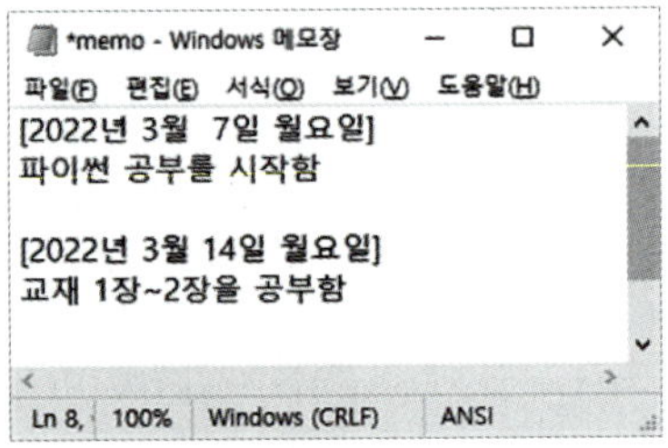

[코드 12-4]에서 처음에는 w 모드로 파일 memo.txt를 열어 파일을 생성해서 출력했고, 파일을 닫은 후 다시 열 때는 a 모드로 열어 memo.txt 파일 끝에서부터 출력을 시작했다. 이와 같이 프로그램의 실행 도중 폐쇄한 파일을 사용하려면, 다시 파일을 열어야 한다.

파일을 사용하고 나면 반드시 파일을 폐쇄해야 한다. 입력 파일은 폐쇄하지 않아도 당장은 문제가 없지만 출력 파일은 폐쇄하지 않으면 출력 내용이 실제 파일에 반영되지 않는다. 따라서, 파일을 더 이상 사용하지 않는다면 곧바로 파일을 폐쇄하는 것이 바람직하다.

여기서 잠깐 **자동으로 파일 폐쇄하는 방법**

그런데 프로그래밍을 하다 보면 파일 폐쇄를 잊어버릴 수 있다. 이런 이유로 파이썬은 with 블록을 제공한다. with 블록을 이용해서 파일을 열 경우, with 블록이 끝나면 자동으로 닫히기 때문에 close()를 사용할 필요가 없다. [코드 12-5]는 with 블록을 이용해서 [코드 12-2]를 다시 작성한 것이다.

코드 12-5 with 블록을 이용한 파일 사용 ex12-05.py

```python
with open("./data1.txt", "r") as f1 :
    print("-"*20)
    txt = f1.read(1)          # read() 함수 이용
    while txt != "" :
        print(txt)
        txt = f1.read(1)
    print("-"*20)
```

03 파일 입출력 함수

1 파일 유형과 파일 모드

텍스트 파일과 이진 파일

컴퓨터 파일은 2진값으로 기억장치에 저장된다. 텍스트와 이미지, 비디오, 오디오와 같은 멀티미디어 자료는 각각 약속된 2진값으로 변환해서 저장하고(인코딩), 저장된 파일 내용을 확인할 때는 반대로 변환해서 처리한다(디코딩).

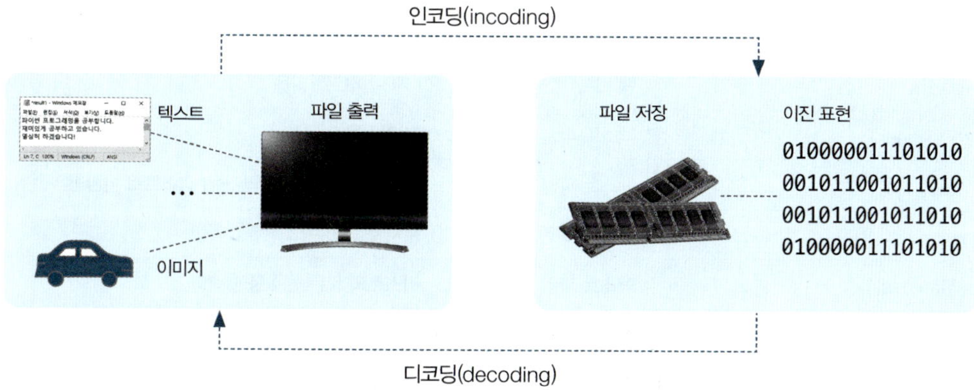

그림 12-7 파일 인코딩과 디코딩

컴퓨터 파일은 크게 텍스트 파일과 이진 파일로 구분된다. 텍스트 파일은 알파벳, 한글과 같은 텍스트를 저장한 파일이고, 이진 파일은 이미지, 비디오, 오디오와 같은 멀티미디어 자료를 저장한 파일이다. 텍스트 파일의 경우, 알파벳은 ASCII 코드로, 한글은 UTF-8, UTF-16, EUC-KR 등의 코드로 인코딩되고, 이미지 이진 파일은 JPG, PNG, GIF 등으로, 오디오 이진 파일은 MP3, wav 등으로, 비디오 이진 파일은 MP4, avi 등으로 인코딩된다.

메모장이나 워드패드와 같은 범용 문서편집기들로 텍스트 파일을 열면 파일 내용을 확인할 수 있지만, 이진 파일은 파일을 열 수 없거나 열더라도 내용을 알 수 없는 기호만을 확인할 수 있다. 이진 파일의 내용을 확인하려면 전용 뷰어 프로그램을 이용해야 한다.

파일 모드와 입출력 함수

파일을 열 때, open() 함수의 파일 모드는 파일 유형과 사용 목적을 나타낸다. 텍스트 파일은 r 또는 w, a로, 이진 파일은 rb 또는 wb로 파일 모드를 지정해야 한다. 이미지, 비디오, 오디오와 같은 멀티미디어 파일은 이진 파일이므로 파일 모드를 rb 또는 wb라고 지정해야 파일 내용을 정확히 인코딩 또는 디코딩할 수 있다.

파일은 파일 모드에서 지정한 방식으로만 사용할 수 있다. 읽기 모드(r)로 연 파일에 대해서는 입력 함수만 사용하고, 쓰기 모드(w 또는 a)로 연 파일에 대해서는 출력 함수만 사용해야 한다. 읽기 모드로 파일을 열고 출력 함수를 사용하거나 반대로 쓰기 모드로 파일을 열고 입력 함수를 사용하면 오류가 발생한다. 다음 [표 12-2]는 대표적인 파일 입출력 함수이다.

표 12-2 주요 파일 입출력 함수

표준 함수	사용 모드	대상 파일	기능
read()	읽기	텍스트/이진 파일	파일 전체를 읽음
read(n)	읽기	텍스트/이진 파일	n개 바이트를 읽음
readline()	읽기	텍스트 파일	한 라인을 읽음
readlines()	읽기	텍스트 파일	파일 전체 내용을 라인 단위 리스트로 반환함
write()	쓰기	텍스트/이진 파일	문자열을 있는 그대로 출력함
writelines()	쓰기	텍스트 파일	리스트의 모든 원소를 출력함

read(), write()는 바이트 단위의 입출력 함수로, 텍스트 파일과 이진 파일에서 모두 사용할 수 있다. readline()과 readlines(), writelines()는 라인 단위의 입출력 함수로 텍스트 파일에서만 사용할 수 있다. 이진 파일은 라인 개념이 없기 때문에 라인 단위 함수는 사용할 수 없다.

2 텍스트 파일 입출력

일반적으로 자료 파일은 텍스트 파일이다. 텍스트 파일을 사용할 때, 파이썬이 텍스트 파일의 라인을 어떻게 구분하는지를 이해하는 것은 중요하다. 텍스트 파일을 편집기로 보면 [그림 12-8] (a)와 같이 라인이 시각적으로 구분되지만, 실제 저장장치에는 (b)와 같은 형태로 저장된다.

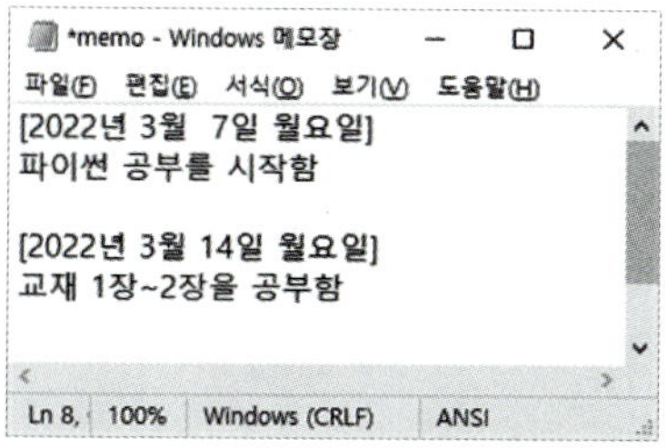

(a) 텍스트 편집기에서 보이는 텍스트 파일

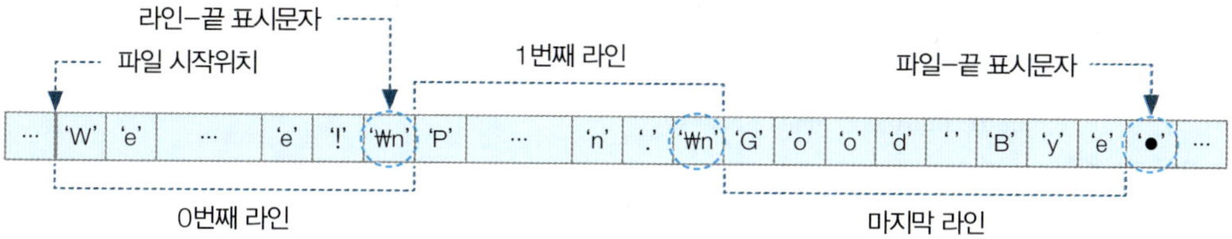

(b) 실제 저장되는 텍스트 파일의 구조

그림 12-8 텍스트 파일의 디스크 저장 구조

파이썬은 텍스트 파일에서 문자를 읽을 때, 파일의 시작 위치(또는 개행문자 \n 다음)부터 개행문자 \n(또는 마지막 라인의 경우 파일 끝 문자)까지의 일련의 문자를 한 라인으로 취급한다. 즉, 한 라인의 마지막 문자는 \n이다. 다만, 마지막 라인은 엔터키를 입력하지 않았다면 \n으로 끝나지 않을 수 있다.

텍스트 파일 입력

텍스트 파일을 r 모드로 열면, 함수 read(), read(n), readline(), readlines()를 이용해서 파일의 문자를 읽을 수 있다. [코드 12-6]은 함수 read(), read(n), readline(), readlines()의 차이를 보여준다.

코드 12-6 read( ), read(n), readline( ), readlines( ) 비교 ex12-06.py

```
f1 = open("file.txt", "r")
txt = f1.read()                read() 함수 사용
print("read() 반환값:", txt)
f1.close()

f1 = open("file.txt", "r")
txt = f1.read(3)               read(n) 함수 사용
```

```
print("read(3) 반환값:", txt)
f1.close()

f1 = open("file.txt", "r")
txt = f1.readline()          readline() 함수 사용
print("readline() 반환값:", txt)
f1.close()

f1 = open("file.txt", "r")
txt = f1.readlines()          readlines() 함수 사용
print("readlines() 반환값:", txt)
f1.close()

print("\nfile.txt 파일 내용 출력")
for element in txt :
    print(element, end ="" )
```

실행 결과

```
read() 반환값: Welcome!
Python.
Good Bye!
read(3) 반환값: Wel
readline() 반환값: Welcome!

readlines() 반환값: ['Welcome!\n', 'Python.\n', 'Good Bye!']

file.txt 파일 내용 출력
Welcome!
Python.
Good Bye!
```

read(n)은 n개의 문자를 읽고, 인수 n을 생략하면 파일 전체를 읽는다. 그리고 readline()은 라인 단위로 문자들을 읽는다. 파일을 열면 파일 시작 위치부터 readline()을 사용할 때마다 한 라인을 읽게 된다. 따라서, 마지막 라인이 아니면 readline()은 시작 위치에서 개행문자 \n을 만날 때까지의 문자를 읽는다. 다만, 마지막 라인은 파일 끝 문자를 만날 때까지 읽는다. readlines()는 텍스트 파일 전체를 읽어 라인 단위의 리스트를 구성해서 반환한다. 그리

고 readlines()의 반환값(txt)은 리스트이므로 for문을 이용해서 출력했다.

텍스트 파일을 읽을 때 마지막 라인의 처리에 유의해야 한다. 텍스트 파일의 경우, 컴퓨터가 읽는 마지막 라인과 사람이 편집기로 보는 마지막 라인에는 차이가 있을 수 있기 때문이다. 예를 들면, [그림 12-8] (a)에서 시각적으로는 Good Bye!가 마지막 라인이지만 마지막에 공백 문자를 두 번 입력하고 파일을 저장했다면 컴퓨터에 저장된 파일은 [그림 12-9]와 같게 되고, readline(), readlines()가 인식하는 마지막 라인은 공백 문자 두 개만을 포함한다. 사람의 시각과는 달리 readline(), readlines()가 읽어 오는 마지막 라인은 항상 개행 문자 \n을 포함하지 않는다.

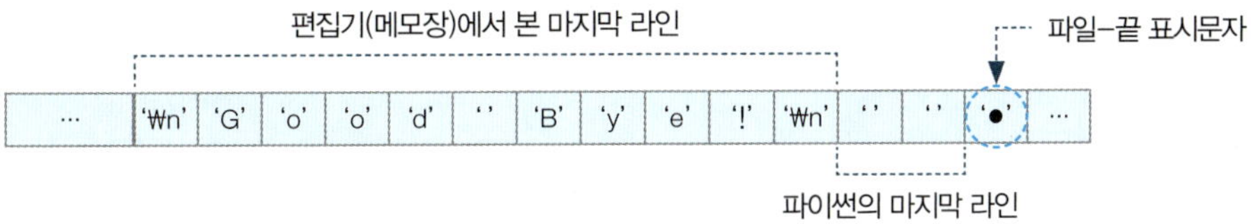

그림 12-9 텍스트 파일의 저장(마지막 라인)

파일을 폐쇄한 후 다시 사용하려면 파일을 다시 열어야 한다. 파일을 열면 항상 파일의 시작 위치부터 사용할 수 있다. 특히 입력 파일은 몇 번째 문자 또는 라인을 읽는지를 생각하면서 사용해야 원하는 자료를 정확히 읽어올 수 있다.

코드 12-7 파일 개방과 폐쇄 ex12-07.py

```
f1 = open("file.txt", "r")    파일 개방
txt = f1.readline()           0번째 라인 읽음
print(txt)
f1.close()                    파일 폐쇄

f2 = open("file.txt", "r")    파일 재개방
txt = f2.readline()           0번째 라인 읽음
print(txt)
txt = f2.readline()           1번째 라인 읽음
print(txt)
f2.close()                    파일 폐쇄

txt = f2.read()
```

실행 결과

```
Welcome!

Welcome!

Python.

Traceback (most recent call last):
  File "C:/python/ex12-07.py", line 13, in <module>
    txt = f2.read()  ········ 오류 : 파일을 개방하지 않음
ValueError: I/O operation on closed file.
```

라인 단위 입력 처리

[코드 12-8]과 같이, for문을 이용하면 readline()을 사용하지 않고 입력 파일을 라인 단위로 읽어 처리할 수 있다. 다음 [코드 12-8]을 실행해보자.

TIP 즉, 메모장 등으로 입력 파일을 작성할 때, 마지막 라인의 끝에서는 엔터키를 입력하지 않고 저장해야 한다.

코드 12-8 라인 단위 파일 입력 처리 ex12-08.py

```
f1 = open("file.txt", "r")
for line in f1 :
    print(line)
f1.close()
```

만약 입력 파일 file.txt의 마지막 라인이 [그림 12-8]의 (b)와 같이 저장된다면, 실행 결과는 다음과 같이 출력된다.

실행 결과

```
Welcome!

Python.

Good Bye!
파일입력 종료
```

그러나 마지막 라인이 [그림 12-9]와 같이 저장된다면, 마지막 라인은 공백 문자 2개를 포함하는 빈 라인이 된다.

실행 결과

```
Welcome!

Python.

Good Bye!

파일입력 종료
```

텍스트 파일 출력

텍스트 파일을 w 또는 a 모드로 열면 함수 write(), writelines()를 이용해서 파일로 출력한다. [코드 12-9]는 write()와 writelines()의 사용 예를 보여준다. write()와 writelines() 함수는 거의 비슷하지만 write()와 달리 writelines()는 라인 리스트를 인수로 지정해서 출력할 수 있다. writelines()는 readlines()로 읽은 파일 내용을 출력할 때 유용하다.

코드 12-9 write(), writelines() 함수 비교 ex12-09.py

```
f1 = open("file.txt", "r")
f2 = open("result5.txt", "w")
f2.write("[write() 함수 출력]\n")
for line in f1 :
    f2.write(line)
f1.close()

f1 = open("data1.txt", "r")
f2.write("\n\n[writelines() 함수 출력]\n")
list1= f1.readlines()
f2.writelines(list1)
f1.close() ; f2.close()
```

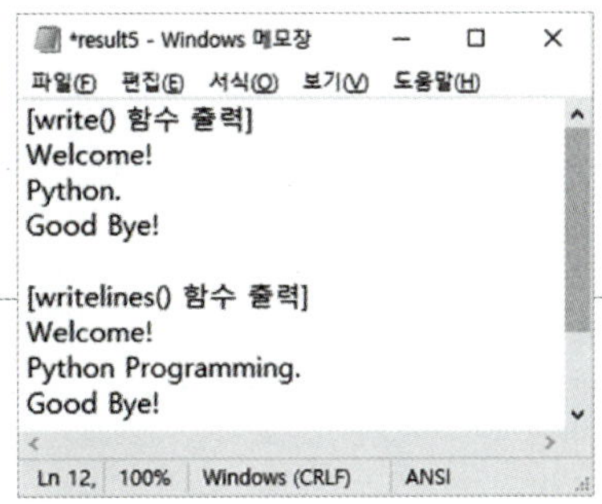

파이썬 프로그램은 여러 파일로부터 자료를 입력받고, 실행 결과를 여러 파일로 출력할 수도 있다. 다음 예제는 data1.txt 파일과 키보드로부터 자료를 입력받고, 실행 결과를 컴퓨터 화면과 result2.txt 파일로 출력한다.

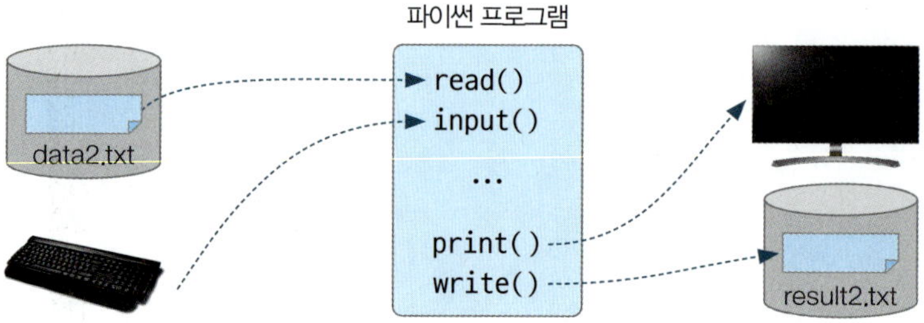

그림 12-10 [코드 12-10]의 **프로그램 입출력**

코드 12-10 **파일 입력-파일&키보드 출력** ex12-10.py

```
f1=open("./data2.txt", "r")
answer = []
for quest  in f1 :
    if quest != "" :
        answer.append(input(quest)+"\n")
f1.close()

f2=open("./result2.txt", "w")
f2.write("[응답 결과] \n")
f2.writelines(answer)
f2.close()

print("\n[응답 결과]")
for ele in answer :
    print(ele, end="")
```

- `f1=open("./data2.txt", "r")`: 읽기 목적 파일 열기
- `f2=open("./result2.txt", "w")`: 쓰기 목적 파일 열기

실행 결과

```
1. 가고 싶은 여행지들을 입력하세요.
영국 런던, 프랑스 파리, 미국 뉴욕
2. 좋아하는 과목들을 입력하세요.
체육(축구), 영어
3. 읽고 싶은 책들을 입력하세요.
```

```
수필집, 시집

[응답 결과]
영국 런던, 프랑스 파리, 미국 뉴욕
체육(축구), 영어
수필집, 시집
```

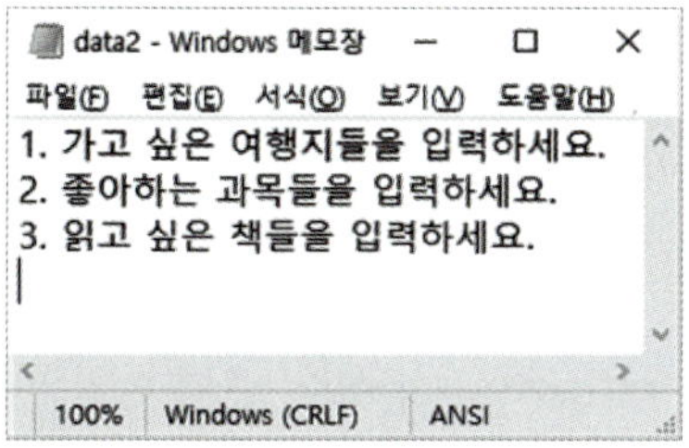

(a) 입력 파일

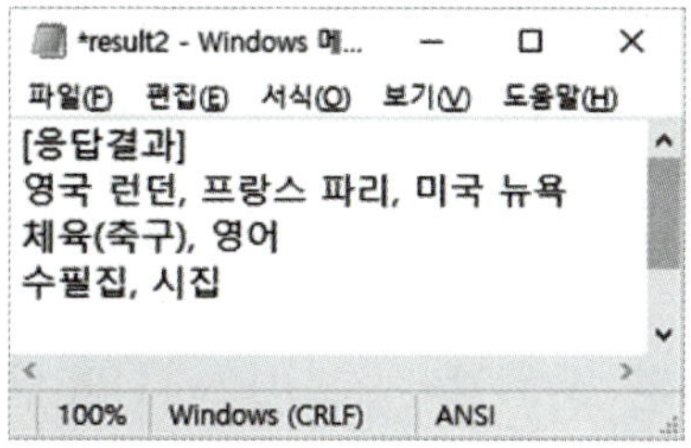

(b) 출력 파일

그림 12-11 [코드 12-10]의 입출력 파일

3 이진 파일 입출력

[코드 12-11]은 이진 파일의 입출력 예로, 이미지 파일 python.png를 읽어 화면으로 출력하고, 다시 파일 파이썬로고.png를 출력한다. 이미지 파일은 텍스트 파일이 아니므로 print() 함수로 출력하면 실행 결과는 해석할 수 없는 내용Squeezed text으로 나타난다. 그러나 두 파일을 이미지 뷰어로 확인하면 제대로 된 이미지를 확인할 수 있다.

코드 12-11 이진 파일 복사하기 ex12-11.py

```
f1 = open("python.png", "rb")
f2 = open("파이썬로고.png", "wb")
img = f1.read()
print(img)
f2.write(img)
f1.close() ;  f2.close()
```

python.png 파일을 메모장으로 확인하면 [그림 12-12]와 같이 해석할 수 없는 기호가 출력되지만, 그림판으로는 [그림 12-13]과 같이 이미지를 확인할 수 있다.

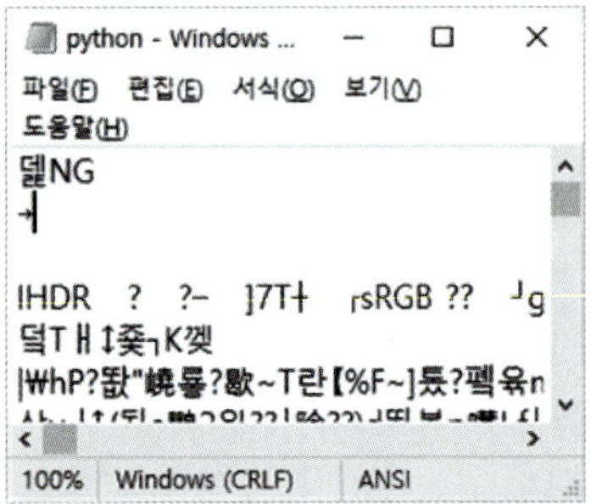

그림 12-12 이미지 파일 메모장으로 확인

[그림 12-13]의 (a)와 (b)는 각각 [코드 12-11]의 입력 파일 python.png와 출력 파일 파이썬로고.png를 그림판으로 확인한 것으로, 이미지 파일이 복사된 것을 알 수 있다.

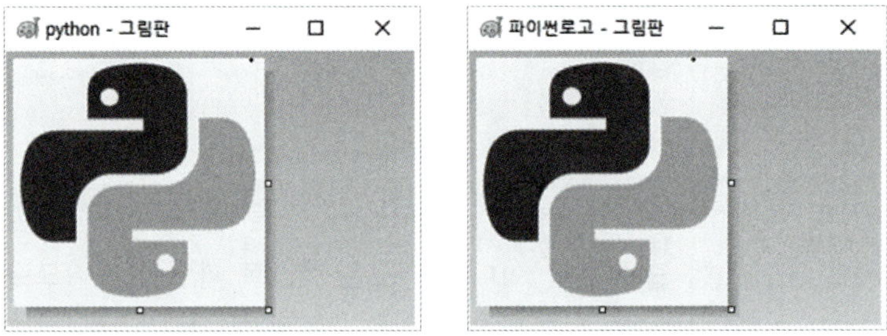

(a) python.png (b) 파이썬로고.png

그림 12-13 이미지 파일 복사

4 자료 파일의 라인별 처리

일반적으로 특정 처리 대상에 대한 자료 파일은 [그림 12-14]와 같이 라인 단위로 처리 대상의 관련 자료를 작성한다. 예를 들면, (a)와 같이 운동선수의 자료 파일은 라인별로 선수의 이름, 직업, 종목, 나이, 수입을 나열할 수 있다. 그리고 (b)와 같이 학생들의 성적 자료 파일은 라인별로 학생의 이름과 과목별 시험 점수를 나열해서 구성할 수도 있다.

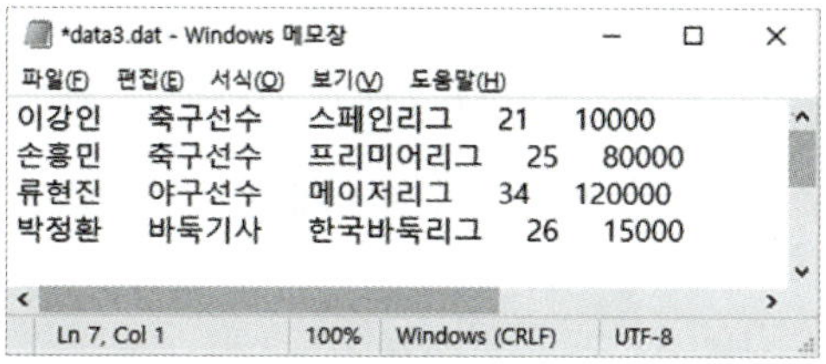

*data3.dat - Windows 메모장

파일(F) 편집(E) 서식(O) 보기(V) 도움말(H)

```
이강인   축구선수   스페인리그     21    10000
손흥민   축구선수   프리미어리그   25    80000
류현진   야구선수   메이저리그     34    120000
박정환   바둑기사   한국바둑리그   26    15000
```

Ln 7, Col 1 100% Windows (CRLF) UTF-8

(a) 공백으로 구분

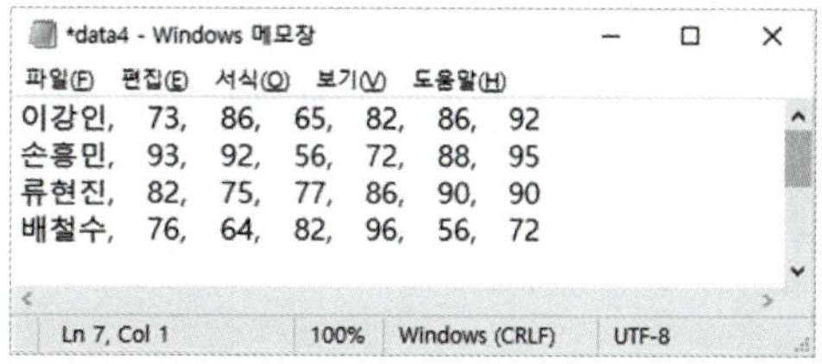

*data4 - Windows 메모장

파일(F) 편집(E) 서식(O) 보기(V) 도움말(H)

```
이강인, 73, 86, 65, 82, 86, 92
손흥민, 93, 92, 56, 72, 88, 95
류현진, 82, 75, 77, 86, 90, 90
배철수, 76, 64, 82, 96, 56, 72
```

Ln 7, Col 1 100% Windows (CRLF) UTF-8

(b) 콤마로 구분(CSV 파일)

그림 12-14 자료 파일의 예

각 라인에서 자료값을 구분할 때, (a)에서는 공백 문자를, (b)에서는 콤마를 사용했다. (b)와 같이 콤마로 구분하는 자료 파일을 CSV Comma-Separated Values 파일이라고 한다. 이런 자료 파일을 처리하려면 라인 단위로 읽고, 라인의 자료값을 구분해야 한다. readline()을 사용해서 라인 단위의 문자열을 읽은 후, 라인 문자열을 자료값을 나타내는 부분 문자열로 분리해야 한다.

[코드 12-12]는 문자열 line에서 부분 문자열을 분리하기 위해 rstrip()과 split() 함수를 이용한다.

코드 12-12 부분 문자열 추출 ex12-12.py

```
line = "홍길동, 컴퓨터공학, 98,  65,  82,  92     "
line = line.rstrip()           라인 끝의 공백 문자를 제거함
print("line.rstrip()의 결과:", line)

line = line.split(',')         콤마를 구분자로 부분 문자열로 분리, 리스트를 구성함
print("line.split(',')의 결과:", line)

scoreList = []
for i in range(2, len(line)) :
    score = int(line[i])       숫자 부분 문자열의 정수형 변환
    scoreList.append(score)
print("line의 수치값 리스트:", scoreList)
```

실행 결과

```
line.rstrip()의 결과: 홍길동, 컴퓨터공학, 98,  65,  82,  92
line.split(',')의 결과: ['홍길동', ' 컴퓨터공학', ' 98', '  65', '  82', '  92']
line의 수치값 리스트: [98, 65, 82, 92]
```

2행의 line.rstrip()은 문자열 line의 끝에 있는 공백 문자를 제거한 문자열을 반환한다. 5행의 line.split(',') 함수는 문자열 line을 콤마를 기준으로 부분 문자열을 분리해서 리스트를 구성해서 반환한다. 그리고 숫자만으로 구성된 부분 문자열은 int() 함수를 이용해서 정수로 자료형을 변경했다.

TIP 부분 문자열을 분리하기 위해 rstrip() 외에 strip(), lstrip() 함수도 많이 사용된다.

[코드 12-12]에서 콤마 대신 공백 문자로 자료를 구분한다면 5행에서 line.split(',')을 line.split(' ')으로 수정하면 된다. 이를 활용하여 [코드 12-13]과 [코드 12-14]는 각각 [그림 12-14]의 (a), (b)의 자료 파일로부터 라인 단위로 자료값을 분리해서 리스트를 구성한다.

코드 12-13 공백으로 구분된 자료 파일 처리 ex12-13.py

```
f1 = open("data3.dat", "r")
print("[자료 파일 입력 결과]\n")

for line in f1 :
    substr = (line.rstrip()).split("   ")
    data = []
    for i in range(0, len(substr)) :
        data.append(substr[i])
    print(data)
f1.close()
```

- for line in f1 : — 라인 단위 부분 문자열 리스트 구성
- substr = (line.rstrip()).split("   ") — 라인에서 자료가 "   "으로 구분됨

실행 결과

```
[자료 파일 입력 결과]

['이강인', '축구선수', '스페인리그', '21', '10000']
['손흥민', '축구선수', '프리미어리그', '25', '80000']
['류현진', '야구선수', '메이저리그', '34', '120000']
['박정환', '바둑기사', '한국바둑리그', '26', '15000']
```

특히 [코드 12-14]는 숫자로 구성된 부분 문자열을 라인 단위로 분리해서 정수로 변환하여 총점과 평균을 계산한다. 앞으로 이런 형태의 자료 파일 처리는 많이 사용되므로 충분히 실습하고 잘 기억해 두면 유용하다.

코드 12-14 CSV 파일 자료 처리 ex12-14.py

```
f1 = open("data4.csv", "r") ;  f2 = open("data4.out", "w")
f2.writelines("[성적 처리 결과]\n")
for line in f1 :
    stu = (line.rstrip()).split(",")            # 라인별 자료 리스트 구성
    total = 0
    for i in range(1, len(stu)) :               # 라인별 자료 처리: 총점과 평균 계산
        total = total + int(stu[i])             # 숫자 구성 문자열의 정수형 변환
    avg =  total / (len(stu)-1)
    stuResult ="이름:%s  총점: %3d  평균:%6.2f\n" % (stu[0], total, avg)
    f2.write(stuResult)                         # 파일 출력
f1.close() ;  f2.close()
```

*data4.out - Windows 메모장

```
[성적처리 결과]
이름:이강인 총점: 484 평균: 80.67
이름:손흥민 총점: 496 평균: 82.67
이름:류현진 총점: 500 평균: 83.33
이름:배철수 총점: 446 평균: 74.33
```

Ln 7, Col 1 | 100% | Windows (CRLF) | ANSI

실습과제 1

11장의 [실습과제1]에서는 input 함수를 이용하여 자료들을 키보드로 입력했다. 이번에는 미리 텍스트 자료 파일 class1.txt를 준비해 두고, 프로그램을 실행할 때 키보드 대신 이 파일에서 자료들을 입력받게 한다. 아래 그림과 같이 자료 파일 class1.txt는 첫 행에 학급의 학생 수를 저장하고, 다음 행부터는 행 단위로 한 학생의 자료값들을 저장한다. 이때 파이썬 코드 작성자는 이런 파일 구성을 알고 있어야 한다.

class1 - Windows 메모장

```
5
홍길동, 88, 82
임꺽정, 56, 67
마동탁, 92, 95
설까치, 76, 67
최동구, 64, 86
```

L 100% | Windows (CRLF) | ANSI

[실습코드 12-1]의 파일 class1.txt로부터 학생 수(n)와 각 학생의 이름과 영어와 수학 성적을 읽어 name, eng, math 리스트를 구성하여 출력한다.

실습코드 12-1 **한 학급의 성적 처리(파일 입력)** program12-01.py

```python
name, eng, math, total, avg, grade = [], [], [], [], [], []

infile = open("class1.txt", "r")
n = int(infile.readline().rstrip('\n'))

# n명 학생 이름, 영어 성적, 수학 성적 입력 및 리스트 name, eng, math 구성
for i in  range(0, n) :
    stu = infile.readline().rstrip('\n').split(',')
    name.append(stu[0])
    for j in range(1, len(stu)) :
        eng.append(int(stu[j]))
        math.append(int(stu[j]))
infile.close()
```

[실습코드 12-1]을 실습하여 실행 결과를 확인해보고, 이를 활용하여 11장의 [실습코드 11-1]을 키보드 대신 파일로부터 자료를 입력받도록 수정해서 실행 결과를 확인하라. 또한 다음의 처리조건을 고려해서 프로그램을 수정해보라.

처리조건 1

- 학생들의 개별적인 성적처리 결과는 파일(**예** result.out)로 출력하고, 컴퓨터 화면으로는 학급 정보(**예** 학급 학생 수, 전체 평균, 최고·최저 득점자)를 출력한다.

처리조건 2

- 텍스트 입력 파일 구성에서 첫 번째 행(학생 수)을 생략한다면, 프로그램을 어떻게 수정해야 할지 생각해보라.

요약

01 파일 사용은 파일 개방 → 파일 사용 → 파일 폐쇄의 절차로 사용하며, 파일을 개방할 때 사용 목적을 지정하는 것을 파일 모드라고 한다.

02 파일을 개방하면, 파일은 파일 모드에서 지정한 방식으로만 사용할 수 있다. 읽기 모드(r)로 개방한 파일은 입력 함수만 사용 가능하고, 쓰기 모드(w 또는 a)로 개방한 파일은 출력 함수만 사용해야 한다.

03 파일의 사용이 끝나면 폐쇄해야 한다. 특히 출력 파일은 파일 폐쇄를 하지 않으면 출력 내용이 파일에 반영되지 않으므로 반드시 파일 폐쇄를 해야 한다. 다만, with 블록을 이용해서 파일을 개방하면, 명시적으로 파일 폐쇄를 하지 않아도 된다.

04 파일 사용을 위한 파이썬 코드의 구조는 다음과 같다.

```
파일변수 = open("파일명", "파일 모드");
    ...
  # 파일 모드에서 지정한 방법으로 파일 사용
    ...
파일변수.close()
```

05 텍스트 파일을 r로 개방하면, read(), read((n), readline(), readlines() 함수를 이용해서 파일 내용을 읽을 수 있다. 그리고 w 또는 a로 개방하면 write(), writelines() 함수를 이용하여 파일로 출력할 수 있다.

06 이진 파일은 파일 모드 rb로 개방하면 read() 함수를 이용해서 읽을 수 있고, 파일 모드 wb로 개방하면 write() 함수를 이용해서 출력할 수 있다.

07 CSV 파일은 라인의 자료값을 콤마로 구분한 텍스트 자료파일이다. CSV 파일의 자료 값은 먼저 라인 단위로 문자열을 읽은 후에, rstrip()과 split() 함수를 이용하여 콤마로 구분된 라인의 자료값을 추출해서 처리해야 한다.

01 다음은 파이썬의 파일 입출력에 대한 설명이다. 바른 것은 어느 것인가?

① 입출력 파일은 반드시 프로그램의 실행 전에 준비해야 한다.

② 입력 파일과 출력 파일은 프로그램 실행 중 한 번만 사용할 수 있다.

③ 입출력 파일은 사용 전에 반드시 프로그램에서 개방해야 한다.

④ 입출력 파일은 사용 후에 반드시 프로그램에서 폐쇄해야 한다.

02 다음은 파이썬의 파일 개방에 대한 설명이다. 틀린 것은 어느 것인가?

① a 모드로 파일을 열려면, 파일은 이미 존재해야 한다.

② w 모드로 존재하지 않는 파일을 열 수 있다.

③ r 모드로 파일을 열려면, 파일은 이미 존재해야 한다.

④ 기존 파일을 w 모드로 열면, 기존 파일 내용은 삭제된다.

03 프로그램의 실행 도중 텍스트 파일 file.txt에서 자료를 읽기 위해 파일을 개방하려고 한다. 코드를 바르게 작성한 것은 어느 것인가?

① f1 = open("file", "r")　　② f1 = open("file.txt", "r")

③ f1 = open("file", "rb")　　④ f1 = open("file.txt", "rb")

04 다음 중 파일 입출력을 이용할 때 with~as 블록을 이용하는 이유로 바른 것은 어느 것인가?

① 자동으로 파일이 개방된다.

② 자동으로 파일이 폐쇄된다.

③ 여러 파일을 동시에 개방한다.

④ 파일을 읽기와 쓰기 모드로 연속해서 사용한다.

05 다음은 각 파일 모드에서 사용할 수 있는 파일 입출력 함수를 나타낸 것이다. 틀린 것은 어느 것인가?

① r 모드 – read(), readline(), readlines()

② w 모드 – write(), writelines()

③ a 모드 – write(), writelines()

④ rb 모드 – read(), readline()

06 다음 코드는 콤마로 구분된 숫자를 포함하는 문자열에서 숫자를 구분해서 리스트로 구성한다. 빈칸에 들어갈 문장으로 적절한 것은 어느 것인가?

```
line = "98,  65,  82,  92    "
line = [      ㉠      ]
line = [      ㉡      ]
score = []
for i in range(0, len(line)) :
    jumsu = int(line[i])      # 숫자 부분 문자열의 정수형 변환
    score.append(jumsu)
print(score)
```

	㉠	㉡
①	line.strip()	line.split(',')
②	line.rstrip()	line.split(',')
③	line.strip('')	line.strip(',')
④	line.split('')	line.split(',')

07 다음은 이미지 파일을 복사하는 파이썬 코드이다. 빈칸에 들어갈 문장으로 적절한 것은 어느 것인가?

```
f1 = open("python.png", "rb")
f2 = open("파이썬로고.png", [   ㉠   ]"wb")
img = [   ㉡   ]
[   ㉢   ]
f1.close() ;  f2.close()
```

	㉠	㉡	㉢
①	"w"	f1.read()	f2.write(img)
②	"wb"	f1.readlines()	f2.writelines(img)
③	"wb"	f2.write(img)	f1.read()
④	"wb"	f1.read()	f2.write(img)

08 다음은 파일 file.txt를 라인 단위로 읽는 파이썬 코드이다. 나머지 셋과 출력 결과가 <u>다른</u> 것은 어느 것인가?

①
```
f1 = open("file.txt", "r")
txt = f1.read()
print(txt)
f1.close()
```

②
```
f1 = open("file.txt", "r")
for line in f1 :
    print(line, end = "")
f1.close()
```

③
```
f1 = open("file.txt", "r")
txt = f1.readlines()
print(txt)
f1.close()
```

④
```
f1 = open("file.txt", "r")
txt = f1.readline()
while txt != "" :
print(txt, end = "")
txt = f1.readline()
f1.close()
```

09 다음 중 이진 파일을 사용하기 위해 사용할 수 있는 함수를 모두 고른 것은 어느 것인가?

input(), read(), readline(), readlines(), print(), write(), writelines()

① input(), print()
② read(), write()
③ input(), read(), print(), write()
④ readline(), readlines(), writelines()

10 다음은 파일 입출력 관련 문장들이다. 가장 잘 조합해서 사용한 것은 어느 것인가?

```
f1= open("a.txt", "r")  f1= open("b.txt", "w")  f1= open("c.txt", "a")
f1.read() f1.readline() f1readlines()
print() write() writelines()
```

① f1= open("a.dat", "r") → f1.read() → f1.close()
② f1= open("b.out", "w") → f1.writelines() → f1.close()
③ f1= open("c.txt", "a") → f1.write() → f1.close()
④ f1= open("d.png", "wb") → f1.writelines() → f1.close()

11 다음은 파일 data.in으로부터 자료값을 읽어 파일 result.out에 출력하는 파이썬 프로그램이다. 빈칸에 들어갈 문장을 작성하라.

```
f1 = open("data.in", "r")
f2 = ________①________

txt = ________②________
________③________

________④________
f2.close()
```

12 입력 파일에 학번, 이름, 국어 성적, 영어 성적, 수학 성적이 다음과 같은 형식으로 저장되어 있을 때, 각 입력 파일로부터 자료값을 입력받아 출력하는 프로그램을 작성하라.

① 첫 번째 입력 파일 그림

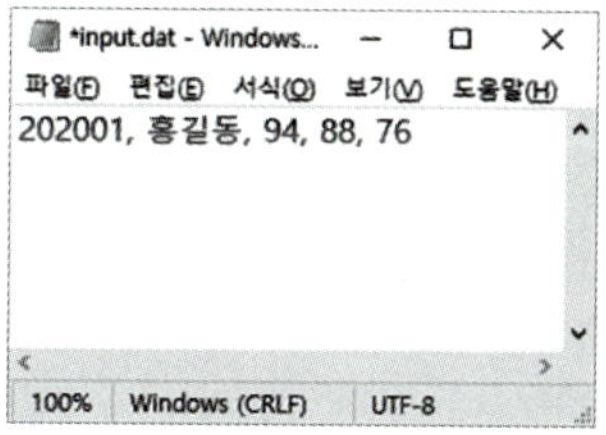

② 두 번째 입력 파일 그림

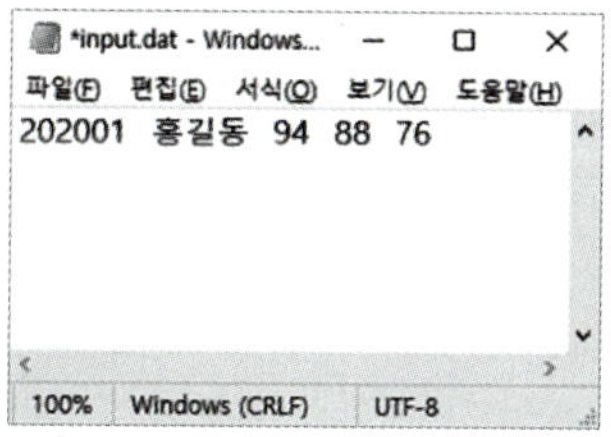

③ 세 번째 입력 파일 그림

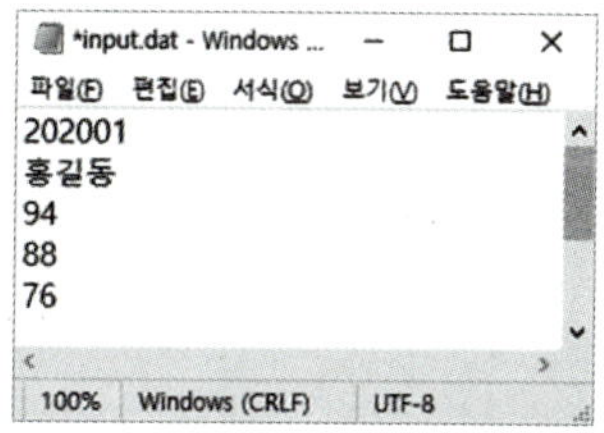

13 학생으로부터 학번, 이름, 중간고사 성적, 기말고사 성적을 입력받아 총점과 평균을 계산하여 다음의 형태로 성적 처리 결과를 파일(파일명 : report.out)과 컴퓨터 화면으로 동시에 출력하는 파이썬 프로그램을 작성하라.

```
                         파이썬 성적처리 결과
이름(학번) : ○○○(XXXXXXXXXX)
    ***************************************************************************
     중간고사              기말고사              총점              평균
    ***************************************************************************
       ***                  ***                  ***               ***.**
    ***************************************************************************
```

14 다음의 조건을 만족하는 프로그램을 작성하라.

(1) 키보드로 정수를 입력받아 짝수이면 파일 even.dat에, 홀수이면 파일 odd.dat에 출력하고, 입력된 짝수와 홀수의 개수를 계산해서 화면으로 출력하라.

(2) 파일 data.in으로부터 정수값을 읽어 짝수이면 파일 even.out에, 홀수이면 파일 odd.out에 출력하고, 입력된 짝수와 홀수의 개수를 계산해서 화면으로 출력하라.

15 읽기 목적으로 파일을 열었을 때, 파일이 존재하지 않으면 실행 오류가 발생한다. 프로그램 작성자가 실행 오류를 관리하려면 어떻게 해야 하는지를 조사해서 간단한 예로 설명하라.

HINT os.path 모듈 참고

16 파일을 읽고 쓸 때, 파일의 임의의 위치로 이동해서 읽고 쓰는 방식을 임의접근 또는 직접접근이라고 한다. 파일의 임의접근을 위한 방법을 조사해서 간단한 예로 설명하라.

HINT seek() 함수 참고

CHAPTER 13

파이썬 라이브러리

학습목표

- 모듈과 패키지의 개념을 이해하고 사용법을 익힌다.
- 자주 사용되는 표준 모듈의 종류와 사용법을 익힌다.
- 판다스 라이브러리를 설치하고 간단히 실습한다.

01 모듈과 패키지

1 모듈의 개념

프로그램을 작성할 때, 함수를 정의하면 같은 파일 내에서는 함수 이름을 통해 반복적으로 사용할 수 있다. 그렇다면 다른 파일에서 이 함수를 사용하려면 어떻게 해야 할까? [그림 13-1]의 (a)와 같이 파일마다 함수 정의를 복사하면 사용할 수 있지만, 이것은 함수 정의를 다시 작성하는 것과 같다. 이런 경우, (b)와 같이 함수를 모듈이라고 하는 하나의 파일로 모아두고, 다른 파일에서는 모듈 파일을 연결해서 모듈의 함수들을 사용하는 것이 좋다.

p1.py

```
def  f1()      ┐
       …       │ 함
               │ 수
def  f2()      │ 정
       …       ┘ 의

 …
f1()
 …
f2()
f1()
 …
```

p2.py

```
def  f1()      ┐
       …       │ 함
               │ 수
def  f2()      │ 정
       …       ┘ 의

f1()
 …
f2()
 …
```

(a) 일반 함수

mdu.py

```
def  f1()
       …
def  f2()
       …
```

p1.py

```
import mdu
      …
mdu.f1()
      …
mdu.f2()
mdu.f1()
      …
```

p2.py

```
import mdu
      …
mdu.f1()
      …
mdu.f2()
      …
```

p3.py

```
import mdu
   …
mdu.f2()
mdu.f1()
mdu.f2()
   …
```

(b) 모듈 함수

그림 13-1 함수의 사용 예

파이썬에서 모듈은 파이썬 코드를 저장하는 기본 단위이다. 문법적으로 파이썬 코드 파일은 모두 모듈이다. 그리고 파이썬 모듈은 필요하면 import문을 이용해서 다른 모듈을 가져와서 사용할 수 있다. [그림 13-1]의 (b)에서 모듈 p1.py, p2.py, p3.py는 import 명령을 이용해서 mdu.py라는 모듈을 가져와서 사용한다.

2 모듈 사용하기

파이썬 코드 파일(모듈)에서 다른 모듈의 함수를 사용하려면, 먼저 import문을 이용해서 해당 모듈을 가져와야 한다. import문에서는 모듈 이름은 모듈 파일의 확장자를 생략한 모듈 이름만 지정하면 된다. from 키워드를 이용하면 필요한 함수만 가져올 수도 있고, 단축 모듈명을 지정해서 사용할 수도 있다.

TIP 모듈 module1.py와 이것을 import문으로 가져가는 모듈은 같은 폴더에 있어야 하지만, 다른 폴더에 있다면 시스템 모듈 sys의 path 리스트에 모듈 module1.py의 저장 폴더 경로를 다음과 같이 추가해야 한다. import sys ; sys.path.append ("module1.py의 저장 폴더 경로")

다음은 import문의 형식과 모듈 함수의 호출 방법을 보여준다.

■ 모듈 선언 및 모듈 함수의 호출

❶ 임의의 모듈 module1.py의 모든 함수를 사용하는 경우

```
import module1 ------------------ module1의 모든 함수 사용할 수 있음
module1.f()
module1.g()   ------------------- 함수 호출
```

❷ 모듈 module1.py의 특정 함수 f(), g()를 사용하는 경우

```
from module1 import f(), g() ---- module1의 함수 f(), g()만 사용할 수 있음
f()
g() ----------------------------- 함수 호출
```

❸ 모듈 module1.py의 단축명 지정

```
import module1 as mdl
mdl.f()
mdl.g() ------------------------- 함수 호출
```

- [그림 13-1]의 mdu.py 모듈 사용

❶ 모듈 mdu의 모든 함수를 사용하는 경우

```
import mdu      mdu 모듈의 모든 함수 사용할 수 있음
mdu.f1()
mdu.f2()        함수 호출
```

❷ 모듈 mdu의 특정 함수 f2()를 사용하는 경우

```
from mdu import f2      mdu 모듈의 함수 f2()만 사용할 수 있음
f2()                    함수 호출
```

❸ 모듈 mdu의 단축명 지정

```
import mdu as m
m.f1()
m.f2()          함수 호출
```

파이썬에서는 모든 모듈이 언제든지 실행될 수 있고 서로 다른 모듈을 import할 수 있다. C, 자바와 같은 다른 컴퓨터 언어에서는 main() 또는 main()을 포함하는 모듈과 같이 제일 먼저 실행되는 함수 또는 모듈의 개념이 있지만, 파이썬에는 그런 개념이 없다. 따라서, 파이썬에서는 먼저 실행하는 모듈이 main 역할을 한다.

코드 13-1 code1.py 파일 — code1.py

```
print("여기는 code1.py 파일입니다.")
print("-- code1.py 파일 종료 --")
```

실행 결과

```
여기는 code1.py 파일입니다.
-- code1.py 파일 종료 --
```

코드 13-2 code2.py 파일 — code2.py

```
import code1
print("여기는 code2.py 파일입니다.")
print("-- code2.py 파일 종료 --")
```

실행 결과

```
여기는 code1.py 파일입니다.
-- code1.py 파일 종료 --
여기는 code2.py 파일입니다.
-- code2.py 파일 종료 --
```

파이썬에서 실행 코드를 포함하는 모듈은 다른 모듈에 종속되지 않고 독립적으로 사용해서 실행할 수 있지만, 함수 정의만 포함하는 모듈은 다른 모듈에서 import해서 사용해야 한다. 사실 함수 정의만 포함한 모듈을 import하는 것은 해당 모듈의 함수 정의를 가져와서 복사하는 것과 같지만, 실행 코드를 포함하는 모듈을 import하면 그 실행 코드까지 복사해서 실행하므로 유의해야 한다.

코드 13-3 모듈 연결(1) code3.py

```
import code4
print("여기는 code3.py 파일입니다.")
print("-- code3.py 파일 종료 --")
```

실행 결과

```
여기는 code3.py 파일입니다.
-- code3.py 파일 종료 --
여기는 code4.py 파일입니다.
-- code4.py 파일 종료 --
여기는 code3.py 파일입니다.
-- code3.py 파일 종료 --
```

코드 13-4 모듈 연결(2) code4.py

```
import code3
print("여기는 code4.py 파일입니다.")
print("-- code4.py 파일 종료 --")
```

실행 결과

```
여기는 code4.py 파일입니다.
-- code4.py 파일 종료 --
여기는 code3.py 파일입니다.
-- code3.py 파일 종료 --
```

```
여기는 code4.py 파일입니다.
-- code4.py 파일 종료 --
```

다른 모듈을 가져다 사용할 때 실행 코드가 있다면, 작성자는 그 코드의 실행도 고려해야 한다. 이런 모듈이 있다면 극히 제한적으로 사용될 것이고, 일반적으로는 함수와 변수 정의만을 포함해야 다른 작성자들이 가져다 사용하기 쉬울 것이다. 모듈의 실행 코드는 해당 모듈 파일의 작성자가 직접 작성해야 한다. 따라서, 특별한 경우가 아니면 다른 모듈에 의해 import되는 모듈은 함수와 변수 정의만 포함하고 실행 코드를 포함하지 않아야 한다. 그래서 일반적으로는 실행 코드를 포함하는 파일과는 구분해서 변수와 함수 정의를 모아둔 파일만을 모듈이라고도 한다. 다만, 함수 정의만 포함한 모듈에서도 정의된 함수의 테스트를 위해 실행 코드는 다음과 같이 작성할 수 있다.

코드 13-5 **모듈 md.py 파일** md.py

```
def  isPrime(n) :
    for i in range(2, n) :
        if (n % i)== 0 : return False
    return True

if __name__ == "__main__" :
    n = int(input("자연수 입력 : "))
    if isPrime(n) : print("%d는 소수임" % n)
    else :
       print("%d는 소수 아님" % n)
```

실행 결과

```
자연수 입력 : 25
25는 소수 아님
```

코드 13-6 **md.py를 사용한 파이썬 실행코드 파일** use-md.py

```
import md
print("10~20 사이의 소수 :")
for j in range(10, 20) :
    if md.isPrime(j) : print(j)
```

실행 결과

```
10~20 사이의 소수 :
11
13
17
19
```

[코드 13-5]에서 6~10행의 실행 코드는 모듈 md.py가 직접 실행될 때만 실행되고, 다른 파일에서 import 명령으로 가져가면 실행되지 않는다. 시스템 변수 '__name__'은 현재 실행 중인 모듈명을 나타내는 변수로, 해당 모듈이 직접 실행되면 값은 '__main__'이 되고, 다른 모듈에서 import해서 실행되면 자신의 모듈 이름(이 파일에서는 md)이 된다.

3 파이썬 패키지

함수 정의를 모아 모듈 파일을 구성한 것처럼, 서로 관련된 모듈을 한 폴더로 모아 사용하는 것을 패키지package라고 한다. 파이썬 패키지의 일반적인 구조는 [그림 13-2]와 같다.

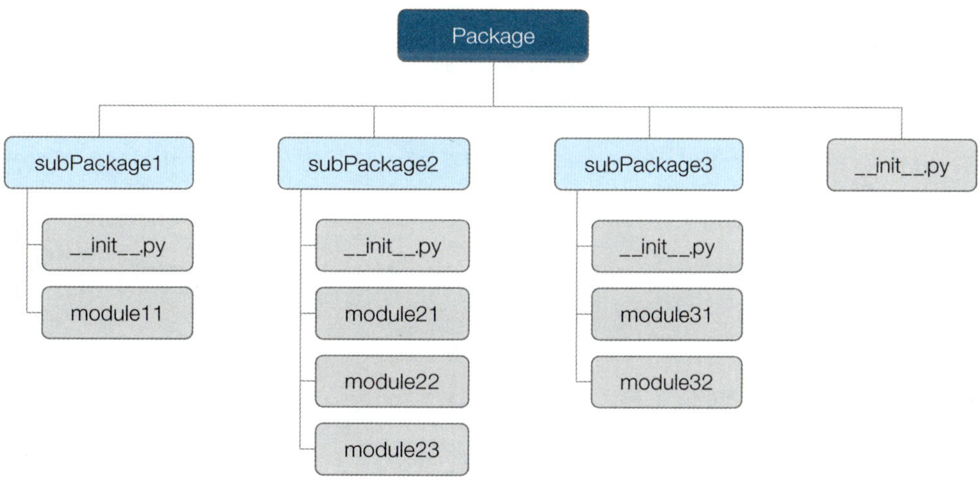

그림 13-2 패키지의 일반적인 구조

패키지의 함수는 모듈의 함수와 같이 import문으로 가져와서 사용할 수 있다. 패키지의 함수는 다음과 같이 import문의 지정 방법에 따라 '패키지명.모듈명.함수명' 또는 '모듈명.함수명'으로 참조해서 호출할 수 있다.

■ **package1 사용**

```
import  package1
package1.mdl.f()      package1의 mdl의 f() 호출
```

■ **package1의 모듈 mdl 사용**

```
from  package1  import  mdl
mdl.f()      package1.mdl의 f() 호출
```

■ **package1의 mdl의 submdl 사용**

```
from  package1.mdl  import  submdl
submdl.g()      package1.mdl.submdl의 g() 호출
```

일반적으로 패키지는 모듈 파일 외에 '__init__.py' 파일을 포함한다. 'from 패키지 import *'는 패키지의 모든 모듈을 가져온다는 의미인데, 패키지가 크면 메모리 로딩 시간과 메모리 용량의 부족, 그리고 모듈 사이의 함수 이름 충돌 등의 문제가 발생할 수 있다. 이런 문제를 방지하기 위해 '__init__.py' 파일에서 'import *'의 대상 모듈을 속성 리스트 '__all__'의 값으로 미리 지정할 수도 있고, '__all__'의 지정을 생략해서 'import *'를 지원하지 않을 수도 있다. '__init__.py' 파일은 import문이 실행될 때 자동으로 실행된다. 이 파일은 파이썬 버전 3.3 이전에는 패키지에 반드시 포함해야 했지만 버전 3.3부터는 생략이 가능하다.

다음은 사용자 패키지를 구성한 예로, [그림 13-2]와 같은 구조를 가진 패키지 mypack을 구성한다.

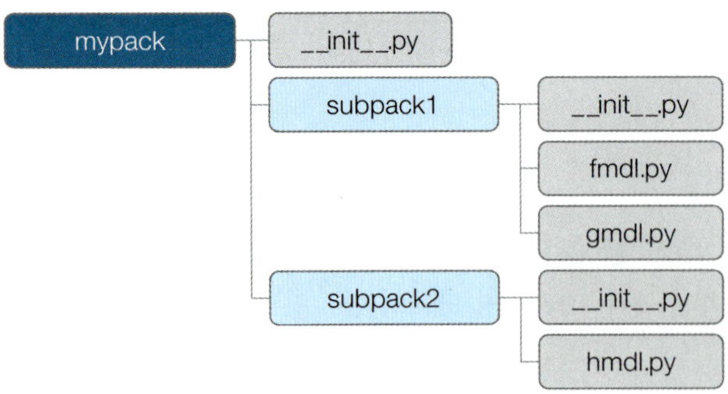

그림 13-3 mypack 구조

패키지 mypack의 각 모듈 파일의 내용은 다음과 같다.

- **mypack/__init__.py**

```
__all__ = ["subpack1", "subpack2"]
```

- **mypack/subpack1/__init__.py**

```
__all__ = ["fmdl"]
```

- **mypack/subpack1/fmdl.py**

```
def f1() :
    print("mypack.subpack1.fmd.f1() 호출!")
def f2() :
    print("mypack.subpack1.fmd.f2() 호출!")
```

- **mypack/subpack1/gmdl.py**

```
def g1() :
    print("mypack.subpack1.gmd.g1() 호출!")
def g2() :
    print("mypack.subpack1.gmd.g2() 호출!")
```

- **mypack/subpack2/__init__.py**

```
__all__ = ["hmdl"]
```

- **mypack/subpack2/hmdl.py**

```
def h1() :
    print("mypack.subpack2.hmd.h1() 호출!")
```

mypack 패키지에서 서브패키지 subpack1의 "__init__.py" 파일은 속성 리스트 __all__의 값으로 모듈 gmdl을 포함시키지 않았다. 그래서 [코드 13-7]에서 이 패키지의 모든 모듈을 *로 가져와도(2행) 모듈 gmdl을 찾을 수 없다는 오류가 발생한다(7행). 파이썬은 import 문으로 모듈을 가져오면 모듈이 저장된 폴더에 "__pycache__"라는 캐시 폴더를 생성하고 모듈을 미리 컴파일해서 저장하여 처리 속도를 높인다.

코드 13-7 "__init__.py"의 __all__ 변수 지정 ex13-07.py

```
01 from mypack.subpack1 import *
02 from mypack.subpack2 import *
03
04 fmdl.f1()
05 fmdl.f2()
06 hmdl.h1()
07 gmdl.g2()
```

실행 결과

```
mypack.subpack1.fmd.f1() 호출!
mypack.subpack1.fmd.f2() 호출!
mypack.subpack2.hmd.h1() 호출!
Traceback (most recent call last):
  File "C:/python/ex13-07.py", line 7, in <module>
    gmdl.g2()
NameError: name 'gmdl' is not defined. Did you mean: 'fmdl'?
```

4 파이썬 외부 모듈

파이썬 모듈은 표준 모듈과 외부 모듈로 구분된다. 표준 모듈은 파이썬을 설치하면 기본으로 제공되는 모듈이다. 외부 모듈은 서드파티 모듈과 사용자 정의 모듈로 구분한다. 서드파티 모듈은 파이썬 이외의 다른 기관이나 SW 회사 등에서 전문분야별 또는 특수한 프로그래밍 기능별로 모듈을 제작해서 배포한 것이고, 사용자 정의 모듈은 사용자들이 직접 작성한 것이다. 서드파티 모듈은 파이썬 패키지 인덱스(Python Package Index(PyPI), https://pypi.org) 또는 파이썬 위키 페이지(https://wiki.python.org/moin/Useful Modules) 등에서 확인할 수 있다.

TIP 모듈과 패키지는 개념적으로는 유사하므로, 이 책에서는 편의상 구분하지 않고 모듈이라고 한다.

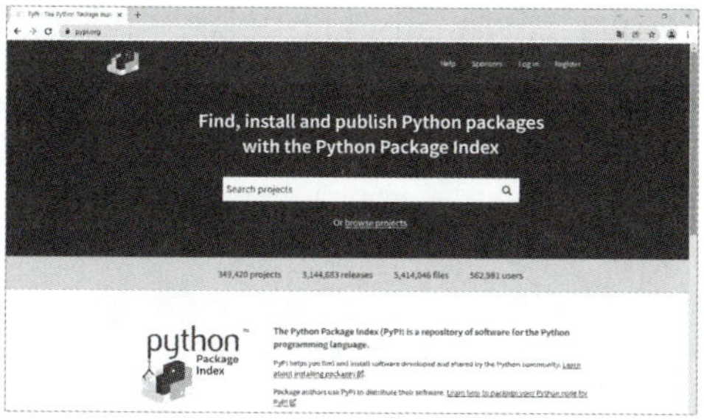

(a) 파이썬 패키지 인덱스 사이트

(b) 파이썬 위키 페이지

그림 13-4 **파이썬 모듈 확인 사이트**

서드파티 모듈을 이용하려면, 먼저 해당 모듈을 다운하여 설치해야 하는데, 파이썬을 설치하면 기본으로 설치되는 패키지 관리 프로그램 pip the package installer for Python를 이용하면 대부분의 PyPI 패키지를 간단하게 설치할 수 있다. pip는 공식 웹사이트(https://pypi.python.org/)에서 다운하여 설치할 수도 있다. pip가 설치되어 있다면, 윈도우 명령창에서 pip를 입력하면 [그림 13-5]와 같은 pip의 명령을 확인할 수 있다.

TIP 맥과 리눅스 시스템의 경우에는 pip 프로그램을 별도로 설치해야 하고, 실행파일명도 pip3로 윈도우와는 다르다.

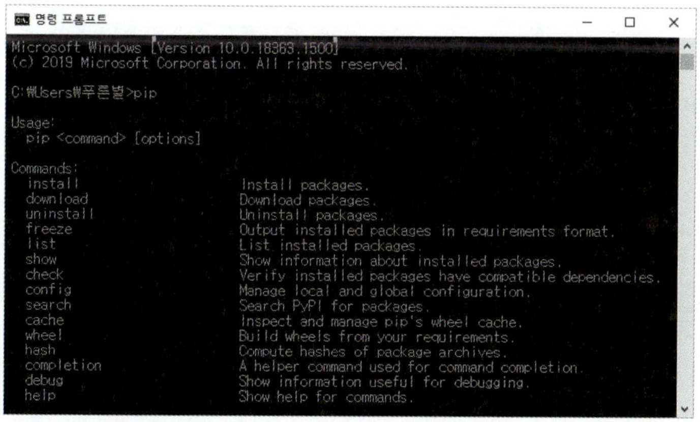

그림 13-5 **pip 명령**

pip의 설치와 필요한 서드파티 모듈명을 확인한 후, 윈도우 명령창에서 다음 명령을 입력해서 서드파티 모듈을 설치하면 된다.

```
pip install  PyPI-모듈명
```

[그림 13-6]은 PyPI의 모듈 matplotlib의 설치 예이다. 만약 matplotlib 모듈이 이미 설치되어 있다면 [그림 13-7]과 같이 이미 설치되어 있다는 메시지가 출력된다.

```
명령 프롬프트
Microsoft Windows [Version 10.0.18363.1500]
(c) 2019 Microsoft Corporation. All rights reserved.

C:₩Users₩푸른별>pip install matplotlib
Collecting matplotlib
  Downloading matplotlib-3.4.1-cp39-cp39-win_amd64.whl (7.1 MB)
     |████████████████████████████████| 7.1 MB 2.2 MB/s
Requirement already satisfied: numpy>=1.16 in c:₩users₩푸른별₩appdata₩local₩programs₩python₩python39₩lib₩site-packages (from matplotlib) (1.20.2)
Collecting pillow>=6.2.0
  Downloading Pillow-8.2.0-cp39-cp39-win_amd64.whl (2.2 MB)
     |████████████████████████████████| 2.2 MB 6.8 MB/s
Collecting kiwisolver>=1.0.1
  Downloading kiwisolver-1.3.1-cp39-cp39-win_amd64.whl (51 kB)
     |████████████████████████████████| 51 kB 212 kB/s
Collecting cycler>=0.10
  Downloading cycler-0.10.0-py2.py3-none-any.whl (6.5 kB)
Requirement already satisfied: python-dateutil>=2.7 in c:₩users₩푸른별₩appdata₩local₩programs₩python₩python39₩lib₩site-packages (from matplotlib) (2.8.1)
Collecting pyparsing>=2.2.1
  Downloading pyparsing-2.4.7-py2.py3-none-any.whl (67 kB)
     |████████████████████████████████| 67 kB 4.8 MB/s
Requirement already satisfied: six in c:₩users₩푸른별₩appdata₩local₩programs₩python₩python39₩lib₩site-packages (from cycler>=0.10->matplotlib) (1.15.0)
Installing collected packages: pyparsing, pillow, kiwisolver, cycler, matplotlib
Successfully installed cycler-0.10.0 kiwisolver-1.3.1 matplotlib-3.4.1 pillow-8.2.0 pyparsing-2.4.7
```

그림 13-6 matplotlib 설치 과정

```
명령 프롬프트
C:₩Users₩푸른별>pip install matplotlib
Requirement already satisfied: matplotlib in c:₩users₩푸른별₩appdata₩local₩programs₩python₩python39₩lib₩site-packages (3.4.1)
Requirement already satisfied: cycler>=0.10 in c:₩users₩푸른별₩appdata₩local₩programs₩python₩python39₩lib₩site-packages (from matplotlib) (0.10.0)
Requirement already satisfied: numpy>=1.16 in c:₩users₩푸른별₩appdata₩local₩programs₩python₩python39₩lib₩site-packages (from matplotlib) (1.20.2)
Requirement already satisfied: pillow>=6.2.0 in c:₩users₩푸른별₩appdata₩local₩programs₩python₩python39₩lib₩site-packages (from matplotlib) (8.2.0)
Requirement already satisfied: pyparsing>=2.2.1 in c:₩users₩푸른별₩appdata₩local₩programs₩python₩python39₩lib₩site-packages (from matplotlib) (2.4.7)
Requirement already satisfied: python-dateutil>=2.7 in c:₩users₩푸른별₩appdata₩local₩programs₩python₩python39₩lib₩site-packages (from matplotlib) (2.8.1)
Requirement already satisfied: kiwisolver>=1.0.1 in c:₩users₩푸른별₩appdata₩local₩programs₩python₩python39₩lib₩site-packages (from matplotlib) (1.3.1)
Requirement already satisfied: six in c:₩users₩푸른별₩appdata₩local₩programs₩python₩python39₩lib₩site-packages (from cycler>=0.10->matplotlib) (1.15.0)
```

그림 13-7 matplotlib 모듈의 중복 설치 메시지

최신 버전으로 업그레이드하려면 'pip install --update ModuleName'을 입력하고, 설치된 모듈을 삭제하려면 'pip uninstall ModuleName'을 입력하면 된다.

```
명령 프롬프트
C:₩Users₩푸른별>pip uninstall matplotlib
Found existing installation: matplotlib 3.4.1
Uninstalling matplotlib-3.4.1:
  Would remove:
    c:₩users₩푸른별₩appdata₩local₩programs₩python₩python39₩lib₩site-packages₩matplotlib-3.4.1-py3.9-nspkg.pth
    c:₩users₩푸른별₩appdata₩local₩programs₩python₩python39₩lib₩site-packages₩matplotlib-3.4.1.dist-info₩*
    c:₩users₩푸른별₩appdata₩local₩programs₩python₩python39₩lib₩site-packages₩matplotlib₩*
    c:₩users₩푸른별₩appdata₩local₩programs₩python₩python39₩lib₩site-packages₩mpl_toolkits₩axes_grid1₩*
    c:₩users₩푸른별₩appdata₩local₩programs₩python₩python39₩lib₩site-packages₩mpl_toolkits₩axes_grid₩*
    c:₩users₩푸른별₩appdata₩local₩programs₩python₩python39₩lib₩site-packages₩mpl_toolkits₩axisartist₩*
    c:₩users₩푸른별₩appdata₩local₩programs₩python₩python39₩lib₩site-packages₩mpl_toolkits₩mplot3d₩*
    c:₩users₩푸른별₩appdata₩local₩programs₩python₩python39₩lib₩site-packages₩mpl_toolkits₩tests₩*
    c:₩users₩푸른별₩appdata₩local₩programs₩python₩python39₩lib₩site-packages₩pylab.py
Proceed (y/n)? y
  Successfully uninstalled matplotlib-3.4.1

C:₩Users₩푸른별>
```

그림 13-8 matplotlib 모듈의 설치 삭제

서드파티 모듈을 설치하면, 파이썬 파일에서는 import 명령으로 모듈 함수를 호출해서 사용할 수 있다.

02 파이썬 표준 모듈

1 파이썬 표준 모듈의 종류

파이썬은 많은 프로그램에서 자주 사용하는 기능들을 표준 모듈로 제공한다. 파이썬에서 제공하는 표준 모듈은 [그림 13-9]와 같이 파이썬 IDLE 쉘 창에서 확인할 수 있다.

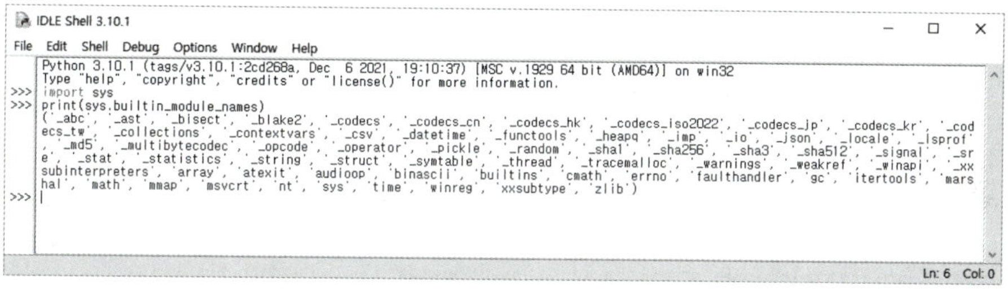

그림 13-9 파이썬 표준 모듈 확인

밑줄로 시작되는 모듈은 import문에서 밑줄을 생략한 이름만을 작성해도 된다. 파이썬 표준 모듈의 종류와 표준 모듈 내의 함수를 모두 기억할 필요는 없다. 표준 모듈의 이용 방법을 이해하고, 필요할 때 해당 모듈과 모듈 내의 함수의 기능을 파악해서 사용하면 된다.

특히 [그림 13-10]과 같이, 파이썬 IDLE은 함수 호출 코드를 작성할 때 모듈명과 점(.)을 입력하면 자동완성 기능을 통해 해당 모듈이 제공하는 함수명 리스트를 제공하므로, 표준 모듈 함수의 기능을 함수명을 통해 예측하고 필요하면 인터넷을 참고하여 이용하면 된다. 자주 사용되는 표준 모듈로는 math, random, time, date 함수 등이 있다.

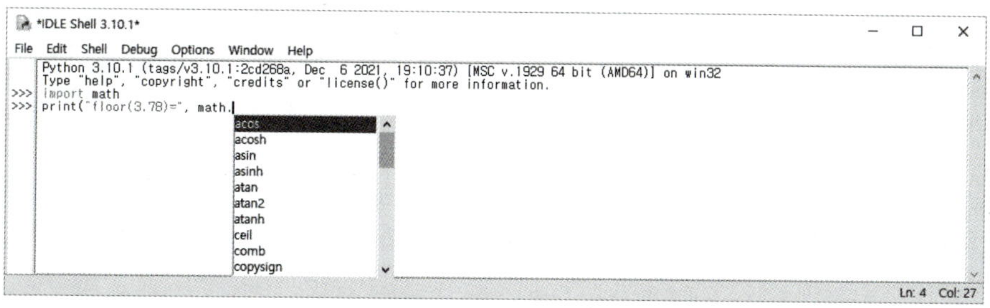

그림 13-10 파이썬 표준 모듈의 자동완성 기능

2 math 모듈

math 모듈은 수학과 관련된 상수와 함수를 제공한다. 특별히 수학 분야의 프로그래밍을 하지 않는다면 많이 사용하지 않지만, [표 13-1]은 비교적 자주 사용하는 math 모듈의 함수를 설명한다.

표 13-1 math 모듈의 주요 함수

수학 함수	기능
PI, inf	원주율 상수, 무한대값 상수
ceil(x)	실수 x보다 크거나 같은 최소 정수를 반환함
floor(x)	실수 x보다 작거나 같은 최대 정수를 반환함
factorial(n)	n!을 반환함(n은 0 또는 양의 정수)
gcd(x, y)	정수 x, y의 최대공약수를 반환함
sqrt(x)	실수 x의 제곱근($\sqrt{x}$) 값을 반환함

math 모듈에서 주로 사용되는 함수를 사용한 간단한 예제를 살펴보자.

코드 13-8 math 모듈의 함수 ex13-08.py

```python
import math

print("pi=", math.pi)
print("inf=", math.inf)
print("ceil(7.8)=", math.ceil(7.8))
print("floor(7.8)=", math.floor(7.8))
print("factorial(5)=", math.factorial(5))
print("gcd(78, 36)=", math.gcd(78, 36))
print("sqrt(144)=", math.sqrt(144))
```

실행 결과

```
pi= 3.141592053589793
inf= inf
ceil(7.8)= 8
floor(7.8)= 7
factorial(5)= 120
gcd(78, 36)= 6
sqrt(144)= 12.0
```

3 random 모듈

random 모듈은 난수 생성과 관련된 함수를 제공한다. 난수 생성 함수는 게임 프로그램이나 예측 불가능한 임의의 상황을 만들어야 하는 프로그램을 작성할 때 유용하다. [표 13-2]는 자주 사용되는 random 모듈의 함수를 설명한다.

seed() 함수는 난수 생성기를 초기화한다. seed() 함수의 인수를 생략하면, 내부적으로 system time을 인수로 해서 초기화하여 난수 생성 함수가 반환값을 예측할 수 없게 한다. 그러나 특정 인수값을 지정해서 seed()를 실행하고(예를 들면, seed(10), seed(100) 등) 난수 생성 함수를 실행하면, 코드가 실행될 때마다 난수 생성 함수가 동일한 난수를 반환한다.

표 13-2 random 모듈의 주요 함수

주요 함수	기능
seed()	난수 생성기를 초기화함
randrange(n)	0~(n-1) 사이의 임의 정수를 반환함
randrange(a, b, c)	a~(b-1) 사이의 c 간격 정수들중 임의 정수를 반환함
randint(a, b)	a <= N <= b를 만족하는 임의의 정수 N을 반환함
choice(list)	list의 임의 원소를 반환함
choices(list, weightlist, k=n)	list의 원소별 가중값을 두고, 임의로 k개를 선택, 반환함
shuffle(list)	리스트의 원소들을 임의로 섞음
sample(list, k=n)	list에서 임의로 n개 원소를 선택하여 반환함
random()	구간 [0.0, 1.00)에서 임의의 실수를 반환함
uniform(a, b)	a≤N≤b(또는 b≤N≤a)를 만족하는 임의의 실수 N을 반환함

[코드 13-9]는 많이 사용되는 random 모듈의 함수를 사용한 간단한 예제이다.

코드 13-9 random 모듈 함수의 이용 예 ex13-09.py

```
from random import *

seed()        난수 생성기를 초기화함
print("주사위 던지기 결과 : ", randrange(6)+1)
print("0~20 사이의 임의의 3의 배수 생성하기 : ", randrange(0, 20, 3))
```

```
print("1~46 사이의 행운번호 생성하기 : ", randint(0, 46))
days = ['일', '월', '화', '수', '목', '금', '토']

print("임의의 요일 선택하기 : ", choice(days))
print("임의의 요일을 2회 선택하기 : ", choices(days, k=2))
print("임의의 요일을 2회 선택하기 : ", choices(days, [10,10,10,10,60,80,80],k=2))

vocations = sample(days, k=3)
print("임의 휴식 요일 : ", vocations)

print("요일 순서 임의로 섞기 전 : ", days)
shuffle(days)
print("요일 순서 임의로 섞기 후 : ", days)

a=random()
b=uniform(0, 100)
print("random()= {}, uniform(0, 100)={} ".format(a, b))
```

실행 결과

```
주사위 던지기 결과 :  5
0~20 사이의 임의의 3의 배수 생성하기 :  18
1~46 사이의 행운번호 생성하기 :  22
임의의 요일 선택하기 :  목
임의의 요일을 2회 선택하기 :  ['목', '수']
임의의 요일을 2회 선택하기 :  ['월', '토']
임의 휴식 요일 :  ['토', '목', '금']
요일 순서 임의로 섞기 전 :  ['일', '월', '화', '수', '목', '금', '토']
요일 순서 임의로 섞기 후 :  ['토', '목', '수', '일', '화', '금', '월']
random()= 0.9392318834741231, uniform(0, 100)=15.148983073649058
```

실행 결과

```
주사위 던지기 결과 :  1
0~20 사이의 임의의 3의 배수 생성하기 :  9
1~46 사이의 행운번호 생성하기 :  10
임의의 요일 선택하기 :  일
임의의 요일을 2회 선택하기 :  ['일', '토']
임의의 요일을 2회 선택하기 :  ['목', '금']
```

```
임의 휴식 요일 : ['토', '금', '목']
요일 순서 임의로 섞기 전 : ['일', '월', '화', '수', '목', '금', '토']
요일 순서 임의로 섞기 후 : ['금', '목', '월', '토', '화', '수', '일']
random()= 0.8832077303036363, uniform(0, 100)=1.5160541593506993
```

4 datetime 모듈

datetime 모듈은 날짜와 시간을 처리하는 함수를 제공한다. 이 모듈은 date(연, 월, 일), time(시, 분, 초, 밀리초), datetime(날짜, 시간), timedelta(날짜 및 시간 간격) 객체를 다루는 함수(메서드)와 속성을 제공한다. date 객체가 표현할 수 있는 날짜의 범위는 date.min (year=1, month=1, day=1)부터 date.max(year=9999, month=12, day=31)까지다.

표 13-3 date 객체 관련 주요 함수(메서드)와 속성

주요 함수(메서드), 속성	기능
date.date(y, m, d)	y년 m(1≤m≤12)월 d((1≤m≤(28~31))일 날짜 객체를 반환함
date.today()	현재 지역 날짜 객체를 반환함
date.year/month/day	date 객체의 연/월/일 속성
date.replace(year=n1, month=n2, day=n3)	date 객체의 날짜 정보(year, month, day)를 변경함
date.weekday()	해당 날짜가 무슨 요일인지 반환함(월요일=0, 일요일=6)
date.isoweekday()	해당 날짜가 무슨 요일인지 반환함(월요일=1, 일요일=7)
date.isoformat()	날짜 객체를 YYYY-MM-DD 형식의 문자열로 변환함

[코드 13-10]은 datetime 모듈의 date 객체를 사용한 예제로, 현재 날짜 정보를 출력한다.

코드 13-10 date 객체 이용 예 ex13-10.py

```
from datetime import date

date1 = date.today()
print("date1=", date1)
print("오늘은 {}년 {}월 {}일 입니다.".\
      format(date1.year, date1.month, date1.day))

```

```
day1 = date1.weekday()
if day1==0 : hday ="월"
elif day1==1 : hday ="화"
elif day1==2 : hday ="수"
elif day1==3 : hday ="목"
elif day1==4 : hday ="금"
elif day1==5 : hday ="토"
else : hday ="일"
print("오늘은 {}요일 입니다.".format(hday))

date2 = date1.replace(month=11, day=22)
print("올해 수능일: {}".format(date2.isoformat()))
```

실행 결과

```
date1= 2022-01-05
오늘은 2022년 1월 5일 입니다.
오늘은 수요일 입니다.
올해 수능일: 2022-11-22
```

time 객체는 특정 날짜와는 관계없이 하루의 시간을 나타낸다. 하루의 특정 시간을 나타내는 데이터 객체이다.

표 13-4 time, timedelta 객체 관련 함수(메서드)와 속성

주요 함수(메서드), 속성	기능
time()	특정 시간(hour=0, minute=0, second=0, microsecond=0, tzinfo=None, *, fold=0)을 인수로 지정하면 해당 시간 객체를 생성함. tzinfo는 시간대 정보, fold는 서머타임 등의 조정값임
time.hour/minute/second/ microsecond	time 객체의 시(0~23), 분(0~59), 초(0~59), 밀리초(0~999999) 속성
time.replace(h, m, s, ms)	입력된 인수값으로 수정된 time 객체를 반환함
time.isoformat()	시간 정보를 HH:MM:SS.mmmmmm 또는 HH:MM:SS(밀리초가 없는 경우) 형식의 문자열로 반환함

[코드 13-11]은 time 객체를 이용한 간단한 예제로, 시간 차이를 계산하여 출력한다.

코드 13-11 time 객체 이용 예 ex13-11.py

```
from datetime import time
t1 = time()
print(t1)
worldrecord = time(hour=2, minute=1, second=39)
korearecord = time(hour=2, minute=7, second=20)
print("마라톤 세계기록: ", worldrecord)
print("마라톤 한국기록: ", korearecord)
hourdef = korearecord.hour - worldrecord.hour
minutedef = korearecord.minute - worldrecord.minute
seconddef = korearecord.second - worldrecord.second
if seconddef < 0 :
    seconddef += 60
    minutedef -= 1
print("마라톤 기록차이: {}시간 {}분 {}초 ".
      format(hourdef, minutedef, seconddef))
```

t1 = time() — 디폴트값

실행 결과

```
00:00:00
마라톤 세계기록: 02:01:39
마라톤 한국기록: 02:07:20
마라톤 기록차이: 0시간 5분 41초
```

datetime 객체는 날짜와 시간 정보를 모두 나타내며, date 객체와 time 객체를 결합해서 나타낼 수도 있다. datetime의 now() 함수는 현재의 날짜와 시간 정보를 반환한다.

표 13-5 datetime 객체 관련 함수(메서드)와 속성

주요 함수(메서드), 속성	기능
datetime.date()	연/월/일 정보를 가진 date 객체를 반환함
datetime.now()	현재 날짜와 시간 정보를 가진 date 객체를 반환함
datetime.today()	현재 지방 기준의 datetime 객체를 생성함
datetime.replace()	입력된 인수값으로 변경된 datetime 객체를 반환함
datetime.combine(date, time)	date 객체와 time 객체를 합쳐 datetime 객체를 생성함
datetime.year/month/day	datatime 객체의 연/월/일 속성

주요 함수(메서드), 속성	기능
datetime.hour/minute	datatime 객체의 시간/분 속성
datetime.second/microsecond	datatime 객체의 초/밀리초 속성
datetime.weekday()	datatime 객체의 요일을 반환함(월=0～일=6)
datetime.isoweekday()	datatime 객체의 요일을 ISO 형식으로 반환함(월=1～일=7)
datetime.isoformat()	datetime 객체를 YYYY-MM-DDTHH:MM:SS.mmmmmm 또는 YYYY-MM-DDTHH:MM:SS(밀리초가 0인 경우) 형식으로 변환하여 문자열로 반환함
timedelta(weeks=n1, days=n2, hours=n3, minutes=n3)	인수로 지정한 시간기간(일, 초, 밀리초)을 반환함

[코드 13-12]는 datetime 객체를 이용한 간단한 예제로, 현재 날짜 및 시간 정보를 추출한다.

코드 13-12 datetime 객체 이용 예 ex13-12.py

```
from datetime import *

date1 = datetime.today()
print(date1)
cyear = date1.year
cmon = date1.month
cday = date1.day
chour = date1.hour
cmin = date1.minute
csec = date1.second
cyoil = date1.weekday()

if cyoil==0 : hyoil ="월"
elif cyoil==1 : hyoil ="화"
elif cyoil==2 : hyoil ="수"
elif cyoil==3 : hyoil ="목"
elif cyoil==4 : hyoil ="금"
elif cyoil==5 : hyoil ="토"
else : hyoil ="일"
print("현재시간 : {}년 {}월 {}일, {}시 {}분 {}초, {}요일".
      format(cyear, cmon,cday,chour,cmin,csec,hyoil))
```

```
str = date1.isoformat()
print("현재시간[ISO 형식] : ", str)
```

실행 결과

```
2022-01-05 13:10:50.977000
현재시간 : 2022년 1월 5일, 13시 10분 50초, 수요일
현재시간[ISO 형식] :  2022-01-05T13:10:50.977000
```

timedelta 객체는 두 날짜 혹은 시간의 차이, 즉 시간 간격을 나타내는 객체이다. timedelta 객체는 사칙연산과 크기 비교, 절대값 산출 등의 산술적 계산이 가능하다.

코드 13-13 date, timedelta 객체 이용(1) ex13-13.py

```
from datetime import date, timedelta

now = date.today()
oneDay = timedelta(days=1)
tomorrow = now + oneDay
yesterday = now - oneDay
print("어제:", yesterday)
print("오늘:", now)
print("내일:", tomorrow)
```

실행 결과

```
어제: 2022-01-04
오늘: 2022-01-05
내일: 2022-01-06
```

코드 13-14 date, timedelta 객체 이용(2) ex13-14.py

```
from datetime import date, timedelta

oneweek = timedelta(weeks=1)
print(oneweek)
sevendays =  timedelta(days=7)
print(sevendays)
```

- `oneweek = timedelta(weeks=1)`: 1주일의 시간 크기를 계산함
- `sevendays =  timedelta(days=7)`: 7일의 시간 크기를 계산함

```
fourweeks = oneweek * 4
print("4주 일수(크기):", fourweeks)
interval = fourweeks - oneweek
print("4주-1주의 일수:", interval)

current = date.today()
print("현  재 날짜 :", date.today())
after3week = current + oneweek * 3
print("3주 뒤 날짜 :", after3week)
```

1주일의 4배 크기를 계산함

4주-1주의 크기를 계산함

실행 결과

```
7 days, 0:00:00
7 days, 0:00:00
4주 일수(크기): 28 days, 0:00:00
4주-1주의 일수: 21 days, 0:00:00
현  재 날짜 : 2022-01-05
3주 뒤 날짜 : 2022-01-26
```

5 time 모듈

time 모듈은 시간timestamp과 관련된 다양한 함수를 제공한다. 파이썬에서는 1970년 1월 1일 0시 0분 0초를 시작 시간으로 이후의 경과된 시간(초 단위)으로 절대시간을 나타내는데, 이를 에폭타임epoch time 또는 Unix 타임, 타임스탬프timestamp라고도 한다. time 모듈의 time() 함수는 현재 시간을 에폭타임으로 반환한다. 그리고 time 모듈의 sleep() 함수는 일정 시간 파이썬 코드의 실행을 지연시킬 때 많이 사용한다.

표 13-6 time 모듈의 주요 함수

주요 함수	기능
time()	현재 Unix timestamp를 소수로 반환함. 정수부: 초, 소수부: 밀리초
gmtime()	인수 시간값을 GMT 기준 time 데이터로 변환함
localtime()	인수 시간값을 현지 시간대 기준 time 데이터로 변환함
time.tm_year	_mon/mday/hour/min/sec/wday/time 객체의 연/월/일/시/분/초/요일 속성
ctime()	인수 시간값을 현지 시간대 기준 '월 일 시:분:초 연' 형식으로 변환함
sleep(n)	n초 동안 시간을 정지함

[코드 13-15]는 time 모듈의 함수를 사용한 예제로, 현재 날짜와 요일, 시간을 출력한다.

코드 13-15 time 모듈 함수의 이용 예 ex13-15.py

```python
import time

t1 = time.time()
print("time.time()=", t1, "\n")

str1=time.ctime(t1)
print(str1)

t2 = time.gmtime()
print(t2, "\n")

t3 = time.localtime()
print(t3)
print("현재 날짜:{}년 {}월 {}일".format(t3.tm_year,t3.tm_mon,t3.tm_mday))
print("현재 시간:{}시 {}분 {}초".format(t3.tm_hour,t3.tm_min,t3.tm_sec))
if t3.tm_wday == 0 :  wday ="월"
elif  t3.tm_wday == 1 :  wday ="화"
elif  t3.tm_wday == 2 :  wday ="수"
elif  t3.tm_wday == 3 :  wday ="목"
elif  t3.tm_wday == 4 :  wday ="금"
elif  t3.tm_wday == 5 :  wday ="토"
else :  wday ="일"
print("현재 요일: {}".format(wday))
```

실행 결과

```
time.time()= 1641356402.676432

Wed Jan  5 13:20:02 2022
time.struct_time(tm_year=2022, tm_mon=1, tm_mday=5, tm_hour=4, tm_min=20, tm_sec=2, tm_wday=2, tm_yday=5, tm_isdst=0)

time.struct_time(tm_year=2022, tm_mon=1, tm_mday=5, tm_hour=13, tm_min=20, tm_sec=2, tm_wday=2, tm_yday=5, tm_isdst=0)
현재 날짜:2022년 1월 5일
현재 시간:13시 20분 2초
현재 요일: 수
```

03 판다스 라이브러리

1 라이브러리의 개념

라이브러리는 필요한 코드를 재사용하기 위해 언제든지 필요한 곳에서 호출할 수 있도록 개발자에 의해서 이미 만들어진 클래스나 함수를 모아놓은 것이다. 이러한 라이브러리를 외장 함수라고도 하는데, 패키지, 모듈과 동일한 의미이다.

파이썬은 분야별로 활용할 수 있는 다양한 라이브러리를 제공한다. 이런 라이브러리를 모두 다루는 것은 불가능하고 또 그럴 필요도 없다. 필요할 때 검색하여 설치하고 해당 라이브러리에 대해 공부하면 되는데, 기본적인 이용 방법은 동일하므로 해당 라이브러리에서 제공하는 함수의 기능과 이용 방법을 중심으로 익히면 된다.

최근 데이터의 중요성이 강조되면서 파이썬을 이용한 데이터 처리 프로그래밍에 대한 사람들의 관심이 높아지고 있고, 특히 파이썬의 데이터 처리 라이브러리의 활용방법을 공부하려는 사람들이 늘고 있다. 이번 장에서는 여러 파이썬 라이브러리 중 판다스Pandas라는 라이브러리의 사용 예를 간단히 설명한다.

2 판다스 라이브러리

판다스Pandas는 파이썬 자료 처리를 위한 라이브러리로, 넘파이Numpy, 맷플롯립Matplotlib 라이브러리와 함께 파이썬 데이터 분석에서 필수적으로 사용되는 라이브러리이다. 판다스를 이용하면 PC의 엑셀처럼 자료들을 테이블 형태의 데이터프레임data frame에 저장해서 분석하고 처리할 수 있다. 여기서는 판다스의 설치와 간단한 사용 예를 보이고 자세한 설명은 생략한다. 이 책을 통해 기본적인 파이썬 프로그래밍이 가능해지면 다음 단계로 데이터 분석 처리 등을 공부할 때 넘파이, 맷플롯립과 함께 판다스를 공부하기 바란다.

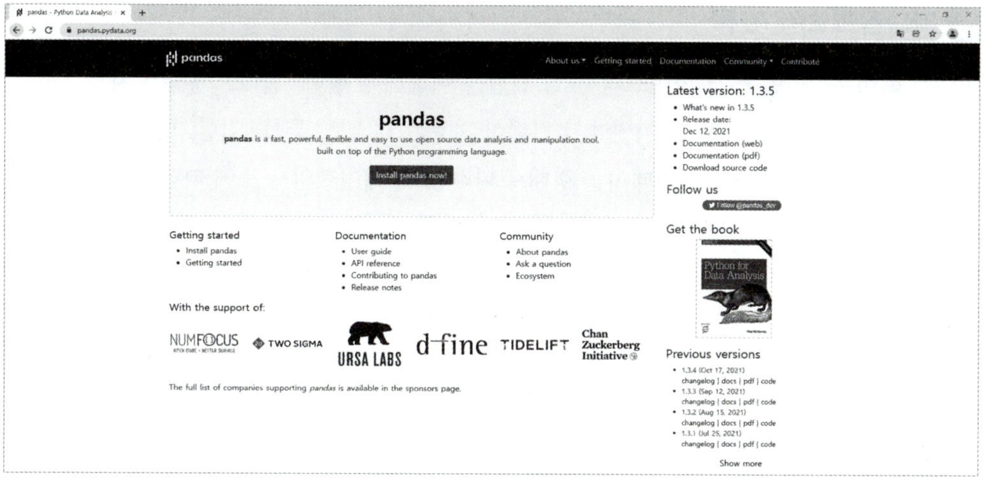

그림 13-11 판다스(Pandas) 홈페이지

판다스 라이브러리 설치하기

판다스를 사용하려면 먼저 설치부터 해야 한다. 앞에서 설명한 것처럼 판다스는 윈도우 명령 창에서 다음의 pip 명령을 이용해서 설치할 수 있다.

```
pip install pandas
```

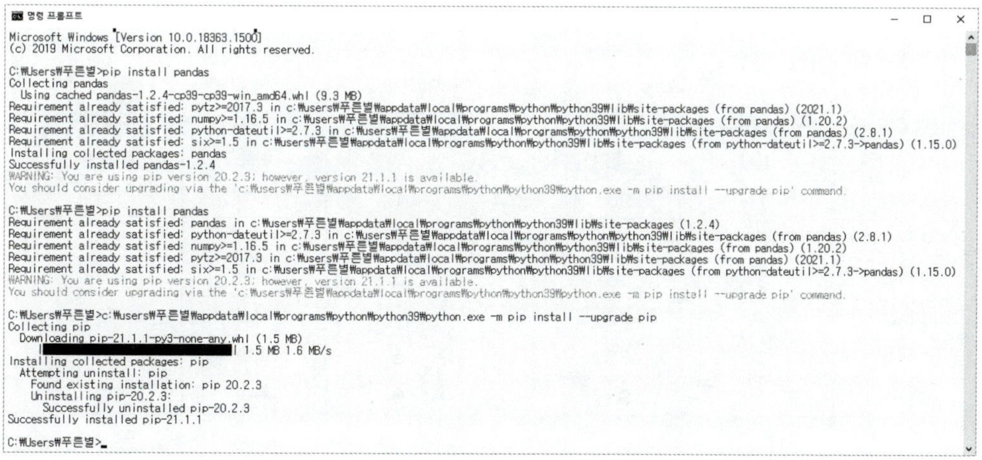

그림 13-12 판다스 설치과정

3 판다스의 자료 표현

판다스를 이용하려면 먼저 판다스의 자료 표현을 이해해야 한다. 판다스에서는 자료 분석을 위해 컬렉션 자료를 다룬다. 파이썬에서 컬렉션 자료는 리스트, 튜플, 집합, 딕셔너리를 이용해서 표현했지만 판다스에서는 테이블 형태로 나타내고, 테이블의 구조에 따라 [그림 13-13]과 같이 1차원 구조와 2차원 구조로 구분한다. 1차원 구조는 자료 테이블에서 한 행row이나 한 열column의 형태로 표현되는 것으로 시리즈series라고 하고, 2차원 구조는 행과 열로 구성되는 자료 테이블 전체를 나타내는 것으로 데이터프레임dataframe이라고 한다.

2차원 자료(데이터 프레임)

	이름	국어	영어	수학	사회	과학	체육
0	이강인	73	86	65	82	86	92
1	손흥민	93	92	56	72	88	95
2	류현진	82	75	77	86	90	90
3	배철수	76	64	82	96	56	72

1차원 자료(시리즈)

1차원 자료(시리즈)

그림 13-13 판다스의 자료 표현

시리즈 구조

판다스에서 시리즈series의 구조는 [그림 13-14]와 같이 자료값을 열 방향으로 순서대로 나열한 테이블 형태로, 행 번호와 인덱스를 이용해서 자료값을 참조한다.

시리즈 s

행 번호	자동 인덱스	자료값
0 (-7)	0	손흥민
1 (-6)	1	93
2 (-5)	2	92
3 (-4)	3	56
4 (-3)	4	72
5 (-2)	5	88
6 (-1)	6	92

s.iloc[2]
또는 s.iloc[-5]
또는 s.loc[2]

시리즈 s

행 번호	인덱스	자료값
0	"이름"	손흥민
1	"국어"	93
2	"영어"	92
3	"수학"	56
4	"사회"	72
5	"과학"	88
6	"체육"	92

index

s.loc['영어']

그림 13-14 판다스의 시리즈 구조

시리즈는 리스트와 생성자 함수 Series()를 이용하여 생성한다. [코드 13-16]과 같이 시리즈를 생성하면 행 번호와 자동 정수 인덱스가 생성되고, [코드 13-17]과 같이 index 속성을 이용하여 사용자 인덱스를 정의할 수도 있다. 시리즈의 각 자료값은 행 번호와 인덱스를 이용해서 [그림 13-14]에서와 같이 참조한다.

코드 13-16 시리즈 생성 : 자동 정수 인덱스 ex13-16.py

```
from pandas import Series
student1 = ["손흥민", 93, 92, 56, 72, 88, 95 ]
s = Series(data=student1)
print(s)
```

자동 정수 인덱스 생성

실행 결과

```
0    손흥민
1     93
2     92
3     56
4     72
5     88
6     95
dtype: object
```

코드 13-17 시리즈 생성 : 사용자 인덱스 정의 ex13-17.py

```
from pandas import Series
student1 = ["손흥민", 93, 92, 56, 72, 88, 95 ]
index1 = ["이름", "국어", "영어", "수학", "사회", "과학", "체육"]
s = Series(data=student1, index=index1)
print(s)
```

사용자 인덱스 정의

실행 결과

```
이름    손흥민
국어     93
영어     92
수학     56
사회     72
과학     88
체육     95
dtype: object
```

.iloc()는 행 번호를 인수로 자료값을 반환하고, .loc()는 인덱스를 인수로 자료값을 반환한다. [그림 13-14]에서와 같이, 시리즈의 행 번호는 0부터 1, 2, 3의 순서로 일련번호가 부여되고, 시리즈의 마지막 자료값부터 앞쪽으로는 -1로 시작하는 일련번호가 부여된다. 그러나 자동 정수 인덱스로 음수는 정의되지 않는다.

판다스의 시리즈는 파이썬의 리스트와 유사하지만 동일한 시리즈끼리의 연산 등 파이썬의 리스트보다는 훨씬 간편한 연산과 자료 분석 처리 기능을 제공한다. [코드 13-18]은 판다스의 시리즈의 간단한 이용 예이다.

코드 13-18 시리즈 자료의 연산 ex13-18.py

```
from pandas import Series
student1 = [ 93, 92, 56, 72, 88, 95 ]
student2 = [ 73, 86, 65, 82, 86, 92 ]
s1 = Series(data=student1)
s2 = Series(data=student2)
print(s1+s2, end="\n\n")      # ①
print(s1*2, end="\n\n")       # ②
print(s1-s2)                  # ③
```

실행 결과

```
0    166
1    178
2    121
3    154
4    174
5    187
dtype: int64
```

실행 결과

```
0    186
1    184
2    112
3    144
4    176
5    190
dtype: int64
```

실행 결과

```
0    20
1     6
2    -9
3   -10
4     2
5     3
dtype: int64
```

데이터프레임 구조

판다스의 또 다른 자료 표현인 데이터프레임dataframe의 구조는 [그림 13-15]와 같다. 파이썬에서는 딕셔너리나 2차원 리스트 또는 리스트와 딕셔너리를 이용해서 자료값을 2차원 배열 구조로 표현했는데, 판다스에서는 이를 생성자 함수 DataFrame()을 이용하여 데이터프레임 객체로 생성한다.

데이터프레임(dataframe) ds

열 번호(→)		0	1	2	3	4	5	6
행 번호(↓)	(index)	"이름"	"국어"	"영어"	"수학"	"사회"	"과학"	"체육"
0	"index0"	이강인	73	86	65	82	86	92
1	"index1"	손흥민	93	92	56	72	88	95
2	"index2"	류현진	82	75	77	86	90	90
3	"index3"	배철수	76	64	82	96	56	72

index 또는 set_index()

ds.iloc[3]
ds.loc['index3']

ds.iloc[1].iloc[2]
ds.iloc[1][2]
ds.iloc[1].loc["영어"]
ds.iloc[1]["영어"]
ds.loc['index1'].iloc[2]
ds.loc['index1'][2]
ds.loc['index1'].loc'영어']
ds.loc['index1']['영어']

ds = ds.set_index('사회')
ds.['사회']

columns

그림 13-15 판다스의 데이터프레임 구조

[코드 13-19]~[코드 13-21]은 각각 파이썬의 2차원 구조 컬렉션 자료인 딕셔너리, 2차원 리스트, 딕셔너리 리스트를 이용해서 데이터프레임 객체를 생성하는 것으로, 모두 같은 구조의 데이터프레임을 생성한다.

코드 13-19 딕셔너리를 이용한 데이터프레임 생성 ex13-19.py

```
from pandas import DataFrame

student = { \
    "이름" : [ '이강인' , '손흥민' , '류현진' , '배철수' ],
    "국어" : [ 73, 93, 82, 76 ],
    "영어" : [ 86, 92, 75, 64 ],
    "수학" : [ 65, 56, 77, 82 ],
    "사회" : [ 82, 72, 86, 96 ],
    "과학" : [ 86, 88, 90, 56 ],
    "체육" : [ 92, 95, 90, 72 ],
}

df = DataFrame(student)
print(df)
```

실행 결과

```
     이름  국어  영어  수학  사회  과학  체육
0  이강인   73   86   65   82   86   92
1  손흥민   93   92   56   72   88   95
2  류현진   82   75   77   86   90   90
3  배철수   76   64   82   96   56   72
```

코드 13-20 2차원 리스트를 이용한 데이터프레임 생성 ex13-20.py

```python
from pandas import DataFrame
student = [
    ["이강인", 73, 86, 65, 82, 86, 92 ],
    ["손흥민", 93, 92, 56, 72, 88, 95 ],
    ["류현진", 82, 75, 77, 86, 90, 90 ],
    ["배철수", 76, 64, 82, 96, 56, 72 ]
]
columns = ["이름", "국어", "영어","수학", "사회", "과학", "체육"]
df = DataFrame(data=student, columns=columns)
print(df)
```

코드 13-21 딕셔너리 리스트를 이용한 데이터프레임 생성 ex13-21.py

```python
from pandas import DataFrame
student = [
    {"이름": "이강인", "국어": 73, "영어": 86, "수학": 65, "사회": 82,
            "과학": 86, "체육": 92 },
    {"이름": "손흥민", "국어": 93, "영어": 92, "수학": 56, "사회": 72,
            "과학": 88, "체육": 95 },
    {"이름": "류현진", "국어": 82, "영어": 75, "수학": 77, "사회": 86,
            "과학": 90, "체육": 90 },
    {"이름": "배철수", "국어": 76, "영어": 64, "수학": 82, "사회": 96,
            "과학": 56, "체육": 72 }
]
df = DataFrame(data=student)
print(df)
```

데이터프레임을 생성하면 행/열 번호와 자동 정수 인덱스가 생성되고, 열 인덱스는 columns 속성으로, 행 인덱스는 index 속성으로 정의할 수 있다. 그리고 특별히 set_index() 함수를 이용해서 특정 열의 자료값을 행 인덱스로 정의할 수도 있다.

[그림 13-16]과 같이, 데이터프레임을 생성하면 자료값은 행/열 번호와 인덱스를 이용해서 참조할 수 있다. .iloc()와 .loc() 함수는 시리즈 객체에서와 같이 각각 행/열 번호와 인덱스를 인수로 자료값의 행 위치 또는 열 위치를 나타낸다. [그림 13-16]과 같이, 데이터프레임의 한 행 또는 한 열은 시리즈가 된다. 판다스의 시리즈와 데이터프레임은 엑셀의 파일 구조와 개념적으로 동일해서 to_excel() 함수를 이용해서 엑셀 파일로 저장할 수 있다. 또한 to_csv() 함수를 이용해서 csv 텍스트 파일로 저장할 수도 있다. 데이터프레임을 csv 파일로 저장하면, 각 행의 자료값은 콤마(,)로 구분해서 출력된다.

TIP 엑셀 파일로 출력하려면, pandas와 함께 openpypl 모듈도 설치해야 한다.

2차원 자료(데이터 프레임)

	이름	국어	영어	수학	사회	과학	체육
0	이강인	73	86	65	82	86	92
1	손흥민	93	92	56	72	88	95
2	류현진	82	75	77	86	90	90
3	배철수	76	64	82	96	56	72

1차원 자료 (이름 열) / 1차원 자료 (1행)

시리즈

행 번호	인덱스	자료값
0	0	이강인
1	1	손흥민
2	2	류현진
3	3	배철수

시리즈

행 번호	인덱스	자료값
0	"이름"	손흥민
1	"국어"	93
2	"영어"	92
3	"수학"	56
4	"사회"	72
5	"과학"	88
6	"체육"	92

그림 13-16 판다스의 데이터프레임과 시리즈 관계

판다스의 자료 표현에 대해 설명했는데, 판다스에서는 이런 자료 표현을 기본으로 시계열 분석 등 다양한 자료 처리 및 분석 기능을 제공한다. 이런 기능은 각자 판다스를 활용할 때 공부하기로 하고, 여기서는 판다스의 데이터프레임을 이용해서 성적 처리를 하는 예로 설명을 대신한다.

코드 13-22 Pandas를 이용한 성적 처리 예 ex13-22.py

```
from pandas import DataFrame
student = [
    ["이강인", 73, 86, 65, 82, 86, 92, 0, 0, '' ],
    ["손흥민", 93, 92, 56, 72, 88, 95, 0, 0, '' ],
    ["류현진", 82, 75, 77, 86, 90, 90, 0, 0, '' ],
    ["배철수", 76, 64, 82, 96, 56, 72, 0, 0, '' ]
]
columns = ["이름", "국어", "영어","수학", "사회", "과학", "체육", "총점",
           "평균", "평균" ]
stu = DataFrame(data=student, columns=columns)

print("[1] 데이터프레임 생성 결과")
print(stu)
print("\n-----------------------------------------")
print("[2] 데이터프레임 처리 결과")
i = 0
while i < 4 :
   stu.iloc[i, 7] = stu.iloc[i,1] + stu.iloc[i, 2] + stu.iloc[i, 3]
           + stu.iloc[i, 4] + stu.iloc[i, 5] + stu.iloc[i, 6]
   stu.iloc[i, 8] = stu.iloc[i, 7] / 6.0
   if stu.iloc[i, 8]>= 90:  stu.iloc[i, 9] = 'A'
   elif stu.iloc[i, 8]>= 80:  stu.iloc[i, 9] = 'B'
   elif stu.iloc[i, 8]>= 70:  stu.iloc[i, 9] = 'C'
   elif stu.iloc[i, 8]>= 60:  stu.iloc[i, 9] = 'D'
   else:  stu.iloc[i, 8]= 'F'
   i += 1
print(stu)
stu.to_csv('./pandas1.csv', encoding='euc-kr')
stu.to_excel('./pandas2.xlsx', encoding='euc-kr')
```

csv 파일 쓰기

엑셀 파일 쓰기

실행 결과

```
[1] 데이터프레임 생성결과
    이름  국어  영어  수학  사회  과학  체육  총점  평균  평균
0  이강인  73   86   65   82   86   92   0    0
1  손흥민  93   92   56   72   88   95   0    0
2  류현진  82   75   77   86   90   90   0    0
3  배철수  76   64   82   96   56   72   0    0

-------------------------------------------
[2] 데이터프레임 처리결과
    이름  국어  영어  수학  사회  과학  체육  총점     평균       평균
0  이강인  73   86   65   82   86   92   484  80.666667    B
1  손흥민  93   92   56   72   88   95   496  82.666667    B
2  류현진  82   75   77   86   90   90   500  83.333333    B
3  배철수  76   64   82   96   56   72   446  74.333333    C
```

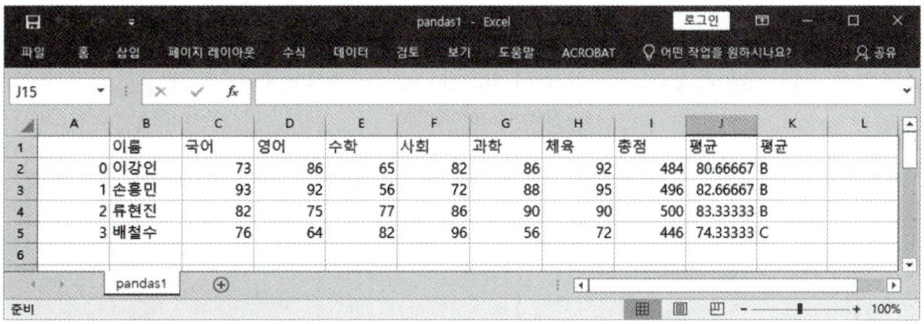

	A	B	C	D	E	F	G	H	I	J	K
1		이름	국어	영어	수학	사회	과학	체육	총점	평균	평균
2	0	이강인	73	86	65	82	86	92	484	80.66667	B
3	1	손흥민	93	92	56	72	88	95	496	82.66667	B
4	2	류현진	82	75	77	86	90	90	500	83.33333	B
5	3	배철수	76	64	82	96	56	72	446	74.33333	C

그림 13-17 실행결과(csv 파일)

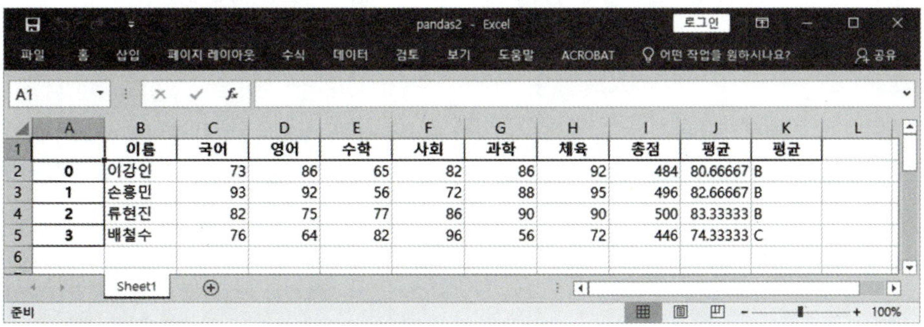

	A	B	C	D	E	F	G	H	I	J	K
1		이름	국어	영어	수학	사회	과학	체육	총점	평균	평균
2	0	이강인	73	86	65	82	86	92	484	80.66667	B
3	1	손흥민	93	92	56	72	88	95	496	82.66667	B
4	2	류현진	82	75	77	86	90	90	500	83.33333	B
5	3	배철수	76	64	82	96	56	72	446	74.33333	C

그림 13-18 실행결과(xlsx 파일)

요약

01 모듈은 파이썬 코드를 저장하는 기본 단위로, 문법적으로 파이썬 코드 파일은 모두 모듈이다. 파이썬 모듈은 import문을 이용해서 다른 모듈을 가져와서 사용할 수 있다.

02 실행 코드를 포함하는 모듈을 import문으로 가져오면 실행 코드까지 실행된다. 따라서 일반적으로 다른 모듈로 import되어 사용되는 모듈은 함수·변수 정의만 포함하고 실행 코드는 포함하지 않는다.

03 패키지는 서로 관련된 모듈들을 한 폴더로 모아 놓은 것으로, 패키지도 모듈과 같이 import문을 이용해서 가져와서 사용할 수 있다.

04 파이썬의 표준 모듈은 파이썬을 설치하면 기본으로 제공되는 모듈이고, 서드파티 모듈은 파이썬 이외의 다른 기관(SW 회사 등)에서 전문 분야별로 제작해서 배포한 모듈을 의미한다. 서드파티 모듈은 PyPI 또는 파이썬 위키 페이지 등에서 확인할 수 있다.

05 파이썬에서 자주 사용되는 표준모듈로는 math, random, time, date 등이 있다.

06 파이썬 라이브러리는 코드의 재사용을 위해 필요한 곳에서 호출해서 사용할 수 있도록 만들어진 클래스나 함수를 모아놓은 것을 의미한다. 외장 함수라고도 하며, 패키지 함수 또는 모듈 함수와 동일한 의미이다.

07 판다스(Pandas)는 넘파이(Numpy). 맷플롯립(Matplotlib)과 함께 데이터 분석을 위해 사용되는 파이썬 라이브러리이다. 판다스를 이용하면 엑셀 프로그램처럼 자료들을 저장해서 분석하고 처리할 수 있다.

08 판다스에서는 컬렉션 자료들은 1차원 테이블 구조의 시리즈(series) 또는 2차원 테이블 구조의 데이터프레임(dataframe)으로 표현하며, 시계열 분석 등 다양한 자료처리 및 분석 기능을 제공한다.

연습문제

01 다음은 파이썬 모듈에 대한 설명이다. 틀린 것은 어느 것인가?

① 파이썬 코드를 포함하는 파일이다. ② 함수 정의와 변수 정의를 포함한다.
③ 모듈은 독립적으로 실행될 수 없다. ④ 다른 모듈을 가져와서 사용할 수 있다.

02 다음은 파이썬에서 다른 모듈 파일 sampleModulet.py를 가져와서 사용하기 위해 작성한 문장이다. 틀린 것은 어느 것인가?

① import sampleModulet ② import * from sampleModulet
③ import sampleModulet as sml ④ from sampleModulet import * as sml

03 다음은 파이썬의 math 모듈 함수의 반환값을 나타낸 것이다. 바른 것은 어느 것인가?

① math.ceil(7.3) → 7 ② math.floor(8.6) → 9
③ math.gcd(12, 4) → 2 ④ math.sqry(144) → 12.0

04 다음 중 파이썬의 표준 모듈이 아닌 것은 어느 것인가?

① date ② math ③ pip ④ random

05 파이썬 모듈 파일 file1.py에 함수 f(), g(), h()가 정의되어 있다. 다음의 파이썬 코드 중 오류가 발생하는 것은 어느 것인가?

㉠ import file1.py file1.f()	㉡ import file1 file1.g()	㉢ from file1 import h() h()
㉣ from file1 import * g()	㉤ import file1 as ml ml.f()	㉥ from file1 import g, h g()

① ㉠ ② ㉠, ㉢ ③ ㉡, ㉢, ㉥ ④ ㉢, ㉤, ㉥

06 폴더 package1에는 file1.py와 file2.py 파일이 있고, 파일 file1.py에 함수 f1(), g1()이, 그리고 파일 file2.py에 함수 f2(), g2(), h2()가 정의되어 있다. 또한, package1 폴더의 '__init__.py' 파일 내용이 다음과 같을 때, 다음의 파이썬 코드 중 오류가 발생하는 것은 어느 것인가?

['__init__.py' 파일 내용] __all__ = ["file2"]

①
```
import package1.file1
package1.file1.f1()
```

②
```
from package1 import file1
file1.f1()
```

③
```
from package1 import file1 as pm
pm.f1()
```

④
```
from package1 import *
file1.g1()
```

07 datetime 모듈의 timedelta를 사용해서 오늘로부터 5일, 4일, 3일, 2일, 1일 전의 날짜를 화면에 출력하라.

08 10장의 [실습과제 2]에서 정의된 함수를 별도의 모듈(예를 들면, 모듈 이름 myCollection)로 저장한다고 할 때, 코드를 다시 작성하라. 그리고 모듈 파일 myCollection도 작성하라.

09 로또 복권은 1~45 사이의 임의의 정수 6개를 중복되지 않게 선택해서 당첨 여부를 결정한다. 행운의 로또 복권 번호를 출력하는 프로그램을 작성하라.

10 파이썬과 외부 모듈을 설치하는 방법으로 아나콘다(anaconda) 패키지를 이용하는 방법이 있다. 아나콘다 패키지란 어떤 것인지, 그리고 이를 이용하면 어떻게 파이썬과 모듈을 설치하고 이용할 수 있는지 조사해보라.

찾아보기

찾아보기

찾아보기

L M N

O P

R

S T

V W

기호

숫자